百家廊文丛
BAIJIALANG WENCONG

郭国庆 ◎ 著

中国市场营销学科发展史

本书受中国人民大学科学研究基金项目暨中央高校基本科研业务费专项资金支持

中国人民大学出版社
· 北京 ·

图书在版编目（CIP）数据

中国市场营销学科发展史/郭国庆著 . -- 北京：
中国人民大学出版社，2023.11
（百家廊文丛）
ISBN 978-7-300-31796-0

Ⅰ.①中… Ⅱ.①郭… Ⅲ.①市场营销学-学科发展
-概况-中国 Ⅳ.①F713.50-012

中国国家版本馆 CIP 数据核字（2023）第 098062 号

百家廊文丛
中国市场营销学科发展史
郭国庆　著
Zhongguo Shichang Yingxiao Xueke Fazhanshi

出版发行	中国人民大学出版社	
社　　址	北京中关村大街 31 号	**邮政编码**　100080
电　　话	010 - 62511242（总编室）	010 - 62511770（质管部）
	010 - 82501766（邮购部）	010 - 62514148（门市部）
	010 - 62511173（发行公司）	010 - 62515275（盗版举报）
网　　址	http://www.crup.com.cn	
经　　销	新华书店	
印　　刷	固安县铭成印刷有限公司	
开　　本	720 mm×1000 mm　1/16	**版　　次**　2023 年 11 月第 1 版
印　　张	26 插页 2	**印　　次**　2025 年 4 月第 2 次印刷
字　　数	398 000	**定　　价**　89.00 元

前　言

　　市场营销是建立在经济科学、行为科学和现代管理理论基础之上的一门应用学科。中国发展进入新时代之后，市场营销则是研究以满足人民日益增长的美好生活需要为中心的营销活动及其规律的学科。在中华优秀传统文化和中国特色社会主义先进文化中，客观存在着丰富而深邃的市场营销思想。"市场营销"这一术语源自英文 marketing，最初中国的市场营销思想往往以经商哲学、商业思想、商学理念等形式呈现。1840 年之后，随着对外交流的增多，中西文明互鉴，中国学堂吸收借鉴国外成功做法，陆续设立商学课程或专业，形成具有本土特色的市场营销教育、教学和人才培养体系，对中国市场营销学科的建立和发展发挥了极其重要的作用。

　　改革开放之后，国外日渐成熟的市场营销学科于 20 世纪 80 年代重新引入中国。中国人民大学是大陆地区最早设立市场营销学科的高校之一，最有资格也最有责任研究市场营销学科在中国的发展史。本书作为中国人民大学科学研究基金项目"百家廊文丛"系列丛书成果项目（20ZNQX01）、中国人民大学重大规划项目"中国市场营销思想史"（22XNLG08），历时三年多的悉心打磨，终于成型呈现给读者。

　　党的二十大指出："推动理想信念教育常态化制度化，持续抓好党史、新中国史、改革开放史、社会主义发展史宣传教育，引导人民知史爱党、知史爱国，不断坚定中国特色社会主义共同理想。"[①] 本书致力于研究在

　　① 习近平．高举中国特色社会主义伟大旗帜 为全面建设社会主义现代化国家而团结奋斗：在中国共产党第二十次全国代表大会上的报告．人民日报，2022 - 10 - 26（1）．

党的创新理论引领下中国市场营销学科发展的历史，以习近平《论中国共产党历史》和《中共中央关于党的百年奋斗重大成就和历史经验的决议》为指导，坚持辩证唯物主义和历史唯物主义的方法论，采取具体历史的、客观全面的、联系发展的观点，经过梳理文献、调查研究、征询专家建议等研究过程，分阶段地阐述了中国市场营销学科的发展历程。本书主要内容是，聚焦在党的创新理论引领下中国市场营销学科建立、发展、创新的历史进程，客观评价重要理论创新、重要学术事件以及重要学术机构的历史贡献，全面回溯中国市场营销先驱的历史贡献、学术观点和学术成就，归纳总结市场营销学界在教学改革、人才培养、服务社会等方面的成功经验、模式和规律，深入挖掘区别于国外市场营销教育的中国特色、中国智慧、中国方案等。

本书大体按照发展脉络、逻辑关系层层递进，逐步展开，准确呈现市场营销学科发展史中的原创性思想、变革性实践、突破性进展、标志性成果。全书由以下七章构成：

第1章：市场营销思想与市场营销学科。本章涉及市场营销思想与市场营销学科的关系，中华优秀传统文化和革命文化中的市场营销思想，中国杰出代表人物的市场营销思想，市场营销学科的引进，中国市场营销学科的发轫等。其中，对德鲁克关于市场营销起源观点的质疑和对张之洞两湖书院市场营销课程的描述颇具创新价值。本章在梳理相关文献的基础上指出，中国市场营销学科经历了孕育萌芽期、艰难探索期、起步成长期、壮大成熟期、质量提升期、自信自强期六个发展阶段。

第2章：中国市场营销学科的艰难探索。经过孕育萌芽的中国市场营销学科，在艰难探索中勇毅前行。本章客观描述了新中国成立后至改革开放前这一时期，党领导人民直面挑战、奋力进取，从市场营销视角探索解决经济问题的伟大实践。包括对于产品策略、价格策略和渠道策略的探索运用，计划型分销体系的探索与建立，计划经济体制下的市场营销探索，全球视野的国外市场营销学科发展等主要内容。本章如实反映了在当时历史背景下中国市场营销学科的艰难探索，深刻揭示了党的创新理论和国家发展战略对中国市场营销学科的贡献。其中，对计划经济条件下的市场营销作了富有创新价值的阐述，对以往学术界"只有在市场经济条件下才有市场营销"的传统观点予以澄清。党和国家秉持人民至上的初心，在计划经济条件下为创造人民美好生活付出了不懈努力，形成了具有中国特色的市场营销实践、模式和理念。

第3章：中国市场营销学科的起步成长。经过艰难探索的中国市场营销学科，沐浴着改革开放的春风，在理论创新和实践创新中起步成长。本章系统阐述了改革开放政策对市场营销学科建设的推动、促进和引领，集中展现了中国市场营销先驱的治学态度、责任担当和学术贡献，总结概括了商学教育对市场营销学科的贡献，客观描述了市场营销学科在服务党和国家战略的历史进程中所取得的新成就，实事求是、尊重历史。其中，关于改革开放带来市场环境新变化，市场营销学科由研究生教育起步，市场取向改革的艰难探索等内容，彰显出市场营销学科"几度绝处逢生、几度柳暗花明"的曲折发展历程。通过缅怀市场营销先驱的学术担当、道德风范和崇高情操，激励一代又一代市场营销学者凝聚共识、坚定信心、增强斗志，为推进中国市场营销学科创新发展而不懈奋斗。

第4章：中国市场营销学科的壮大成熟。在社会主义市场经济体制改革的时代背景下，中国市场营销学科由起步成长走向壮大成熟。在以市场营销培训服务改革发展大局，以全球视野研究国际市场营销观念新发展等方面，中国市场营销学科致力于为国家社会经济发展作出新贡献，研究方法、人才培养、教育教学等从规范走向成熟。本章涉及社会主义市场经济体制呼唤市场营销学科建设新作为，国有企业改革发展中的市场营销贡献，加入世界贸易组织后的市场营销学科，市场营销环境新变革催生市场营销新战略，中国市场营销学科新发展等内容。

第5章：中国市场营销学科的质量提升。党和国家对于经济发展质量效益的重视，激励着壮大成熟的中国市场营销学科聚焦于质量提升。尤其是加入世界贸易组织之后，中国不可避免地要面对和参与激烈的国际市场竞争，迫切需要中国市场营销学科提质量、上档次。本章系统阐述了世纪之交的市场营销环境，党和国家在应对1997年亚洲金融危机、加入世界贸易组织和申办奥运会等各方面取得的成功，有力地推动了市场营销学科创新发展。在党的创新理论和国家发展战略的引领下，中国市场营销学科蓬勃发展，在研究方法论、课程体系建设、教育教学方法等方面既主动与国际规则接轨，又充分展现了中国特色、中国方案、中国智慧，包括开设具有创新特色的市场营销课程，成功举办市场营销国际学术会议，以农产品市场营销战略研究成果支持农业产业化发展，以市场营销学科创新成果为转变经济发展方式等国家战略服务。中国市场营销学者积极探索市场营销教育新出路，在营销发展史、服务营销、体验营销等主题研究方面取得了新进展。

第6章：中国市场营销学科的自信自强。致力于提升质量的中国市场营销学科，在学习借鉴国外最新研究方法、研究成果、研究发现的基础上，不断增强中国特色社会主义道路自信、理论自信、制度自信、文化自信，将中国特色、中国风格、中国气派的学科建设与国家战略紧密结合起来，为提高全人类福祉作出贡献。本章全面分析了新时代市场营销环境的新变化，市场营销在形成强大国内市场、构建新发展格局、增加优质产品和服务供给中的重要作用。进入新时代以来，数字经济发展催生数字营销创新，大力发展服务经济要求加强服务营销，提振市场消费需求、畅通国内国际双循环需要加强市场营销。市场营销学科创新发展需要科学理论的指引，为此，本章系统阐述了中国市场营销学科在消费者增权理论、绿色消费行为与绿色营销理论、消费者互动与体验价值理论等方面的学术贡献和理论创新。在党的创新理论和国家战略引领下，市场营销学者致力于提高教育教学质量、推动理论创新、培养优秀人才。

第7章：走向未来的中国市场营销学科。本章从机会与挑战并存的发展环境分析起，通过回顾反思历史、总结发展经验、整合学术力量，为中国市场营销学科的未来发展提出建议。新国货崛起呼唤市场营销创新，数字经济赋予市场营销学科发展新机会，中国市场营销学者要积极响应党中央号召，抓住市场营销学科发展新机会，充分彰显市场营销学科本土化特色，构建具有中国特色的市场营销学科体系，提升市场营销学科的创新度、本土化和实践性，全面提高市场营销人才自主培养的质量，加强市场营销专业教材思政建设质量，为以中国式现代化全面推进中华民族伟大复兴作出更大贡献。

一部中国市场营销学科发展史，就是受益于党的创新理论和政策，营销学者借助市场营销理论和方法，致力于提升人民福祉，满足市场需求的历史。本书力图反映中国市场营销学者不断创新，努力推进市场营销教育改革，推动市场营销理论中国化，服务国家建设和发展大局的最新成就，彰显中国学者对世界营销理论发展的卓越贡献。

历史发展是连续性和阶段性的统一，一个时期有一个时期的历史使命和任务，一代人有一代人的历史担当和责任。中国市场营销学者要以牢记初心使命、永葆生机活力的坚强意志和坚定决心，通过总结中国市场营销学科发展史，贯通历史、现在、未来，在新时代新征程上争取更大荣光。雄关漫道真如铁，而今迈步从头越！中国市场营销学科进一步的全面发展需要新生代学人的继续努力。市场营销学者应一如既往地秉承理性精神、科学精神、批判精神和超越精神，继续开拓风气、引领时代，为以中国式现代化推进中华民族伟大复兴培养高素质的专业人才，为中国特色市场营销学科的传播和发展、世界市场营销理论的丰富和繁荣作出更大的贡献。

最后，感谢中国人民大学出版社及编辑的大力支持。本书难免有不足之处，真诚地欢迎读者贡献智慧。

目　　录

第1章　市场营销思想与市场营销学科

市场营销学科的发展离不开市场营销实践的探索、市场营销思想的引领和市场营销教育者的辛勤付出。党的二十大提出，要"坚持创造性转化、创新性发展，以社会主义核心价值观为引领，发展社会主义先进文化，弘扬革命文化，传承中华优秀传统文化，满足人民日益增长的精神文化需求"①。中国市场营销学科的建立和发展，需要深入挖掘中华优秀传统文化中的市场营销思想并从中汲取营养，更需要系统总结党的创新理论对市场营销思想和实践的指引，还需要以全球视野理解和掌握国外市场营销学科发展的最新成果，博采众长。因此，研究中国市场营销学科发展史首先要对市场营销思想的产生、发展进行考察。

第1节　市场营销思想与市场营销学科

一、什么是市场营销

时代是思想之母，实践是理论之源。对于什么是市场营销，在市场营销实践的不同发展阶段，回答也不尽相同。下面，我们列举出不同历史时期具有代表性的定义。

---

① 习近平. 高举中国特色社会主义伟大旗帜 为全面建设社会主义现代化国家而团结奋斗：在中国共产党第二十次全国代表大会上的报告. 人民日报，2022-10-26（1）.

（一）商品学派对市场营销的定义

商品学派的代表人物克拉克（F. Clerk）和韦尔德（L. Weld）在 1932 年曾给出如下定义：营销是使产品从种植者转移到使用者的各种活动。该定义反映了市场营销学科创立初期学术界对于市场营销的基本认识。事实上，市场营销学科的发轫是源于当时的经济学家对农产品由生产者（农场主）到最终消费者流通全过程的考察。商品学派认为，所有的同类产品都可以采用相同的营销方法和技巧，放之四海而皆准。当营销实践者需要某种具体产品的营销对策建议时，只需确认其产品所处的类别，遵循该分类的既定营销"处方"就可以相机行事。类似中药铺"照方抓药"一样，管保"药到病除"。这就使营销决策变得简单易行。在市场营销实践中，决策者可以根据商品类别的不同选择适当的商店类型、分销密度、批发方式以及广告策略等。这种方法对于服装、罐头、家具等制成品的营销很有助益。除了商品学派，市场营销古典学派还有职能学派、机构学派和区域学派等。①

（二）美国市场营销协会对市场营销的界定

1. 原始定义

最初，美国市场营销协会②（American Marketing Association，AMA）定义委员会曾于 1960 年这样界定市场营销：市场营销是引导产品或服务从生产者流转到消费者或用户所进行的一切企业活动。这一界定反映了市场营销实践的新发展。此时，营销主体不再局限于农场主或农产品种植者，而是扩展为各种类型的企业；营销供给物也不再局限于农产品，而是各种有形的产品和无形的服务；营销客体则为消费者或用户。之所以采用"用户"这个术语，主要是由于购买者不一定是消费者，也可能是因为从事非消费类活动（如生产等）而购买产品或服务的企业用户等。市场营销被界定为企业活动，其起始点为生产过程结束，终结点为产品或服务

---

① 郭国庆．论美国早期市场营销思想的主要学术流派及其代表人物．湖南商学院学报，1996（1）：52－58，61.

② 1915 年美国全国广告协会成立，1926 年该协会改组为市场营销学和广告学教师协会，1931 年由经济学家和企业家组成的市场营销教学研究组织美国市场营销学会成立，1937 年上述两个组织合并为美国市场营销协会。

递送至消费者或用户手中。

2. 修正定义

AMA 定义委员会 1985 年提出了修正后的市场营销定义：市场营销是关于构思（主意、计策、理念等）、货物和服务的设计、定价、促销和分销的规划与实施过程，目的是创造能实现个人和组织目标的交换。该定义与 1960 年的界定相比具有明显的创新，反映了当时美国社会经济发展对于企业市场营销活动的现实需要。事实上，20 世纪 80 年代以后，美国政府学习日本扶持出口的政策和做法，通过完善贸易立法和贸易规则等有效措施，鼓励企业出口，积极开拓全球市场，以技术领先产业为核心提升市场竞争力，大力发展以信息技术和网络技术为先导、以知识为基础、以生产力增长和结构转化为特征的新经济。

在此时代背景下，市场营销被赋予了更加重要而艰巨的使命。营销主体被界定为各类组织，既包括营利性企业，也包括教育机构、医疗机构、科研机构等各种非营利组织和政府机构。营销供给物不仅包括有形产品和无形服务，而且主意、计策、新思维、点子等也备受重视，显示出信息的极端重要性。AMA 的这一修正定义既突出了尤金·杰罗姆·麦卡锡（Eugene Jerome McCarthy）关于营销组合的 4P 理念，又突出了计划、策划、规划、执行、实施的重要性。它还特别强调了个人和组织目标的实现，显示出多赢是市场营销成功的关键。除此之外，该定义再一次申明：市场营销的核心概念是交换。

3. 21 世纪以来的定义

进入 21 世纪以来，AMA 陆续推出了市场营销的如下定义：

2004 年 AMA 提出，市场营销既是一种组织职能，也是为了组织自身及利益相关者的利益而创造、传播、传递客户价值，管理客户关系的一系列过程。它特别强调了客户价值、客户关系管理的重要性，将市场营销概括为客户价值的创造、传播和传递过程。

2007 年 AMA 提出，市场营销是创造、沟通、传递和交换对于顾客、客户、合作伙伴乃至整个社会有价值的供给物的一系列活动、机制和过程。它彰显了市场营销对社会价值的贡献，强调了对合作伙伴和社会利益的关注。

（三）科特勒对市场营销的定义

2017 年菲利普·科特勒（Philip Kotler）将市场营销界定为：市场营销是识别、满足人类和社会需要并获得应有的利润回报。[①] 该定义与 2007 年 AMA 的定义相一致之处，就是重申市场营销要致力于满足社会需要，关注人类福祉，注重价值创造和交换。这反映了世界各国企业管理者、消费者以及社会各界关注企业社会责任、构建人类命运共同体、强调企业适应市场环境发展变化的时代潮流和普遍共识，赋予市场营销更多的社会使命。

（四）本书作者对市场营销的定义

本书作者认为，市场营销是指以满足人民日益增长的美好生活需要为目的，创造、传播、传递对个人和社会有价值的供给物，通过市场变潜在交换为现实交换的活动和过程。[②] 这一定义得到了王永贵、徐大佑、陈章旺等市场营销专家的赞同。这一界定借鉴了 2007 年 AMA 的定义和科特勒的定义，尤其是吸收了保罗·马苏尔（Paul Mazur）和马尔科姆·麦克纳尔（Malcolm McNair）20 世纪 70 年代对市场营销的深刻思考，彰显了市场营销在解决新时代中国社会主要矛盾中的使命担当，强调从社会宏观视角看待市场营销，而不再将其局限为一种微观的企业活动。马苏尔认为，市场营销是为社会传递生活标准。麦克纳尔在其基础上增加了创造一词，即市场营销是为社会创造并传递生活标准。市场营销就是研究、预测、发掘尚未得到满足的需要（即对更加美好生活的向往），进而不断满足需要的过程。换言之，也就是致力于提高人类福祉、改善生活质量、创造和提高生活标准的过程。经过全党全国各族人民共同努力，我们全面建成小康社会、实现了第一个百年奋斗目标。现在，我们正意气风发迈上全面建设社会主义现代化国家新征程，向第二个百年奋斗目标进军，以中国式现代化全面推进中华民族伟大复兴。党的二十大明确提出，要"共同奋斗创造美好生活，不断实现人民对美好生活的向往"[③]。市场营销必将拥

---

① Philip Kotler. My adventures in marketing：the autobiography of Philip Kotler. Houston：Idea Bite Press，2017.

② 郭国庆．市场营销学通论．9 版．北京：中国人民大学出版社，2022；6.

③ 习近平．高举中国特色社会主义伟大旗帜 为全面建设社会主义现代化国家而团结奋斗：在中国共产党第二十次全国代表大会上的报告．人民日报，2022－10－26（1）.

有更加广阔的用武之地。

时代在变化，社会在发展。在本书中，市场营销的定义并不是唯一确定的。以上定义在各自所处的历史时期都是学术界主流的市场营销定义。生活之树长青，一种理论的产生，源泉只能是丰富生动的现实生活。市场营销概念具有历史性，在研究市场营销学科发展史的过程中也需要注意这一特点。也就是说，对市场营销思想和市场营销现象的考察，要置于当时的历史背景下，回应现实需要，结合中国具体实际，运用历史的眼光来观察和分析市场营销问题。

二、市场营销何时有

市场营销的历史究竟有多久？学术界众说纷纭。有人认为，自人类出现时就有了市场营销；有人认为，市场营销的产生先于人类；也有人认为，市场营销始于人类最初的交换活动，即当双方开始物物交换时，市场营销就产生了；还有人认为，早期文明的突出表现就是物物交换发展成推销乃至营销这种绝妙的艺术。本书认为，市场营销作为人类活动不断发展的结果，首先是一种人类活动，核心观念是交换，但是又不同于一般意义上的交换。① 市场营销是一种高层次的交换，它强调对市场需要的满足和为市场交换的对方带来价值，致力于潜在交换的实现。其无论活动领域还是观念意识都不同于一般意义上的交换，更不同于销售。②

市场营销是与市场密切相关的概念。人们到市场上从事交换（即使是物物交换），首先要考虑以别人所需换得自己所需，否则便不能实现交换。而市场是历史的范畴。列宁曾经指出，"哪里有社会分工和商品生产，哪里就有市场"③。恩格斯也说过，"价值规律已经在长达 5 000 年至 7 000年的时期内起支配作用"④。而市场营销也正是从市场需要出发，策划产品、价格、渠道和促销，通过满足市场需要实现管理目标的活动。因此，当商品交换得以存在、市场开始萌芽时，市场营销活动就产生了。虽然市

---

① 菲利普·科特勒，郭碧翔. 市场营销的产生与发展. 商业研究，1985（2）：21-23.
② 郭碧翔. 科特勒教授谈贸易的起源. 商业经济研究资料，1985（8）：31-32.
③ 列宁. 列宁全集：第一卷. 北京：人民出版社，1955：83.
④ 马克思，恩格斯. 马克思恩格斯文集：第七卷. 北京：人民出版社，2009：1018.

场营销学成为一门规范系统的学科是在 20 世纪以后，但不少思想家和学者很早就已经注意到社会经济发展中的市场营销问题，对一些市场营销方面的论题进行了有益的思考。

当代中国的市场营销教育、市场营销思想和市场营销学科，不是简单地延续我国历史的母版，不是简单套用经典作家设想的模板，不是其他国家市场营销实践的再版，也不是国外市场营销创新发展的翻版，而应该是扎根中国文化、立足中国国情、解决中国问题的完整体系。中国市场营销学科的发展，必须紧密结合中国具体实际、历史文化传统和时代要求，在实践中不断探索、总结完善。只有这样，才能建立中国特色的市场营销学科体系，行稳致远。

三、市场营销思想及其特征

市场营销思想是实践者、思想家和学者等对市场营销的客观认知，对于市场营销学科建立发展具有重要影响。研究中国市场营销学科发展史，必须深入研究中国市场营销思想的特征。市场营销思想具有如下基本特征：

（一）市场营销思想是对市场营销的认识

思想是反映在人的意识中经过思维活动而产生的结果或形成的观点及观念体系。如果一种思想所表达的内容与市场营销没有关系，那么它再美妙也不是市场营销思想。在这里，科学界定市场营销的内涵和边界就显得格外重要。

（二）市场营销思想是对市场营销实践能动的反映

能动的，意味着人对市场营销实践的反映是有意识的、有目的的，而非心理系统在环境刺激下的被动运转。具体地讲，市场营销思想作为对市场营销实践的一种认识，既可以是对过去市场营销实践的一种总结，也可以是对现实市场营销实践的一种评判，还可以是对未来市场营销实践的一种预想。[1]

---

[1] Hunt S D. Doctoral seminars in marketing theory: for incorporating the history of marketing practice and thought. Journal of Historical Research in Marketing，2010，2（4）：443－456.

（三）市场营销思想是理性的认识

理性是指可以识别、判断、估计实际理由以及让人的行为合乎目的等方面的能力。因此，能被称为市场营销思想的认识，一方面必然是人们用抽象思维看待市场营销实践的结果，另一方面必然是有益于人们在市场营销实践中实现意图的正确思维，而不是异想天开、痴心妄想。

（四）市场营销思想是系统的认识

系统是指由一系列相互影响、相互联系的部件在规定的约束条件下构成的有机整体。系统特征应是区别一般看法和思想的重要标准。凡与市场营销有关的人，都可能对市场营销有所感觉，并会有自己的看法，但偶然的、被动的、零碎的看法是不属于市场营销思想的。人类对实践的认识通常包括两个方面，即本体论认识和方法论认识。市场营销思想也应该包括市场营销的本体思想和市场营销的方法思想。前者涉及元市场营销学（meta-marketing）、市场营销学术流派、市场营销学科体系、相关学科与市场营销学科的关系等，后者涉及市场调研预测、市场细分、市场选择、市场定位、市场竞争、营销组合、营销战略等开展市场营销活动的基本方法。

研究市场营销学科的发展史，必须从市场营销思想的产生发展考察起，因为市场营销知识、市场营销理论、市场营销教育、市场营销课程以及市场营销人才培养都源于市场营销思想的发轫、创新和发展。

四、市场营销学科

（一）市场营销学科概述

由于时代背景的变迁和市场营销实践的需要，系统的市场营销学科于20世纪初在美国应运而生。那时，除了个别论述市场营销某一特殊领域的著作，尚不存在论述市场营销的通用教材。然而，从早期的一些课程目录可以看出，市场营销学科的如下论题曾被探讨过：商业组织、分销系统、市场营销方法、农产品市场营销、商品分类、销售和广告等。研究发现，这些课程的内容与1890—1904年中国学堂开设的课程十分相似，即专门论述品牌、零售、批发、广告等的操作方法，较少阐述理论。

由于"市场营销"一词源于英文 marketing，所以，当时中国学堂的市场营销课程、教材等都是以"商学"的名义呈现的。即使在国外，与市场营销有关的课程最初也是采用"分销""商业""商务"等专业术语。过了若干年之后，包含有"市场营销"这一术语的课程才在美国出现。

从国外市场营销先驱的成长发展轨迹看，他们对商学或商业活动的开拓性研究，奠定了市场营销科学早期发展的理论根基。实践是理论孕育形成和创新发展的源泉。人们只有在改造世界的伟大实践中，才能逐渐认识自然界、社会和人类思维发展的规律，进而获得对客观事物的正确认识，形成体现社会发展规律的科学理论。许多国外学者在成为著名的市场营销学者之前，曾有过丰富的营销实践经验和深刻的经商体验。来自商业实践的许多感悟，后来都成了市场营销理论创新的源头，其中不少还发展成为至今行之有效的市场营销理论或原理。这也是今天的市场营销学科一直倡导实践环节教学、鼓励学生实践创新、强调理论联系实际的重要原因之一。

历史实践告诉我们，人类社会需要通过教育不断培养社会需要的人才，需要通过教育来传授已知、更新旧知、开掘新知、探索未知，从而使人们能够更好地认识世界和改造世界、更好地创造人类的美好未来。许多著名的市场营销学者，都是受到学术前辈、老师的鼓励、教诲和引导，而走上市场营销学术之路的。中国市场营销学者也应以此为鉴，行为世范，为人师表，以自己的学识品行影响和造就一代又一代营销新星。只有这样，中国市场营销学科才能薪火相传。

（二）用大历史观看市场营销学科发展史

研究市场营销学科发展史，首先要解决好历史观的问题。坚持什么样的历史观、怎样看待历史，直接决定着汲取什么样的历史经验、历史智慧、历史感知。

市场营销学者要胸怀中华民族伟大复兴的战略全局和世界百年未有之大变局，树立大历史观，从历史长河、时代大潮、全球风云中分析演变机理、探究历史规律，增强市场营销学科建设发展的系统性、预见性、创造性。树立大历史观，有利于科学深入地研究中国市场营销学科发展史，提出适应中国国情和时代发展的市场营销新概念、新构想、新原理，为具有中国特色的市场营销学科创新发展指明方向。

　　大历史观就是要注重运用宏观视野看待分析历史，全面系统洞察把握历史演变规律，科学指导未来实践和持续发展。树立大历史观，关键是坚持以马克思主义基本原理分析把握历史大势，去伪存真、拨云见日，做到"不畏浮云遮望眼"。运用大历史观研究中国市场营销学科发展史，要求我们心怀"国之大者"，把中国市场营销学科发展史放在历史长河中审视、放在时代大潮中把握、放在全球风云中对比，在市场营销起源、市场营销理念发展、市场营销理论创新等学术问题上实事求是，坚定文化自信。在市场营销学科建设发展的实践中，既要注重总结历史经验、认识历史规律，更要努力把握历史机遇、掌握历史主动，放大市场营销学科建设和创新的格局境界，探索学科建设新作为的规律方法，从而让市场营销学科发展史的研究成果转化为中国市场营销学科发展创新的不竭动力。这也正是研究中国市场营销学科发展史的意义和价值所在。

第 2 节　市场营销实践的起源

一、德鲁克关于市场营销起源的论述

　　关于市场营销实践的起源，著名管理学权威彼得·德鲁克（Peter Drucker）认为，市场营销作为企业的自觉实践最早并不是产生于西方，而是起源于日本东京三井家族的一位成员，1650 年前后他在东京成立了世界上第一家百货商店，并为该商店制定了一些经营原则。该原则的基本内容是：公司充当顾客的采购员；为顾客设计和生产他们需要的产品；保证满意，否则原款奉还；为顾客提供丰富多样的产品；等等。250 年之后，美国的西尔斯·罗巴克公司（Sears and Roebuck）才提出类似原则。

　　直到 19 世纪中叶，市场营销才在美国国际收割机公司（International Harvest Company）出现。第一个把市场营销当作企业的中心职能，并把满足顾客需求当作管理的专门任务的是该公司的赛勒斯·麦考密克（Cyrus McCormick）。他还创造性地提出了现代市场营销的一些基本工具和理念，例如：市场调研、市场分析、市场定位、定价政策、售后服务、分期付款等。

　　又过了约 50 年，市场营销才进入美国的学术研究领域，进而在企业

管理的舞台上闪亮登场。1902 年，密歇根大学开设了"美国工业分销和管理"课程，内容涉及各种产品的分类、分等、品牌、批发和零售等方面。1904 年，克鲁希（W. Kreusi）在宾夕法尼亚大学讲授"产品市场营销"课程，这是"市场营销"首次被用作大学课程的名称。1910 年，拉尔夫·斯达·巴特勒（Ralph Starr Butler）在威斯康星大学讲授"市场营销方法"课程。

二、对德鲁克观点的质疑

（一）德鲁克的论述在时间上有误

据考证，德鲁克所说的三井家族的成员，名叫三井高利。正是他奠定了三井财阀成长、壮大、不断发展的基础。1673 年 8 月，他在江户（即现在的东京）本町开设了名为越后屋的吴服店。这就是德鲁克所说的世界上第一家百货商店，也就是现在的三越百货。其开业时间比德鲁克所说的要晚 20 年。当时，越后屋吴服店提出的明码实价、替顾客着想、按需进货等理念对于吸引客户、提升客户满意度、提高商店经营效益都起到了重要的促进作用。

（二）市场营销在中国的出现肯定早于日本

德鲁克认为市场营销实践最早产生于日本的依据，就是所谓的世界上第一家百货商店的经营原则。我们认为，按照德鲁克的判断标准，无论是市场营销实践本身还是用于指导实践的市场营销思想，在中国出现的时间肯定要早于日本。日本市场营销思想的产生和市场营销实践的发展在很大程度上是受中华优秀传统文化影响的结果，这里仅举一例。1625 年 4 月 6 日，位于福建省福清市渔溪镇万福寺的中国名僧隐元大师，收到日本长崎市兴福寺住持逸然性融的邀请，东渡日本弘法。在日本期间，隐元大师不仅传播了佛学经义，还带去了先进文化和科学技术，对日本江户时期经济社会发展产生了重要影响。更何况，早在北宋时期（960—1127 年），就曾出现济南刘家功夫针铺的印刷广告，内含品牌标识和广告语。该广告比迄今为止世界上其他国家最早出现的印刷广告早了 300 多年。①

---

① 任之光，赵海川，杨凯．营销科技的发展、应用及研究现状评述与展望．管理科学学报，2022，2（1）：1-11.

史料1-1　世界上最早的品牌广告在中国

　　如今人们对丰富多样的品牌广告屡见不鲜，殊不知，如果追溯世界上最早的品牌广告，当属北宋济南刘家功夫针铺的"白兔儿"品牌广告。

　　这块"白兔儿"品牌广告现在收藏在中国国家博物馆，是中国乃至世界范围内至今保存的最早的品牌广告实物，比欧洲商行、商会的商标印记早了200多年。这块铜版广告上面雕刻着"济南刘家功夫针铺"的标题，中间是白兔捣药的图案，图案上还标注"认门前白兔儿为记"，下方则刻有说明商品质地和销售办法的广告文字：收买上等钢条，造功夫细针，不偷工，民便用，若被兴贩，别有加饶，请记白（如图1-1所示）。广告上的这只白兔，可以说是世界上最早的"广告明星"了。这块铜版既有生产单位、商标，又有对产品原料、商品质量、使用效果的介绍，还有对营销方式的宣传，其内容无异于现代品牌广告。

图1-1　济南刘家功夫针铺品牌广告

　　《济南通史·宋金元卷》提到，这块印刷铜版还透露出这样一些信息：刘家针铺应该是一家颇具规模的工商店铺，否则不会着意于批发和刻版印刷大量招贴广告；另外可以判断周边类似的店铺一定不少，所以这家针铺着意建造了颇为豪华的店铺门头，并把有鲜明白兔形象的大招牌悬挂于门前，以便于顾客辨认。因此，中国人可能是世界上最早懂得使用品牌商标、广告并建立品牌形象的。宋代济南人以其先进的市场经济意识、高度的商业智慧和经营才干为民族赢得了这份荣誉。

资料来源：北宋济南出现了世界最早的广告商标：刘家功夫针铺"白兔儿".
(2020－04－18). https：//www.sohu.com/a/389230075_488237.

在历史长河中，中华民族形成了伟大民族精神和优秀传统文化，这是中华民族生生不息、长盛不衰的文化基因。我国《周易》、《尚书》、《诗经》、"春秋三传"、《史记》等古代典籍就有许多比三越百货更早的市场营销实践的记载和论述。《论语·雍也》道出了市场营销的真谛："己欲立而立人，己欲达而达人。"《史记·货殖列传》从市场供求规律出发，倡导满足未来市场需求，"旱则资舟，水则资车"。总之，作为四大文明古国之一，中国很早就有了从事商品交换的市场，促进交换达成的市场营销实践和市场营销理念在中国更是源远流长。事实上，"市场经济，在封建社会时期就有了萌芽"①。

三、中国古代的市场营销思想与实践

观今宜鉴古，无古不成今。作为一门系统、完整的学问，市场营销发轫于美国。但是，在中华优秀传统文化、近现代中国企业家的市场营销实践和党的创新理论中早已客观存在着丰富的市场营销理念和思想。对此，我们应坚定文化自信。

如前所述，中国古代市场营销理念和实践一直作为"商学"的重要组成部分呈现给世人。因为，市场营销（marketing）这个概念不是中华文明固有的术语。毛泽东评点二十四史时说：为什么商朝称为商朝？因为那时商品经济已很发达。在一定程度上，商朝正因为重视商品交换和营销，才成为我国历史上第一个延续500余年的大朝代。

商的先世商族原本是黄河下游的一个部落。该部落一个叫作契的祖先，因为辅佐大禹治水立下了汗马功劳，被封赏于商地（今河南商丘）。

---

① 邓小平. 社会主义也可以搞市场经济//邓小平. 邓小平文选：第二卷. 北京：人民出版社，1994：236.

部落所在地水草丰美，饲料充足，因而畜牧业比较发达。牲畜是部落从事对外交换的主要物品，从事牲畜营销就成为商部落的主要业务之一。

事实上，在夏朝，商部落就以精通交换、擅长营销出名。营销是致力于通过满足对方需要而实现自身目标的交换，是交换的高级形式。商部落从事交换的高明之处就在于善于捕捉市场需求，将需求偏好等信息告知生产加工者以便改进质量、花色、图案、形状等，更好地满足市场需求。不仅如此，商部落的人还勤于开拓有购买潜力的市场。其中一人名叫王亥，克服重重困难，带着牲畜等其他物品远赴他乡，与其他部落开展贸易。在贸易交换过程中，研究预测对方需求，成为商族首领必做的功课。否则，舟车劳顿，兴师动众，却不能通过满足对方需要实现自己的战略目标，如何彰显自己的领导力和超人本领？如何让本部落的群众心服口服？如何满足部落生存、发展、壮大的客观需要？

到了王亥七世孙汤的时候，夏朝贵族阶层骄奢淫逸，挥霍无度，醉生梦死，不思进取。商汤志向高远，审时度势，为了实现自己的战略目标，命令本部落的妇女研发生产高端纺织品，满足夏朝妃嫔媵嫱、王子皇孙穿着打扮高消费的需要，用以换取夏朝作为战略物资的粮食，温水煮青蛙一般削弱夏朝的力量。就这样，商族人充分利用自己擅长的营销手段和比较发达的手工业，作为政治斗争的有力武器，最终建立了商朝。商于是由部落的名称成为朝代的名称。

随着商朝的发展壮大，其高层的腐败堕落也初露端倪，之后愈演愈烈，最终走向了与夏朝同样的下场。正如杜牧在《阿房宫赋》中所讲，"秦人不暇自哀，而后人哀之；后人哀之而不鉴之，亦使后人而复哀后人也"。

商朝灭亡之后，凭着经商这一技之长，商遗民纷纷投身做生意、跑贩运。于是，做买卖、搞营销就成了商遗民的主要职业。人们渐渐习惯把做买卖的人统称为"商人"。

起先，人们只是把跑贩运贸易的叫作"商"，即走村串寨沿途买卖的商人；坐肆售物的叫作"贾"，即有一定场所、招徕他人来买卖东西的商人。这就是所谓的"行商坐贾"。后来，商和贾逐渐被统称为商人，这就是商人的由来。现在，我们称用于出售的生产物为"商品"，称专门从事交换的行业为"商业"。可以说，商旅、商人、商品、商业，都和历史上的商朝有历史渊源。

西周时期，周文王曾通过改善市场营销环境、推进营销便利化、大力发展商品交换来渡过荒旱难关。他在《告四方游旅》中称，要给四方游商以便利，如果认为这里的货币轻，可以另发重币；货物随到随卖，不耽误，早晚均可进行交易。①

由此可见，营销理念和营销实践在中国源远流长，中华文明 5 000 多年发展进程中的营销格言、营销案例、营销先哲更是不胜枚举。

四、中国近代的市场营销思想

科学理论的价值在于它能够指导实践。理论指导实践的过程也是理论自身不断得到检验和发展的过程。理论只有联系实际才能发挥作用，理论武装只有解决问题才能取得实效。市场营销学或市场营销理念是市场营销实践经验的概括总结，其形成和完善也同样经历了理论与实践互动、碰撞的历史过程。

1890 年，洋务派代表人物张之洞（1837—1909）作为"中体西用"理论的集大成者，创建了两湖书院。他既注重继承中国传统儒学，又积极学习引进西学，倡导借鉴西方的文化和技术。1896 年，两湖书院课程体系中增设了包括经济、工商、商务等在内的新课程。其中，不少课程内容与市场营销密切相关。张之洞也在其著作《劝学篇》中积极倡导"访新地，创新货，察国人之好恶"，提出"商先谋之，工后作之"，强调"商为主，工为使"等。②

中国论述市场营销问题的商学典籍，早在 1895 年之前就已存在。这些商学论著将中华优秀传统文化中的商学理念、经商哲学与从国外学习借鉴得来的感悟有机结合，用于指导中国的市场营销实践。在众多商学典籍中，张之洞所著《劝学篇》所涉及的市场需求、市场竞争、出口营销、产品定价、分销渠道等市场营销思想尤为突出。该著作于 1898 年刊行，先

---

① 吴慧. 中国商业通史简编. 北京：中国商业出版社，2015：8 - 20.
② 张之洞. 劝学篇. 北京：朝华出版社，2017：139 - 147.

后译成英文、法文出版。30 多年之后，有两本书名包含"市场学"的教科书在中国出版。一本是丁馨伯编译的《市场学原理》，1934 年由世界书局出版；另一本是侯厚吉编写的《市场学》，1935 年由黎明书局出版。①

总之，涉及市场营销的出版物，在中国出现的时间要早于目前已知的任何国家。

第 3 节 中国市场营销思想的萌芽

中国古代大量鸿篇巨制中包含着丰富的哲学社会科学内容、治国理政智慧，为古人认识世界、改造世界提供了重要依据，也为中华文明提供了重要内容，为人类文明作出了重大贡献。作为四大文明古国之一，中国很早就有了进行商品交易的市场，而致力于在市场中促进交易实现的市场营销活动，在中国的历史也源远流长。在中国古代，人们已经感受到了市场营销对其需要得以满足的重要性，交换使人们各得其所，市场营销成为日常生活的重要内容。但是，当时的市场营销思想尚处于萌芽阶段，由于时代的局限性，尚未形成严整的理论体系。

一、先秦典籍中的市场营销思想

从《周易》、《尚书》、《诗经》、"春秋三传"等典籍中，可以整理、挖掘出许多基本的市场营销思想和原则。《周易》记载（神农氏）"日中为市，致天下之民，聚天下之货，交易而退，各得其所"。此时所谓"天下"只能以日中为市，在数小时之内便能完成交易，各人满意而去，可见其"天下"之小。

西周时期，固定设在王城中的市，每日三次。朝市在早上进行，以商贾间的买卖为主；大市在日中进行，以一般消费者为主；夕市在傍晚进行，以贩夫贩妇为主。此外，西周在满足市场需求方面还有一些基本原则，即"凡治市之货贿六畜珍异，亡者使有，利者使阜，害者使亡，靡者使微"。通俗来讲就是，若干重要商品，没有的要使其有，有利的要使其推广，有害的要加以排除，奢侈的要使其减少。对于不同类型的商品，采

---

① 李飞. 中国营销学史. 北京：经济科学出版社，2013：53.

取不同的市场营销对策，如"五谷不时，果实未熟，不粥于市。木不中伐，不粥于市。禽兽鱼鳖不中杀，不粥于市"。这些原则尽管有其阶级虚伪性，代表封建领主阶级的利益，但就其自然属性而言，与当今人们熟知的"适应不同需求采取不同市场营销对策"有异曲同工之妙。

另外，《诗经》和《周易》中的某些论述，对于我们研究古代市场营销思想也具有重要意义。例如，《诗经·卫风·氓》曾有这样的描述："氓之蚩蚩，抱布贸丝；匪来贸丝，来即我谋。"就是说，青年人以从事商品交换为由，来交换场所会见心上人。在推销产品的同时，还推销自己。这一方面说明交换与人们的日常生活有着密切联系；另一方面也说明当时的人们已有了对广义市场营销的初步认识。值得一提的是，宋代朱熹对"抱布贸丝"的理解是："布，币。贸，买也。"他不认为是用布换丝，而是用"币"买丝，"布"就是币。

《周易》则探究了天道与人道的关系，是概括天理与人道结合的"天人合一"的哲学，即"天人之学"。纵观历史，儒、道、墨等多家的学术思想，无不源于《周易》的"天人合一"、天人同德思想（即人与自然相亲相爱，万物皆有情）。这一思想对当今学术思想及管理科学的发展仍有着重要的影响。进入 20 世纪 90 年代以来，日益为世人所重视的"绿色市场营销"观念与《周易》的"天人合一"思想可以说是一脉相承的。

二、儒家的义利观与诚信为本

在中国的市场营销实践中，义利之辩，古已有之。孔子曾说："义者，宜也。"宜即合理之意，人的行为必须合理，要有"义的自觉"，"君子以义为上"。义和仁、礼、智被儒家视为人的"四端"（端是为人的起点）。孟子也称："义，人之正路也。"做人要讲义，而市场营销活动具有牟利性，这就是义利之争在市场营销活动上的具体化。如何对待义与利之间的矛盾，儒家的态度是"见利思义""见得思义""义然后取""义，利之本也；利，义之和也"，把义放在首位，义为利的前提。

孔子的"己所不欲，勿施于人"对于现代市场营销思想的发展仍具有重要意义。经济利益的互补性和互存性，决定了人们必须为他人的利益着想。用现代市场营销理论的说法，就是通过满足目标市场的需要和欲望，来取得利润收入，求得企业的生存与发展。谈到欲望问题，孔子的高徒子产曾有过精辟的阐述："无欲实难。皆得其欲，以从其事，而要其成。"（《左传·襄公·襄公三十年》）

儒家在强调义利观的同时也很强调信。孔子认为，活政必须有"足食、足兵、民信"三条，在不得已的情况下可以去掉"兵"和"食"，但"信"必须坚持，"自古皆有死，民无信不立"。荀子提出"诚为政本"的观点："君子养心莫善于养诚，致诚则无它事矣……不诚……民犹若未从也，虽从必疑……不诚则不能化万民，不诚是疏……不诚则卑。夫诚者，君子之所守也，而政事之本也。"（《荀子·不苟》）诚信才是市场营销长久之道。

三、"待乏"学说满足未来市场需求

范蠡是春秋时期越王勾践的重要谋士，还是位著名的大商人，他的经济思想在我国历史上占有十分重要的地位。他提出的经济循环理论可以看作是现代市场营销理论中市场预测学说的雏形。该理论认为，自然气候的好坏会影响农业劳动生产率，谷物的收获量就会有多有少，因此"八谷亦一贱一贵，极而复反"（《越绝书·第十三卷》），谷物价格必然会随天时的变化而涨落。要想取得市场营销的成功，就必须根据自然规律掌握商情的变动。

范蠡还提出著名的"待乏"学说，即所谓"夏则资皮，冬则资絺，旱则资舟，水则资车"（《史记·货殖列传》）。这句话的意思是，商人在夏天购入皮货，在冬天准备细葛布，在天旱时购买船只，在天涝时准备车辆。也就是说，产品的市场营销，不仅要考虑满足当前的市场需要，更重要的是从市场需求的发展趋势出发，制订市场营销计划，安排适应未来需要的商品供应上市。以上所述市场营销原则在《越绝书·第四卷》中有比较具体的提法："阴且尽之岁，亟卖六畜货财，以益收五谷，以应阳之至也。阳且尽之岁，亟发籴，以收田宅、牛马、积敛货财，聚棺木，以应阴之至也。此皆十倍者也。"在这里，范蠡将所有商品分为两大类：一类是五谷，即粮食商品；一类是田宅、牛马等，即非粮食商品。他认为，这两类商品的价格动向是相反的，进而片面地从商品供求关系对市场商品价格的影响

出发，认定在丰年五谷收成好、谷价贱时，人们对非粮食商品的需要增多，其价格必然上涨。如年景不好，谷价上升，人们对非粮食商品的需要就会减少，所以，要在适当的时候抛出和购进商品，这便是获利五倍、十倍的秘诀。

范蠡主张在所存商品价格昂贵时，把它当作粪土一样立即抛售，毫不吝惜；在物价便宜时，将便宜商品当作珠玉一样大胆收购。此即所谓"贵出如粪土，贱取如珠玉"（《史记·货殖列传》）。同时，他还提出要"无敢居贵"，不主张过分贪求高价，要从商品周转次数的增多中增加利润收入。

四、《管子》的市场观

《管子》是我国古代的一部经济巨著，在现存《管子》76篇中有2/3以上都涉及经济问题，有近1/2是研究经济的，这在先秦著作中是绝无仅有的。《管子》中基本经济概念的奠基者是管仲，他曾担任齐国的国相，辅佐齐桓公成为春秋霸主。

《管子》一书提出了许多关于市场的新颖独到的看法，主要包括：

（一）市场可以济民乏，应普遍设立

《管子》指出，"方六里命之曰暴，五暴命之曰部，五部命之曰聚。聚者有市，无市则民乏。五聚命之曰某乡。"（《管子·乘马》）每一乡都必须设五个市，如无市则不能使百姓互通有无，百姓就会感到物资匮乏，供不应求。在此之前，人们理解市的作用是"以有易无"，而《管子》提出"无市则民乏"，从解决百姓物资缺乏的问题着眼，意味着小商品生产有了很大的发展。人们卷入交换的范围越广泛，对市场的依赖也就越大，越来越多的生活用品必须从市场取得，这些客观事实是形成"无市则民乏"这一新观点的条件。同时，市的设立必须普遍，才能真正解决物资缺乏的问题。

（二）市场是决定商品贵贱的场所

《管子》指出，"市者，货之准也。"（《管子·乘马》）万物之贵贱，必须通过市场活动才能得到最后的确定。尽管《管子》的作者不懂得商品有自己的价值，交换只不过是价值的实现，但在生产为私有者所掌握的条件下，只有在市场上看到价格的自我波动，商品生产者才知道与有支付能力

的需求相比到底什么生产太多、什么生产太少，此时"市者，货之准也"方显其道。

（三）市场可以刺激生产发展

《管子》指出，"市者……可以知多寡，而不能为多寡"（《管子·乘马》）。通过市场的动态可以了解哪些商品生产太多，哪些商品生产太少，但市场本身不能生产商品，所以无法直接决定商品数量的多少。然而，市场能够起到刺激生产的作用。"市也者，劝也。劝者，所以起。"即市场能起到观摩、鼓励的作用，通过市场可以推动生产事业。《管子》实际上说明了"生产决定交换，交换反作用于生产"的道理。

五、苏轼的市场营销方式论

苏轼是北宋著名的文学家、诗人和思想家。他曾就订购和赊卖等市场营销方式做过论述："夫商贾之事，曲折难行。其买也先期而与钱，其卖也后期而取直。多方相济，委曲相通。倍称之息，由此而得。"（《苏东坡集·奏议集·上皇帝书》）在此之前的思想家甚至那些代表商人阶层观点的思想家都不曾提及私人商业往来中的订购与赊卖等方式，可见宋初商品经济的发展已达到相当高的水平，所以才在一些思想家的论述中得到反映，而苏轼则是明确提到这一问题的代表。

关于市场主导者（market leader）在竞争中以巨额货币资金压垮小商小贩的情况，苏轼也有所论述："譬如千金之家，日出其财，以罔市利。而贩夫小民终莫能与之竞者，非智不若，其财少也。是故贩夫小民，虽有桀黠之才，过人之智，而其势不得不折而入于千金之家。何则？其所长者不可以与较也。"（《苏东坡集·应诏集·策断》）他还提倡批发与零售相辅而行的市场营销方式，指出："且平时大商所苦以盐迟而无人买，小民之病以避远而难得盐。今小商人不出税钱，则所在争来分买。大商既不积滞，则轮流贩卖，收税必多。"（《苏东坡集·应诏集·策别》）①

总而言之，中国很早就有了市场营销思想的萌芽，这些思想萌芽是中国源远流长的市场营销实践活动的反映和总结，对于中国甚至全球的市场

---

① 郭国庆．中国传统文化中的市场营销思想初探．商业经济研究，1998（2）：23－26．

营销实践和理论发展都具有重要的启示意义。

中华文明是世界上唯一延续至今、从未中断的文明，具有独特的文化基因和发展历程。长期以来，中华文明同世界其他文明互通有无、交流借鉴，与时代共进步，有着旺盛生命力；与此同时，也向世界贡献了深刻的思想体系、丰富的科技文化艺术成果、独特的制度创造，影响了世界文明进程。博大精深的中华优秀传统文化是我们在世界文化激荡中站稳脚跟的根基，中华优秀传统文化中的市场营销思想是我们应对国际市场各种严峻挑战的制胜法宝。

不忘历史才能开辟未来，善于继承才能更好创新。构建具有中国特色的市场营销学科体系，为世界市场营销理论宝库作出中国贡献，进而推动市场营销理论不断创新发展，也必须认真研究和充分借助中华优秀传统文化中的市场营销思想。

传承中华文化，绝不是简单复古，也不是盲目排外，而是古为今用、洋为中用、辩证取舍、推陈出新，摒弃消极因素，继承积极思想，"以古人之规矩，开自己之生面"，实现中华文化的创造性转化和创造性发展。在中国特色市场营销学科建设方面，我们要坚持不忘本来、吸收外来、面向未来。

第4节　中国的市场营销学科

一、张之洞两湖书院的市场营销课程

清代张之洞曾提出"中学为体，西学为用"以及"中学为内学，西学为外学，中学治身心，西学应世事"的观点，主张先明内学，然后择西学以用之。不仅要保留、弘扬和充分运用中国的学问，而且要将其放在非常重要的地位；要使西学与中国的具体国情结合起来，为发展壮大中华民族服务。为此，他积极支持创办新式学堂、派留学生出国等活动，曾先后创办了两湖总师范学堂、自强学堂（武汉大学前身）、三江师范学堂（南京大学等高校起源）、湖北农务学堂（华中农业大学前身）、湖北幼稚园（中国首个幼儿园）、湖北工艺学堂（与武汉科技大学等高校有渊源）、慈恩学堂（南皮县第一中学前身）等。

1890 年 4 月，张之洞于武昌营坊口都司湖畔创建两湖书院。经费主要出自湘、鄂两省茶商捐赀，故名"两湖书院"，专门招收两湖士子，每省员额 200 名，另为报答茶商资助，专录商籍学生 40 人。1903 年，两湖书院改为文高等学堂，亦称两湖大学堂。不久又称为两湖总师范学堂。

1896 年，两湖书院增设了包括经济、工商、商务等在内的新课程。其中，不少课程内容与市场营销密切相关。

（一）重视需求调研

张之洞积极倡导根据市场需求调研，进行预测，及时掌握国人消费需求，并推出创新产品的市场营销思想。他指出，要"访新地，创新货，察人国之好恶"。也就是说，既然产品是为市场生产的，那么就必须时刻注意调查各个地方、各个市场的新动向，及时了解消费者需求偏好的新趋势，据此不断开发新产品，占领新高地，开拓新市场，形成需求牵引供给、供给创造需求的良性循环。

（二）坚持按需生产

张之洞认为，生产者不能漫无目的地开工生产，必须让市场营销先行一步，深入细致全面地调研预测市场未来前景之后，再考虑选择哪些项目、购置哪些设备、生产哪些产品，"商先谋之，工后作之"，按需生产。用著名企业家张瑞敏的话来说，就是"先建市场，后建工厂"。[①]

（三）强调营销引领生产

马克思在《资本论》中精辟地指出："在商品生产中，流通和商品生产本身一样必要。"[②] 既然商品是为满足市场需要而生产的，就必须把购买者所追求的利益和价值放在首位。市场营销人员或市场营销部门对市场需求的感知和反应最为直接和迅速。张之洞明确提出，"商为主，工为使"。要想取得企业经营的成功，市场营销必须发挥引领作用，生产制造部门要配合市场营销部门的工作，听从市场营销部门的建议。

（四）阐明定价影响因素

张之洞还精辟阐述了市场营销管理中成本、价格和销售的辩证关系，

①　郭国庆．市场营销学通论．9 版．北京：中国人民大学出版社，2022：7.
②　马克思．资本论：第二卷．北京：人民出版社，1975：144.

强调了成本影响价格，而价格又影响销售的营销规律，指出"本贵则价难减，价昂则销愈滞"。经营者要获得竞争优势，不断提高市场份额，就必须致力于降低成本，实施迈克尔·波特倡导的低成本战略。否则，没有低成本的强力支撑和保障，很难在市场竞争中降低产品价格，遑论应对"价格战"。价格居高不下，产品的销售增长就会越来越迟缓，经营者难免失去市场份额。

（五）探寻市场供求规律

现代经济学认为，供求对价格的作用表现在：供求决定价格，供给不变，需求增加，产品价格将会上涨；需求不变，供给增加，产品价格将会下降。价格对供求的作用表现在：价格对供求行为具有反馈作用，既有负反馈作用，也有正反馈作用，作用结果是不确定的。被普遍看好的产品或项目，在一定时期可能很畅销，盈利较高，但是当产品供应量达到一定程度，盈利水平达到一定高度之后，价格终会回落，销售和利润归于正常。以张之洞所言，"一哄之市必有平"，而适应市场需求的新产品则"销流必广"。

（六）探索国际市场营销模式

张之洞在《劝学篇》中论述了茶叶产品在英国、美国、俄国、印度、锡兰（今斯里兰卡）等国的种植、生产、加工、销售及市场竞争情况，尤其谈到了茶叶所含"胆念"（即现在所说的"单宁"）含量的国际比较及其竞争优势。此外，还谈到了丝、棉、麻、洋纱、夏布等产品的国际市场营销需求、供应情况，尤其对国际市场分销渠道如"自销""代售"等成功模式进行了探索、总结。

二、革命战争时期的市场营销

在革命战争时期，中国共产党为了领导人民获取胜利，积极进行经济建设，大力生产食品、药品、服装、弹药、军需品等，通过卓有成效的市场营销，用革命根据地生产的产品，换取革命战争所需要的物品。为此，党中央多次强调要"尽一切努力降低成本，增加生产，便利推销"[①]；提

---

① 毛泽东．关于工商业政策//毛泽东．毛泽东选集：第四卷．北京：人民出版社，1991：1285.

出红色区域的生产者必须"以尽可能节省的成本（原料、工具及其他开支），制造尽可能多与尽可能好的产品，并在尽可能快与尽可能有利的条件下推销出去"①；指出"市场交易，买者如果不丧失金钱，就不能取得货物；卖者如果不丧失货物，也不能取得金钱"②；倡导善于从需求角度看待市场，强调"因为广大群众的需要，我们自己即有广泛的市场"③。也就是说，有无市场以及市场规模大小，要由市场需求说了算，没有需求，就不能构成市场。考察市场规模，必须注重调查购买者人数、购买力状况以及购买意愿等。

党中央高瞻远瞩，预见到要满足农民生产和消费需要，就必须加强市场营销渠道建设。提出"合作社，特别是消费者、贩卖、信用三种合作社，确是农民所需要的"④，要用合作社的形式将产品供应者和作为最终购买者的农民紧密联系起来，使得物尽其用、货畅其流。消费者合作社、贩卖合作社和信用合作社在提高市场营销效率、及时满足市场需要方面发挥了不可或缺的重要作用。

产品质量体现人类的劳动创造和智慧结晶，对于满足购买者需求具有十分重要的意义。党中央高度重视产品质量问题，指出"一切产品，不但求数量多，而且求质量好，耐穿耐用"⑤，这就为在资源有限的约束条件下最大限度地满足市场需要指明了方向。

三、中国市场营销学科的孕育萌芽

（一）市场营销学科在国外的发轫

市场营销学科较早建立的美国，最初并没有把"市场营销"单独划分

---

① 毛泽东．经济问题与财政问题∥毛泽东．毛泽东文集：第二卷．北京：人民出版社，1993：464.

② 毛泽东．中国革命战争的战略问题∥毛泽东．毛泽东选集：第一卷．北京：人民出版社，1991：211.

③ 毛泽东．我们的经济政策∥毛泽东．毛泽东选集：第一卷．北京：人民出版社，1991：132.

④ 毛泽东．湖南农民运动考察报告∥毛泽东．毛泽东选集：第一卷．北京：人民出版社，1991：40.

⑤ 毛泽东．必须学会做经济工作∥毛泽东．毛泽东选集：第三卷．北京：人民出版社，1991：1020.

出来，而是将其包含在贸易、商业、商务和分销等名目的课程或教材中。随着研究的不断深入和扩展，人们感到有必要采用一个更准确的术语来概括所研究的细分领域。于是，在1900—1920年之间，出现了"市场营销"这个专业术语（如表1-1所示）。

表1-1 早期市场营销课程和教材名称

年份	课程及教材名称
1902	密歇根大学将"市场营销方法"包含在"美国工业分销和管理"课程中
1905	宾夕法尼亚大学开设由克鲁希主讲的"产品市场营销"课程
1909	匹茨堡大学开设"产品市场营销"课程
1910	威斯康星大学开设"市场营销方法"课程，由巴特勒主讲。在此之前，他已出过六本有关的小册子
1913	威斯康星大学开设"农产品市场营销"课程，由韦尔德主讲
1916	韦尔德出版《农产品市场营销学》
1917	巴特勒出版《市场营销方法》

威斯康星大学的拉尔夫·斯达·巴特勒教授在考察整个销售领域时，发现在推销员推销和广告发布之前需要做大量的工作。于是，他决定开设这方面的课程，告诉人们，在推销员推销和广告发布之前还有很多事情要做。这些事情可以用一个词概括——"市场营销方法"。

（二）有关市场营销最早的文献

与市场营销有关的最早的文献当属1901年约翰·富兰克林·克罗威尔（John Franklin Crowell）所写的《产业委员会农产品分销报告》（*Report of the Industrial Commission on the Distribution of Farm Products*）。它作为早期市场营销课程的教材一直被使用到1920年。

这份报告详细阐述了关于市场营销的创新见解。其中，以下两点对于市场营销理论的发展和市场营销学科的建立意义重大：一是描述了农产品从生产者送达消费者的分销体系，包括经历了哪些具体的手续和流程，经由哪些中间商转手，遇到了哪些困难和问题等。农产品不同于制成品，因而其分销系统也明显不同；而且，不同类型的农产品，其分销系统也不尽相同。二是揭示了消费者购买农产品所付出的货币在生产者和分销商之间的比例分配。解释清楚了消费者在市场上购买粮食、水果、肉食时所支付的价钱，有多少是生产者（农场主、种植者）赚取的，有多少是被批发商、零售商拿走的。由此，可以看出生产者和分销商的价值分配以及各自的社会经济地位。

（三）国外市场营销学科产生的时代背景

始于 18 世纪 60 年代的英国工业革命，以棉纺织业的技术革新为开端，以瓦特蒸汽机的改良和广泛使用为契机，以 19 世纪三四十年代机器制造业机械化的实现为基本完成的标志。英国工业革命的主要表现是大机器工业代替手工业，机器工厂代替手工工场。工业革命的发生并非偶然，它是英国社会、政治、经济以及科学技术发展的必然结果。它使英国社会结构和生产关系发生了重大改变，生产力迅速提高。这次革命从开始到完成，大致经历了一百年的时间，影响范围延伸到全球。

19 世纪的美国尚处于英国殖民地体系的影响之下，开始受到英国工业革命波及的影响。工业革命产生了现代工厂制度，同时也极大地提高了劳动生产率。工厂制带来了新兴制造业的发展，使英国等欧洲国家得以依托海外市场和现存的商业组织，开拓国内市场。美国则主要依靠其传统的开拓冒险精神向西部发展，来拓展国内市场。同时，工业革命也引发了生产过剩，1890 年出现了市场销售不畅、停滞不前的情况，生产厂家不得不把注意力转向市场的维系和开拓。在当时，厂家主要以价格政策为中心，试图通过竞争来获得和支配市场。但随后它们从现实中悟出，激烈的竞争必然导致两败俱伤，如果不能找出以非价格竞争为中心的市场对策，厂家必将陷入死地。这也许就是孕育、生成市场营销的土壤。

无数事实证明，实践没有止境，理论创新也没有止境。新技术的发展需要各个方面的专家解决各种新问题。这既包括涉及公共政策的经济问题，也包括生产中的管理问题乃至最终的分配问题，于是在 20 世纪初的西方国家便出现了三派经济学家：传统经济学家、管理工程师和市场营销学家。

传统经济学家一般从宏观的和政治的角度来考虑市场问题。例如，18 世纪英国经济学家亚当·斯密（Adam Smith）最感兴趣的是如何通过增加英国的商业和贸易来加强其外交和军事力量。大卫·李嘉图（David

Ricardo）则主要关注财富的分配，探讨了竞争经济中价格和收入分配的规律，是坚定的自由贸易论者。

到了19世纪末，伴随着资本主义工业化的陆续进行和不断深化，工业在国民经济中的比重逐渐超过农业。在此时代背景下，出现了一派新的经济学家，即管理工程师，例如泰勒（F. W. Taylor）等。他们致力于研究如何实现有效的企业经济性，进而建立并发展了著名的科学管理理论。企业组织规模的日益扩大产生了许多新问题，这些问题只有靠周密的规划与实施才能解决，生产过程、生产方式和生产设备成为直接的研究对象。到了20世纪初，由于功能方面的原因，工程和管理之间逐渐有了差别。

但是，无论是传统经济学家还是科学管理的先驱们，都没有在20世纪初去关注已日益重要的分销问题和市场问题。这个问题留给一派新的经济学家即市场营销学家去研究，他们发展了一种称为"市场营销"的思想体系。第三派经济学家的出现，是由以下主要力量共同导致的：经济条件的发展变化、理论假设与现实之间分歧的日益扩大、理论研究所要求的新技术的兴起。所有这些因素在20世纪初都激发了市场营销思想新体系的产生。而彼时的美国开始从自由资本主义向垄断资本主义过渡，社会环境也发生了深刻的变化。工业生产飞速发展，专业化程度日益提高，人口急剧增长，个人收入水平也在不断上升。日益扩大的新市场为创新提供了千载难逢的好机会，人们对市场的态度开始发生变化。以上因素催化着市场营销思想破茧而出，从而进一步推动了市场营销思想的理论化和体系化。

（四）市场营销学科产生的推动因素

1. 市场规模迅速扩大

根据古典经济学家的假设，市场的范围是有限的，需求者和供给者彼此了解、熟悉，从而导致完全竞争。随着工业革命的出现，上述假设条件有所减弱。到19世纪末，美国广阔市场的现实条件已与人们普遍接受的经济理论的假设大不相同了。

1865—1875年，美国铁路总长增加了一倍。1869年，美国第一条横跨北美大陆的铁路宣告完工。到1900年，已有五条横跨北美大陆的铁路把太平洋沿岸与密西西比河谷连在一起，铁路总长也由1865年的35 000英里增加到193 000英里。到第一次世界大战，美国铁路总长已达

254 000 英里，铁路服务几乎遍及每一个城镇，从而为产品销往远方市场提供了便利。

为开发西部而迅速进行的铁路建设，有力地促进了美国钢铁工业的发展和国内市场规模的扩大。到 20 世纪初，美国国内市场扩大到前所未有的程度。1860—1900 年，美国的人口从 3 140 万增长到 9 190 万。19 世纪 60 年代，美国 21％的人口住在人口数量超过 2 500 人的城市；1900 年这一数字达到 41％，1920 年则涨到 51％。人均收入从 1859 年的 134 美元上升到 1899 年的 185 美元，随后升到 1914 年的 285 美元。

市场规模的扩大，意味着买卖双方来自五湖四海，交易的双方彼此有隔阂。卖方不知道其商品在市场上会有多少同类，究竟有多少人真正需要这些商品，商品能否卖出去，卖多高的价格才合适，卖出多少才能收回成本等。买方对于谁能提供自己需要的产品、价格几何等问题也无从得知。扩大的市场给大规模生产带来了机会，同时也引入了新的竞争因素，信息、促销等变得越来越重要。随着市场机会的增加，卖方发现新的竞争者也在不断涌现，因此，他们要求学习新理论、掌握新技能、采取新策略，最重要的是要用崭新的市场营销思想武装头脑，学会市场调查、市场预测、市场细分、市场选择、市场定位、市场营销组合、广告促销等理论、方法。由此，市场营销课程和教材的陆续问世，为学科发展奠定了基础。

2. 生产能力不断增强

(1) 工业革命、科技创新促进了生产的高效率。英国工业革命已对当时的经济理论产生了影响，19 世纪末美国的工业化则更进一步推动了思想观念的更新。1860 年以前，美国政府总共只批准了 3 600 项专利。但 1860—1890 年间，这个数字却飞涨到 44 万。对知识产权的有效保护，激发了全社会的创新活力，在规范市场秩序、打造著名品牌、满足市场需求方面发挥了重要作用。

19 世纪末，科学技术的进步，标准产品、零部件和机械工具的发展，食品储存手段的现代化、电灯、自动织机的应用等，促使美国由农业经济迅速向工业经济转化，政府也通过税收优惠等各种方式刺激工业生产。西部的牛、羊牧场为东部消费者和制造商提供了肉食、羊毛和皮革制品，农民种植的农作物在国内和国际市场上销售。

1866 年，企业家塞勒斯·菲尔德（Cyrus W. Field）铺设了通往欧洲的海底电报电缆。后来十年中，亚历山大·格雷厄姆·贝尔（Alexander Graham Bell）发明了首台商用电话。1868 年，克里斯托弗·肖尔斯（Christopher Sholes）发明了打字机。1879 年，詹姆斯·里蒂（James Ritty）发明了收银机和计算器。1900 年，伊士曼柯达公司（Eastman Kodak Company）推出了布朗尼盒式相机。1901 年，金·吉列推出了吉列这个品牌。1903 年，莱特兄弟（Wright Brothers）制成第一架飞机。同年福特汽车公司成立。1904 年，查尔斯·罗尔斯（Charles Rolls）和亨利·罗伊斯（Henry Royce）成立了罗尔斯-罗伊斯公司。1908 年，威廉·克拉波·杜兰特（William Crapo Durant）在新泽西州成立了通用汽车公司。信息沟通、交通运输、物流配送的便利化，促进了企业开拓新市场、推出新产品、满足新需求等市场营销战略的有效实施。

（2）买方市场取代卖方市场。大量商品开始涌入市场，国内市场也由卖方市场转变为买方市场。买方市场是指市场商品供过于求，各生产者为卖出自己的产品相互之间展开激烈竞争，买方居于优势地位的市场形势。卖方市场是指市场商品供不应求，各购买者为买到自己所需要的产品相互之间展开激烈竞争，卖方居于优势地位的市场形势。

到 1914 年，美国市场商品日益丰富，所有制成品价值的 54% 来自食品、纺织、钢铁和木材行业。原先以家庭为单位的作坊式生产日益向工厂生产转化，大量的资本被投入以扩大再生产。工业扩张所需的资本也更容易地获得，个人储蓄、商业储蓄及外国投资都热衷于投资制造业，支持工业生产。不仅如此，政府还通过多种方法刺激、鼓励工业发展。政府免费提供工厂场地、弱化企业管制、采用累计退税制、政治家们代表大企业或企业家参政等，也有力地促进了工业发展，加速了市场商品的供过于求。买方市场的形成给生产企业产品销售带来了巨大的压力，探索产品适应市场之策便成为管理者不可回避的难题。

（3）科学管理给市场带来新变化。到 20 世纪初，美国许多企业都开始实施科学管理，以便使人类劳动符合机器时代的需求。1913 年，杜邦公司、通用电气公司、伊士曼柯达公司等 50 余家制造商每年投资成百上千万美元供自己的工程师和科学家从事科学研究。许多管理学家纷纷倡导企业家细分工种，改革生产程序，加强组织协调，满足工人社会需求，从而提高劳动效率。在技能专家的有效管理下，工人能够借助现代机械以更快的速度从事单项劳动，因而大大提高了生产效率。

生产者越来越倾向于依靠生产效率和周密的战略计划来提升满足市场需求的能力。他们不再只是为一个局部的当地市场服务，而是致力于开拓更多充满不确定性的外地市场，甚至外国市场。以往购买者大多是在非常熟悉的当地市场上从事购买活动，因而有一种自信感和安全感。但是，随着市场规模的扩大，这一切都被削弱或不复存在了。城市将不同种族、不同民族、不同阶层的人们聚集在一起，在市场交换活动中，买卖双方的陌生感与日俱增。

（4）中间商崛起影响了消费者行为。随着生产的持续发展，大量新产品涌入市场，处于生产者与消费者之间的中间商异军突起，不断壮大，尤其是连锁店、邮购店和百货公司等零售业态发展迅速。弗兰克·伍尔沃斯（Frank Woolworth）于 1879 年在纽约尤蒂卡开张了第一家"五分一角店"，其之后发展成为全国范围的纺织品连锁店。1887 年创建于芝加哥的西尔斯·罗巴克公司，其邮购生意十分红火，每年发行大量的商品目录，为其邮购产品打下了广阔的市场，将时尚新潮和家庭装饰带给了偏远地区的人们，还为他们带去了新的日常用品、器具机械和科学技术。大城市百货公司在美国的出现，改变了人们的消费行为，购物逐渐演变为一种诱人的享受。不少商场还设有餐厅、茶馆和舒适的休息间。这一切都昭示着购物既是满足需求的活动，同时也是一种社交活动。

随着工人工资的增加，各个社会阶层的消费需求蓄势待发。19 世纪末期是一个突飞猛进的时期，其显著特征就是造就了一大批巨富阶层，由此也推动了中产阶级的发展、繁荣和壮大。银行职员、会计师、中层管理者等白领阶层的工资在 1890—1910 年间平均增加了 1/3。医生、律师及其他专业人士不仅社会地位明显改观，而且工资收入也大幅增长。成衣的出现便是这一时期消费水平提高的明显标志。与此同时，市场上还出现了各种广告宣传、打折降价、免费赠品等促销活动。这些使得消费者有些眼花缭乱，困惑不解，他们盼望能有一门新的学科或理论来对此作出解释，以更有效地指导其生活实践。现实生活实践的难题，也正是学术界理应尽快破解的课题，于是，许多大学先后开设与市场营销有关的课程，编写出市场营销学教材。这些创新的知识，使企业管理者醍醐灌顶，也受到广大消费者的重视和欢迎。

3. 供求形势急剧变化

此前很长一段时期，经济学界普遍认为，物质资料生产是人类社会存在和发展的基础，生产创造的价值在创造价值的生产要素之间分配，每人拿到的份额就转化为市场上的需求。从社会某一静态的市场条件看，上述基本假设可能是正确的，但是 19 世纪末 20 世纪初的美国市场并不是静态的。消费信用的广泛使用推动了需求的增长、教育水平的提高以及通信事业的迅速发展，产生了一个不同于早期理论家所描述的市场，需要重新分析的市场。1870—1910 年间，美国日报发行量增加了近 7 倍，从不足 300 万份增加到 2 400 万份，比人口增长率要高出 3 倍。报纸本身开始成为一种必不可少的商业业务，在活跃市场、传播信息、刺激需求等方面发挥日益重要的作用。

过去人们所进行的交易一直依赖于买者和卖者的相互理解和信任，当卖者规模小、具有地方性时，买者较了解市场，安全感很强。买者的安全感随着市场扩大而逐渐减弱。到 19 世纪，随着讨价还价力量的减弱，买者的不安全感大大增强，阻碍了市场交换活动的顺利进行。而且，新产品的大量导入、市场上新的促销媒介的使用，都给消费者带来了众多的难题。于是，市场营销学术研究、市场营销学课程和教材日益引起各大学相关专业教师的重视。

4. 中间商地位显著提高

在古典经济学发展的鼎盛时期，介于生产者和消费者之间的中间商对于当时的经济并没有多大意义。从个体角度看，中间商是必要的，但从总体角度看，中间商并不构成所谓的分销系统或流通体系，只是被动地为生产者服务，既不是市场的开拓者或生产的引领者，又不能为产品有序流向市场提供必需的仓储物流服务。经济学家在分析生产要素、价值创造、定价政策时，根本就不把中间商当作典型的企业组织来看待。

进入 20 世纪，中间商的作用和社会地位开始有所变化。在此期间，直接出售家庭手工业品和农产品的现象逐渐减少，而通过正规的专门化分销渠道买卖商品的趋势日益明显。随着企业数量增加，中间商执行了以往没有的职能，相互之间有了分工，在百货商店、邮购店、连锁店等各类零售业态中，出现了许多与知名制造商同样优秀而且富有实力的中间商。在20世纪初期，批发商、零售商的经营模式不断创新，日趋多样化，而且不断推出商业活动新业态。创新的分销流通系统向有关价值创造的传统理论提出了挑战，客观上迫切需要建立一个新的价值理论，承认包括采购、储存、运输、销售等在内的流通服务、分销活动等也创造价值。

有关价格和定价行为的概念也必须根据定价中的新因素进行修正。价格由生产要素成本构成这一概念已不足以解释分销系统中的管理定价，价格已不仅仅是生产要素成本的总和，而是一种管理现象。决定产品价格高低的不仅有市场供求形势，还有生产成本、市场竞争、消费者心理特征等。营销者将价格作为其实现目标的手段，可以用低价扩大销售，也可以用高价提高利润，还可以依据消费者心理制定价格。

约翰·华纳梅克（John Wanamaker）、亚当·金宝（Adam Gimble）、伯纳德·克罗格（Bernard H. Kroger）、理查德·西尔斯（Richard W. Sears）、阿隆·蒙哥马利·华德（Aaron Montgomery Ward）等大型零售企业管理者同样富有创新精神和管理天赋。正如大工厂需要一支专门的管理队伍一样，随着零售企业规模的扩大和社会分工的深化，流通机构同样也需要强化管理。但是，管理一个工厂与管理一个商场所要求的才能是不同的，培养这方面人才所需要的技能、知识和原理在现有的理论书中是找不到的。为了促进流通系统的发展和加强流通机构的管理，迫切需要新的理论、新的课程、新的教材，而这正是市场营销学科所要解决的问题。

5. 传统理论面临挑战

整个19世纪，企业的经营环境在很大程度上是由企业领导人决定的。他们信奉个人主义，信奉商业寡头政治，信奉政府干预极小化而政府对企业的支持极大化。他们坚持个人所拥有的权利和财富不能受到任何限制或干涉，强调积累规律和竞争规律，将"商业竞争是极大的浪费"视为歪理邪说。当时，人们普遍认为，勤俭和努力工作是值得赞美的，贫穷来自懒惰和无能。这些观念助长了经济自由的思想，经济学家纷纷把希望寄托在市场竞争机制上。

20 世纪初出现了一种论调，即完全的自由竞争并不能使社会总体利益达到最佳水平。这一观点引起了社会各界的广泛重视。1901 年，西奥多·罗斯福（Theodore Roosevelt）在改革经济、社会和政治弊端的浪潮中当选美国总统，在此期间，反对私人垄断的呼声日益强烈。至此，自由竞争在市场上必然奏效的论断已经落伍过时，而市场上出现的新情况、新矛盾、新问题在现行经济理论中又无法找到现成的答案。现实生活呼唤新理论、新思想的诞生。一种理论的产生，源泉只能是丰富生动的现实生活，动力只能是解决社会矛盾和问题的现实要求。在解决大量有关分销和市场问题的时代背景下，涌现出一批新的理论家，那就是市场营销学家。

日本于 20 世纪 30 年代开始接触市场营销，当时日本正处于对大正时代的德国商业经营学的研究热潮之中。其中对商品流通的研究引入了美国的市场营销概念。1935 年前后，日本围绕分销问题即流通问题，正式展开了对市场营销的研究，但对市场营销的系统研究是在第二次世界大战后开始的。而"市场营销"一词被频繁使用，则是在 20 世纪 50 年代以后。

（五）市场营销学科引入中国

在 5 000 多年文明发展中孕育的中华优秀传统文化，包含着丰富的市场营销思想和理念。但是由于缺乏稳定的学科生存环境，系统、科学、规范的市场营销学科一直未能在中国真正建立起来。

1840—1860 年，中国社会出现了一股向西方学习以达到自强求富的洋务新潮。两次鸦片战争带来的冲击，使许多有识之士清醒地认识到，要抵御外强入侵、发展民族经济就必须学习西方科技知识，大兴商学，从事通商贸易。1890 年，曾任英商宝顺洋行和太古洋行买办的郑观应率先明确使用了商学概念。① 魏源富有远见地倡导"师夷长技以制夷"，提出在学习西方商学知识技能的同时，必须加快商学人才的培养。于是，经济学（当时名为"富国策"）和商学（包括市场营销）等逐渐进入中国学堂。

在此期间，各地有识之士纷纷开办商业学堂，将那些富有学术专长的商科学者吸引、集聚到一起，在编译国外商学教材的同时，也致力于编写出版适合中国国情的本土化教材。由此，便形成了我国第一代商学学者群

---

① 杨艳萍．近代中国商学兴起研究．北京：经济科学出版社，2012：26-27．

体。商学作为一门学问得到了官方制度化的承认和保证，清政府为发展商学教育还规定了各级学校允许或必须开设的课程。1902 年，在清政府颁布的《钦定学堂章程》中，小学堂还没有商业课程，1904 年就规定高等小学堂和中学堂开设商业课程，内容包括商业意义及种类、公司、零售、批发、百货店、店名、店规、广告等，同时明确规定当时唯一的高等教育机构京师大学堂设立商科。①

编译中国第一本商学著作的张相文于 1903 年 3 月应聘担任安徽阜丰商业学校校长。1904 年，清末富商孙多鑫、孙多森联合上海名商成立了上海商学公会，孙氏兄弟以阜丰商学社的名义邀请张相文利用在日本搜集的材料编成一本《商学》教科书，作为准备开办的中等商业学堂的教材。1905 年，《商学》一书由上海商学公会印行。

编写中国第一本《零售学》的吴东初，曾留学美国哥伦比亚大学，并获得商学硕士。他最初在《申报》的"常识栏"上开设了"商业问题之研究"专栏，讨论零售问题，受到读者欢迎。之后，吴东初又将专栏文章编辑成两部书：《零售学》和《进货学》。

根据清华大学教授李飞的考证，起初市场营销学仅作为商学传播的内容之一。那些具有留洋教育经历的人，才是将市场营销学引入中国的主力。作为西方舶来品的市场营销学科，正是在这些有识之士的引领下，开启了本土化、中国化、时代化建设的新征程。里程碑式的事件是复旦大学教授丁馨伯对美国市场营销学家哈罗德·梅纳德（Harold H. Maynard）、沃尔特·韦德勒（Walter C. Weidler）和西奥多·贝克曼（Theodore N. Beckman）三人合著的《市场营销学原理》（*Principles of Marketing*）一书进行编译，并于 1934 年 8 月出版第一本市场营销学教材《市场学原理》。该书对市场定义、市场效能、消费者行为等西方市场学相关原理和实践问题进行了详细论述。

1935 年，侯厚吉编写的《市场学》出版。据考证，在 1932 年《国立中央大学商学院概况》课程介绍中，列有选修课"市场学"（也就是现在的"市场营销学"）。在 1935 年《国立上海商学院一览》课程介绍中，市

---

① 吴小欧. 中国近代教科书的启蒙价值. 福州：福建教育出版社，2011：195 - 201.

场学属于工商管理系和国际贸易系三四年级的必修课。抗日战争期间，湖南大学商学系课表中也列有市场学课程。事实上，湖南是我国商科发展的来源地之一，1911 年湖南商业教员讲习所开办，1912 年改为湖南高等商业学校。1912 年 3 月 1 日，毛泽东入校试读。①

本书认为，1890—1949 年，属于中国市场营销学科的孕育萌芽期。此后，中国市场营销学科经历了艰难探索期（1949—1978 年）、起步成长期（1978—1992 年）、壮大成熟期（1992—2002 年）、质量提升期（2002—2012年）、自信自强期（2012 至今）。

中国市场营销学科的孕育萌芽与学者先驱们广阔的全球视野密不可分。从总体上看，当时商学专门学者的主力军是清末留学日本、欧美的商科"海归"，本土商科教育培养的专门人才则作为补充。这些学者大多有良好的传统文化素养，又在国外接受了系统现代的商科教育，从而兼具中西文化的学术品格，为我国现代商学的创立作出了不可磨灭的贡献。江河之所以能冲开绝壁夺隘而出，是因其积聚了千里奔涌、万壑归流的洪荒伟力。现在，中国人民和中华民族在历史进程中积累的强大能量已经充分爆发出来了，商业强国的梦想推动着商学教育工作者和理论研究者奋力开拓，著书立说，致力培养中国自己的商学人才。

历史发展从来不是风平浪静的，而是充满曲折和艰辛的。市场营销学科在中国的发展也经历了艰难曲折的过程。近代中国商学教育工作者为了国家富强担起了大兴商学的责任使命，为市场营销学科在中国的引入和建立作出了杰出的历史贡献，也为市场营销学科在中国的初步发展奠定了坚实的学术基础，在教材建设、课程设置、人才培养等各方面取得了历史性的成就和进展。中国市场营销学者在后来的中国特色市场营销学科创建、发展中作出了无愧于时代、无愧于人民的杰出贡献。

---

① 李飞. 中国营销学史. 北京：经济科学出版社，2013：52.

第 2 章　中国市场营销学科的艰难探索

1949 年 10 月 1 日中华人民共和国中央人民政府宣告成立。中国人民从此站起来了，中华民族伟大复兴迈上了新的征程。一个人口众多的大国实现现代化，在人类历史上没有先例可循，中国的发展注定要走一条属于自己的道路。党中央率领全国人民不断探索前进，"摸着石头过河"。在中国探索前行的历史进程中，市场营销实践和市场营销思想又有了进一步发展。从此，经过孕育萌芽的中国市场营销学科开始进入了艰难探索时期，为后来的起步成长积累了条件，奠定了基础。

第 1 节　新中国成立后的市场环境

一、党领导人民直面挑战，勇毅前行

新中国成立时，由于连年战争刚刚结束，中国经济落后，人民生活贫困。当时，中国是一个农业国，90％以上的人口居住在农村。当时的工业大部分是手工业，现代工业主要集中在上海、天津等少数大城市。1949年，国内工农业总产值仅为 466 亿元。按全国人口 4.5 亿计算，人均约100 元。为了迅速医治战争创伤，尽快改变国家的面貌，必须努力使中国从落后的农业国转变为工业国，在中国建立社会主义制度。

（一）扶持私营经济，促进产销衔接

经济上，新中国接手的是一个积弱落后、千疮百孔的烂摊子。生产萎缩，民生困苦，百废待兴。社会经济、市场供应、人民生活等各个方面都

亟待恢复与重建。许多私营工商业面临资金短缺、设备陈旧、技术落后、机构臃肿、经营管理不善、产品成本高、利润低和产品滞销的困难。私营企业的生产往往存在很大的盲目性，在通货膨胀的情况下，这种盲目性表现得更为严重。私营企业之间盲目竞争，使市场发生混乱，给生产造成困难。为了扶持私营经济，政府从产销结合上提供便利和扶持，用加工、订货、交换、收购、包销等方式解决许多行业的原料供应、成品销路问题。银行则以贷款的形式辅助解决私营工商业、特种手工业及出口商再生产过程中的资金困难。

（二）积极主导市场，维持市场稳定

新中国成立之初，人民的生产热情较高，但是物质资源较匮乏，可以说是"一穷二白"。以衣着为例，人们的服装还保留着民国时期的旧样式，做衣的面料多是机织的"洋布"、粗棉布、麻布。积痹已久的恶性通货膨胀，造成物价飞涨，投机猖獗。1949 年 4 月至 1952 年 2 月，私人资本曾四次哄抬物价，企图争夺市场主导权。

1950 年前三个月，由于通货膨胀在短期内得到有效控制，人们"重物轻币"的心理一度发生逆转，纷纷将过去囤积的货物放到市场上去，致使市场虚假购买力骤然消失，供求关系发生变化，市场供给远远大于市场需求，导致物价大幅下跌，部分市场甚至出现了商品销售价格低于生产成本的现象。以工商业重镇上海为例，1950 年 4 月，上海 20 支棉纱的生产成本是 535.6 元，而当时的市价只有 487 元，比成本低 9.1％。[①] 由于销售收入不足以补贴生产经营成本，大量商品滞销、积压、损毁，许多私营工商业店铺经营困难，歇业倒闭。党和政府把恢复经济发展作为首要任务。

（三）发展国营经济，确保民生需求

面对新的严峻形势，党中央制定了"公私兼顾、劳资两利、城乡互助、内外交流"的基本方针，全力恢复国民经济。从 1949 年底开始，国家从社会主义革命和建设的需要出发，没收官僚资本主义的工业企业，建

---

① 《新中国物价专题史料》编写组．新中国若干物价专题史料．长沙：湖南人民出版社，1986：123.

立国营工业（占全国工业资金的 78.3%），牢牢掌握国民经济命脉，进而着手建立社会主义公有制。与此同时，对非公有制的私营工商业则实行调整政策，引导私营企业的生产经营活动逐步纳入计划经济的轨道。到 1950 年初，全国接管官僚资本的工矿企业 2 800 余家、金融企业 2 400 余家。在此基础上，迅速建立起具有社会主义性质的国营经济体系。

党和政府以解决民生、稳定市场为要务，以统筹兼顾、各得其所为原则，适时地对社会利益关系进行动态调整。其中，市场流通的恢复和发展，是促进城乡物资交流，满足人民群众生产生活需要，恢复和重建国民经济并确保其健康发展的重要环节。

二、从市场营销视角探索解决经济问题的出路

在实现了稳定物价、统一财经之后，为解决因通货膨胀而导致的问题，党和政府采取扩大对私营工厂加工订货、大量收购农副产品以提高农村购买力、调整税收负担、适当收缩国营商业、教育私营企业工人努力完成生产任务等措施，有效地调整了公私关系、劳资关系和产销关系，使私营工商业得到健康稳定的发展。为更好地满足市场需求，党中央对完善流通渠道体系，建立计划型分销体系，畅通市场商品交换等问题进行了积极探索。

党和政府积极致力于市场营销创新，主动了解市场需求，加强产销联系，及时对工商业的产销结构和市场供求关系进行调整，引领私营工商业生产。政府要求私营工厂根据销售情况和市场需求制订生产计划，确保工商业的生产结构和产品结构能够适应变化的市场形势和需求结构，改变过去私营工商业存在的一些盲目生产和投机性生产的现象。同时，政府及时发布产销公告，公布产需信息，让私营工商业者及时了解市场需求和消费情况，调整生产结构和产品策略，力求达到产销平衡，为有计划地开展生产活动做好准备，使企业生产适应人民群众生产生活需要和国民经济发展的需要。为了调整产销关系，政府召开了有私营工商业者参加的粮食加工、食盐运销、百货产销等一系列全国性专业会议，在以销定产的原则下，拟定各行各业的产销计划。在党和政府的大力扶持下，私营工商业逐渐得到恢复和发展。

在市场营销方面，政府还主动扩大对私营工商业的加工订货，积极收购其产品。订货收购工作依循的主要原则包括：一是根据国家的需要与可能开展订货收购工作；二是订货和收购的地区分配要适当；三是根据市场价格进行收购，不应低于或高于市场价格；四是对公私工厂加工条件应当一视同仁，不应有所偏颇；五是公私双方均应严格信守订货和收购合同。国家还收购了一些长期积压、滞销的产品，帮助私营工商业有效地解决了产品的原料、生产和销售等各方面的问题。不仅如此，各地方还成立了专业营销机构，指导私营工商业者渡过难关，积极协助其完成加工订货任务。同时，政府采取的扩大加工订货的办法也实现了货币投放的目的，刺激了市场需求，活跃了市场供给。①

三、善用产品、渠道、价格营销组合策略

为了满足人民群众生产生活需要，政府积极收购土产，加强城乡物资交流，便利市场交换，充分运用市场营销组合（marketing mix）中的产品策略。收购土产，解决了农副产品的销售问题和农业再生产的经费投入问题。农产品销售收入的稳定和增加，又为私营工商业有力地拓展了农村新市场，起到了调节生产结构和产品结构的作用。国家收购农副产品，使得农民有利可图，有钱可赚，农村的经济活跃了，农民的口袋里有钱了，会把钱用来消费，这样，又促进了私营工商业的进一步繁荣，一举多得。

党和政府还注重发挥市场营销组合中价格和渠道策略的作用。通过发展国营商业和合作社商业、掌握和控制批发环节、稳定物价、丰富城乡市场供应等一系列措施，逐步建立起在国营商业领导下，多种商业经济形式并存、分工合作、各得其所的商品流通体系，形成了多种分销渠道并存的新局面。

经过不懈努力和艰辛探索，市场营销创新效果明显，工农业生产得到发展，有力地拓展了商品货源，市场交换日趋活跃，商品日益丰富，呈现出购销两旺的好势头，城乡交流更为顺畅，人民生活水平得到显著提高。

---

① 曾留香. 论1950年调整工商业的措施、成效及经验. 山西农业大学学报（社会科学版），2016，15（12）：882－887.

私营经济在恢复和发展的同时，逐步纳入国家计划，国营经济的力量进一步加强。1952 年商品批发总额比 1949 年增加了 2.25 倍，社会商品零售总额同比增长了 2.1 倍。经过几年的努力，国营商业和合作社商业逐步发展壮大，成为商品流通的主要渠道。到 1952 年底，在全国范围内基本形成了从上到下的包括各种门类的统一的国营商业体系，为具有中国特色的市场营销实践创造了条件。

第 2 节　计划型分销体系的建立

一、计划型分销体系：国家干预下的市场调节

1949—1952 年是我国国民经济恢复时期，计划型分销体系的显著特征是实行国家干预下的市场调节。1949 年 9 月 29 日，中国人民政治协商会议第一次会议通过的《中国人民政治协商会议共同纲领》第三十七条规定："关于商业：保护一切合法的公私贸易。实行对外贸易的管制，并采用保护贸易政策。在国家统一的经济计划内实行国内贸易的自由，但对于扰乱市场的投机商业必须严格取缔。国营贸易机关应负调剂供求、稳定物价和扶助人民合作事业的责任。人民政府应采取必要的方法，鼓励人民储蓄，便利侨汇，引导社会投资及无益于国计民生的商业资本投入工业及其他生产事业。"计划型分销体系既要求遵循国家的统一计划，又支持一定程度的自由市场交换，对于有效满足人民消费需求发挥了重要作用。

1950 年 2 月，全国财政会议以指令性方式提出了"六个统一"：财政收支统一、公粮统一、税收统一、编制统一、贸易统一、银行统一。在调整私营工商业的基础上，国家要求私营工商业遵照执行政府制订的产销计划。在市场管理方面，国家指令要求国营贸易公司正确执行价格政策。这就确保了市场营销组合的产品、价格、渠道等因素能够有效地用于满足市场需求。

为了保证市场交换活动有序进行，中央人民政府贸易部于 1950 年 11 月发出《关于取缔投机商业的几项指示》，要求各地对"不在各该当地人民政府规定之交易市场内交易者、故意抬高价格抢购物资或出售物资及散布谣言，刺激人心，致引起物价波动者"等给予坚决打击，以保障在国家

统一的经济计划内实行贸易自由政策。既要充分发挥市场的自由调节作用，又必须发挥政府的管理调控职能，这种有效市场和有为政府的有机结合为满足人民美好生活需要提供了坚强保障。

这是市场营销探索前行的进程。党中央审时度势，积极作为，根据市场需求的现状和未来趋势，灵活制定市场营销战略，妥善安排市场供应，及时有效地满足人民需要。1951 年 3 月，中共中央《关于召开土产会议推销土产的指示》明确指出，"推销大量的商品粮食、经济作物、出口物资和占农业收入很大比重的农副产品，就成为目前广大农民最迫切的要求"。

为了更好地发挥私营商业经营灵活的优势，进一步扩大城乡之间商品交换，1952 年 11 月 12 日，《中共中央关于调整商业的指示》指出，"为了保障人民利益，畅通城乡交流，为了提高私府经营的积极性，除了合理调整价格与适当划分经营范围之外，还应取消各地对于私商的各种不适当的限制，禁止各地交易所的独占垄断行为"。

二、统购统销政策的出台

建国初期，党和政府大力开展对工商业的加工订货、统购包销。这既有利于国家掌握大批货源，用来稳定市场供给，满足人民需要，又有利于解决工商业的原料、资金和产品销售的问题，使这些企业在尽可能短的时间内摆脱困境，走向生产经营的良性循环。尽管统购包销和统购统销都是排斥市场的做法，但是二者又有所不同。统购包销政策的主要目的是对民族资本主义工商业进行社会主义改造，而统购统销则是为了控制粮食资源。

统购是指对于某些与国计民生关系重大的产品，按照法令规定由国营商业部门统一收购，不准私营工厂自行销售。包销是指国营商业部门对私营工厂在一定时期内所生产的某些产品按规定规格、质量和合理价格予以收购，而不准私营工厂自行销售。统购包销使私营工厂的一部分或全部生产纳入国家计划，割断它和市场的联系，从而降低了其生产的盲目性，并通过规定合理的收购价格在一定程度上限制了其谋取非法利润。

统购统销是指借助政权的强制力量，让农民把生产的粮食卖给国家，全社会所需要的粮食全由国家供应，农民自己食用的数量和品种也得由国家批准后才能留下。统购统销是建国初期实行的一项控制粮食资源的计划经济政策。

（一）统购统销政策出台的时代背景

第一，1953 年上半年，私营工商业再次出现了拒绝加工订货、争夺批发市场、抢购农产品囤积居奇的情况。第二，河南、皖北、苏北等产粮区都出现了严重霜灾，全国共有 35 463 万亩农田受灾，造成粮食减产。第三，工业建设使城镇人口急剧增长，新增城镇人口中，除一部分自然增长外，大部分是从农村转化而来的。农民转变成工人后，需增加新的商品粮供应。第四，新中国成立后，农民生活逐步得到改善，粮食的消费量迅速增长。第五，粮食营销活动的有利可图使得私商大量贩运粮食，加上不少农民有存粮防灾、囤粮惜售等习惯，严重影响了国营粮食公司和供销合作社的粮食收购，使国家无法收购到足够的粮食。

鉴于当时严峻的经济形势，党和政府实行统购统销政策，依托国有批发贸易公司和零售机构稳定市场价格，确保市场供给，在积极有效满足人民生产生活需要的同时，抵御私人商业资本对国民经济的消极作用。①

（二）统购统销政策的实施过程

1953 年 10 月 16 日，中共中央讨论通过了《关于实行粮食的计划收购与计划供应的决议》。粮食统购统销政策包括计划收购、计划供应、市场管理和中央统一管理四部分：在农村向余粮户实行粮食计划收购（简称统购）的政策；对城市人民和农村缺粮人民，实行粮食计划供应（简称统销）的政策，即实行适量的粮食定量配售的政策；实行由国家严格控制粮食市场，对私营粮食工商业进行严格管制，并严禁私商自由经营粮食的政策；实行在中央统一管理之下，由中央与地方分工负责的粮食管理政策。

同年 11 月 19 日，政务院第 194 次政务会议又通过了《关于实行粮食的计划收购和计划供应的命令》和《粮食市场管理暂行办法》，粮食统购统销政策正式出台。

---

① 张远新 . 对"非毛化"思潮几个代表性观点的批驳 . 毛泽东邓小平理论研究，2019（11）：99 - 106，108.

棉布、棉纱是关系国计民生的重要物资，对市场物价起着举足轻重的作用。1954 年 9 月 9 日，政务院第 224 次政务会议通过了《关于实行棉花计划收购的命令》和《关于实行棉布计划收购和计划供应的命令》，并于 9 月 14 日公布。

1955 年 4 月，中共中央发出《关于加紧整顿粮食统销工作的指示》。同年 8 月，国务院发布《农村粮食统购统销暂行办法》。1957 年 8 月，国务院又发布《关于由国家计划收购（统购）和统一收购的农产品和其他物资不准进入自由市场的规定》，进一步扩大了农产品统购统销的范畴。1961 年 1 月，中共中央颁布《关于目前农产品收购工作中几个政策问题的规定》指出，"国家对粮食、棉花、食油（第一类物资）的统购统销政策，对其他重要农产品（第二类物资）通过合法进行派购的政策，必须坚持"，"除了统购统销的农产品和通过合同进行派购的重要农产品以外，还有许多其他农产品（第三类物资）。对于第三类物资，国家不规定派购任务，允许公社、生产队、生产小队和社员个人在国家指定的农村集市上出售，可以自己决定出售价格，可以买卖双方自由议价"。其中，派购的产品包括生猪、鸡蛋、糖料、桑丝、蚕茧、黄红麻、烤烟、水产品等，品种多达 132 种。对于这些产品农民都不能自由买卖，价格也由国家统一规定。全国城乡居民所需要的粮食、布匹、食油、猪肉等生活资料全凭国家印发的票证供应。票证达十几种，成了第二货币。国家对农产品的收购价格低于其价值，而卖给农民的工业品高于其价值。这就是所谓"剪刀差"。

1962 年 9 月，中共八届十中全会通过的《关于商业工作问题的决定》指出，"农副产品的收购分别采用统购、派购和议购的办法"。之后很长时间内，国家一直把统购、派购和议购作为农副产品收购的基本政策。解决了粮食供给问题也就确保了市场物价稳定，从而为社会安定创造了良好的环境条件。

到 1978 年，由商业部和中华全国供销合作总社管理派购的农副产品（不包括地方增加的）共有 117 种。统购统销为工业积累大量资金，对我国社会主义经济建设起到了巨大作用。同时统购统销也降低了工业中的生产成本，国家低价收购再低价卖给企业和城镇居民，降低了城镇居民的日常基本开销，工人在较低工资水平下可以满足正常的生产，这样劳动力成本的降低促进了工业利润的增加。总之，统购统销快速推进了工业化的资金积累，保证了人民群众的基本生活，促进了社会主义改造和计划经济的形成。

（三）统购统销政策的终结

以 1978 年 12 月党的十一届三中全会召开为标志，我国进入改革开放新时期。从 1979 年春开始，专业承包、联产到劳、联产到户、包产到户、包干到户等各种形式的生产责任制开始在全国蓬勃兴起。新中国成立初期粮食长期短缺、购销关系严重紧张的局面根本改观。与此同时，农产品统购派购政策越来越显示出它与经济发展不和谐的弊端。

1983 年中央一号文件《当前农村经济政策的若干问题》指出，"对重要农副产品实行统购派购是完全必要的，但品种不宜过多"。1984 年中央一号文件《关于一九八四年农村工作的通知》指出，"要随着生产的发展和市场供应的改善，继续减少统派购的品种和数量"。到 1984 年底，统购派购品种从 1980 年的 183 种减少到 38 种（其中 24 种是中药材）。统购统销开始消解。

1985 年中央一号文件（《关于进一步活跃农村经济的十项政策》），规定从 1985 年起，"除个别品种外，国家不再向农民下达农产品统购派购任务，按照不同情况，分别实行合同定购和市场收购"，"粮食、棉花取消统购，改为合同定购"。至此，农村粮食统购制度被合同定购制度所取代。

在取消粮食统购制度的同时，考虑到市场供求、稳定物价、避免抢购、应对自然灾害、维护社会和谐等因素，城镇粮食统销制度并未被立即取消。随着时代的发展，到 1993 年底，全国除西藏和云南、甘肃两省的 25 个县以外，全部放开了粮食价格和经营，取消了国家低价定量供应的统销制度，实行了多年的粮食统销政策彻底结束了历史使命，退出了历史舞台。

（四）统购统销政策的客观评价

从实行粮食统购统销政策起，围绕着这项政策究竟是"弊大于利，还是利大于弊，或是利弊相抵"的争论就未中断过。

用今天的眼光来看，统购统销政策拉开了市场和商品之间的距离，国家计划收购和统一收购的农副产品，一律不准进入自由市场，农民完成国家计划收购任务后，自己留用部分如要出售，也要卖给国家。这样，就把市场和商品纳入两个体制之中，不符合价值规律和市场竞争规律，不能发挥市场在资源配置中的作用，影响了农产品交易市场的发育，打击了农民生产积极性，造成了生产滞后，妨碍了农村产业结构的调整和变革，影响了农业现代化的进程，有其时代局限性。但是，从辩证唯物主义和历史唯物主义视角看，统购统销政策确实是解决新中国成立初期粮食紧张问题唯一正确的选择。

三、计划型分销体系的渠道结构

（一）开启社会主义建设伟大征程

1956 年，我国基本完成了对生产资料私有制的社会主义改造，建立起社会主义经济制度，基本上实现生产资料公有制和按劳分配，消灭了资本主义剥削制度，实现了一穷二白、人口众多的东方大国大步迈进社会主义社会的伟大飞跃。中国人民在中国共产党领导下，满怀激情地踏上了社会主义建设的伟大征程。

1956 年 9 月 15 日开幕的中国共产党第八次全国代表大会，根据我国社会主义改造基本完成后的形势，提出国内主要矛盾已经不再是工人阶级和资产阶级的矛盾，而是人民对于经济文化迅速发展的需要同当前经济文化不能满足人民需要的状况之间的矛盾。这一矛盾的实质，在中国社会主义制度已经建立的情况下，也就是先进的社会主义制度同落后的社会生产之间的矛盾。解决这个矛盾的办法是发展社会生产力，实行大规模的经济建设。为此，大会作出了党和国家的工作重点必须转移到社会主义建设上来的重大战略决策。全国人民的主要任务是集中力量发展社会生产力，实现国家工业化，逐步满足人民日益增长的物质和文化需要。

（二）计划经济条件下的分销渠道结构

在当时的历史条件下，我国实行的是高度集中的计划经济体制，即在国家的集中统一领导下，以制定指令性的形式，对国民经济各方面开始实行全面的计划管理。就市场营销领域而言，分销渠道由商业、粮食、供销、物资、外贸等几大系统构成，国家层面建立了商业部、物资部、粮食部、供销合作总社、外贸部等五大管理部门，分工相对固定明晰，各级分销机构主要配合国家计划与行政手段实施产品调拨。

1950 年中华全国合作社联合总社（1954 年改为中华全国供销合作总社）成立后，设立了推销局，工作之一就是负责全国棉花的收购。这里需要特别指出，推销局的工作任务并非今天人们所理解的"推销"，而是市场营销，即为了满足经济建设需要和人民生活需要而组织棉花货源，安排市场供给。所以，推销局实际上执行着市场营销部的职能。

1952 年 8 月 7 日中央人民政府委员会第十七次会议决定，成立中央人民政府商业部。同时决定将原贸易部的粮食公司和财政部的粮食总局合并，设立粮食部。国内商业分别由商业部、粮食部和中华全国合作社联合总社分工管理的格局开始形成。

1953 年开始，为适应国家进行有计划的经济建设的新形势，决定将原来高度集中的商业体制，改为统一领导、分级管理的体制，即按经济区域建立批发站，将原来按行政层次和行政区划设立的各级专业公司，由管理兼经营的机构改变为企业管理机构，主要执行管理职能，原有的商品经营职能由各级批发站承担。

1953 年，为解决国营商业和合作社商业两套平行批发机构交叉经营所带来的矛盾，政务院财政经济委员会批准了《关于划分国营商业与合作社对工业品、手工业品经营范围的共同决定》，工业品由国营商业收购批发，手工业品由供销社收购批发。但工业品与手工业品难以划分、经营重复的问题，仍未完全解决。1954 年 7 月，政务院财政经济委员会又作出了《关于国营商业与合作社商业城乡初步分工的决定》，实行城乡分工。供销社在城市的消费合作社移交给国营商业，国营商业在农村的收购机构，除粮食机构和农产品储运机构外，全部移交给供销社经营，供销社业务转向农村。这就导致城乡市场分割、流通不畅，自由流动、平等交换的市场体系长期未能很好建立。

1. 商业部

1952 年中央人民政府商业部设立。1954 年，根据《中华人民共和国国务院组织法》的规定，设立商业部，承担原中央人民政府商业部的工作。国务院第五办公室协助总理掌管商业部的工作。商业部的主要职能包括：（1）研究拟订国内商业的方针、政策，商品流通体制、商业管理体制改革方案，商业法规和有关规章制度。经批准后，组织实施和监督执行。
（2）研究拟订商业发展战略、发展规划、规模布局和各项计划。（3）研究
和预测国内商业中长期及年度社会商品零售额和商品可供量的状况；配合
有关部门安排好城乡市场总供需和主要商品供需的综合平衡。（4）贯彻执
行国家农副产品和工业品的购销政策，运用经济、法律、行政手段统筹安
排关系国计民生商品的市场平衡；掌握一定数量市场敏感商品的原材料，
协调组织委托加工和市场调节，推动再生资源的综合回收利用。（5）编制
主要商品的进出口计划，管好用好国家批给商业部的市场外汇。参与有关
部门统筹安排关系国计民生的重要商品的进出口。（6）参与建立国家重要
商品的储备制度和应急临时商品的调拨制度，提出储备任务，管理国家储
备商品。（7）协调地区、部门间不同经济成分商业的发展和经济关系；对
各种经济成分的商业活动，各条流通渠道进行指导、协调和监督管理。逐
步了解整个商业活动的主要情况，掌握宏观调控必要的生产和流通的数
据。（8）按照国家规定的物价管理权限，对由商业部管理价格的商品，按
价值规律和市场供求状况，适时调整购销价格。需要通过价格保护生产、
平抑市场物价时，有权动用市场调节基金。协同工商、物价部门加强市场
物价管理、监督、检查。（9）研究市场变化，沟通市场信息，加强市场预测
预报，掌握城乡市场动态；提出对市场宏观调控的意见和措施。（10）协同
有关部门，运用价格、税收、信贷、基金、引进外资等各种经济手段，制
定促进商品生产，搞活商品流通和稳定市场的各种经济措施；管理市场调
节基金的使用。掌握一部分资金和低息贷款，用于扶植生产、商业科技教
育、设施更新改造等。

2. 粮食部

1952年8月7日，中央人民政府委员会第十七次会议决定，将原贸
易部的粮食公司和财政部的粮食总局合并，设立粮食部，统一管理粮食收
购、加工、储运、销售工作。政务院财政经济委员会指导粮食部的工作。

1953年11月23日，政务院发布《关于实行粮食的计划收购和计划
供应的命令》。1954年政务院又决定将油脂油料实行统购统销。全国粮食
收购、加工、仓储、组织体系随之建立起来。

粮食部的主要职能包括：（1）主管编制粮油年度和长期的流转计划，

综合编制基建、财务、工业机械、物资、劳动工资、科技教育等综合计划，管理粮油统购统销价格、专项用粮，制定粮食统计制度，综合整理分析统计资料等工作。(2) 主管农村粮食统购统销，粮油集市贸易，研究农村粮食分配政策和奖售政策，安排农村人民生活，征超购粮食奖售物资分配，农村粮管员的培训等工作。(3) 主管市镇粮食统销和工商业用粮的供应，研究供应政策，规划供应网点的设置，印制和发行粮票等工作。(4) 主管食油、非食用油脂的统购统销和政策研究，编制油脂购销分配计划，负责油脂调拨、油库、装具容器的分配管理，油料生产基地的建设等工作。(5) 主管粮油工业生产和企业设备技术管理，统一申请粮食部门的统配物资，组织粮油加工、仓储、销售等机械的生产与分配，粮油机械出口，粮油加工副产品综合利用，帮助农村建立粮油加工，改革加工工具，培训技术力量等工作。(6) 主管粮食调拨、运输和仓库保管，进口粮接卸和粮油装具管理，组织合理运输，军粮供应，军队生产粮收购，兑换和军用粮票的发行管理，战备粮仓库建设，粮油质量标准检验、化验等工作。(7) 主管粮油财务管理，编制财务收支计划。制定粮食购销、工业运输企业财务制度。管理储备、流动、专业基金、增产节约、扭亏增盈、财会资料的汇总分析等工作。(8) 主管编制粮食部门基建计划，部直属直供基建项目的建设，基建财务管理，物资订货分配，基建设计技术力量的培训等工作。(9) 主管编制粮食系统和直属院校的发展规划，审批院校的教学计划和重要的规章制度，总结交流办学经验，制定招生和毕业生分配方案，组织审编教材，帮助地方培训师资等工作。(10) 主管粮食企业劳动管理，定员定额，制定技术业务职称、工资等级、劳动保护、福利奖励标准和制度，研究基层网点设置，总结交流基层工作经验，组织比、学、赶、帮、超等工作。

3. 中华全国供销合作总社

1950 年 7 月，中央合作事业管理局召开了中华全国合作社工作者第一届代表会议，通过了《中华人民共和国合作社法（草案）》《中华全国合作社联合总社章程（草案）》等重要文件，成立了中华全国合作社联合总社，统一领导和管理全国的供销、消费、信用、生产、渔业和手工业合作社。

1954 年 7 月，中华全国合作社召开了第一次代表大会，修改了社章，将中华全国合作社联合总社更名为中华全国供销合作总社，建立了全国统一的供销合作社系统。

1958 年以后，中华全国供销合作总社经历了一个曲折的发展过程，与国营商业两次合并，后又两次分开。

中华全国供销合作总社的主要职能包括：（1）负责研究制定全国供销合作社的发展战略和发展规划，指导服务全系统改革发展。（2）根据授权对重要农业生产资料、农副产品经营进行组织、协调和管理，指导各级供销合作社承担政府委托的公益性服务和其他任务。（3）推进供销合作社法治建设，研究提出促进农村经济社会和行业发展的政策法规建议，维护各级供销合作社的合法权益。（4）协调同有关部门的关系，指导全国供销合作社业务活动，支持供销合作社发展电子商务和开展农村合作金融服务，领办创办农民专业合作社，更好履行为农服务职责。

4. 物资部

物资部是国务院统筹规划和管理全国生产资料流通的职能部门，主要任务是对关系国计民生的重要物资进行综合管理，发展生产资料市场，搞活流通。其主要职责包括：（1）拟订物资管理的方针、政策、法规和体制改革方案，并负责组织贯彻和监督执行。（2）协同国家计划委员会编制重要物资全社会和指令性供需平衡计划。根据国民经济和社会发展计划的要求，负责编制指令性计划物资分地区、分部门的分配计划。负责重要物资进出口配额的审批。会同机械电子工业部，组织全国机电设备进口审查和招标管理。（3）负责组织国家指令性计划分配物资的订货和重要物资的产需衔接，监督检查订货合同执行情况，组织重要物资的调度和吞吐。（4）负责组织国家重点建设项目、重点技措项目所需建筑材料的配套承包供应和设备成套及招标管理。（5）规划全国物资市场网络，对全国按经济区域、中心城市和产销基地建立的各类物资市场进行指导、协调和监督。负责审批全国性物资流通企业的经营资格和经营范围。制定物资市场的管理办法。组织推动物资协作。（6）协同国家物价局，管理重要物资的作价办法、销售价格和收费标准。（7）负责物资统计和市场价格、供需信息的汇集反馈，引导企业的生产和经营。（8）负责物资专门人才的教育和职工培训工作，组织物资流通理论、科学管理和物流技术的研究及应用推广。(9) 对全国物资行业的业务和物资流通企业的经营管理进行指导。

5. 对外贸易部

1952 年对外贸易部正式成立，作为中央人民政府统一领导和管理对外贸易的行政机构。其主要职能包括：(1) 编制国家进出口贸易计划和对外贸易外汇收支计划，组织和检查计划的执行。(2) 起草中国同有关国家发展经济贸易和技术合作的联系方案，负责同有关国家进行谈判，签订协定和议定书等，并监督执行。(3) 起草对外贸易管理的基本法规和海关管理法规，并贯彻执行。(4) 领导海关工作，不断加强货物监管和政治经济保卫工作。(5) 制定国营对外贸易企业进口、出口、运输、包装业务程序，管理并监督执行。(6) 签发进口、出口和过境贸易的许可证。(7) 研究拟订商品检验制度等。

（三）计划型分销渠道结构的形成过程

整个 20 世纪 50 年代和 20 世纪 60 年代初，国家市场流通政策的着力点是探索前行，推动计划分配型的渠道体系尽快成型。

1950 年，政务院发布《关于统一全国国营贸易实施办法的规定》，按行政层次，在全国和各地分别设置国内贸易、对外贸易的专业总公司和分支机构，统领全国贸易工作，负责分销渠道的运营管理。

1952 年起，由商业部在全国按区域建立一级采购供应站（大城市和主要进口口岸）、二级供应站（省级）、三级批发商店（县市级）和零售店。各级专业贸易公司把原有的商品分销职能交由各级批发站，自身主司管理。批发站则按照固定供应区域、固定供应对象、固定倒扣作价的原则，逐级调拨产品。这样，由各级各地的批发站和零售店的协调组合，逐渐形成了"一二三零和三固定"模式的工业品分销体系。

1953 年，中共中央通过《关于实行粮食的计划收购与计划供应的决议》，对粮食实行统购包销，国家计划内统一收购的农产品，一律不开放自由市场。中共中央作出关于对粮食实行统购统销的决定后，接着实行油料的统购和食油的统销，1954 年又实行棉花的统购和棉布的统购统销。主要农产品的统购统销，加快了农业社会主义改造的步伐。

1954 年 7 月 13 日，中共中央发出《关于加强市场管理和改造私营商业的指示》，决定采取"一面前进、一面安排，前进一行、安排一行"的办法，有计划地代替和安排私营小批发商和私营零售商。对于私营批发商，指示规定：以零售为主而兼营批发的，一般的转为零售商。专营的批发商或以批发为主而兼营零售的，其中凡能继续经营者，让其继续经营；凡为国营商业所需要者，可以为国营商业代表批发业务；凡能转业者，辅导其转业；经过上述办法仍无法安置者，其职工连同资方代表人可经过训练，由国营商业录用。对于城乡私营零售商，除一部分必须和可能转业的以外，一般的应逐步地把他们改造成为合作商店或国家资本主义的零售商。到 1954 年底，私营商业零售额在全国企业零售额中的比重，由 1952 年的 57.25% 下降为 25.6%。在全国商业企业批发贸易中，国营商业已基本上代替了私营批发商业。

1955 年，全国掀起农业合作化的高潮，绝大多数农户参加了农业生产合作社；同时，90% 以上的个体手工业者参加了手工业生产合作社。到 1956 年底，农业合作化基本完成。

1957 年国务院颁布文件，进一步强调对紧缺的工业品进行订单供应。1958 年，国营商业取代不同所有制商业，以公有制商业实行统购包销成为工商业之间的单一的购销形式。农产品分销体系也具有类似特点。

20 世纪 50 年代末统购统销的分销体系逐渐扩大范围，1961 年中央文件做了进一步分类：对粮食、棉花、食油（第一类物资）实行统购统销，对其他重要农产品（第二类物资）通过合同进行采购，只有少量第三类物资可以自由购销。

第 3 节　计划经济体制下的市场与市场营销

计划经济体制是 20 世纪初特殊政治经济条件下的产物。实事求是地讲，中国的计划经济体制并未完全排斥市场和市场营销。即使在计划经济体制下，市场与市场营销也是客观存在并发挥作用的。市场营销是致力于满足人民日益增长的美好生活需要的活动。党和政府踔厉奋发，探索前行，在市场营销方面付出了巨大努力，进行了艰辛探索，取得了丰硕成果。

一、正确看待市场作用

（一）多管齐下，依据供求关系调整价格

新中国成立之初，党和政府一方面采取通过国营贸易公司和供销合作社控制物资和市场价格，由银行控制货币、贷款等行政措施，严厉地打击投机倒把行为；另一方面，为保证财政收入和稳定市场，又采取了调整工农业产品税收政策和公、私营的税收政策以及发行公债等经济手段。

（二）通过市场交换，满足人民美好生活需要

党和政府经过探索思考得出：社会的需要是多样的，社员的需要也是多种多样的，因此，公社的生产不可太单调，不能只生产自己需要的东西。在发展自给性生产的同时，需要多搞商品生产，尽可能多地生产能够交换的东西，在全省、全国、全世界范围内交换。通过商品交换，既可以满足社会日益增长的需要，又可以换回等价物资，满足公社生产上和社员生活上日益增长的需要。

党中央反复强调：我们发展商品生产，不是为了利润，而是为了满足社会需要，为了巩固工农联盟。

（三）活跃城乡市场，提倡市场竞争

为了活跃农村市场，各地在农村集镇上设立了由国家管理的粮食市场，允许农民对完成统购统销后的多余产品进行自由买卖，对一般农产品不加限制。

为了活跃城市市场，在私营工商业公私合营后，党和政府提倡在商品品种、质量上开展竞争，允许夫妻店、手工业者、摊贩等长期存在。1956年4月，党中央指出："小商店的形式，是我国商业中一种特别发达的形式。"正式决定凡经营日用杂货、食品杂货、油盐酱醋、纸烟等行业的商店，不合并集中；饮食业小商店大部分不合并组织；要保持原有的资本主义商店或小商店在经营上的优良特点；蔬菜一类的商品应提倡生产者和消费者直接见面，在价格上允许有一定的灵活性。

城乡市场上开展的花色品种竞争、产品质量竞争和销售价格竞争，有效地满足了市场需求，增强了市场活力，调动了供销双方、产消双方的积极性，提升了人民群众的幸福感。

二、学术界提出的计划市场经济论

早在 20 世纪 60 年代初卓炯等老一辈经济学家就曾提出社会主义计划市场经济论，经过不断探索，于 20 世纪 80 年代中期成熟。

卓炯在 1961 年提出并论证了社会主义经济是计划商品经济的科学命题。他指出，"现在的事实很明显，在公有制度下，不论是全民所有制的产品也好，集体所有制的产品也好，只要有社会分工存在，产品就要进入交换过程，就要成为商品"，这种商品经济的特点就是计划商品经济。他还提出了社会主义市场、有计划的市场等概念，认为"商品经济的集中表现形式是市场，而市场是人类经济生活一种进步的表现"①。有计划的市场，就是有计划的商品经济。他一贯认为商品经济和市场经济是相同的概念，是一码事而不是两码事。他所说的社会主义商品经济就是社会主义市场经济。

按照卓炯的逻辑分析，社会主义经济之所以是商品经济，是由社会分工决定的。我国现实生活中客观存在较发达的社会分工。社会主义经济之所以是计划经济，是由社会主义公有制决定的。社会主义经济是商品经济与计划经济的内在统一，是有计划的商品经济，计划商品经济区别于自由商品经济。社会主义计划商品经济就是计划一定要从市场出发，市场一定要纳入计划，从而使市场和计划统一起来。

在此期间，孙冶方、薛暮桥等经济学家围绕社会主义公有制、社会主义基本经济规律、有计划按比例发展规律、社会主义商品生产和交换规律、价值规律、市场调节作用等主要理论问题，开展了开创性研究，提出了许多有别于传统社会主义经济理论的创新思想。

三、计划经济体制下的市场营销探索

对原有计划经济体制的评价，不应该是简单地肯定和否定，而应该坚持历史唯物主义的科学态度，从正反两方面客观地分析当时的经济体制。实践证明，党和国家在艰难探索中奋力前行，以生产资料公有制为基础的社会主

---

① 卓炯.论社会主义商品经济.广州：广东人民出版社，1981：6.

义计划经济体制，初步解决了老百姓的民生问题，确立了发展社会福利的基础条件，在体制和制度上为满足人民幸福美好的生活需要奠定了坚实基础。

为了创造人民美好生活，党和政府在调研预测市场需求、保障市场商品供应、稳定市场价格、畅通分销渠道等市场营销问题上进行了一系列卓有成效的探索实践，尤其在产品质量管理、品牌建设、政府市场营销、宏观市场营销、社会市场营销等方面形成了一系列具有创新特色的思想。为了满足生产生活的需要，党和政府担负起市场营销组织者的重任，依据现实情况对产品进行高效精准的购、销、调、存。从宏观市场营销的视角，力求实现市场供给与市场需求的相对平衡。在供应保障、成本核算、价格制定、产品分销等市场营销环节，强调社会整体利益和全体人民的福祉。

(一) 重视质量管理

任何产品都是为满足消费者或用户的需要而生产制造的。产品质量是指产品满足规定需要和潜在需要的特征和特性的总和，是品牌建设和名牌战略的基础。党和政府积极推进产品质量管理工作，为之后国家深化质量强国战略，以满足人民群众美好生活的需要奠定了基础。1949 年，中央技术管理局开始专设部门以加强质量标准化管理工作。1960 年，党中央强调"数量不可不讲，质量要放在第一位，要提高质量、规格，增加品种"[①]。从马克思辩证唯物主义基本观点看，质和量是一切事物都具有的密切不可分割的两个重要属性，是对立统一的矛盾关系。

(二) 辩证看待市场供求

供给与需求是市场内在关系的两个基本面，没有需求，供给无从实现；没有供给，需求也无法满足。1956 年 12 月，党中央针对社会主义改造后期出现的"地下工厂"情况指出，"因为社会有需要，就发展起来。要使它成为地上，合法化"[②]。供给与需求是一个矛盾体，像硬币的两面一样。需求和供给彼此相互适应才能使得市场有序、正常运转，如果需求出现问题会影响供给，反之亦然。

---

① 中共中央、国务院关于当前城市工作若干问题的指示//中共中央文献研究室．建国以来重要文献选编：第十五册．北京：中央文献出版社，1997：659.

② 毛泽东．同民建和工商联负责人的谈话//毛泽东．毛泽东文集：第七卷．北京：人民出版社，1999：170.

1959年底1960年初，党中央再次强调要正确认识市场供需关系，指出人们日益增长的生活需要将刺激生产供给加速发展，但同时生产供给的发展也在不断满足和创造人们的生活需要。[①] 1962年召开的中共八届十中全会再次提出，在商业方面，要以"为人民生活服务"为方针，根据"发展生产，保证供给"的原则，供应城乡人民更多的生活必需品。[②]

（三）加强品牌建设

党中央在新中国成立初期就充分认识到品牌的市场力量，致力于保护民族品牌。在1956年对手工业和资本主义工商业进行社会主义改造的关键时期，就以"王麻子""张小泉"等老字号品牌为例，强调了民族品牌对于企业可持续发展的重要价值，并指出"内容是社会主义的，名称是封建时代的也可以""内容改变，名称保存，东来顺、全聚德等老字号品牌要永远保存下去"。在党和政府领导下，全国人民艰苦努力，创造出三角牌烙铁、凤凰牌自行车、飞人牌缝纫机（见图2-1）、灯塔牌肥皂、北京牌电视机、回力牌球鞋、上海牌手表、手牌蛤蜊油、海鸥牌相机、工字牌气枪十大名牌产品。

图2-1 飞人牌缝纫机

---

① 毛泽东.读苏联《政治经济学教科书》的谈话（节选）//毛泽东.毛泽东文集：第八卷.北京：人民出版社，1999：137.

② 中国共产党第八届中央委员会第十次全体会议的公报//中共中央文献研究室.建国以来重要文献选编：第十五册.北京：中央文献出版社，1997：655.

（四）倡导学习西方企业管理经验

计划经济体制下的"政府分配式"而非"市场交换型"的分销体系，对掌握货源、保证供应和稳定物价起到了积极作用，有利于集中力量搞社会主义建设。但同时也暴露出经济效率低下、激励机制欠缺等弊端。

1956 年，党中央明确指出要学习资本主义国家先进的科学技术和企业管理方法中合乎科学的方面，但也要抵制和批判资产阶级的一切腐败制度和思想作风。[①] 要引进适合中国文化情境的西方管理实践和理论观点，以有效提升中国企业管理效率，降低企业管理成本。

第 4 节　国外市场营销学科的探索经验

新中国成立后，市场营销学科致力于服务国家发展建设大局，从中国实际情况出发，培养高素质经营人才和流通领域领导人才，引领在校学生参与商品购销调存管理实践，取得了高水平的研究成果。尽管当时主要借鉴苏联的商业经营理论，但是中国市场营销学科扎根中国大地，艰难探索，为国家经济繁荣、人民幸福、社会进步作出了历史性的贡献。而在西方国家，市场营销学科较早得到快速发展。

一、国外市场营销学科的发展环境

（一）消费市场供需两旺

第二次世界大战之后，美国取消战时实行的消费品配给政策，抑制的消费需求一下子释放出来。人们对洗衣机、垃圾处理器、电视机、高保真收音机、立体音响等新技术产品的反应热烈。同时美国军工产业的产能开始向民用领域转移，大量的消费品涌向市场，美国市场出现供需两旺的局面。消费者信用从 1945 年到 1957 年增长了 8 倍。事实上，没有需求，供给就无从实现，新的需求可以催生新的供给。没有供给，需求就无法满足，新的供给可以创造新的需求。

（二）"婴儿潮"助推消费需求

第二次世界大战结束对美国市场产生的另一个极为深远的影响是创

---

① 《中国共产党简史》编写组 . 中国共产党简史 . 北京：人民出版社，中共党史出版社，2021：187.

造了"婴儿潮"一代。在经历了 20 世纪 30 年代的经济大萧条和 20 世纪 40 年代的第二次世界大战洗礼后，美国的出生率自 1946 年激增。随着这批婴儿的成长，他们日益增长的消费需求对市场带来了巨大的冲击，到 1965 年总共产生了 7 600 万新的消费者，为美国大众市场的繁荣注入了强劲的动力。①

（三）经济增长的"黄金时代"

20 世纪五六十年代，美国进入经济增长的"黄金时代"。到 70 年代初，美国的国民生产总值比 60 年代初翻了一番；1965—1970 年美国的工业生产以年均 18％的速度增长。1971 年美国拥有汽车 1.11 亿辆，83％的家庭至少拥有一辆汽车。1970 年美国农产品比 1950 年增长了两倍，一个农民能养活 47.1 个人。1956 年，美国政府迫于汽车、卡车和石油等工业迅速发展的压力，通过了历史上规模最大的公共设施建设计划《联邦援助高速公路法》，拨出 250 亿美元在 10 年内建成了长达 4 万英里的州际高速公路网，直通全国每个城市，而且从市区通到市郊，极大地减少了交通运输的时间和费用，制造业纷纷从市区搬往地价较便宜的市郊或乡间，越来越多的消费者有能力住在离城镇相当远的地方，享受宽敞的住房，车库、秋千、烧烤炉和游泳池逐渐普及起来。

（四）物流发展迅速，购物更加便利

20 世纪五六十年代，美国人的生产和生活方式发生了巨大的变化，人口逐渐由市区迁往郊区，购物中心庞大的停车场给顾客带来了便利，城市中心区的百货公司也开始在郊外设立分支机构。例如纽约的柯卫公司（E. J. Korvette, Inc.）和亚历山大公司（Alexander's Co.）在 1960—1969 年分别在长岛和新泽西州设立了分公司，形成一种地区性的连锁百货公司。

第二次世界大战后，随着美国经济的快速发展和解决国内就业压力的需要，美国的公路建设速度明显加快。随着美国交通等基础设施的大发展，美国企业的分销渠道也面临着变革和重组，这就极大地促进了仓储、

---

① Branchik B J. Silver dollars: the development of the US elderly market segment. Journal of Historical Research in Marketing，2010，2（2）：174－197.

运输、配送、物流的迅速发展。

在这一时期，对企业市场营销活动产生重要影响的另一个因素是电视这种新的传播媒介的迅速普及。1941 年，美国联邦通信委员会（Federal Communications Commission，FCC）通过了准许开办商业电视台的法令，电视业开始迅速发展起来。第二次世界大战后，彩色电视节目开始出现。美国广播公司（American Broadcasting Company，ABC）于 1948 年开始播出电视节目。1954 年，由于取得"迪士尼乐园"和"米老鼠俱乐部"的播出权，美国广播公司一举成功，由此也刺激了美国消费者对米老鼠相关产品的大量需求，主题公园"迪士尼乐园"也获得了空前的成功。迪士尼将成功的娱乐节目作为有效的市场营销手段，带给市场营销从业者诸多启发和思考，许多厂家如法炮制。电视广告业随着电视媒体的发展而迅速发展起来。1953 年，美国电视广告的收入已经达到 6 亿美元，基本上和广播广告收入持平，但 1954 年就猛增到 8 亿美元，大大超过了广播广告。20 世纪五六十年代，在每天晚上的黄金时段，美国各地的观众都会守在电视机前观看同样的电视广告，这给美国的企业创建全国性品牌，开展全国范围的广告宣传提供了重要的契机。

（五）消费者成为商业世界的中心

第二次世界大战之后，美国及西欧经济从卖方市场过渡到买方市场。超强的生产能力使产品出现过剩，产品销售越来越困难，每个行业出现巨头企业致使市场的竞争更加激烈。以往企业的市场营销观念具有明显的供应导向，企业生产什么，就向市场供应什么；企业能够生产多少就向市场供应多少；生产者只要保证质量，产品自然就会受到消费者的欢迎。市场形势的变化教育了越来越多的管理者。他们认为，在当今经济社会中，消费者理应成为商业世界的中心，企业必须围绕着消费者而不是其他运转。深入人心的消费者观念逐渐对商业运营产生了深远的影响，进而演变成为一场管理思维的革命。①

20 世纪 50 年代末 60 年代初，顾客导向的市场营销还处于初级阶段，一些管理比较先进的企业已经认识到顾客导向是决定企业前途的一个决

---

①　Monieson D D. A historical survey concerning marketing middlemen as producers of value. Journal of Historical Research in Marketing，2010，2（2）：218 - 226.

定性因素。

与此同时，人们逐渐认识到行为科学的许多知识有助于完善市场营销学科的知识体系。纯科学领域的学者开始将他们的专长和思想应用于商业未开发的领域，一大批行为科学、统计学、数学和社会科学的学者开始将研究重点转向品牌竞争、市场营销管理、决策模型等领域。

二、相关学科对市场营销研究的影响

（一）管理科学对市场营销研究的影响

在 20 世纪 50 年代，美国企业的经理很少受过专门的培训，普遍缺乏所在管理岗位的专业知识。为了改变这种情况，福特基金会在 20 世纪 50 年代初启动了一个为期数年的项目，试图将科学的理论、方法和分析工具引入美国的商业系统。这个项目旨在改变美国高校中的研究计划、博士生培养和教学方法。卡耐基梅隆大学、哈佛大学、哥伦比亚大学、芝加哥大学和斯坦福大学是第一批试点的美国高校。一系列的研讨会在这五所高校中召开，来自约 300 所高校的 1 500 名教师就商科教育问题展开讨论。福特基金会和卡耐基基金会资助的研究指出，商科教授在当前所进行的商科教育很大程度是描述性的，关注的是过去，而不是未来，部分原因是这些大学教授本身就缺乏专门的培训。相关研究报告明确了管理教育的实践性质，主张加强学生的定量分析能力，并推动形成了后来影响颇广的结构化的课程体系。

福特基金会于 1959 年赞助了一个为期一年的专门项目。该项目由哈佛大学和麻省理工学院的基础数学研究院进行，一批经过挑选的年轻商科教师在这里接受深度培训。这个项目中市场营销方面的学员包括菲利普·科特勒、弗兰克·贝斯（Frank M. Bass）、罗伯特·巴泽尔（Robert D. Buzzell）、威廉·莱泽（William Lazer）等。① 这些学员后来广泛应用其学到的科学理论、方法和分析工具，使得市场营销学具有明显的管理科学范式。除此之外，他们还通过撰写具有影响力的教科书、召开关于研究理论和研究方法的研讨会和培育下一代青年学者等途径来促进研究新视

---

① Bass F M, et al. Mathematical models and methods in marketing: Irwin series in quantitative analysis for business. Literary Licensing. LLC，2013.

角的扩散。

20 世纪 60 年代，计算机技术在产业和学术界的飞速发展也促进了管理科学在市场营销学中的应用。这一新工具能够帮助研究者进行精密的运算，构建复杂的市场营销问题模型，如物流、销售资源配置和广告预算的最优化模型等。此外，新的多元统计分析工具也得以应用于分析大众市场中大型银行的信息。

（二）经济学对市场营销研究的影响

西方市场营销理论在其发展过程中借鉴最多的是经济学的概念。除了市场营销与经济活动有天然的密切联系之外，另一个重要原因是，一些早期的市场营销学者或者本身是经济学家，或者接受过大量经济学教育。

亚当·斯密提出的许多概念被广泛应用于市场营销研究领域。斯密认为，人天生就有交换的倾向，加入市场机制是不可抗拒的历史趋势。他还提出，所有经济活动的目的都是满足消费。赞同这一观点的市场营销学者站在消费者的立场上进行营销分析。

其他领域的经济学家也提出了许多对市场营销研究颇具价值的概念，例如，边际学派的经济学家提出效用的概念，用于解释消费者行为；福利经济学家有关营销的评价对测定广告效果产生了重要影响。此外，市场营销学者借用了货币理论中有关信用的概念、财政学中与连锁店发展有关的税收概念等。行为经济学家探索了微观经济主体的非理性规律，2017 年芝加哥大学的理查德·塞勒（Richard Thaler）因其在行为经济学领域的贡献获得诺贝尔经济学奖，他提出的心理账户（mental accounting）、禀赋效应（endowment effect）和交易效用（transaction utility）等概念与理论，对于理解消费者的非理性行为具有重要影响。

许多市场营销学者致力于通过管理企业来提高营销效率，他们大量使用经济学中有关企业的概念。例如，利用地租理论解释各种营销机构的位置和布局；利用价格和非价格竞争理论解释营销决策；利用竞争结构解释完全竞争、垄断、买主独家垄断、两家卖主垄断、两家买主垄断、多家卖主垄断、多家买主垄断和现实竞争；利用产品差异化理论解释定价、品牌、广告和服务战略；从恩格尔定律获得分析市场和解释消费者行为的思路。

经济学概念对市场营销理论的影响是十分明显的。在市场营销文献中可以找到许多经济学概念，如零售中有区位、地租、定价、一体化和经营规模的概念；广告中有差异化生产、经营规模和转移成本的概念；批发中有价格行为的概念；信用中有商业周期、购买力、消费者支出和销售条件的概念等。

（三）心理学对市场营销研究的影响

心理学概念对于市场营销理论的研究、创新和发展贡献之大，在社会科学各分支中仅次于经济学。心理学研究心理、意识和行为以及个体如何与周围的自然环境和社会环境发生关系。这些知识对于市场营销的重要性是显而易见的。因为心理学研究的对象即个体，正是市场交易的当事人。

与经济学一样，心理学在其发展过程中也出现了不同的思想学派及对行为的不同解释。第一个学派是1879年由威廉·冯特（Wilhelm Wundt）创立的构造主义心理学派。1900年由约翰·杜威（John Dewey）创立的功能主义心理学派开始了对人类心理的第二次探索。与此同时，奥地利心理学家西格蒙德·弗洛伊德（Sigmund Freud）创立了心理学的第三个学派，即精神分析学派。他提出的许多概念和方法被营销学者用于研究消费者的潜意识，以解释市场行为。约翰·华生（John B. Watson）另辟蹊径，创立了第四个学派，于1913年提出了"行为主义"的新概念，其基础是行为来自刺激，行为可以学习并习惯化。第五个学派是格式塔学派。该学派认为，行为是自然、生理和心理等各种因素综合作用的结果。

纳入市场营销理论研究的心理学概念可分为几类。第一类心理学概念是有关动机的，在市场营销学科中就是销售吸引力。早期的一些市场营销学著作讨论了本能、欲望和冲动，并以此作为购买的基础；满意、舒适和方便则被解释为从感觉中产生的动机。刺激的概念可用于解释销售吸引力，即产品和服务刺激满足欲望的特征，它们能激发购买动机。对刺激的无反应或冷淡称为销售阻力，但这可以通过适当的行为刺激来克服。

第二类心理学概念与沟通和教育的心理功能有关。某种想法通过知觉、顿悟和直觉被意识接受，通过思考、推理、联想被理解和发展，通过记忆来保留和回忆，通过判断被应用。功能心理学的概念解释了学习的过程、被营销者如何对营销者渴望传递的信息感兴趣的过程以及沟通如何成功的过程。

第三类心理学概念与营销信息通过何种方式才能有效地传递给人们有关。例如，销售过程分为知晓、兴趣、欲望、确信和行动五个阶段；在某种环境下，个体因冲动而不是逻辑推理来采取行动。作为心理分析对象的整体中的个人，是有个性的人。个性的概念也被用于无生命的营销机构。另一个概念是意象，意象由暗示、教育和经历发展而来，意象的存在仅仅是一种心理现象。

市场营销学科不仅借鉴了心理学的概念，还借鉴了心理学的研究方法，如利用观察研究、实验研究、投射技术、问卷调查、深度访谈等方法进行市场调查。在愈加强调消费者导向的市场环境下，基于消费者洞察来制定决策的需求显得前所未有的迫切。然而，以往用问卷调查来获得消费者真实心声这种自我报告的方法却并非想象中的那么简单。譬如，消费者经常发生记忆错误；某些情况下不愿意说出真实看法；有时会迎合其他人的期待，产生社会期望偏差。这些情形促进了神经心理学和神经营销学的发展。

（四）社会学对市场营销研究的影响

社会学研究群体和社会环境下的人类行为。经济学家把人看作"经济人"，社会学家则认为人是"社会人"，是一个或多个群体的成员，是某种文化的代表，是他所处的时代环境和文化的产物。人们不仅会根据心理学家考虑的因素改变，也会根据在社会环境中和在社会结构里与他人联系而形成的习俗、制度和价值观等发生变化。人们采取行动不仅是为了经济利益，还出于自尊、情感、欲望、愉悦和非理性等原因。

查阅市场营销文献发现，营销学者有意识地钻研借用社会学概念的情况比较少。例如，市场营销先驱詹姆斯·海杰蒂（James E. Hagerty）就是一位社会学家，然而，他虽然对市场营销系统感兴趣，却很少利用其社会学背景对市场营销理论研究产生影响。社会学家的兴趣往往与市场营销学者不同。社会学概念在市场营销学科相对被忽视，因为市场营销被认为是一种商业系统，而不是一种社会系统；市场营销被视为商业满足社会需求的方式，而不是社会满足自身需求的方式。在通过市场营销活动塑造个体和社会行为的过程中，社会价值经常被置于商业价值之下。

尽管早期社会学家对市场营销理论研究的贡献有限，但在市场营销文献中也可以找到许多关于社会变化对市场营销的影响的研究成果。市场营销学科曾依据社会历史的变迁来解释市场营销的发展，并将对这些变迁的反应称作市场营销系统的"应变"。大量的社会学概念被引入市场营销理论体系。

（五）管理学对市场营销研究的影响

曾对市场营销理论体系的建立、发展起到十分重要作用的学科还有管理学。弗雷德里克·温斯洛·泰勒（Frederick Winslow Taylor）、亨利·甘特（Henry Gantt）、吉尔布雷斯夫妇（Frank Gilbreth, Lillian Gilbreth）等著名管理学家的理论，使科学管理理论得到了很大发展，进而对市场营销理论研究产生影响。

从管理学引入市场营销领域的概念有：

（1）任务。逐渐形成的以最少的浪费和最高的效率完成一项工作的方法和观念被应用于对销售人员的时间和责任的研究，包括出访路线、销售定额分配、培训、补偿、激励、监督和评估销售人员的业绩。

（2）科学方法。阐明问题、收集信息、得出结论的步骤经修改用于市场调查，形成形势分析、信息调查、制订方案、收集信息等术语。

（3）科学管理。工作的形成、员工的挑选和培训、工人和监督者之间的合作、管理者和被管理者之间的责任分配等概念应用于市场营销职能和市场营销机构的管理。

（4）职能化管理。引入了对采购、计划、检查、人力控制和产品保养实行职能化管理的观念。

（5）简单化。这是一个管理学概念，即一个既定的量可通过较少的工作获得时，就可以做到人均产出增加、闲置设备减少、监督简化和控制容易。产品线简化这一概念作为一项市场营销技术被接受。

（6）多样化。多样化概念在尝试满足消费者的不同需要、保持灵活和获取利润中产生，这一概念预示着产品线的增加。采用此概念减少了劳动力、机器和原材料的浪费。在市场营销实践中，也有相应的概念解决相应的问题。

（7）标准化。标准化用于市场领域中原材料、工具、设备、方法、检查和时间表的统一化。从市场营销学科看，标准化应用于保证连锁店经营、标准化产品线、产品陈列、作业程序、控制方法、商品分类等各方面的整齐划一和高度一致，也应用于统一的大规模生产和销售。

还有许多其他学科也为市场营销理论的发展作出了贡献。例如，市场营销学科的很多概念来自法学、政治学、统计学、数学、哲学、行为学和人类学等。总而言之，市场营销理论的创建、发展是一个兼容并蓄的过程。市场营销作为一门独立的学科，具有综合性、边缘性和实践性等明显特征。

三、企业对商科学生的新需求

20 世纪五六十年代，随着美国经济的飞速发展，市场急剧扩展，企业规模不断扩大，企业需要越来越多受过专业训练的商科学生来充实企业的管理队伍。

在企业对商科学生需求骤增的同时，各大学管理学院在教学目标、教学手段和教学水平上的诸多弱点也逐渐暴露出来，主要表现为理论与实践脱节、教学内容与企业需求脱节、学生分析问题解决问题的能力严重不足。

美国商科教育的"短板"也引起了政府部门、非营利机构、企业和高校的关注，各个部门和机构从不同角度及时采取了补救措施。1958 年，卡耐基基金会和福特基金会先后公布了各自的研究报告，不约而同地强调了商科教育的实践性质，强化问题导向和实践效果，倡导着力培养学生的定量分析能力和实际操作能力，最终促成了影响全球商科教育的结构化课程体系。

具体到市场营销领域，企业希望学校的市场营销教育能够更贴近美国商业的现实情况，提供一整套的市场营销理论和分析工具，解决在实际市场营销实践中出现的问题。企业对市场营销人才的期望和传统市场营销教育偏重描述性知识之间的偏差，引起了市场营销学界的反思。一些市场营销学者开始尝试从研究整体市场行为的产品-职能-机构的传统研究法，转向从市场营销经理的管理视角来研究微观企业所面临的市场营销问题。

从全球视野来观察，市场营销学科经历了发现问题、不断解决问题、不断发展完善的奋斗历程。正是在多种力量的共同推动下，现代市场营销学科得以形成。

四、市场营销学科的日渐成熟

20世纪五六十年代，市场营销理论体系开始具有明显的管理导向，进而形成了现代市场营销学的理论框架，即以企业市场营销活动中目标市场的确定、市场营销组合的设计为基本研究内容。

（一）多学科视角阐述市场营销理论

在此期间，学术界关注的焦点是市场营销知识的理论化和系统化，并运用其他社会科学的概念来解释市场行为。实际上，在销售管理研究中，管理方法主要用于培养学生的销售才能，在市场营销学研究中，管理方法用来使学生（尤其是非市场营销专业的学生）熟悉和了解市场营销活动中职业经理面临的各种市场营销难题和市场营销决策。总体上讲，人们对市场营销理论的兴趣与日俱增。莱维斯·柯克斯（Reavis Cox）和沃·阿尔德森（Wroe Alderson）的《市场营销理论》一书汇集选编的论文，揭示了市场营销学的各个方面，充分体现了市场营销学与经济学理论、公共政策及其他社会学科之间的联系。其中，尽管社会物理学、心理学、行为科学、区域贸易和区际贸易等理论的阐述有些不完善，但它们毕竟是市场营销理论的起源，之后得到了进一步的深化与发展。

（二）致力市场营销知识的系统整合

除了阿尔德森的《营销行为与经理人行动》和《动态营销行为》两本划时代的著作，尤金·凯利（Eugene Kelly）和威廉·雷泽（William La-zer）的《管理市场营销：前景与展望》一书，对20世纪50年代盛行的各种观念进行了系统整理和归纳，其目的是启发读者对现存的市场营销问题展开创造性的思考和探索。书中特别强调了如下观点：消费者是市场营销关注的焦点，企业必须善于应变；市场营销规划对于实现市场营销目标至关重要；市场营销组合具有战略性作用；市场营销沟通日显重要。

凯利和雷泽的著作为市场营销理论的系统整合提供了理论框架，其他学者则在此基础上对市场营销理论进行了可接受的系统整合。

（三）市场营销新概念的推出

市场营销知识理论化和系统化的另一重要表征，就是在市场营销学界出现了诸如产品生命周期、品牌形象、市场营销观念、市场营销审计等新概念。

（1）产品生命周期。20 世纪 50 年代初，乔尔·迪恩（Joel Dean）最先提出"产品生命周期"的概念。西奥多·莱维特（Theodore Levitt）对这一概念给予了高度的评价，使产品市场生命周期在市场营销领域得到了广泛的运用。该概念经历了多次修正，至今依然颇具争议。

（2）品牌形象。1955 年，西德尼·利维（Sydney Levy）提出了"品牌形象"的概念。品牌形象是指企业或其品牌在市场上和社会公众心中所表现出的个性特征，它体现着社会公众和消费者对品牌的评价与认知。品牌形象与品牌不可分割，形象是品牌表现出来的特征，反映了品牌的实力与本质。品牌形象包括品牌名、包装、图案广告设计等。品牌形象是品牌的根基，所以企业必须十分重视塑造品牌形象。

（3）市场营销观念。1957 年，通用电气公司的约翰·麦克特里克（John McKitterick）提出了"市场营销观念"这一经营哲学，并称它是企业高效率和长期盈利的关键。市场营销观念的核心是由过去的"以产定销"转变为"以销定产"。市场营销观念认为，实现企业各项目标的关键，在于正确确定目标市场的需要和欲望，并且比竞争者更有效地提供目标市场所期望的物品或服务，进而比竞争者更有效地满足目标市场的需要和欲望。西奥多·莱维特曾对推销观念和市场营销观念做过深刻的比较，指出：推销观念注重卖方需要，市场营销观念则注重买方需要；推销观念以卖主需要为出发点，考虑如何把产品变成现金，而市场营销观念则考虑如何通过制造、传送产品以及与最终消费产品有关的所有事物，来满足顾客的需要。从本质上说，市场营销观念是一种以顾客需要和欲望为导向的哲学，是消费者主权论在企业市场营销管理中的体现。

（4）市场营销审计。1959 年，哥伦比亚大学的阿贝·舒克曼（Abe Shuchman）提出了"市场营销审计"的概念。他认为，众多的公司被关在生产产品或推销导向的圈子里，不知如何去寻找公司的发展机会和途径；许多公司濒临倒闭或正在走向死亡却浑然不觉。公司应该定期进行市场营销审计，以检查它的战略、结构和制度是否与最佳的市场机会相吻合。此后，菲利普·科特勒进一步对市场营销审计进行了界定，指出"市场营销审计是对一个公司或一个业务单位的市场营销环境、目标、战略和活动所做的全面的、系统的、独立的和定期的检查，其目的在于决定问题的范围和机会，提出行动计划，以提高公司的市场营销业绩"，并详尽归纳了市场营销审计的六大组成部分，即市场营销环境审计、市场营销战略审计、市场营销组织审计、市场营销制度审计、市场营销效率审计及市场营销功能审计。

（四）市场营销管理的首次提出

约翰·霍华德的《市场营销管理：分析和决策》一书主张从市场营销管理的角度论述市场营销理论及其应用。当时，以"管理"为题的论文、专著屡见不鲜，但在"管理"之前冠以"市场营销"尚属首创。该书有四个主要特点：一是具有明显的管理决策导向；二是采取了经济分析的研究方法；三是强调经营运作经验的重要性；四是引进了行为科学理论。霍华德指出，市场营销管理的实质是企业对于动态环境的创造性适应，市场营销管理的任务就是运用手段来实现对环境的最佳适应。企业要在动态环境里生存和发展，就必须根据形势的变化采取相应的政策措施。

（五）麦卡锡的 4P 营销组合

尤金·杰罗姆·麦卡锡的《基础市场营销：管理方法》在坚持市场营销的管理导向的同时，还强调了市场营销的社会历史导向，主张从社会福祉的视角看待市场营销的绩效。麦卡锡将市场营销组合因素概括为 4P，并以此为基础，建立了管理导向的市场营销理论体系。麦卡锡强调，"不是生产，而是市场营销决定了企业应该生产什么产品（product），制定什么价格（price），在什么地方（place）以及如何出售产品或做广告（promotion）"。麦卡锡对市场营销理论的一个杰出贡献是把消费者看作一个特定的群体，称为目标市场。一方面考虑企业的各种外部环境，另一方面制定市场营销组合策略，用适当的市场营销组合，满足目标市场的需求，实现企业目标。[①]

---

① Lazer W, Bennett P. Reflections on the American Marketing Association doctoral consortium. Journal of Historical Research in Marketing，2011，3（2）：251-260.

1953 年，尼尔·波顿（Neil Borden）率先提出了"市场营销组合"
（marketing mix）这一术语，意思是说市场需求在某种程度上会受到市场
营销要素的影响，为了达到既定的市场营销目标，企业需要对这些要素进
行有效的组合。此后，许多学者围绕市场营销组合展开了深入的研究，从
各自的角度提出了对市场营销组合的不同理解，形成了市场营销哲学发展
史上市场营销组合的扩充与演变。

五、市场营销新学派的产生

放眼全球市场营销学科的发展，从 20 世纪初市场营销学创立到 20 世
纪 50 年代，在整个市场营销学界占主导地位的是以商品学派、职能学派、
机构学派和区域学派为代表的古典学派。这些市场营销思想学派以整体市
场行为作为研究重点。20 世纪五六十年代，由于美国大众市场的繁荣、
市场营销环境的急剧变革、消费者成为商业世界的中心、管理科学在市场
营销研究中的引入以及企业对商科教育需求的转变等因素的推动，微观市
场个体的行为日益成为学术界关注的重点，传统的古典学派已经无法适应
市场营销学科发展的需要。在这个市场营销思想大变革的时代，涌现了许
多崭新的思想流派，呈现出百家争鸣的局面，共同促进了市场营销学的成
熟和繁荣。①

在 20 世纪五六十年代新出现的营销学派包括营销管理学派、营销系
统学派、消费者行为学派、宏观营销学派和社会交换学派等。营销管理学
派以沃·阿尔德森、约翰·霍华德和尤金·杰罗姆·麦卡锡为代表，将管
理导向引入市场营销学科，营销管理学派是现代市场营销学科的基石。营
销系统学派则是从系统角度分析市场营销活动，探讨市场营销系统的特
征、构成要素及其应用，其主要代表人物除了阿尔德森之外，还有尤金·
凯利、威廉·雷泽、丹尼尔·卡茨（Daniel Katz）和罗伯特·卡恩
（Robert Kahn）。随着消费者成为商业世界的中心，消费者行为研究日益
成为一门显学，消费者行为学派也成为一个影响力很大的学派，代表人物
有杰格迪什·谢斯（Jagdish Sheth）、莫里斯·霍尔布鲁克（Morris Hol-

---

① 郭国庆. 西方市场营销学界职能学派的兴衰. 经济师，1998（1）：28－30.

brook)、罗伯特·凯斯（Robert Keyes）、罗杰·布莱克威尔（Roger Blackwell）、罗姆·马金（Rom Markin）等。宏观营销学派则继承了古典营销学派的整体视野，着重研究市场营销活动对社会造成的影响和冲击以及社会对市场营销活动的反作用。该营销学派的代表人物有罗兰·范利（Roland Vaile）、菲利普·科特勒、莱维斯·柯克斯和罗伯特·霍洛韦（Robert Holloway）。社会交换学派创立于 20 世纪 60 年代中期，认为交换是市场营销的核心概念，试图通过对交换问题的研究来构建市场营销的一般概念和理论。其代表人物有威廉·麦克伊内斯（William McInnes）、马丁·麦尔斯（Martin Miles）等。

六、美国市场营销在日本的传播

日本于 20 世纪 30 年代开始接触市场营销，由于对商品流通研究的需要而引入了美国的市场营销概念。1935 年前后，日本学术界围绕分销问题即流通问题正式开启了对市场营销的研究。日本虽然与美国一样于 1910 年前后实现了资本主义的垄断化，但对市场营销的系统研究是在第二次世界大战后开始的。而"市场营销"一词被频繁使用，则是在 20 世纪 50 年代以后。

（一）市场营销的引进和发展

1950—1951 年，日本正值战后混乱时期，历经曲折才步入正轨的企业经营活动主要以质量管理（quality control）为主。这是一种运用统计技术和数理方法来提高质量水平的管理方法。质量管理离不开市场调研，市场调研的技术和方法给日本的企业经营理论带来了许多深层次的启示。从质量管理到市场调研，日本企业开始关注市场需求、市场环境、市场购买行为等问题，这与市场营销的理念不谋而合。在当时的市场经济背景下，由于尚未摆脱战后商品匮乏的困境，日本市场仍处于卖方市场，商品只要生产出来，就能卖出去。但紧随其后，广告促销大有用武之地的买方时代悄然而至。

日本的市场营销，正是在战后恢复期引入美国经营管理技术，以市场调研活动的展开为契机，提高销售业绩和销售效率的背景下提出来的。当对市场调研技术有了一定程度的掌握和了解以后，接下来就要研究如何生产适应市场需要的产品的问题。这就是所谓的商品销售拓展规划（mer-chandising）问题，也就是决定商品销售的合理价格、适宜时间、适当数量、正确方法，以提高市场活力和效率。从了解市场到产品制造这一认知思路的扩展，以及市场经济的成熟，预示着市场营销时代就要到来。生产厂家则把此称为产品计划，即以顾客为导向生产产品。

当市场营销观念逐渐流行时，电视节目日益贴近民众需求偏好。如何借助电视等媒体进行销售、广告、促销、公关等活动，向消费者展示商品，提高销售能力等，成为企业非常关心的问题。广告促销被流通业者所接受和重视，零售业大规模发展，标志着"流通时代"的到来。从生产厂家的视角看，构筑高效率的流通渠道，推进流通系列化政策落地，扩大市场份额，是其面临的重大课题。

（二）不同视角理解的市场营销

在日本企业中，似乎存在一个误认为市场营销是"万能之药"的时期。不仅在营业、企划、宣传、商品计划部门，而且在非营销部门（如生产、人事、财务、采购、研发部门）也积极引进市场营销。这无疑是一种过于敏感的反应。造成误解的原因是对于外来的新事物不加消化，全盘吸收。

（三）市场营销发展的黄金时代

20 世纪 50 年代中期至 70 年代初，日本经济发展环境宽松，高速增长。对于企业来讲，市场营销是实现经营活动高效所必不可少的。所以，此时从美国引入的营销经理、计划管理、营销手册等概念迅速为企业管理者所接受。作为提高销售效率的手段，产品计划、定价、渠道政策、奖励政策等市场营销活动，为不断谋求经营效率的企业所认同。促进市场营销发展的另一个因素是大众消费者的成熟。企业发展使大众的收入增加，生活方式、观念和行为等发生了深刻变化，再加上大众传播媒体迅速发展而且影响越来越大，最终使得消费市场急剧扩展。

（四）环境变化中的市场营销

进入 20 世纪 70 年代后期，日本企业的社会环境发生了很大的变化，环境问题、资源问题、物价问题、土地问题等相继发生，一系列社会矛盾显现出来。从某种意义上讲，这一时期的企业竞争力，取决于经营管理体制能否与时俱进、不断创新。日本企业管理者认识到，整体市场营销活动并不只是整体销售，它实际上是包括市场营销、人、财、物、经营才能等在内的整体性企业经营活动，能够衡量企业成长的情况。伴随着消费市场的成熟，广告已经不是单纯的传播商品信息的手段，往往反映着企业的整体形象。

国外市场营销起步早、发展快，为我国市场营销学科的发展提供了经验参考。

第5节　计划经济体制下的中国市场营销学科

在计划经济体制下，企业按照国家指令性计划生产，较少与市场直接联系，因而也缺乏对市场营销学科理论指导的诉求，市场营销学科也并未得到全国性的传播、推广、普及和应用。总体而言，市场营销学科建设仍然处于孕育萌芽阶段。

20世纪50年代在中国人民大学合作社系课程表中曾出现名为"市场学"的课程，主要内容涉及生产资料市场、消费资料市场、市场价格管理等论题。

市场营销在教育体系和学科建设方面，师资力量薄弱，当时受到苏联的影响，几乎所有经济管理类院系都在1952年之后停开了市场学课程。在学术交流方面，较少有政府或者高校等组织机构牵头举办讲座或活动促进市场营销研究领域的交流，至于国际学术交流，就更不可能了。

在科学研究方面，虽然当时也有名为"销售学""市场学"的相关研究，但主要是以社会主义计划经济体制为背景，对产品购销调存、销售成本、销售价格等实践问题展开分析。而且，这方面的论文基本上是围绕社会主义计划经济体制下如何进行销售，重经验总结、轻理论研究，缺乏对市场内在逻辑机理的探索分析，根本谈不上对市场营销进行理论探讨。

在党中央重视和保护广大教师积极性的一系列政策的引领下，商学教师奋力攻克难关，与现代市场营销有关的商品供应、服务质量、价格管理、流通渠道、流通费用等论题陆续出现在"社会主义价格学""社会主义商业企业管理学""社会主义商业经济学"等课程或相关教材中。主要是从国家战略和满足人民群众生产、生活需要出发，阐述如何高效率地安排商品的市场供应，包括商品采购、商品销售、商品调拨、商品储存、价格管理、质量管理、渠道管理（对批发商、零售商的管理）等问题。

值得注意的是，在这一时期我国香港、澳门、台湾地区学者如郭垣、王德馨和江显新等人陆续出版了具有很高水平的市场营销著作，结合当地经济发展和市场环境的实际情况，全面准确地介绍了西方市场营销学理念和知识体系。

在改革开放前对市场营销学的研究中，高广礼、车礼关于巩固与发展国家粮食市场的理论研究①，刘福园关于商品运动与批发商业的研究②，以及孟振虎、刘福园关于国营商业流通费用的分析与计划的研究③，夏光仁关于商业批发与零售管理的研究，对于后来中国市场营销学科的成长壮大均起到了重要的学术引领作用。1954 年，林文益等编写的《中国商业经济学》以及《商品供求关系》《多种经济成分的商业》《商业部门内部的商品流通》《商业的收购、储存、销售》等论著均具有重要的学术价值和社会影响。这些著作涉及交换、市场、流通、商业、消费、服务、合作经济、商业史等领域，对后来的研究带来启发。

马克思说过："人们自己创造自己的历史，但是他们并不是随心所欲地创造，并不是在他们自己选定的条件下创造，而是在直接碰到的、既定的、从过去承继下来的条件下创造。"④ 改革开放前的中国市场营销学科建设的各种努力、探索、准备为改革开放后的学科建设积累了条件，奠定了基础，只是当时计划经济体制主导的市场环境不具备学科充分发展的广阔空间。几经曲折，市场营销学科没有得到应有的传播和发展，仍处于孕育发展的起步阶段。以"营销""销售"或"市场学"为关键词，在中国知网期刊数据库经济与管理文献分类目录中进行搜索，可以发现相关论文不足 100 篇，研究主题主要围绕社会主义计划经济体制下的销售价格、商

　　① 高广礼，车礼. 关于巩固与发展国家粮食市场的问题. 教学与研究，1956（5）：31 - 35.

　　② 刘福园. 中华人民共和国国内商业经济第七章：商品运动与批发商业. 北京：中国人民大学，1958.

　　③ 孟振虎，刘福园. 国营商业流通费用的分析与计划. 财政经济出版社，1957.

　　④ 马克思，恩格斯. 马克思恩格斯选集：第一卷. 北京：人民出版社，1995：585.

品销售、工厂成本、合作社等。

作为中国市场营销学科从无到有、从弱到强发展过程的参与者、见证者、实践者，每一位营销学者都有其亲身的感受、切身的经历，但如果不进行系统总结，不及时上升到理性认识的高度，那么这些感受和经历，还只是处在感性的、局部的、不完整的阶段，难免具有片面性和历史局限性。因此，研究中国市场营销学科发展史就是为了将人们的感性认识上升到理性认识。只有对我们感受到的东西，加以去粗取精、去伪存真，由此及彼、由表及里的总结、归纳、概括、提炼，进行科学抽象，才能认识事物本质，把握历史规律，增强历史自觉，发扬历史主动精神，建立并完善中国特色市场营销学科体系，让市场营销在满足人民日益增长的美好生活需要、实现中华民族伟大复兴中国梦的历史进程中更好地发挥作用、贡献力量、彰显学科魅力。

古人云："艰难困苦，玉汝于成"，经过艰难探索的中国市场营销学科，即将迎来党和国家改革开放的美好时代，在服务国家改革开放大局的历史进程中起步成长。

第 3 章　中国市场营销学科的起步成长

改革开放是党领导人民大踏步赶上时代的重要法宝。改革开放激发了各行各业的活力，使中国的生产力不断发展，综合国力不断增强，中国的国际影响力明显提升。伴随着国家改革开放不断深化，人民生活水平有了迅速提高。在艰难环境中上下求索的中国市场营销学科，沐浴着改革开放的春风阔步向前。在致力于服务国家战略，满足市场需求，创造人民美好幸福生活的历史进程中，中国市场营销学科发展迈入了起步成长新时期。

第 1 节　中国改革开放大幕开启

一、改革开放初期的政策推动

1978 年 12 月 18 日，中共十一届三中全会在北京京西宾馆隆重召开。这次会议实现了新中国成立以来党的历史上具有深远意义的伟大转折，作出了把党和国家工作中心转移到经济建设上来、实行改革开放的历史性决策。

1979 年，党中央、国务院批准广东、福建在对外经济活动中实行"特殊政策、灵活措施"，并决定在深圳、珠海、厦门、汕头试办经济特区，福建和广东成为全国最早实行对外开放的省份。1988 年 4 月 13 日第七届全国人民代表大会通过关于建立海南经济特区的决议，建立了海南经济特区。深圳等经济特区的成功创建，为进一步扩大开放积累了经验，有力推动了中国改革开放和现代化的进程，也为引入境外市场营销学科建设的最新成果提供了极大便利。位于广州的暨南大学为适应时代需要，开始设立与市场营销相关的本科课程。

1979年9月，中共十一届四中全会通过了《中共中央关于加快农业发展若干问题的决定》，允许农民在国家统一计划指导下，因时因地制宜，保障他们的经营自主权，发挥他们的生产积极性。农业生产的迅速发展，一方面增加了农民收入和市场购买力，另一方面为更加丰富多彩的食品提供了充足的原材料，为满足人民美好生活需要提供了强有力的支撑。

小岗村"大包干"的成功成为中国农村改革的重要标志性事件。1982年中央一号文件明确指出包括包产到户、包干到户在内的各种责任制都是社会主义集体经济的生产责任制。

随着农村改革的继续深化，农村经济开始向专业化、商品化、现代化转变，这种形势迫切要求疏通城乡流通渠道，为日益增多的农产品开拓市场，同时满足农民对工业品、科学技术和文化教育的不断增长的需求。研究农产品营销渠道、农产品品牌化、农产品价格、农产品市场管理等问题，市场营销学界责无旁贷。

1984年10月，中共十二届三中全会通过的《中共中央关于经济体制改革的决定》系统阐明了经济体制改革中的一系列重大理论和实践问题，确认中国社会主义经济是公有制基础上的有计划商品经济，成为全面进行经济体制改革的纲领性文献。农村改革的成功经验，农村经济发展对城市的要求，为以城市为重点的整个经济体制的改革提供了极为有利的条件。当时，城市企业经济效益还很低，城市经济的巨大潜力还远远没有挖掘出来，生产、建设和流通领域中的种种损失和浪费还很严重，加快改革是城市经济进一步发展的内在要求。

二、改革开放带来市场环境新变化

随着农村经济体制改革的不断深入，从1958年起实行了20多年的农村政社合一体制已很难适应新形势的要求。1982年开始，相关法律和政策文件陆续出台以推进政社分开。到1984年底，全国基本完成了政社分开，人民公社制度至此不复存在。家庭联产承包责任制的实行，有力地促进了农村商品经济的发展。1985年党中央下发一号文件，决定对粮食棉花等少数重要农产品实行国家计划合同收购的新政策，合同收购以外的农产品可以自由出售，或以协议价格卖给国家，其余多数农副产品可以在市场上自由交易，国家不再下达指令性计划。这就基本上终止了实行 30 多年的统购派购政策，把农村经济纳入了有计划的商品经济的康庄大道。市场环境的日趋完善，也逐渐为市场营销学中的定价策略、渠道策略等理论提供了应用场景。车礼、高广礼在分销领域关于货畅其流与城乡通开的理论研究产生了重要的社会影响。①

农村改革还带来了乡镇企业的异军突起，一大批农村劳动力从土地上解放出来，从事工业、商业和服务业，市场营销学较早地在乡镇企业管理中得到有效应用。浙江萧山万向节厂的鲁冠球与乡政府签订厂长个人风险承包合同，将这家乡镇企业从小作坊逐步发展成为第一个进入美国市场的中国汽车零部件企业。乡镇企业以令人惊异的速度和规模，改变着中国农村的面貌，到 1987 年乡镇企业产值达到 4 764 亿元，第一次超过农业总产值。这是农村经济的一个历史性变化。

农村改革发展的伟大实践，为其他领域的改革进行了创造性探索，积累了丰富的经验，造就了一大批改革先锋。在农村改革悄然兴起的同时，城市改革也开始起步。

1978 年召开的国务院务虚会，提出了改革企业管理，适当扩大企业自主权的要求。同年 10 月，重庆钢铁公司、四川省宁江机床厂等 6 家国有企业在全国率先开始"扩大企业自主权"试点。第二年，首都钢铁公司等 8 家大型国有企业也开始试点。从 1981 年起，国营工业企业扩大企业自主权全面推开。

改革开放使我国的社会生产力和国民经济获得了高速发展，我国走出了短缺经济困局，市场状况发生了翻天覆地的变化，各种购物票证全部取消，商品丰富，货源充足，实现了由卖方市场向买方市场的转变。这一转变有利于推动商品经济的发展和劳动生产率的提高，有利于促使生产者实施技术创新，提高产品质量，更好地满足消费者需求，满足人民对美好生

① 车礼，高广礼 . 略论货畅其流与城乡通开 . 经济理论与经济管理，1983（4）：43-48.

活的向往。

三、市场营销学科的春天来临

1950 年中国人民大学建校初期，一些在西方国家留学归国的教师曾学习过市场学课程，合作经济专业曾开设市场学课程。但是，受到多种因素的影响，这门课程被迫停开，更谈不上师资队伍建设和学科发展。改革开放为研究生教育和市场营销学科的振兴发展带来了难得的机遇，市场营销学科的春天终于到来了。

新中国成立后，党和政府十分重视研究生教育，1950 年即招收研究生。1979 年 3 月明确提出创建学士学位规章制度。1980 年 2 月 12 日第五届全国人大常委会第十三次会议审议通过了《中华人民共和国学位条例》，自 1981 年 1 月 1 日起实施。1981 年 5 月 20 日，国务院批准了《中华人民共和国学位条例暂行实施办法》，制定了学士、硕士、博士三级学位的学术标准，中国学位制度从此建立，中国学位与研究生教育自此有了长足发展。

最是一年春好处，播种耕耘正当时。中国市场营销学科的成长，起步于党的改革开放政策，直接受益于国家研究生教育和学位制度的建立和发展。在许多重点大学或研究型大学里，市场学、市场理论或西方市场学（即今天的市场营销）作为硕士研究生培养的研究方向之一，开始招收研究生，并陆续开设国外商业、国外流通管理、西方销售学、西方市场理论、广告理论与实践等相关课程。这些受过市场营销教育的硕士研究生，很快就成为当时中国市场营销学科的中坚力量，承担起继往开来的时代重任。在老一辈市场营销学者的引领下，青年学者为引进、传播国外市场营销理论作出了积极贡献，也为后来中国特色市场营销学科建设奠定了人才基础。

第 2 节　市场营销学科迎来发展机遇

一、市场营销学科由研究生教育起步

由于市场营销学科对于改革开放之后的中国高校来说，还是一个崭新的学科，师资队伍、研究积累、课程设置等方面可以说是捉襟见肘，受到

很多局限。因此，最先开设市场营销课程的几所研究型大学，是从研究生教育开始起步的。因为研究生人数少，又比本科生更具有理论基础、实践经验和研究探讨能力，容易接受新事物，尤其是来自西方的新理论、新知识。授课教师往往是随时备课，随时讲授，"现炒现卖"，在时间紧迫和客观现实的迫切需要下，不得不采用"急急风"式的快节奏。1979 年中国人民大学贸易经济系邝鸿教授开始招收商业经济专业西方市场理论研究方向硕士研究生，1980 年开始为 1978 级商业经济专业硕士研究生讲授西方市场理论课程，内容涉及西方国家买方市场和卖方市场、市场价格的确定、市场供给与市场需求、供求规律、批发商和零售商的主要类型及其运行、分销渠道的概念及其管理、企业战略计划、市场营销观念演变、市场营销组织类型等与市场营销有关的理论知识。1984 年前后，陆续有十余所院校开始招收研究生，但都是以商业经济专业市场学或西方市场学研究方向的形式进行招生考试、课程教学和人才培养。

在不少研究型大学，为本科生开设"市场学""销售学"或类似名称的课程要晚一些。在专科培养层面，1984 年，广西商业高等专科学校经自治区教育委员会批准，开设了大专层次的市场营销专业，招收专科生，1986 年又增设国际市场营销专业。在本科培养层面，1988 年，国家教育委员会首次批准山东大学试办市场营销专业，同年招收本科生。在博士培养层面，1990 年，中南财经政法大学彭星闾经国务院学位委员会批准，成为第一位市场营销方向的博士生导师。

二、由商学知识到市场营销课程

（一）商业学课程包含大量的市场营销元素

改革开放以后，各高校的市场营销理论知识大多以企业管理、商业经济、商业企业管理、商业经济管理、商业物价学、外贸业务、出口业务等相关课程的形式向学生提供。换言之，今天市场营销课程中的许多知识点，都是散见于商业、企业管理、商业史、国外商业概论、销售学、价格学等多门课程或教材。

车礼教授为本科生和研究生开设了"贸易组织与技术""贸易经济""贸易经济管理""市场预测"等多门课程。他先后主编了《中国商业经济

管理学》《市场预测与管理决策》《商业企业管理》《批发商业概论》等
教材。

夏光仁教授为本科生和研究生开设了"商业企业管理""商业批发与
零售"等课程，主要著作有《中国商业企业管理学》《商业企业经营与管
理》《现代推销技术》《商业批发与零售管理》《商业企业管理基础工作》
《商业企业管理咨询》。

高广礼教授为本科生和研究生开设了"商业经济管理"等课程，主要
著作有《市场预测与管理决策》《批发商业概论》《中国商业经济管理学》。

（二）商学教育中的市场营销课程颇受欢迎

1979 年秋天，暨南大学在国内率先开设了市场营销学课程，授课对
象主要是一些港澳学生以及东南亚地区的华侨子弟。之后，中国人民大
学、复旦大学、哈尔滨工业大学、湖北财经学院、云南财经学院以及广西
商业高等专科学校等，也分别于 1980 年、1981 年先后开设市场营销学课
程或讲座。

1980 年邝鸿教授为硕士研究生讲授"西方国家商业概论"课程，主
要内容包括西方国家的垂直渠道系统、分销渠道选择策略、批发商类型、
零售商分类、市场营销观念等。此外，还涉及菲利普·科特勒市场营销教
科书的部分内容。所有这些，都是他在认真研读英文书籍、资料的基础
上，结合中国商业改革发展实践编写教案，之后再传授给学生的。他曾在
课堂上绘声绘色地描述西方国家批发拍卖的热闹场景，还讲到西方国家市
场营销观念的演变历程、企业战略计划过程、产品生命周期、零售机构生
命周期、企业定价方法等。

北京外贸学院罗真崇教授 20 世纪 40 年代末毕业于美国哥伦比亚大
学，此前曾在西南联大学习。面对改革开放之后我国对外贸易发展的新需
求，她通过各种渠道获得了美国出版的多种营销学教材，并结合中国企业
特别是外贸企业的实践，于 1980 年开设了营销学课程，当时的课程名称
是"销售学"，她于 1982 年出版了《销售学原理与应用》一书。[①]

在此期间，曾留学美国的上海财经大学梅汝和教授也发表了大量关于

---

① 罗真崇，黄燕，江一舟. 销售学原理与应用. 北京：中国财政经济出版社，1982.

市场营销的专论，介绍现代资本主义市场和销售问题，开设市场预测等市场营销课程，并于 1983 年出版了《市场调查和预测的应用》一书。①

（三）中国市场营销学科蹒跚起步

改革开放之后，中国市场营销学科发展迎来了春天，但是，与国外市场营销学科之间的差距不容小觑。20 世纪 50 年代国外市场营销界就有了市场营销组合、产品生命周期、品牌形象、市场细分、市场营销观念、市场营销审计、4P 组合、市场营销近视症等概念。20 世纪六七十年代国外市场营销学界又推出了买方行为理论、扩展市场营销、社会市场营销、低营销、定位理论、服务市场营销、战略市场营销等新学说。这些新知识被中国市场营销先驱们及时获悉，并传授给青年学子，使得中国市场营销学科大踏步赶上了时代。②

到了 20 世纪 80 年代，学术界对于市场营销的认识逐步清晰、准确，开设市场学课程的高校也在陆续增加。国外市场营销学界的新术语传入中国的速度大大加快。③ 这既得益于改革开放给国内外学术交流、信息沟通带来了极大的便利，更得益于在中国市场营销先驱指导下一大批青年学者的迅速成长。不仅诸如顾客满意、顾客忠诚、市场营销战、内部市场营销、全球市场营销、关系市场营销、大营销、品牌资产等新概念及时出现在市场营销课堂上，而且结合中国市场营销实践介绍国外市场营销最新进展的论文也频频问世，其中不少学者还针对中国市场营销学科建设提出了创新性的建议和设想。对于中国市场营销学科来说，这是蓬勃发展的好时代。

三、市场营销课程体系、教学方法和内容

（一）课程体系

截至 1984 年前后，几乎所有院校都开设了市场学课程。在课程内容设置上，在党和政府以及相关专家学者号召先原原本本学习西方市场营销

---

① 梅汝和，余名岳．市场调查和预测的应用．上海：上海人民出版社，1983．

② 邝鸿，郭国庆．市场学原理．北京：中国展望出版社，1987．

③ 郭碧翔．关于市场学研究中的若干问题：兼与陶桓祥同志商榷．财贸经济杂志，1985（3）：36－40．

学思想的基础上，内地各高校主要仿照中国港澳台或国外教学体系设置了基本课程内容，主要包括通识课程和专业课程两大模块，前者涉及管理学、经济学等基础知识体系，后者涉及消费者行为、市场调查和预测、广告学、物流学、国际市场营销、服务市场营销等与市场营销学紧密相关的专业知识体系。

1986 年 9 月，中国人民大学开始为商业经济和商品学专业本科生开设市场学课程。由于这门课颇受学生欢迎，工业经济专业、农业经济专业、财政金融专业以及财务会计专业等与经济管理相关的各专业都先后为本科生开设市场学课程。之后，商业经济、商品学和国际经济专业的本科生又增开"国际市场学"课程。

从 20 世纪 80 年代起，中国人民大学开设的市场营销本科课程有"市场营销原理""消费者行为""市场调研与预测""新产品开发与管理""零售学""国外商业"等 20 余门。"市场调研与预测""品牌管理""广告学""营销决策模型"等都是在各高校同类专业中较早开设的课程。

（二）教材体系

在改革开放初期，来自西方的市场学教材仍然颇受争议，1981 年，中国人民银行教育司还专门组织 20 余所财经类院校编写了《中国社会主义市场学》教材，但是之后，政府和学术界都逐渐意识到需要引进西方市场营销思想进行学习，一批经典西方教材著作开始被引进和使用。

1984 年，时任上海市市长汪道涵在访问美国西北大学时发现菲利普·科特勒的《营销管理》，立刻将该教材引进回国，并交由梅汝和翻译，至今该著作已发行至第 16 版，成为各个高校市场营销学科常用的西方经典教学用书。

20 世纪 80 年代罗真崑等编著的《销售学原理与应用》、梅汝和等编著的《市场调查和预测的应用》、邝鸿独著的《市场学概论》等市场营销教材，很快被各大院校广泛采用。1991 年出版的《现代广告学名著丛书》，包含了一系列西方广告营销领域的经典著作。

（三）教学方法和内容

在案例教学中，邝鸿教授谈到美国著名食品公司皮尔斯伯里公司（Pillsbury Inc.）奉行生产观念。他还讲到，在日本，丰田汽车公司向来以善于销售而为世人所称道，但值得注意的是，创造这一不凡业绩的并非丰田家族的人，而是被人们誉为"销售之神"的神谷正太郎。神谷正太郎的经营术是：一用户，二经销商，三制造厂。就是说，要尊重市场营销的作用和经销商的地位，因为经销商是用户的代言人。这使过去以制造厂为主导，"产多少就销多少"的旧模式变为"销多少就产多少"，以销定产，按需定产。在授课过程中，邝鸿教授还介绍了西尔斯·罗巴克的邮购营销，该公司的邮购产品目录几乎可以在美国每个农场主家里找到。

邝鸿教授举例说明科技发展下的市场营销。第二次世界大战以后，随着科学技术迅速发展，自动售货在西方国家得到迅速发展。自动售货机一般设在人流必经之地，出售的货物品种和服务项目逐渐扩大。

邝鸿教授还讲到当时西方国家的电视购物。改革开放之初，电视机在中国还是稀罕玩意儿，西方发达国家已经出现了电视售货及利用有线电视、电报交换机或录影碟等崭新的电视沟通工具，将产品信息传播给顾客，或者直接销售给顾客。凡是家里装设有线电视的人，只要每年支付 18 美元的费用，就能购买电视荧光屏上显示的任何商品，现在消费者可以通过电视购买 3 万种以上的商品，已有 25％的美国家庭装设了有线电视，而且打算安装的人越来越多。看来，电视购货可能会全面改变西方人的购买习惯。

当时，邝鸿教授备课所采用的教材主要有罗伯特·哈夫曼（Robert Haveman）和凯尼恩·克诺夫（Kenyon Knopf）的 *The Market System；an Introduction to Microeconomics*（John & Wiley，1976）；里查德·斯蒂尔（Richard Still）和爱德华·肯迪夫（Edward Cundiff）的 *Essentials of Marketing*（2nd ed.，Prentice-Hall，1972）。

邝鸿教授在为研究生讲授"西方市场学"课程时，还采用过菲利普·科特勒、尤金·杰罗姆·麦卡锡、威廉姆·斯坦顿（William J. Stanton）等学者编写的教材和他本人编著的《市场学概论》。[①] 在课堂上，他经常引用美国制鞋公司的案例。

美国一家制鞋公司正在寻找国外市场，公司总裁先后派三名推销员到一个非洲国家去了解那里的市场，第一个推销员到非洲后发回一封电报：

---

① 邝鸿. 市场学概论. 北京：中央广播电视大学出版社，1986.

"这里的人不穿鞋，没有市场。"第二个推销员在那里待了一个星期发回电报："这里的人不穿鞋，市场巨大。"第三个推销员在非洲待了三个星期发回电报："这里的人不穿鞋，但有脚疾，需要鞋；不过我们现在生产的鞋太瘦，不适合他们，我们必须生产宽大些的鞋。这里的部落首领不让我们做买卖，除非我们搞大市场营销。我们只有向他进贡，才能获准在这里经营。我们大约需要投入1.5万美元，他才能开放市场。我们每年大约能卖2万双鞋，在这里卖鞋可以赚钱，投资收益率约为15%。"

在上述案例中，只有第三个推销员才是营销人员。营销人才必须懂得市场调研、产品设计、财务核算等。

1982年，中国人民大学商业经济专业硕士研究生的西方市场理论研究方向更改为西方市场学。

（四）探索教学模式创新

20世纪八九十年代，我国的社会、文化、政治和经济环境发生了快速而深刻的变化。教师的社会形象和地位有所提升，教师在教学过程中的主导地位受到重视。

总体上看，市场营销教学主要强调理论知识的传授，教材是传授知识的主要载体，教学过程以教师讲解为主。这种灌输理论的课程教学模式体现了行为主义学派的观点主张。行为主义学派认为个体的学习行为是对外部刺激的反应，与内部心理过程无关，因此只要控制刺激就能控制行为和预测行为，从而也就能控制和预测学习效果。依据这种观点，人类学习过程被解释为被动地接受外部刺激的过程，而教师的任务只是提供外部刺激，即向学生传授理论知识，而学生的任务就是接受外部刺激，即理解和吸收教师传授的知识。

这种教学模式凸显了教师的主导作用，便于教师组织、监控整个教学活动进程，具有较强的目的性、组织性和计划性，有利于保证课程讲授的系统性。但是，这种教学模式容易忽视学生的认知主体作用，不利于具有创新思维和运用能力的创造型人才的成长。①

---

① 陈凯，汪晓凡.市场营销课程教学模式30年回顾与展望.中国林业教育，2010（1）：68-71.

（五）市场营销学术研究机构成立

1984 年 1 月 6 日，在湖南财经学院的积极努力下，全国财经院校、综合大学市场学教学研究会（即现在的中国高等院校市场学研究会）成立大会和第一期市场学高级研讨班在长沙枫林饭店同时开幕。

邝鸿教授为此作出了重要贡献。他指出，市场学是一门建立在经济科学、行为科学、现代管理理论基础之上的应用科学，在改革开放后的社会主义经济中将发挥日益重要的作用。他还将时任国家经济委员会副主任、后曾任中国人民大学校长的袁宝华的一段精辟论述传达给各位同行，即"学习外国经验，要从头到尾、原原本本地学，学通了，才能从中吸取有用的东西，至少在专家范围内应该是这样。学学皮毛，满足于一知半解是不行的。大连培训中心开始工作时，我们就对美国人说：'美国怎么干，你就怎么讲，不要保留。'这样才能把美国的东西学通，才能有分辨能力，才能真正消化吸收。学习外国的先进经验要采取'以我为主，博采众长，融合提炼，自成一家'的方针。不把'众长'学透，就不能'博采'；要想自成一家，就先学透百家"。

袁宝华同志的重要论述对于启发国内同行应当如何学习研究西方市场学发挥了重要作用，对于鼓励营销学者进一步解放思想，坚持继续引进和不断发展创新提供了强有力的理论依据。

广东营销学会还在 1984 年创办了国内第一份市场营销专业学刊《营销管理》，开拓了学术交流的期刊平台，推动了市场营销学的传播和发展。1991 年 3 月，另一重要的市场营销领域专业协会中国市场学会在北京召开成立大会，一些地方性的学术分会或学术组织也陆续创办。

四、以《财贸经济》系列讲座传播市场营销知识

党的改革开放政策给中国市场营销学科发展带来了千载难逢的好机会。1983 年初，应中国社会科学院财贸物资经济研究所所长高涤陈和《财贸经济》编辑部主任贾履让的邀请，邝鸿教授为《财贸经济》杂志的《西方国家商业概论》讲座撰稿并在该刊连载，1983 年第 5 期发表第一讲，1984 年第 8 期连载结束。

《财贸经济》编辑部在讲座第 1 期按语中指出："西方发达资本主义国家的商品经济、商业很发达。战后以来，随着社会生产力迅速发展，工农业劳动生产率迅速提高，'第三产业'（包括商业等非物质生产部门）发展特别快，在国民生产总值和就业人口中所占比重越来越大，这是社会生产力高度发展的必然趋势。我们研究和认识西方国家商业发展情况和规律性，有助于更深刻地认识我国社会主义商业在经济发展中的重要性及其发展趋势。其次，为了博采众长，改进我国的商业工作，我们也需要认真研究和借鉴西方国家组织商品流通，经营现代商业的经验、形式和方法，从中吸取科学的、适合我国国情的、有用的东西。"

按语进一步强调学习和借鉴西方商业组织运行模式的意义："工业发达国家的企业，用人少，效率高，会做生意，这些都应当有原则地好好学过来，以利于改进我们的工作。""为了使我国的商品能通过适当的渠道进入西方国家的市场，扩大出口，我们也需要切实调查研究西方国家市场和商业的特点、流通渠道、商业组织结构等情况。因此，本刊从 1983 年第 5 期起开设《西方国家商业概论》讲座，将陆续系统地介绍西方国家商业在国民经济中的地位、商业的主要特点，商品流通渠道、批发商业、零售商业、公共饮食业、商业价格以及集市贸易等问题。"

邝鸿教授在系列讲座中论述了西方国家营销哲学由生产观念向营销观念转变的历程，谈到了产品组合、定价策略、分销渠道、批发商、零售商、广告促销等营销论题，为国内学术界学习、借鉴西方国家市场营销原理奠定了基础。邝鸿教授和罗真崀教授及梅汝和教授一同被公认为"中国市场营销学的开拓者和奠基人"。

五、市场营销学科体系初步建立

（一）师资培训与国际交流

邝鸿、梅汝和、罗真崀等学者讲授的市场营销课程，吸引了越来越多其他高校的青年教师前来听课。改革开放的新形势日益彰显出市场营销专业或市场营销课程的魅力，市场营销教师队伍发展迅速。

1979 年中美两国政府签署的《中华人民共和国国家科学技术委员会

和美利坚合众国商务部科技管理和科技情报合作议定书》的一个子项目，就是中美联合创办中国工业科技管理大连培训中心，培训我国工业和科技部门管理和技术人员。中方由国家经济委员会、国家科学技术委员会和教育部主管，大连工学院负责具体工作。每门课程的主讲教授由美方组织委派，中方相应组织有关教师及翻译人员配合教学工作。

1980 年 6 月，中国工业科技管理大连培训中心开始运营。该中心每年开设十期课程，连续举办了十年培训班，1985 年还设立了 MBA 班，共培养硕士 1 500 余人，颁发了美国纽约州立大学巴法罗管理学院的学位证书。

大连培训中心成立后，美国一些教授被美国商务部派往中国讲课，许多教学方法对于中国学生来说还是颇具新意的，如案例分析、角色模拟、计算机模拟等。大连培训中心以培训工厂管理者为主要任务。大连培训中心开设的课程，有美国商务部助理、加利福尼亚大学伯克利分校教授理查德·霍尔顿（Richard Holton）讲授的"市场学"，美国密歇根大学安娜堡分校教授范恩·特普斯特拉（Vern Terpstra）讲授的"国际市场学"。课程讲义还被汤正如等编译为两本教材，于 1985 年和 1989 年出版，成为许多市场营销学教师的启蒙读物。

大连培训中心的成立和运行，为西方经典市场营销教材引入我国提供了便利。随着来中国讲学的国外市场营销专家增多，中国学者也有机会去国外进修学习。这也为引进国外最新市场营销教材、教学方式方法、人才培养方案等拓宽了渠道。

1981 年，在中国人民银行总行的支持下，陕西财经学院主办了国内市场学师资培训班，由香港中文大学工商管理学院院长闵建蜀教授主讲。之后，《陕西财经学院学报》还对闵建蜀教授的讲座内容进行整理并予以发表。

（二）课程建设与研究成果

在教学研究过程中，市场营销教师的一个共同感受，就是伴随着改革开放的不断深化，市场营销理论的用武之地也在不断扩展。

1978—1991 年，市场营销领域的研究成果逐渐增多。在中国知网期刊数据库可以搜索到 6 000 余篇相关文献。市场营销研究论文数量大幅增加，并且研究阵地开始从政府组织转移到高校，中国人民大学、中南财经大学、上海财经大学等高校加入市场营销学的研究。此外，通过对文章进行内容分析可以发现，在该阶段"marketing"开始被翻译为"市场营销"出现在标题或关键词中，并且研究开始围绕工业市场营销、市场营销组合等主题展开。也有不少学者以学术讲座的论文形式对西方市场营销学的理论知识进行系统介绍。

（三）国家对市场营销学科研究的支持

国家自然科学基金委员会自 1986 年成立就开始设立管理学科组，主要资助范围和优先资助领域是管理科学基础理论、管理技术、管理方法、管理手段研究和部分分支学科的应用性研究。1996 年，经中央机构编制委员会批准，管理科学部成立并列入国家自然科学基金委员会的学术性管理机构。在同年 7 月召开的管理科学学科发展座谈会上，多位学者提出要大力宣传加强企业的经营管理，要大力提倡振兴中国的管理科学，要总结中国管理实践的经验。之后，国家自然科学基金委员会开始加强对在经营管理中发挥重要作用的市场营销学科领域的资助。市场营销学者大多采用理论与实践相结合的方法。典型的方法是设计科学研究（design science research，DSR），强调项目从开始到完成的全过程分析，展现了市场营销学科学术研究与实践过程的有机统一。

1987 年，第一版国家自然科学基金申请代码制定时设置了"G0103 行为理论"，它与消费者行为研究密切相关。1988 年代码调整时设立"G0203 行为论""G0204 经营管理理论"，它们与市场营销研究密切相关。2000 年开始，国家自然科学基金委员会确立了三个学科，其中工商管理学科首次单独列出"G0205 市场营销"代码。但是，在这一时期，申报的项目和获得资助的项目都十分有限。①

第 3 节　市场取向改革的艰难历程

一、指令性计划经济体制的弊端凸显

如前所述，新中国成立以来的经济体制是高度集中的指令性计划经济

---

① 任之光．营销科学学科回顾、展望与未来方向．营销科学学报，2021，1（1）：31-42.

体制。这种体制在我国社会经济发展的特定环境和特定阶段曾发挥过积极的作用。随着改革开放的不断深化和社会经济的持续发展，传统体制的弊端日益暴露出来。从企业管理的微观视角看，计划经济体制的弊端是政企职责不分、条块分割，国家对企业统得过多过死，造成了企业缺乏应有的自主权和决策权，分配中吃"大锅饭"、平均主义严重的局面，严重束缚了企业管理者、职工群众等各方面的积极性和主动性，使社会主义经济在很大程度上失去了活力。

因此，改革一开始，党中央就提出充分发挥市场调节作用。之后，随着改革的持续推进，党和国家都在试图逐步弱化指令性计划的功能，缩小指令性计划涉及的范围，强化和扩大市场功能。这就是所谓的市场取向改革，也称作市场化改革。

改革由问题倒逼产生，又在不断解决问题中深化。从"计划经济为主、市场调节为辅"到"公有制基础上的有计划的商品经济"，从明确"建立社会主义市场经济体制"到"加快完善社会主义市场经济体制"，再到党的二十大提出的"构建高水平社会主义市场经济体制"①。不断深入推进的市场化改革，为市场营销学科起步发展带来了越来越有利的环境条件。

二、市场取向改革的艰难探索

（一）计划经济为主，市场调节为辅

市场取向改革经过了曲折的、复杂的发展过程。中国市场营销学科发展也可以说是几度绝处逢生、几度柳暗花明。早在 1979 年，中央领导同志就曾指出："社会主义也可以搞市场经济。同样地，学习资本主义国家的某些好东西，包括经营管理方法，也不等于实行资本主义。这是社会主义利用这种方法来发展社会生产力。"②

1982 年 9 月 1 日—9 月 11 日，中共十二大在北京召开。十二大报告

---

① 习近平.高举中国特色社会主义伟大旗帜 为全面建设社会主义现代化国家而团结奋斗：在中国共产党第二十次全国代表大会上的报告.人民日报，2022-10-26(1).

② 邓小平.社会主义也可以搞市场经济//邓小平.邓小平文选：第二卷.北京：人民出版社，1994：236.

指出："正确贯彻计划经济为主，市场调节为辅的原则，是经济体制改革中的一个根本性问题。"报告还具体阐述了计划经济为主、市场调节为辅的内涵："我国在公有制基础上实行计划经济。有计划的生产和流通，是我国国民经济的主体。同时，允许对于部分产品的生产和流通不作计划，由市场来调节。"以此为开端，把市场机制和市场调节作用引入计划经济，也就将传统的集权计划经济模式打开了一个缺口。市场营销学科虽然有了用武之地，但舞台还是受到局限，例如市场营销组合 4P 中的定价策略在当时并不完全适用，因为企业没有定价权。企业的广告促销无论数量、质量、内容还是效果都很难尽如人意，人们接触到的广告寥寥可数，内容制作也多是粗制滥造。

（二）公有制基础上的有计划的商品经济

1984 年 10 月 20 日，中共十二届三中全会在北京召开。全会一致通过了《中共中央关于经济体制改革的决定》（以下简称《决定》）。《决定》是推进经济体制改革的纲领性文献，它总结了新中国成立以来特别是中共十一届三中全会以来经济体制改革的经验，提出必须按照把马克思主义基本原理同中国实际结合起来，建设有中国特色的社会主义的总要求，进一步贯彻执行对内搞活经济、对外实行开放的方针，加快以城市为重点的整个经济体制改革的步伐，以更好地开创社会主义现代化建设的新局面。

《决定》把计划经济与商品经济统一起来，从经济运行机制看，就是计划调节与市场调节统一起来。虽然没有再提"为主为辅"的既有说法，但依然强调计划经济是社会主义经济优越于资本主义经济的根本标志之一，重申我国实行的是有计划的商品经济，而不是那种完全由市场调节的市场经济，强调要把商品经济同市场经济区别开来。

依照《决定》的指示精神，尽管总体上不实行市场经济，但局部可以实行完全的市场调节，例如，部分农副产品、日用小商品和日常维护修理服务等生产和营销活动，就完全由市场调节。这部分完全由市场调节的经济，一般都可以看作是市场经济。

中共十二届三中全会第一次提出了我国社会主义经济是公有制基础上的有计划的商品经济。这是我国社会主义经济理论的一个重大创新。商品经济和市场调节要求生产者关注市场需求，提升产品质量，重视市场营销，加强售后服务，以此来赢得市场。

（三）正式否定计划经济为主的提法

1987 年 10 月，中国共产党第十三次全国代表大会召开。党的十三大报告不仅没有再讲计划经济为主和计划经济的优越性，还创新性地提出"社会主义有计划的商品经济体制应该是计划与市场内在统一的体制"，并从理论上扩大了市场调节的范围，提出了新的经济运行机制是"国家调节市场，市场引导企业"。也就是说，要在总体上废除指令性计划体制，让市场去调节企业的经营活动。党的十三大报告提出，在处理国家、市场、企业三者关系时，将侧重点放在市场方面，经济调节方式要从直接调控为主转向间接调控为主。这样一来，计划与市场的关系，就从党的十二大时以计划经济为主、市场调节为辅，转变为计划与市场平起平坐，并且逐渐把重点向商品经济、市场经济倾斜，为市场发育和起步发展打开了制度空间。这一重大变化充分反映了我国经济体制改革正在逐渐深入。企业不仅开始由统购包销改为自己跑市场、为产品寻求销路，也开始模仿和学习西方先进的管理方式，在市场营销实践中跃跃欲试。从此，市场营销理论、方法和技术人才也开始真正有了用武之地，学科建设步入正轨，进而逐渐发展起来。

（四）计划经济与市场调节相结合

1989 年，党中央明确指出："要继续坚持计划经济与市场调节相结合，这个不能改。"所谓不能改，主要是指不能放弃市场调节。不过，计划经济与市场调节相结合，只是一种结合的原则，还需要探讨二者相结合的实现形式。在 1990 年政府工作报告中，再次将计划经济与市场调节相结合的形式分为指令性计划、指导性计划和市场调节三种。这又回到了板块结合的关系，把市场调节的作用独立于计划之外。1990 年政府工作报告明确指出："对全民所有制大中型企业的重要经济活动实行指令性计划或指导性计划管理为主，对城乡集体经济主要实行指导性计划或市场调节，对个体经济、私营经济和外资企业实行市场调节。"这种结合模式又退回到老路上去。

（五）不同观点激烈交锋

20 世纪 80 年代末 90 年代初的转型时期，是计划与市场双轨并行的阶段，一些企业"皇帝女儿不愁嫁"，缺乏足够的动力调整产品结构、对接市场需求。在当时经济增长动力不足的大背景下，出现了一方面大量产品积压、一方面市场急需的物资短缺的悖论。企业迫切需要进行技术改造、淘汰落后生产线、面向市场生产适销对路的产品。在此时代背景下，市场营销、服务营销逐渐为更多的企业管理者所重视。为适应社会经济发展的需要，不少高校在开设市场学（即现在的市场营销学）课程的基础上，又推出了服务市场学、国际市场学等新课程。在此期间，中国市场营销学科针对如下问题展开了深入研究：西方市场营销系统发展趋势，美国企业的组织营销，美国企业对日出口营销失败的主要原因，日本企业国际化的新趋势，日本企业营销国际化问题，日本企业在美国的投资战略，韩国消除对日贸易逆差的主要措施，我国企业经营国际化问题，国际营销中的市场选择策略等。[①]

由于"计划经济与市场调节相结合"的提法在理论上还是没有讲清楚到底计划与市场谁为主谁为辅，所以1990年和1991年理论界还在继续争论，并对改革的目标模式有不同意见。

1992年，邓小平发表南方谈话，十分明确地指出计划与市场不是划分社会制度的标志，而是社会主义和资本主义都可以利用的手段。此时，大多数人的观点才逐渐统一到符合我国国情和改革目标的科学认识上来。

三、南方谈话提出社会主义市场经济体制

1992年邓小平南方谈话阐发的一系列全新的思想犹如一股强劲的东风，驱散了人们思想上的迷雾。它从理论上深刻回答了长期困扰和束缚人们思想的许多重大问题，把改革开放和现代化建设推向了一个新阶段，不仅对即将召开的党的十四大具有十分重要的指导作用，而且对中国整个社会主义现代化建设事业具有重大而深远的影响。党的十四大提出我国经济

---

① 郭国庆.90年代西方市场营销系统发展趋势.外国经济与管理，1991（2）：35－37；郭国庆，冯建军.试论日本企业国际化的新趋势.现代日本经济，1990（4）：19－21，59；郭国庆.韩国的国际化经营策略.特区经济，1992（7）：53－54；郭国庆，李海洋.论国际营销中的市场选择策略.特区经济，1992（3）：25－26.

体制改革的目标是建立社会主义市场经济体制，把市场化改革推向了一个新的更高的阶段。

邓小平南方谈话之后，我国对市场经济进行了重新界定，即侧重从资源配置的角度来谈市场经济。学术界一般认为，市场经济就是通过市场调节作用，让市场在资源配置中起基础作用的经济。所谓社会主义市场经济，是指在社会主义条件下的市场经济，也就是与社会主义制度结合的市场经济。实践证明，这种体制可以推动有效地配置资源，更好更快地发展社会生产力。

党的改革开放政策为市场营销学科发展创造了有利的环境，企业改革发展的成功案例则为中国市场营销学科的创新注入了鲜活的动力。社会主义市场经济体制的建立和完善，为中国市场营销学科在引进消化国外最新理论与实践的基础上不断创新及体现学科中国特色、中国气派、中国智慧提供了日益丰厚的土壤和资源。中国市场营销学科的发展也为中国企业提升管理水平、增强应变能力、增进竞争实力作出了重要贡献，为推进改革发展、改善人民生活质量提供了理论支持。

第 4 节　市场营销学者以理论创新支持经济改革

一、运用市场供求规律，推进价格改革

市场营销学者不负时代，在加快市场营销学科建设的同时，还注重从市场营销理论视角，研究市场供求规律，探讨价格改革之路，为中国经济体制改革作出贡献。

当时，对于什么是供求规律，众说纷纭，莫衷一是。资产阶级经济学家认为，市场供求有如下规律性：一是市场供求决定市场价格。二是市场价格又决定市场供求。三是当市场价格高于供求均衡点时，价格上升一方面刺激了生产发展，使得该商品供给量增加；另一方面，又限制了需求，使得需求量减少。这两个方面作用的结果，就使得商品供过于求，卖主之间激烈竞争强制市场价格下降，使之接近市场价值。当市场价格低于供求均衡点时，价格下降一方面限制了生产发展，使得商品供给量减少；另一

方面，又刺激了需求，使得需求量增加。这两个方面作用的结果，就使得商品供不应求，买主之间的竞争就强制市场价格上升，使之接近市场价值。当市场价格与供求均衡点相一致时，卖主愿意提供的商品量等于买主想要购买的商品量，即达到了供求平衡，此时，市场价格接近市场价值。

马克思对供求规律的论述与资产阶级经济学家的观点有着根本的区别。马克思承认供求与价格有着密切联系。但是，他认为这种联系不是相互决定的关系，而是一种相互影响、相互作用、相互调节的关系。他认为，决定价格的不是市场供求，而是商品价值。因此，他是在价值规律的基础上来论述供求规律的。而资产阶级经济学家则是抛开价值规律来谈供求规律。

由于我国当时实行的是有计划的商品经济，各种商品对于国计民生的重要程度不同，采取的价格形式和管理权限的归属不同，因而供求规律发挥作用的程度也不同。于是，营销学者就如何利用供求规律进行价格体系改革提出建议。

关系国计民生的重要商品（如纱布、钢材等）的价格应由国家统一制定和严格管理。但是，这类商品的价格长期不动，不符合供求规律的要求，应适时做些调整，使价格能够比较灵敏地反映社会劳动生产率和市场供求关系的变化。对于长线产品，其购销价格应适当降低一些，以限制生产，刺激扩大需求和销售，求得供求平衡；反之，对于短线产品，其购销价格应适当提高一些，以鼓励增加生产，限制需求和销售。

对关系国计民生比较重要的商品，绝大部分应实行固定价格；对一部分机械、电子产品应实行自由价格或浮动价格。从总体上看，在这些关系国计民生比较重要的商品中，固定价格应占相当比重。然而，这些商品的价格也同样是要受供求规律影响的。因此，对这些商品的价格也应根据供求关系的变化及时调整。这样，可带来如下好处：（1）可以使这些商品在市场上既卖得动，又摆得住；既不积压，又不脱销，更好地满足人民群众的消费需要；（2）可以消除排长队和凭票证购物的现象，消除黑市无价证券的买卖。

鲜活商品的价格可以在国家限价以下浮动。运用供求规律，零售商店和批发企业对某些商品必须有一定的定价权，企业在不突破国家最高限价前提下，可以适应市场供求状况灵活对价格进行浮动。只有给企业以必要的价格自主权，才能充分利用供求规律，因地制宜，因时制宜，及时、灵活地处理各种价格问题，增强企业活力，提高经济效益。①

营销学者指出，要搞好价格体系的改革，建立合理的价格体系，就必须充分运用供求规律，使商品价格既反映价值，又反映供求关系。价格的变动，可以是价值规律作用的结果，也可以是供求规律作用的结果，还可以是二者共同作用的结果。因此，价格的升降起伏，不能一概归于价值规律的作用，而往往是与价值规律不同的另一个重要经济规律——供求规律在起作用。价值规律与供求规律两者既不能互相等同，更不能互相代替。

二、为流通体制改革提供理论支持

(一) 参与研讨流通理论创新

为推进我国流通体制改革，加强社会主义流通理论研究，中国社会科学院财贸物资经济研究所和《财贸经济》编辑部于 1984 年 10 月在江苏省南京市召开了孙冶方社会主义流通理论讨论会。参加这次讨论会的有经济理论界和实践界的代表 150 多人，大会收到学术论文和研究资料 91 篇。

中国人民大学专家团队为讨论会提供了必要的支持和帮助，尤其是有关西方国家市场、流通、物流的资料。在邝鸿教授指导下，郭国庆等从 80 多种英文、日文图书中精选有关内容翻译成中文，4 万余字，由《财贸经济》编辑部于 1984 年 4 月编辑印刷成单行本：孙冶方社会主义流通理论讨论会会议资料之三《资本主义国家关于市场学商流和物流的概念》。

在本次会议上，郭国庆提交了学术论文《关于市场学研究中的若干问题》，论述了市场学的性质、研究对象、研究方法，国外市场学的发展历程与现状，马克思流通理论对于市场学研究的指导作用，以及如何创建中国市场学等理论问题。后来，这篇论文在《财贸经济》1985 年第 3 期发表，在学术界引起强烈反响。

(二) 借鉴国外零售业态，推进流通体制改革

为推动流通体制改革，国内学者开展了相关研究，比如郭国庆陆续发

---

① 郭碧翔，霍修锦 . 供求规律与价格改革 . 价格理论与实践，1985 (5)：6 - 8.

表介绍国外市场营销理论与实践的文章，包括《美国企业的定价策略》《供求规律》《日本的邮购商业》《日本的综合商社》《开发营销、再营销与同步营销》《美国的现代市场营销理论》。

学者们通过研究国外批发商、零售商的主要业态和营销方式，为中国流通体制改革提供决策参考。研究表明，在西方市场经济条件下，为了满足消费者各种不同的服务需求，零售商可以在自助服务、有限服务和全面服务三种服务水平中选择适合自己的。

自助服务零售商（self-service retailer）致力于为那些愿意采取"寻找—比较—选择"购物模式从而省钱的消费者服务。自助服务是所有廉价折扣店的通用选择，那些经营便利品、全国品牌、快速周转的消费品的超级市场都普遍采用自助服务方式。这在当时的中国零售业经营中还是稀罕事儿。

有限服务零售商（limited-service retailer）提供更多的销售支持，一般经营消费者需要详细了解相关信息才会决定购买的商品，由于提供了更多的服务，店员的人力资源投入大，因而推高了运营成本，导致销售的产品必须定价更高。

全面服务零售商（full-service retailer）往往都是一些高档专卖店和一流百货店等。销售人员在顾客购买决策过程的每一个阶段，都必须为顾客提供必要的帮助和支持。全面服务零售商通常经营那些顾客需要店员提供咨询、帮助或建议的专业性、特殊商品，对店员的专业知识、服务水平以及商店的营业环境等要求很高。由此也带来了更多的运营成本，商店不得不以高价格向顾客提供商品。

更多零售商类型及描述详见表3-1。

表3-1　西方国家的零售商类型

类型	描述	范例
专卖店	经营狭窄的产品线，产品线内的花色品种繁多，例如服装店、运动用品店、家具店、花店和书店	安伊艾、RadioShack、威廉姆斯-索诺玛

续表

类型	描述	范例
百货店	经营数条产品线，一般包括服装、家具和家居用品，每条产品线都作为一个单独的部门由专业购买者或商人管理	梅西、西尔斯、内曼·马库斯
超级市场	规模相对较大、成本低、薄利多销，采用自助服务的方式经营来满足顾客对食品、洗涤品、家居日常用品的全面需要	克罗格、西夫韦、美国大众超级市场公司
便利店	规模相对较小，位于居民区附近，一周七天营业，每天营业时间很长，经营品种不多，周转速度快，价格相对比较高	7-11、Stop-N-Go、Circle K，Sheetz
折扣店	以薄利多销的方式销售标准商品	沃尔玛、塔吉特、科尔士
低价零售商	以低于正常批发价购货，以低于零售价卖给消费者。包括以下三种主要类型：厂家门市部由制造商拥有并经营；独立低价零售商由企业家或者由更大的零售公司的分支拥有并经营；仓储俱乐部（或批发俱乐部）销售种类有限的有品牌的日用杂货、家用电器、服装和其他商品的大杂烩，这些商品以大折扣卖给那些交纳会员费的会员	三笠（厂家门市部）；TJ Maxx（独立低价零售商）；好事多、山姆会员商店、BJ（仓储俱乐部）
超级商店	旨在满足消费者对经常采购的食品和非食物产品的全面需要的大型商店。其中包括超级购物中心，这是超级市场和折扣店的复合；还包括经营特定的产品线而品种较多的品类杀手，其店员拥有丰富的产品知识	沃尔玛超级购物中心、Super Target、Meijer（折扣商店）；百思买、PetSmart、史泰博、巴诺书店（品类杀手）

三、研讨企业国际化经营的政策理论

在改革开放初期，我国最先涉足国际化经营的企业基本是得到国家批准、鼓励和支持的国营企业。这些企业大致可分为以下几类：一是以华润（集团）有限公司、中国中信集团有限公司为代表的具有相当规模和实力

的综合性国际化集团，以国际贸易或投资为主业，同时从事生产、技术、服务、金融、咨询、信息等领域的活动；二是以中化广州进出口公司为代表的专业外贸总公司，形成以专业化贸易为主业，兼有生产、航运、金融、保险、房地产等多种功能的经营体系；三是以首钢集团有限公司、中国宝武钢铁集团有限公司、东风汽车集团有限公司为代表的我国支柱产业的巨型企业，一般是根据产业和自身的需要，开展国际市场营销活动，投资于前后向关联产业，促进国际间技术交流；四是以高新技术为后盾的中小企业集团，以多种形式开展国际化经营活动。

市场营销学科在充分调查研究的基础上提出：我国企业开展国际化经营需要理论研究先行，有准备、有步骤地进行，切不可一哄而起，要从简单到复杂，从风险小到风险大，从低级到高级，循序渐进，一步一个脚印地迈入国际市场。当然，随着我国企业经营国际化水平的提高和国际管理经验的丰富，也可打破传统的发展轨迹，多种经营方式交替进行。但是，需要做好大量的基础性工作。

（一）改革企业管理体制和经营体制

首先，企业应在内部成立进出口贸易、研究与开发、销售服务等专业体系，健全管理体制，推行现代化管理方法，提高办事效率，改进工作作风。通过制定合理的奖罚制度，提高职工的工作积极性，并努力完善通信系统，实现办公自动化。打造与外商洽谈的现代化场所，创造开展国际化经营的物质条件。

其次，要改革企业的经营体制，树立国际市场营销战略观念，实现四个战术转变，即经营方式从传统的生产型向生产经营型转变，经营重点从传统的重数量向重质量转变，品种结构从经济实惠型向小型、美观、轻便、高效转变，目标市场从传统的东南亚地区向欧、美、亚、非、拉市场转变。

（二）努力培养胜任并擅长企业国际化经营的管理人才

企业在国际市场的竞争，归根结底是人才的竞争。我国国际化经营人力资源严重存在三方面的不足：一是经营管理人员偏少。现有结构中，生产技术管理人员偏多，从事财务、会计、市场营销、人事管理的人员太少。二是大多数人员缺乏必要的素质和经验。三是人员年龄偏大，很难适应紧张而复杂的国际经营环境。为了有效开展国际化经营，必须加快培养熟悉国际化经营业务的管理人才，加强岗位培训。

（三）建立高效率的信息网络系统和信息处理机构

国际经营与国内经营差别很大。由于我国企业国际化经营的经验尚少，因此需要建立统一的国际市场信息网络系统和信息处理机构，对国际经济、技术、贸易等方面的信息及时作出反应，帮助企业进行各种经营项目的评估、可行性分析，向企业宣传我国政府有关国际化经营的政策、程序，收集和研究各国市场信息，并与国际著名信息机构、咨询机构建立联系，以服务于我国企业的国际化经营。

市场营销学者特别强调，提高我国企业国际化经营的整体效果，在很长一段时间内，尚需要加强统筹协调。各国际化经营企业的业务领域范围、投资的产业、引进的技术等都要符合我国的产业政策，确保高质量服务于我国经济发展，不能各自为政，各行其是。①

四、改革开放成果初现

（一）经济改革步伐加快

1985 年以后，我国经济体制改革的步伐进一步加快，市场环境的改善为企业应用现代市场营销原理指导经营管理实践提供了有利条件，但各地区、各行业的应用情况又不尽相同。

以生产经营指令性计划产品为主的企业，能够应用的市场营销理论较少。营销组合 4P 中只有产品这一个因素可以为企业带来一定的借鉴价值，主要限于产品包装、品牌等方面。企业很难自主运用市场营销理论来提高决策水平和企业效益。那些生产经营指导性计划产品或以市场调节为主的产品的企业，在产品包装、品牌、新产品开发、分销、定价、促销等多方面可以灵活运用营销组合策略，在目标市场选择方面也得心应手，真正感受到了市场营销原理的魅力和重要性。

重工业、交通业、原材料工业和以经营生产资料为主的行业，接受市场营销理念较为缓慢，因为这些行业的产品计划性更强，产品或服务供不应求，基本上属于满足组织市场购买需要，与人民群众的日常生活关联不

---

① 郭国庆.试论我国企业的国际化经营.特区经济，1991（5）：30-32.

多，因此，市场营销理论在这些行业的企业中的应用相当有限。而轻工业、家电业、食品工业、纺织业、服装业等以生产经营消费品为主的行业中的企业，因为要面对大众市场，致力于满足消费者衣食住行日常生活需要，所以天生就具有运用市场营销原理刺激需求、扩大销售的愿望。而且，这些企业应用市场营销理论指导经营实践最为成功，收到的效果最为明显。

史料 3-1　燕舞广告

1984 年，有一则广告语响彻大江南北："燕舞、燕舞，一曲歌来一片情""燕舞 888，质量顶呱呱""到处莺歌燕舞，带来知音无数"。这使得燕舞收录机火遍全国。当年，燕舞集团花费 400 多万元，在中央电视台新闻联播之后播放广告，在娱乐节目匮乏的年代，效果出奇的惊人。可惜的是，收录机在 20 世纪 90 年代中期被新出现的 VCD、DVD 取代。

经营自主权小、经营机制僵化的企业很少应用市场营销原理。这些企业由于体制原因经营自主权很小，日常管理工作大多听上级安排。相比之下，经营自主权较大、经营机制灵活的企业，应用市场营销理论的机会更多、积极性也高，由此取得的成效也更显著。企业管理者真正尝到了市场营销理论指导的甜头。

在当时商品经济发展较快的地区，尤其是深圳、珠海等经济特区，企业应用市场营销原理的自觉性、积极性、主动性较强，取得的成效更具有示范价值。大多数企业应用市场营销原理的渠道策略、促销策略、定价策略以及市场细分和市场调研等技术、方法，赢得了更高的利润收入和市场份额。不少企业开始重视顾客满意、顾客忠诚、顾客口碑，在日常例行会议、内部学习培训、企业文化建设等场合反复强调，对部门经理和一线员工提出具体要求。

（二）零售业开放扎实推进

1992 年 7 月 14 日国务院作出了《关于商业零售领域利用外资问题的批复》，零售市场对外资企业部分开放。1992 年 9 月，第一家中外合资零售企业上海第一八佰伴有限公司成立。1992 年 6 月，北京燕莎友谊商城开业，第二年 4 月实行合资，借鉴了新加坡合作方的商业智慧和欧美的一些商业经验。1992 年 12 月，国家科技部门和日本八佰伴合作，成立北京首家中外合作的新型商厦——北京赛特购物中心。赛特的卖场开架率90%，超市以进口品为主，首家使用电脑联网收银系统，引入季节、节庆日营销策划，引入会员管理机制。1996 年，以沃尔玛在深圳设立沃尔玛购物广场为开端，外资的投资重点转移到了大型综合超市。外资集中投资大型综合超市并非偶然，因为这种大型超市非常适合中国的消费结构。

（三）人民生活质量显著提升

在改革开放之后的买方市场格局下，人民生活水平有了明显的提高，衣食住用行等各方面都变得丰富多彩，人民群众的获得感和幸福感有了大幅度的提高。20 世纪五六十年代，彰显人们生活质量的是手表、自行车、收音机、缝纫机。改革开放之后，人民群众的消费需求上了几个台阶。最初是追求电视机、收录机、电冰箱，后来是向往电话、摄像机、房屋、汽车。人们对旅游休闲的需求由国内旅游升级到国外旅游。从城乡居民人均储蓄存款余额来看，1978 年仅 22.88 元，1990 年为 615.24 元，1996 年为3 163.8 元。从城乡人均住房面积看，1978 年城乡分别为 3.6 平方米和8.1 平方米，1990 年分别为 6.7 平方米和 17.8 平方米，1996 年分别增加到 8.5 平方米和 21.7 平方米。①

第 5 节　全球视野的市场营销学科新发展

改革开放给市场营销学科的恢复和重建带来了千载难逢的良机，中国市场营销学者也纷纷努力赶上时代。放眼全球，市场营销学科也正处于迅速发展的时期。

一、世界各国市场营销学科发展迅速

市场营销学科形成之后，各国学者一直都没有放松对市场营销实践的关注、对市场营销思想的思考和对市场营销理论的创新。20 世纪 70 年代

---

① 卫兴华. 改革 20 年来经济理论与实践发展的回顾与评析：纪念党的十一届三中全会召开 20 周年. 经济学动态, 1998（12）：3-11.

之后，宏观的社会经济环境和微观的企业营销环境都在发生快速和深刻的变化，对于出现在新领域的新问题，需要有新的市场营销思想和理论进行指导。同时，市场营销学科已经不再满足于解决商业范畴里的营销问题，而在寻求思想和理论的扩展，一些先行者尝试对市场营销学进行一场新的革命，在更为普遍适用的理论基础上，将市场营销学科知识运用于解决社会问题。

二、全球化提升了市场营销学科的影响力

进入 20 世纪 80 年代以后，随着现代通信技术的发展，尤其是信息网络时代的到来，社会交往打破了原有的时空界限，全球的物质、资本、技术、劳务、信息等生产资料以更大的规模、更快的速度在世界市场上自由流动。世界各国越来越深地被纳入了全球市场体系，不同国家和地区间的相互依存关系达到了空前密切的程度。

全球化对于企业市场营销实践而言是一个重大的挑战。在全球化的背景下，企业市场营销活动所面临的外部环境更为复杂。不同国家和地区有着不同的政治、经济、文化和社会环境，在一个国家行之有效的市场营销方案不一定在其他国家同样适用，如何开展全球范围的市场营销成为企业关注的问题。

全球化对于市场营销学科的发展而言既是机遇又是挑战。一方面，通过全球化，市场营销学科的思想和理论从美国和西欧发达国家逐渐向中国、印度、巴西等新兴发展中国家传播，市场营销学科从而具有了世界范围的影响力，市场营销理论被用于指导全世界企业的市场营销活动。另一方面，西方市场营销学思想和理论如何与本国的历史文化背景相结合，如何形成具有全球性特征的一般市场营销理论，又如何形成符合本国国情、具有本国特色的市场营销理论，成为市场营销学科全球化过程中的一个重大课题。

中国市场营销学科曾对美国企业的定价策略①，美国批发商业和零售商业，日本邮购商业、百货商店、超级市场和综合商社及广告业、饮食业

---

① 郭碧翔．西方企业的订价原则．价格月刊，1985（7）：31-32．

等的营销策略①，以及发达国家企业进入国际市场的方式等进行描述、介绍，旨在引领中国企业尤其是商业服务业企业重视和加强市场营销。②

三、信息技术促进了市场营销学科的创新发展

经济全球化迅猛发展，极大促进了商品和资本流动、科技和文明进步。一个更加开放包容的世界，能给各国带来更广阔的发展空间，给人类带来更繁荣的未来。毋庸置疑，"经济全球化是生产力发展的客观要求和不可阻挡的历史潮流"③。全球化和以互联网、计算机为代表的信息技术进步有力地促进了市场营销学科的创新发展。

（一）互联网技术的兴起

互联网最早来源于美国国防部高级研究计划局的前身高等研究计划局（ARPA）建立的 ARPAnet。最初的互联网主要用于军事和大学的科学研究，后来随着技术的进步，互联网开始转向民用。

在互联网技术飞速发展的同时，美国的计算机技术也呈现爆炸式的发展。20 世纪 70 年代中期，计算机制造商开始将计算机带给普通消费者。20 世纪 80 年代，超大规模集成电路技术的突破，使得计算机的体积不断缩小，价格不断下降，而功能和可靠性不断增强，个人计算机的拥有量不断增加。

我国从 1994 年引入互联网，先后建成的几个国际出口，分别归口中国科学院、国家教育委员会、邮电部和电子工业部四个国家指定的互联单位管理。除此之外，还活跃着若干互联网服务供应商（internet service provider，ISP），到 1997 年 10 月，经邮电部批准的商业 ISP 仅北京地区就有 31 家。当时，计算机网络是开放的，可以自由连接，网络资源也可共享，在为人们提供计算机网络通信的同时，还为用户提供了非常友好的

---

① 郭国庆 . 第二次世界大战以后日本饮食业的发展 . 商品流通论坛，1985（3）：43；郭国庆 . 国外饮食业经营的一些特点 . 外国经济管理，1985（5）：17－19.

② 郭国庆，李国良 . 西方企业进占国际市场的主要方式 . 外国经济管理，1989（1）：48－51.

③ 习近平 . 把握时代潮流 缔造光明未来：在金砖国家工商论坛开幕式上的主旨演讲 . 人民日报，2022－06－23（2）.

访问手段。各网络服务提供者采取的都是低价格策略，使得更多的网络用户有能力加入。

起初，互联网在中国主要应用于科教领域。随着互联网在中国的迅猛发展，网络用户大量增加，越来越多的企业在网络上开展市场营销活动，有力地推动了企业营销活动国际化。

（二）互联网技术对市场营销的影响

随着个人计算机和互联网技术的发展，人们的生活、工作、学习与互联网的关系日益紧密，以电子商务为代表的网络经济开始出现并迅速成长。企业越来越需要借助互联网发布产品信息、进行产品销售、开展网络信息传播和推广企业品牌。

市场营销学科向虚拟的网络环境扩展，不少学者开始探索网络市场营销理论。20世纪90年代初学术界认为互联网营销具有营销成本低、营销环节少、营销方式新、营销国际化、营销全天候等优势。

营销成本低。传统的营销方式往往需要大量的经费用于产品目录和说明书的印刷、包装、储存和运输；而采取网络营销方式，企业只需将产品的信息输入计算机系统并上网即可，节约了不少费用，降低了营销成本。

营销环节少。采取网络营销方式，企业可以直接将有关数据上传到网上供顾客查询，潜在客户可以自己在计算机上查找信息。网络营销的应用，使企业的营销进程提速，信息传播更快，电子版的产品目录、说明书等可以随时更新。从商品信息发布到售后服务，营销环节大大减少。对于软件、书籍、影视作品等知识性产品来说，已经可以做到从网上下载并采取电子方式付款。

营销方式新。网络营销是一对一的、消费者主导的、循序渐进的营销过程，而客户的需求多种多样，在购买产品时他们能掌握更多产品信息，在购买后能得到更好的售后服务。聪明的营销人员运用多媒体展示技术和虚拟现实技术，使得客户在家中就可以选择各种产品，了解最新产品和价格，作出购买决策，自行决定送达方式，自行下订单，获得最大的消费满足。

营销国际化。网络营销有助于中国企业进军国际市场，让中国产品在国际市场占有一席之地。互联网已经形成一个全球体系，企业运用营销网络开展营销能够超越时间和空间限制，随时随地为国外客户提供全球化营销服务。

营销全天候。网络营销可以持续进行，没有时间限制。企业的营销信息上传到网上后，电子"信息服务员"就可以不间断执行工作。

（三）学术界关于网络市场营销的研究

互联网技术的发展引起了市场营销学界的高度关注。事实上，随着电话、无线传播技术以及光缆技术的出现及大规模使用，电子媒体的作用越来越大，并逐渐成为最具影响力的促销媒体之一。随着互联网的普及，网络市场营销因其创新性以及爆炸性的成长速度，迅速成为令人激动的研究领域。

学术界研究发现，互联网使企业可以通过一对一的营销创造价值；互联网可以高效地将电子交易整合成企业的核心业务；互联网使销售者关注最佳顾客，并为其提供定制化服务。[①]

四、市场营销学者关注企业社会责任和环境保护问题

1962 年美国生物学家蕾切尔·卡森（Rechel Carson）出版了《寂静的春天》一书，阐释了农药杀虫剂 DDT 对环境的污染和破坏作用。由于该书的警示，美国政府开始对剧毒杀虫剂问题进行调查，并于 1970 年成立了美国国家环境保护局，各州也相继通过禁止生产和使用剧毒杀虫剂的法律。1972 年由联合国发起，在瑞典斯德哥尔摩召开第一届联合国人类环境会议，提出了著名的《联合国人类环境会议宣言》，环境保护成为全世界关注的主题。

20 世纪 80 年代，企业社会责任运动在欧美发达国家兴起，包括环境保护、劳工和人权等方面的内容，使消费者的关注点由单一的产品质量，转向产品质量、环境、职业健康和劳动保障等多个方面。一些关注绿色和平、环境保护、社会责任和人权等的非政府组织以及舆论也不断呼吁，要求社会责任与贸易挂钩。迫于日益增大的压力和自身发展的需要，很多欧

---

① 郭国庆，杨学成. 互联网时代的口碑营销及应用策略. 财贸经济，2006（9）：56－59，97.

美跨国企业纷纷制定对社会作出必要承诺的责任守则或通过环境、职业健康、社会责任认证应对不同利益团体的要求。

市场营销活动对社会的影响也日益引起人们的关注。人们期望市场营销企业能在环境污染最小化、抵制对儿童市场的过度开发、帮助弱势群体就业、保护消费者不受危险品的侵害等方面有更多作为。在这种时代背景下，市场营销学界对市场营销与社会之间的关系问题展开了深入的探究，社会市场营销观念和旨在解决社会问题的社会市场营销手段应运而生。

五、市场营销环境更加复杂多变

20世纪70年代初的石油危机对发达国家的经济造成了严重的冲击，所有工业化国家的经济增长都明显放慢，陷入了经济停滞和通货膨胀并存的"滞胀阶段"。

西方国家经济发展不平衡导致企业和政府两大部门出现了效率下降、功能衰退的趋势，难以适应经济活动与公共需求的平衡需要。于是，社会组织形态开始变化，逐渐出现了第三部门——非营利组织。发达国家以及部分发展中国家和地区的非营利组织数量激增，对社会生活的重要性日益凸显。同时，由于竞争的激烈、政府支持的萎缩，不少非营利组织内出现了消费者对服务不满、会员减少、成本上升、捐助缩减等难题。虽然非营利组织和企业在性质上存在差异，但非营利组织所面临的这些问题与企业面临的营销问题类似，这也引起了市场营销学者的关注和兴趣。①

20世纪八九十年代，美国社会的消费习惯发生了很大的变化。麦当劳、汉堡王等成为美国也是全世界最著名的西式快餐连锁店，凯玛特、沃尔玛、巴诺书店、百视达、盖璞等大型连锁店主宰了美国许多社区的零售业，好莱坞大片吸引了众多观众，迪士尼和时代华纳等推出的产品在全世界家喻户晓。

第6节　市场营销学科的新扩展

从20世纪70年代中期开始，市场营销理论和市场营销学科的发展呈

---

① 郭国庆.非营利组织的界定及其营销特点.首都财贸，1998（3）：27－28.

现出许多新特色。在核心概念上，市场营销思想从传统的商品交换扩展到社会交换甚至是所有形式的人类行为。在应用范围上，市场营销学科从传统的商业领域扩展到社会领域，从企业扩展到非营利组织，甚至是地区、国家。在传播区域上，随着世界上越来越多的国家开始实行市场经济体制，市场营销思想和市场营销理论从发达国家逐渐向新兴发展中国家传播，从本国市场营销视角扩展到全球市场营销视角。此外，由于市场营销实践日新月异，社会市场营销、全球市场营销、关系市场营销、内部市场营销等创新性的营销概念和思想不断涌现，市场营销学科迎来了大繁荣和大发展。

一、社会市场营销

在此期间，市场营销学科的一个新扩展是由聚焦企业市场营销扩展至社会市场营销。市场营销学科不仅研究营利性机构（例如工商企业等）的市场营销过程和实践，还关注市场营销带来的社会问题，并试图用市场营销技术方法解决社会问题，提升人民福祉。

市场营销的重要任务和职责是从客观环境中集中资源，并利用这些资源生产出满足消费需求的产品或服务，然后传递给社会，满足大众消费需求。市场营销并非仅限于营利性企业的微观活动，非营利机构也同样进行市场营销活动，因为它们和营利性企业有一个共同的目的，那就是服务和满足人类的需要。市场营销活动也带来众多的社会问题。当市场营销出现滥用稀缺资源、忽视公众福利等问题时，人们对市场营销与社会的关系的争论就变得更加激烈。

（一）市场营销的社会职能

从积极意义上说，市场营销渗透到生活的方方面面，市场营销活动在国民经济发展壮大的过程中发挥着重要作用，正因如此，马尔科姆（Malcolm）指出，市场营销是为社会创造并传递生活标准的活动。他还指出，美国市场营销系统正在传递着历史上前所未有的生活标准。

随着经济的发展，各种市场营销职能不断增加，从而又促进了经济的发展。这些职能主要表现在以下方面：

首先，市场营销承担着为社会提供市场信息的职能。企业在市场营销过程中，逐步建立起一个行之有效的网络。借助这一网络，市场信息在为生产最终消费品而相互联系的上下游企业之间沟通传播。例如，农场主的生产决策不是草率作出的，而是基于市场营销渠道系统中其他机构的必备信息，包括食品加工商、批发商、零售商和最终消费者的需求信息。为了便利企业科学决策，建立市场信息网络、调查预测市场需求、推动产品质量标准化、组织产品分销等重要使命自然而然地就由市场营销承担了。

其次，市场营销承担着为社会调剂余缺的职能。在市场供求变幻莫测的形势下，平衡和调剂社会各地区的产品余缺，是分销系统承担的重要使命。无论是自然经济社会还是市场经济社会，都面临如下共同的问题：生产者与消费者之间的商品供求并不是等量的。预测、分析和平衡各种商品的供求关系就成了市场营销机构或流通部门、分销机构必须承担的社会职能。平衡和调剂各地区之间商品余缺的必要性在于，生产制造某些产品所需要的原材料只在短暂的特殊时间才能够供给，而市场对最终产品的需求却是持续的。这就需要通过卓有成效的市场营销活动来确保集中供应和分散需求之间的平衡。

要实现这些职能，就需要批发商、零售商等各种分销商、流通机构从事产品的采购、销售、储存、配送，开展各种市场营销活动，包括建立高效运行的信息网络、运输系统、仓储系统，提供安全可靠的支付、收款等服务。

（二）市场营销助力企业家成功转型

20世纪80年代，国外学者对发展中国家企业家职业生涯的调查发现，占很大比例的管理者是直接由商业部门转入工业生产制造部门。这一转变，使得他们具备的市场营销技能自然而然地从商业贸易活动转移到工业生产。从整个社会来考察，在商业贸易活动中获得的利润转移到了工业部门，成为社会经济发展中必不可缺的资本。事实上，由市场营销带来的企业家才能和资本积聚的提升，曾在西方工业革命中发挥了重要作用。

当时，不少成功的商业巨头乐于承担商品贸易、市场营销过程中不可避免的各种固有风险。这种营销历练、商业习惯和风险承担精神，使得他们在进入工业领域时，比那些没有营销阅历和经商经验的人更显优势，更擅长与客户频繁接触，更易取得客户信任，获取有用的市场信息，从而更能洞察出具有吸引力的市场先机，取得事业的成功。

在资本主义工业化初期，市场营销作为企业家才能和资本的来源而备受社会重视，并得到了迅速发展。到了工业化后期，工业部门既能培养出一大批有才能的企业家，又能集聚大量资本，此时商业、贸易、交换、流通或分销部门所能发挥的作用，在很大程度上属于一种"被动的适应"。诚如马克思所指出的，"交换的深度、广度和方式都是由生产的发展和结构决定的"①。

具体来讲，就是生产制造决定流通、营销和商贸。随着经济的增长和市场的不断扩大，出现了规模经济，大规模的生产和大批量的分销降低了费用，而保持它们之间平衡的任务是由市场营销完成的，贸易活动把当地的生产和市场连接起来，而若干局部市场的相互联系又形成区域性市场，地区与地区之间的联系又产生了国家市场。

（三）市场营销的社会贡献

流通、分销、商贸、营销助力第一产业和第二产业发展形成了规模经济，置身市场营销的分销商、中间商和营销机构等也从具有规模经济的产品市场获得利益。市场营销活动的各个方面都创造了规模经济，如市场范围的不断扩大，订货处理的及时精准，企业各职能部门之间的高效沟通，商品储存、运输的及时跟进，以及市场信息的沟通传播等，商业贸易活动也因此走向规范化。

随着经济的发展壮大，市场营销范围不断扩大，从事各种市场营销活动所必需的机构也纷纷登场。伴随着经济社会的发展变化，又出现了便于产品从生产者转移到消费者的市场营销新职能，涉及购买、推销、储存、融资、风险承担、市场信息、标准化、产品分类以及运输、物流等。随着市场营销观念不断深入人心，越来越多的人认识到市场营销在解决社会问题方面发挥的作用越来越大，纷纷借助市场营销来开展社会、政治和文化等方面的事业和活动，如筹集捐助资金，提供医疗服务，回收利用固体废弃物，城市规划、更新、建设，打造城市品牌等。总之，市场营销对于社会发展发挥着越来越重要的作用。

---

① 马克思，恩格斯．马克思恩格斯选集：第二卷．北京：人民出版社，1995：17.

（四）市场营销的负面影响

值得注意的是，市场营销也有对社会消极的一面。从某种程度上讲，市场营销活动已经造成了一些严重的社会问题，特别是环境问题。人们认为市场营销对环境产生了如下影响：

第一，市场营销对某些不能再利用或不能再生的资源构成威胁。世界各国对木材的需求猛增，原因是大量的一次性物品使产品生命周期缩短，用于造纸和包装的纸浆量猛增，技术革新使木纤维的用途大大增加等。由此又引发了木材出口价格上扬，国际木材市场的高昂价格成为助长世界各地乱砍滥伐的主要动力，大量的原始森林遭到破坏，森林覆盖率及森林质量远不如从前。

第二，消费者行为造成环境污染或破坏。汽车工业在满足人类对舒适、快速的交通工具的需要的同时，也导致废气排放大量增加，所以新能源汽车在世界各国都大受欢迎。日化工业在满足人类清洁美容的偏好和需求的同时，也出现了污染河流、危害生物的严重后果。

第三，产品处理不当造成环境破坏。市场营销中对包装材料的使用过多，使废物的收集更加困难和昂贵。软包装饮料行业为迎合人们图方便的需要，增加使用一次性包装。一次性包装不仅导致资源浪费，而且不能自然降解，造成了环境污染。

（五）社会市场营销的提出

1971年，杰拉尔德·蔡尔曼（Gerald Zelman）和菲利普·科特勒提出了"社会市场营销"的概念，促使人们将市场营销原理运用于保护环境、改善营养、使用安全带等具有重大推广意义的社会目标方面，这一概念的提出得到世界各国和有关组织的广泛重视，北欧、加拿大、澳大利亚和若干发展中国家运用了这一概念。一些国际组织，如美国国际开发署、世界卫生组织和世界银行等承认，这一理论的运用是推广具有重大意义的社会目标的最佳途径。

二、全球市场营销

市场营销学科扩展还体现在市场营销学者不仅关注国内市场需求和国内市场营销问题，还将研究视野扩展至全球范围，对市场营销全球化和国际市场营销问题产生了浓厚兴趣，发表了大量出口市场营销、国外市场营销、国际市场营销、多国市场营销、跨国市场营销、全球市场营销的研究成果。其中，尤其以市场营销的产品标准化和差异化问题的影响最为深远。

（一）市场全球化引起的产品标准化和差异化问题

1983 年，西奥多·莱维特在《哈佛商业评论》上发表了一篇题为《市场全球化》（Globalization of Markets）的文章，在国际商业界引发了争论，它使"全球化"一词被载入管理学词典。莱维特在文章中明确提出了"全球市场营销"这一概念。他认为，过于强调对各个当地市场的适应性，将导致生产、分销和广告方面规模经济的损失，呼吁跨国公司向全世界提供统一的产品，并采用统一的市场营销手段。当时，日本是开展全球市场营销最好的国家，在汽车、摩托车、手表、照相机、电视机、录像机、光学仪器、钢铁、造船、计算器等许多产业领域，已经取得了全球性的市场领先地位。

企业在国际市场与国内市场营销的产品在很多方面都有差异，国外顾客对产品的要求也不同于国内顾客。但这不意味着国际市场与国内市场营销的产品是毫无关系的。事实上，国际企业在外国市场所营销的产品或劳务与国内市场紧密相连，只是一般会因当地习惯与偏好而加以适当的改进。因此，标准化与差异化是国际市场上营销核心产品决策考虑的主要内容。

标准化是指在一个国家、地区或全球市场上提供统一的产品，而差异化是指企业提供不同于国内市场的产品，根据不同市场改进产品，使之适应当地市场的需求特点。

（二）关于产品标准化的学术观点

以莱维特为代表的一些学者认为，消费者心理带有全球性的共性，企业应把整个世界看成一个大市场，不必理会各个国家与地区的差别。促使国际营销产品标准化的因素有：（1）生产的规模经济。标准化产品在原料采购及生产过程中有相当高的规模经济效益，可大大减少采购、生产和包装的成本。（2）营销的规模经济。尽管有些营销活动必须根据各国环境而有所差异，但大多数标准化产品的营销活动还是可以获得规模经济效益的。例如，IBM使其产品和服务标准化，目的是使各国的消费者得到相同的服务，并从零配件生产商处购进相同的零配件以保证生产的规模经济。(3)研究开发的规模经济。由于企业大量销售标准化产品，其研究开发费用可在更多的产品中进行分摊。另外，企业无须针对每一个具体的市场开发独特的产品，这可以节省产品开发的成本。(4)消费者的流动性。有些产品在消费者出国旅行时仍需购买。标准化产品可以帮助他们识别产品，有利于提高消费者对产品和品牌的忠诚度，如吉列剃须刀、希尔顿酒店。

具有关键性技术规格的产品趋于标准化。这是因为一方面技术产品受各国的政治、文化等环境的影响较小；另一方面，为了满足接口方便、联机并网等需要，大多数技术产品都必须实行标准化策略。

(三)关于产品差异化的学术观点

主张实行产品差异化的学者认为，世界市场的需求是各异的，国际企业应在市场细分的基础上，针对每个目标市场需求的具体特点来设计、改进产品，使产品更能适应当地市场的需要。改进产品能大幅度提高销售额，从而能弥补并超过产品改进的成本，使利润有较大的增加。概括而言，促使国际营销产品差异化的因素有：

1. 使用状况的差异

各国虽然对绝大多数产品功能的需求差别不大，但是在使用习惯和使用条件上都有很大的不同。营销此类产品时需据此加以适当的修改。例如，日本汽车最初进入加拿大市场时，极易生锈。原因是加拿大冬季冰雪较多，常在公路上撒盐除雪，小汽车车身容易受腐蚀生锈。为了解决这一问题，日本汽车企业改进了喷漆配方，添加了防盐抗锈漆。这一改进大大增强了日本汽车在加拿大市场的竞争力。

美国四大家电生产公司之一美泰克（Maytag）曾对欧洲洗衣机的消费情况进行调查，发现不同国家的消费者对洗衣机有不同的偏好。在尺寸方面，意大利人偏好更矮的洗衣机，而其他国家的消费者偏好34英寸高的洗衣机；法国人、意大利人和比利时人更偏好窄一些的洗衣机，而德国人和瑞典人更偏好宽一些的洗衣机，也更偏好不锈钢内胆。在容量方面，意大利人偏好4千克，比利时人和法国人偏好5千克，德国人和瑞典人则偏好 6 千克。在旋转速度方面，比利时人、瑞典人和德国人偏好高转速（700rpm～850rpm），而意大利人则认为 400rpm 是合适的。在功能设置方面，比利时人和瑞典人不想在洗衣机中安装水加热模块（这两个国家都有中央热水供应系统），而在意大利、德国和法国，消费者则需要这个特色模块。在外观方面，意大利人偏好色彩鲜丽，德国人偏好外表坚固，而法国人偏好优雅。

2. 市场差异

市场差异包括政治、经济、文化、社会等多方面环境因素的差异，它要求产品实现差异化以适应不同市场的需要。例如，收入和生活水平的差异，不仅影响到冰箱等耐用消费品的大小、功能和特性，而且影响到饼干等非耐用消费品的品质和包装。

3. 强制性因素

有时，一些强制性因素迫使国际企业采用产品差异化策略。有些国家奉行贸易保护主义政策，限制进口。在这种情况下，国际企业只能在当地投资生产。政府各项法规的限制更是促使产品本身以及诸如包装、商标等加以修改，有关规定越多，所需的修改也就越多。

4. 海外营运方式

某些公司很可能早就在各国建立据点，并且在当地拥有生产设备。此类公司就比较容易对产品进行修改，而且更能因地制宜。

产品标准化可获得规模经济的好处是毋庸置疑的，而产品差异化可提高销售额也是不可否认的。所以，营销人员面临着选择产品标准化还是差异化的困难。

（四）关于产品标准化和差异化的决策标准问题

实际上，绝对的产品标准化是很少见的。通常，只是一个产品的部分特征需要改变，如包装使用的语言，化妆品常会用几种语言来进行包装标示，使其适用于尽可能多的国家和地区。

标准化通常是从核心产品开始的。汽车工业的核心是生产平台，这样，在同一平台上生产出来的汽车就拥有相同的底盘和车身结构，可以同时承载不同车型的开发及生产制造。平台战略是当前产品开发中最流行、最科学、最节省人力、效率最高的一个开发战略。开发一个生产平台耗资数亿美元，减少生产平台可以节省成本，还可以缩短新车型推出的时间。

无论多么成功的企业都会经常对标准化的产品（或服务）进行一些本土化改变。每个国家都有一些特有的规则，例如，瑞典交通法规定司机在驾驶时必须打开车灯，所以一些汽车公司为瑞典市场设计的汽车发动时自动打开车灯，这一功能在其他国家是不需要的。因此，必要的适应和调整是需要的。

是选择差异化还是标准化，取决于某一特定产品或服务在特定市场采取何种策略，以及应用这种策略的实施程度。

杰拉尔德·阿尔伯姆（Gerald Albaum）等人曾将选择产品标准化与差异化所需考虑的因素汇总如表3-2，为营销人员的决策提供一些帮助。[1]

表 3-2　产品标准化和差异化决策的影响因素

因素	标准化	差异化
竞争因素		
竞争力量	弱	强
市场地位	优势	非优势
市场因素		
消费者偏好的同质性	同质	异质
细分子市场的潜在成长力	低	高
消费者购买力差异	较小	较大
消费者为差异化产品付高价的意愿	低	高
产品所满足的市场需求	共同的需求	个别的需求
使用状况	相同	不同

① Albaum G, Peterson R A. Empirical research in international marketing: 1976—1982. Journal of International Business Studies, 1984, 15: 161 - 173; Albaum G, et al. International marketing and export management. Wokingham: Addison-Wesley Publishing Company, 1990.

续表

因素	标准化	差异化
产品因素		
规模经济在制造上的重要性	高	低
创新性产品的小规模生产效益	低	高
产品类别	工业品	消费品
法规与限制	一致	不同
公司因素		
国际市场覆盖范围	许多大市场	少许小市场
公司资源	有限	充裕

三、关系市场营销、内部市场营销与市场营销战

(一)关系市场营销

1985 年，芭芭拉·本德·杰克逊（Barbara Bund Jackson）强调了"关系市场营销"这一概念。关系市场营销与交易市场营销相对应。在交易市场营销中，企业多是致力于完成交易行为，满足顾客只是为了实现商品价值，视市场营销为"创造性购买"。关系市场营销则更好地抓住了市场营销的精神实质，其目的就在于同顾客结成长期的相互依赖的关系，发展顾客与企业及其产品之间的连续性交互，以提高顾客品牌忠诚度，巩固市场，促进销售。关系市场营销将顾客视为永久的伙伴，认为企业应同顾客在平等的基础上，建立互利互惠的伙伴关系，通过协作实现双赢。为此，就必须保持与顾客的密切联系，认真听取他们的建议，了解他们存在的问题和面临的机会。①

(二)内部市场营销

1981 年，瑞典经济与工商管理学院的克里斯蒂安·格罗鲁斯（Christian Gronroos）发表了论述"内部市场营销"（internal marketing）概念的论文。他认为，企业建立了市场营销部门，并不意味着实施了市场

---

① 郭国庆. 职员、政府、公众三方满意：公共关系营销新趋势. 经济日报，1995 - 08 - 30；郭国庆，李祺. 客户组合：关系营销新视角. 企业管理，2007（3）：92 - 96.

导向。重要的是在企业内部创造一种市场营销文化，即培养和训练员工以满足顾客需求为宗旨和准则，并逐步在意识上和行为上产生认同感。[①]

市场营销学界研究表明，企业的一切活动都是为了更好地为顾客服务，而这些活动都是由企业"内部顾客"即所有员工完成的。为了调动员工的积极性，让员工更好地为顾客服务，企业首先要为他们提供完善、良好的内部服务。内部市场营销的概念正是基于此而提出的。内部市场营销是一种管理哲学，它涉及企业人力资源管理、组织再造、企业文化建设等方面。加强内部市场营销就是指通过对员工的选拔、培训、考核、激励以及企业文化建设、组织改造等措施，培养员工的工作热情和服务意识，提升他们的服务能力，使员工能积极、主动地为顾客提供满意的服务。内部市场营销把企业内部员工也当作顾客，员工不仅为外部顾客服务，也要为内部顾客即企业的其他员工服务。

（三）市场营销战

进入 20 世纪 80 年代后，市场竞争日趋激化，市场营销学者越来越强烈地感受到，市场营销就是一场战争，需要用军事理论加以指导。1981年，菲利普·科特勒和雷维·辛格（Ravi Singh）首先考证了"市场营销战"这一概念，几年后，科特勒又在《新竞争：Z 理论未涉及的市场营销理论》一书中，运用军事理论分析了日本开拓国际市场的成功经验。

四、市场营销学科在全球范围的传播

市场营销理论首先被引进生产领域，大致按日用品公司（如小包装消费品公司）—耐用消费品公司—工业设备公司—重工业公司（如钢铁、化工公司）的先后顺序。其次，从生产领域引入服务业领域，大致按航空公司、银行—保险、证券金融公司—专业团体（如律师、会计师、医生和建筑师）的顺序。

由于在资本主义国家一切皆为商品，连其社会领域及政治领域也商品化，因而市场营销原理与方法亦应用于这些领域，如将市场营销方法应用

---

① 郭国庆，王海龙．论社会中介组织的内部营销．山西财经大学学报，2003（5）：39-42.

于大学、医院、博物馆及政府政策的推行等社会领域中；又如法国政府应用市场营销原则与方法了解公众对政府废除死刑及扩大欧洲共同体的看法，根据公众不同的政见进行市场细分，然后采用广告宣传去影响或改变公众对政府政策的反对态度；再如西方国家政党及政治候选人应用市场营销方法对选民进行市场细分，在此基础上进行广告宣传，争取选民投票支持。市场营销的应用还从国内扩展至国际市场。

市场营销学科及其理论在全球范围的传播是与市场经济的全球化发展紧密联系在一起的，这与市场营销学的学科特性有关。

日本于 20 世纪 50 年代初开始引进市场营销学科。1953 年日本东芝电气公司总经理石坂泰三赴美参观访问，回到日本的第一句话是"我们要全面学习市场营销理论"。1955 年日本生产力中心成立，1957 年日本市场营销协会成立。这两个组织对推动市场营销学科的发展起了积极作用。20世纪 60 年代，日本经济进入快速发展时期，市场营销原理和方法广泛应用于家用电器工业，市场营销观念被广泛接受。20 世纪 60 年代末 70 年代初，社会市场营销观念开始引起日本企业界的关注。20 世纪 70 年代后期，随着日本经济的迅猛发展及国际市场的迅速扩大，日本企业开始从以国外各个市场为着眼点的营销战略向全球营销战略转变。

20 世纪 50 年代，市场营销学科亦传播到法国，最初应用于英国在法国的食品分公司，20 世纪 60 年代开始应用于工业部门，继而扩展到社会服务部门，1969 年被引进法国国营铁路部门。20 世纪 70 年代初，市场营销学课程先后在法国各高等院校开设。

苏联和东欧国家在 20 世纪 80 年代实行各具特色的经济改革，由计划经济国家向市场经济国家转型。随着市场经济成为全球主流的经济发展模式，市场营销学科日益引起新兴市场经济国家的重视，在全球范围内迅速得到传播。1976 年，菲利普·科特勒的《营销管理》作为第一本西方营销教科书被翻译为俄文，在苏联出版并引起了轰动。与此同时，市场营销学科陆续进入东欧国家及其他地区。

五、西方发达国家市场营销新趋势

在 20 世纪 80 年代的西方国家，市场营销对于解决产销矛盾，满足社会需要，促进经济繁荣和人民生活水平的提高，发挥了极其重要的作用。在 20 世纪 90 年代，西方发达国家市场营销呈现出如下发展新趋势：

（一）生产者与消费者的自由选择度进一步提高

生产者和消费者的自由选择度可分为三个层次：第一个层次是生产者不能自行决定生产什么产品，完全听命于政府，消费者个人不存在对物质和文化的选择；第二个层次是除少数几类产品需得到许可才能生产之外，生产者可根据市场需要安排生产，消费者对产品或服务的选择余地较大，其得到的满足也较大；第三个层次是生产者的生产完全由市场来决定，市场需要什么就生产什么，生产者和消费者都不受限制。事实上，所有产品的生产和消费都属于第三个层次的国家几乎没有。

市场营销界人士越来越深刻地体会到：人们只有按照自己确认的方式来满足自己的需求，其满意度才会更高。生产者提供的产品只有更好地与消费者需求相适应，才能更好地提高企业的经济效益。所以，西方市场营销体系致力于促进生产者与消费者自由度的进一步提高，增强主动适应市场需求变化的动态调整能力，更好地发挥市场营销机构的职能。

（二）对产消双方潜在伤害的管制进一步加强

生产者与消费者之间的交换是双方之间的事情，一般不需要有第三者介入。然而，当交换伤害到或可能伤害到任何一方、双方或第三者时，政府就会介入。究竟造成什么程度的伤害政府才应介入，这在当时还是一个值得研究的问题。

在对不同程度的伤害进行划分之前，有必要首先划定无伤害状况。所谓无伤害状况，是指无论长期还是短期，产品或服务的生产与消费，都绝不会伤害到生产者、消费者、第三者或整个社会。以无伤害状况为起点，根据发生伤害的时间的远近，可将伤害分为五个层次。第一层次的伤害是指生产过程给生产者所造成的长短期伤害。例如，生产过程的危险性、工作时间过长等，都会对工人造成伤害。第二层次的伤害是指产品的使用给消费者造成的直接伤害。西方国家已颁布禁止或限制使用危险药品、材料或玩具等的法令。第三层次的伤害是指消费者长期受害而不自知。西方国家限制或禁止有害产品及香烟，就是为了避免消费者受到第三层次的伤害。第四层次的伤害是指生产者和消费者虽未受到伤害，却伤害到第三者。例如，在生产地点，路过的第三者可能会吸入污浊的空气。第五层次的伤害是指生产者和消费者虽未受到伤害，但从长期来看整个社会受到伤害。漫无限制的生产和消费所造成的环境污染，即属此种情况。

在上述五个层次的潜在伤害中，第一、二层次的伤害已受到西方国家政府的严格管制。第三层次伤害的管制也在日益加强。第四、五层次的伤害在西方国家逐渐受到管制。在进入20世纪90年代之际，西方市场营销学界积极促进对后三个层次伤害的进一步管制，以避免或减少它们给社会长远发展所带来的消极影响。

（三）对消费者的保护措施进一步完善

在20世纪90年代前后，西方市场营销学界积极呼吁政府在消费者投资（指向消费者提供充分的教育与信息的投资）和消费者保护方面作出进一步努力。事实上，当时许多西方国家的市场营销系统在向消费者提供充分的教育和信息方面尚有欠缺。这种消费者投资可分成四个层次。

第一个层次的消费者投资是指消费者缺乏各种信息来源和必要的购物教育。消费者凭自己的运气，盲目地从事购物活动。

第二个层次的消费者投资是指制造商以品牌或标签的方式提供有关信息，但消费者仍缺乏来自政府及消费者组织的信息，而制造商提供有关信息也只是为了促销，根本不是为了教育消费者。在这一层次，消费者教育尚在萌芽阶段，学校里仅开设一些家庭经济课程，教学方式欠佳，也得不到社会公众的重视。

第三个层次的消费者投资是指制造商提供更多的信息，政府也提供一些信息，帮助消费者了解主要产品的价值。另外，也有一些消费者组织对各种产品进行评价打分，并将这些信息、资料和数据提供给广大消费者。在这一层次，消费者教育在公立学校已开始受到重视，但仍不是主要课程。在20世纪90年代的美国，消费者投资大致属于该层次。

第四个层次的消费者投资是指法律规定制造商必须提供充分的信息。例如，要求食品标明成分和使用期限等。同时，严格禁止虚假夸大的广告。消费者组织和政府机构一方面促使制造商提供更真实、确切的信息和更质优价廉的产品，另一方面也积极传播有关产品的信息。学校设有消费者教育课程，培训那些未来的消费者如何购买食品、药物、汽车、家用电器、纤维制品、保险以及银行服务等。瑞典的消费者投资即属这一层次。

西方市场营销学界除了呼吁政府推动消费者投资向更高层次发展之外，还大声疾呼在某些产品和市场上进一步保护消费者。因为他们深深感到：消费者教育以及充分的信息都不能完全保护消费者免受伤害。在现代化的社会里，产品形形色色，相当复杂，即使是小心谨慎的制造商也可能看不出其产品的缺陷，必须由别人检验并提醒他们。所以即使是受过培训的消费者也无法完全放心地购买。因此，市场营销机构有必要检查并确定主要产品（如食品、药物、玩具、家用电器等）的安全水平，否则，意外伤害事件势必增加。

总之，在20世纪90年代，消费者保护的范围进一步扩展到涉及生态环境的生产与市场营销活动。因为消费者购买产品时，可能并不了解土壤、水和空气等对其产品产生了何种有害影响。此外，价格欺诈、缺斤少两、强行推销等损害消费者利益的行为，也引起了社会各界的进一步关注。

（四）社会意识和道德观念进一步增强

市场营销人员在制定营销决策时，不仅要考虑消费者目前需要的满足，而且要考虑消费者及社会的长远利益。这就意味着，企业不仅要设计、生产出令消费者高兴的产品，还要向消费者提供有益产品。

西方市场营销学者根据消费者立即满意的程度及对消费者长远利益的影响，对未来产品做了如下分类：（1）满意产品，即能使消费者立即满意同时又符合消费者长远利益的产品，例如富有营养而又美味可口的早餐食品等；（2）愉悦产品，即能使消费者立即满意但会损害消费者长远利益的产品，例如香烟等；（3）有益产品，即对消费者缺乏吸引力但对消费者有长远利益的产品，例如含低磷酸盐的清洁剂等；（4）欠缺产品，即对消费者缺乏吸引力而且又对消费者长远利益有害的产品，例如某些有强烈副作用且味道差的药品等。

在20世纪90年代，西方市场营销系统除了对满意产品予以大量投资，积极发展外，还对愉悦产品和有益产品高度重视，大力开发。愉悦产品的优势是销售情况极好，但是它对消费者的长远利益有所损害。针对这种情况，西方市场营销系统积极开发那些增加有益性能，同时又不致使利润和销售量有所下降的新产品。例如，西尔斯积极开发、推广无磷酸盐洗涤剂，并努力使它成为深受消费者欢迎的畅销货；百事着力开发一种一次性塑胶包装饮料，该包装可用固体垃圾处理方法分解；美国的石油公司加大经费投入，开发、推广一种无铅或含铅量极低的汽油。此外，西方市场营销系统积极致力于提升有益产品的愉悦性能，提高消费者对其的满意度。

在 20 世纪 90 年代，西方市场营销机构的道德观念有了进一步增强。市场营销学界经常争论、反思的热点问题是：营销人员是否可以干扰私人生活，如上门推销产品等；是否可以用一些格调不太高的推销方法，例如大吹大擂、沿街叫卖等；是否可使产品加速废旧而不断推出新的款式；等等。

第 7 节　中国市场营销学科奋力前行

改革开放的不断深入，国际学术交流的日益增加，为中国市场营销学科的恢复重建和起步成长提供了有利的环境条件。中国市场营销学者积极响应党中央号召，深怀爱国之心，砥砺报国之志，主动担负起时代赋予的使命责任，为实现以经济建设为中心的战略目标贡献力量。

一、借鉴国外市场营销教学方法

中美联合创办的中国工业科技管理大连培训中心于 1980 年成立。在美国教授所讲授的课程中，包括市场学和国际市场学。

大连培训中心的教学方法有许多独到之处，例如采用案例教学、计算机模拟、角色模拟、学员参与、课堂讨论等方式，充分调动了学员认真听课、主动参与、实践应用的积极性。课程内容具有吸引力，以致课下的讨论、辩论此起彼伏；和模拟竞争对手论战，己方团队成员频频开小会，研讨竞争对策；甚至有学员挑灯夜战，进行计算机模拟训练等。由于学员的英语水平普遍较差，每门课都配备有中方翻译，但翻译不准确的情况也时有发生。这就对日后市场营销教学用英文授课提出了更高的要求，为中国人民大学市场营销学科建设提供了可资借鉴的标杆。

1986 年，郭国庆第一次为中国人民大学贸易经济系商业经济专业和商品学专业本科生讲授"市场学"，1987 年又增开一门新课程"国际市场学"。

二、多渠道传播市场营销理论

20 世纪 80 年代中期开始，中央广播电视大学（2012 年更名为"国家开放大学"）的市场学课程、北京市高等教育自学考试委员会的市场学课程，均由中国人民大学专家讲授，相关的教材、辅导材料也由中国人民大学专家编写。国家有关市场营销的政策文件、职业标准的制定等项目，会邀请中国人民大学专家主持。全国性社团组织的创建、重要会议的举行、重要教材的编写、重要管理培训的组织等，中国人民大学专家会主导或参与。

1986 年，受中央广播电视大学的邀请和委托，邝鸿教授编写市场学教材《市场学概论》[①]，借助中央广播电视大学平台，面向全国大学生传播市场营销学理论知识。郭国庆协助参加了电视视频授课内容的录制，讲授其中六讲。

1987 年，受北京市高等教育自学考试委员会的邀请和委托，邝鸿教授担任市场学课程命题专家。此后，他和郭国庆编写并出版了北京市高等教育自学考试委员会指定教材《市场学原理》[②]。该教材同时被指定为财贸经济刊授联合大学的指定教材。

1987 年 10 月 8 日，郭国庆参加由广东省企业管理协会、广东营销学会、广东广播电台联合举办的《竞争术——经济竞争实务》广播讲座。

三、拨正市场营销学科前行航向

20 世纪 80 年代初期，中国出版的教材已有《市场学》《销售学原理与应用》《社会主义市场学》《企业市场经营》《市场经营学》等。在确立市场

---

① 邝鸿. 市场学概论. 北京：中央广播电视大学出版社，1986.

② 邝鸿，郭国庆. 市场学原理. 北京：中国展望出版社，1987.

学的研究对象时，出现了两种倾向：一种是把市场学的研究对象的外延无限扩大，以致与商业经济学、管理经济学的研究对象混为一谈，使人怀疑市场学是否有独立存在的必要性。另一种是把市场学的研究对象凝固化、绝对化。例如，有学者认为，最初的市场学只是一种"分配学"或"广告学"，不过是销售学或者是一种推销术。还有学者认为，市场学是以商品供求关系为研究对象并揭示商品流通规律的专门学科；市场学是研究商品供求关系及其发展规律的学科①；市场学是研究社会再生产过程中商品供求矛盾及其规律的一门综合性边缘科学，是市场经济学和市场经营学的有机结合②。

　　为了澄清上述问题，邝鸿教授在《财贸经济》1985 年第 9 期发表了《论市场学的研究对象和方法》一文。论文对市场学的学科名称、研究对象和内容，开展市场学研究的必要性以及引进、吸收、借鉴国外市场学，建立我国社会主义市场学等问题进行了科学阐述。论文指出，市场学是一门建立在经济学、行为科学、现代管理学等科学理论基础上，对近百年来西方工商企业市场营销实践经验进行概括和总结的应用科学。在经历了市场营销学界老中青学者反复探索、百家争鸣、集思广益之后，人们对市场营销学科的性质、内涵和研究对象才有了比较清晰的认识。

　　老一辈学者对学问孜孜以求、追根溯源、刨根问底的学术风范，字斟句酌、臻于至善、严谨治学的工匠精神，为国分忧、为国解难、为国尽责的爱国精神，为日后市场营销学科的持续发展打下了坚实基础，营造了互帮互学、精诚合作、宽松和谐、向上向善的学术环境。市场营销学者专心科学研究，致力教学创新。

　　树高叶茂，系于根深。可以说，中国市场营销学科能有今天的成就，是一代又一代市场营销学者用理想和信念书写的，用辛劳和汗水铸就的，用拼搏和奉献赢得的。历史川流不息，精神代代相传。把握新发展阶段，贯彻新发展理念，构建新发展格局，实现高质量发展，市场营销学科应该

① 夏蔚纯. 社会主义市场学研究的对象和方法. 社会科学辑刊. 1982 (3)：68 - 72.
② 邢颖. 也谈《社会主义市场学》的研究对象（与夏蔚纯同志商榷）. 社会科学辑刊. 1983 (10)：62 - 63.

而且能够发挥重要作用。

四、整合教学资源，奠定学科基础

1987 年 12 月 12 日，中国社会科学院财贸物资经济研究所邀请邝鸿教授出席广州市场营销座谈会，主持编写《现代市场营销大全》和协助筹建中国市场学会。

《现代市场营销大全》由中国社会科学院财贸物资经济研究所组织牵头，由中国高等院校市场学研究会具体实施。在主编邝鸿教授的积极支持下，邀集国内数十所大专院校和科研机构的著名市场学教授、专家及其助手 147 人共同撰写，全书 200 余万字。该巨著于 1990 年 12 月由经济管理出版社出版。

撰稿者认真阅读国内外最新资料，既注重吸收国外营销研究的成果，又努力结合中国的国情。该书具有知识容量大、内容全、知识新、学术参考价值高、实用性强的特点，是我国第一部大型的市场营销理论与实际应用相结合的专业参考书和工具书。著名经济学家孙尚清和香港著名营销学者闵建蜀分别写了序言，认为该书"对正处于商品经济发展中的中国管理教育具有特别意义""能进一步促进市场营销学科的发展"[①]。

1989 年邝鸿教授主编的《现代市场学》，邀请国内著名营销学者六人，经过三年推敲打磨，终于成书。全书 80 余万字，由 21 章构成，系统地介绍了现代企业市场营销管理的基本原理、经验和方法。书中对如下问题的阐述颇具创新特色：现代市场学的性质、研究对象和市场营销的含义；市场学的产生、发展和传播；研究市场营销的方法；应当如何看待和学习研究现代西方市场学；市场营销在现代社会经济生活中的作用；宏观市场营销和微观市场营销的重要性和作用；现代社会化大生产和商品经济中的种种矛盾；市场营销机构的主要职能；国家的市场营销系统；企业的市场营销系统；企业市场营销管理的任务和指导思想等。[②]

1990 年 8 月 4 日—8 日，国家经济体制改革委员会在北京召开了市场

---

① 邝鸿. 现代市场营销大全. 北京：经济管理出版社，1990.
② 邝鸿. 现代市场学. 北京：中国人民大学出版社，1989.

管理国际研讨会。参加会议的有来自日本、韩国、泰国、联邦德国的营销管理专家、官员和教授，也有我国的各级政府官员、学者和经济学家。会议探讨了各国市场管理的现状、特点、前途和对策，分析了政府对市场的管理职能，市场平等竞争的法规和政策，市场营销与生产的关系，市场组织部门的关系等。中国人民大学贸易经济系安排郭国庆参加会议，提交了论文《试论加强批发市场管理》，该文被载入《市场管理国际研讨会论文集》。① 1990 年 4 月，企业管理出版社聘请郭国庆为《中国企业管理方法大全》一书特约编审，该书于 1994 年出版。

五、市场营销课程体系新发展

在中国市场营销学科起步成长的新时期，各高校市场营销专业课程体系有了新的发展。除了"市场营销学""消费者行为学"之外，还陆续增加了"国际市场营销""服务市场营销""销售管理""广告学"等课程。1991 年，郭国庆在旁听特普斯特拉教授讲授的国际市场学课程的基础上，系统阅读了其最新英文教材，编译成《攻必求克：国际市场营销策略》②。这是当时国内为数不多的国际营销教材之一，与郭国庆编译出版的《国际企业导论》③ 成为"国际市场学"（即后来的"国际营销学"）课程的参考教材。而规范的"国际营销学"课程教材包括后来郭国庆、张轶凡出版的《国际营销学》④ 等。

1990 年国务院学位委员会办公室正式批准设立工商管理硕士（MBA）学位并试办 MBA 教育，"市场营销学"为其中一门主课。1991 年国家教育委员会批准在中国人民大学工商管理学院、清华大学经济管理学院、复旦大学管理学院等试运行 MBA 学历教育项目，"市场营销学"是其中的一门主课，之后，课程名称由"市场营销学"改为"市场营销管理"。

在此期间，有关市场营销的论文经常在如下刊物（个别期刊还属于内

---

①　杜岩. 市场管理国际研讨会论文集. 北京：改革出版社，1991.

②　郭国庆. 攻必求克：国际市场营销策略. 北京：中国经济出版社，1991.

③　郭国庆. 国际企业导论. 北京：中国商业出版社，1993.

④　郭国庆，张轶凡. 国际营销学. 北京：中国财政经济出版社，1996.

部期刊）出现：《财贸经济》《国际贸易》《国际贸易问题》《国际贸易译丛》《管理世界》《经营与管理》《经营者》《外国经济与管理》《商业经济研究》《商业研究》《商业译丛》《国外商业》《价格理论与实践》《商品流通论坛》《外国经济管理》《国内外经济管理》《现代日本经济》《经营管理者》《财金贸易》《营销管理》《国际市场》《经济论坛》《经济探索》《决策探索》《商业经济探索》《对外经贸研究》《科教与创业》《河南经济》《江苏对外经贸论坛》《辽宁商业经济》《对外经贸》《企业研究》《电大学刊》《学友》《函授学习》《内蒙古社会科学（经济社会版）》等。

市场营销的使命就是为人类创造美好幸福生活。中国市场营销学者不负时代，拼搏奋进，推动市场营销学科的恢复重建和起步成长，创造了辉煌历史，并为了开辟美好未来而不懈奋斗。

诚如党的二十大所指出的，"改革开放和社会主义现代化建设深入推进，书写了经济快速发展和社会长期稳定两大奇迹新篇章，我国发展具备了更为坚实的物质基础、更为完善的制度保证，实现中华民族伟大复兴进入了不可逆转的历史进程……中国式现代化为人类实现现代化提供了新的选择"，中国市场营销学科正致力于提供更多更好的中国智慧、中国方案、中国力量，为世界市场营销理论宝库和全球市场营销学科发展作出新的更大的贡献。

第4章　中国市场营销学科的壮大成熟

1992年，中国的改革开放酝酿着重大突破。党的十四大确立了社会主义市场经济体制的改革目标和基本框架，确立了社会主义初级阶段公有制为主体、多种所有制经济共同发展的基本经济制度和按劳分配为主体、多种分配方式并存的分配制度，开创全面改革开放新局面，成功把中国特色社会主义推向21世纪。社会主义市场经济体制的建立和完善，为中国市场营销学科发展提供了非常有利的环境条件。1992—2001年，中国市场营销学科以海纳百川的宽阔胸襟借鉴吸收优秀文明成果，在服务国家社会经济发展的进程中，学科建设质量不断提高，教材体系、教学机制日益完善，科研实力逐步增强。

第1节　社会主义市场经济体制与市场营销学科

一、社会主义市场经济体制呼唤市场营销学科新作为

1992年10月12日—19日，中国共产党第十四次全国代表大会召开。大会提出抓住机遇，加快发展，集中精力把经济建设搞上去，明确我国经济体制改革的目标是建立社会主义市场经济体制，目的就是要使市场在国家宏观调控下，对资源配置起基础性作用，使经济活动遵循价值规律的要求，适应供求关系的变化。

（一）改革赋予市场营销更大舞台

把社会主义基本制度和市场经济结合起来，是改革开放十多年艰辛探

索的结果，对我国改革开放和经济社会发展具有极其重要的意义。"社会主义市场经济"一词，凝结了中国共产党人的智慧，展示了中国人民非凡的创造力。

改革带来了供给能力的提升和物质的丰富，1992年之后我国全面放开粮食购销价格和经营，由市场定价的范围几乎涵盖了所有的生产生活资料。一度遭遇挫折的价格改革取得了成功。1993年我国取消粮票，粮食统购统销制度宣告终结，消费者购买行为的自由度彻底放开，市场营销有了更加广阔的应用领域。社会主义市场经济体制赋予市场营销学科建设新使命，市场营销学者有了更大的发挥空间。

（二）国有企业改革与发展需要加强市场营销

1993年11月，中共十四届三中全会通过了《中共中央关于建立社会主义市场经济体制若干问题的决定》，构建了社会主义市场经济体制的基本框架。建立社会主义市场经济体制是一项系统性工程，需要各个领域的改革相互配合、形成合力。之后，中共中央出台了一系列措施，大力推进财政、税收、金融、计划、投资、流通等方面的体制改革，使市场在资源配置中的基础性作用明显增强，国家宏观调控体系框架初步建立，为国民经济和社会发展注入了新的活力。国有企业是领航中国经济的旗舰，国有企业的改革和发展是建立社会主义市场经济体制的关键和中心环节，也是难点所在。

党中央提出，要按照"产权清晰、权责明确、政企分开、管理科学"的原则建立现代企业制度。1993年12月，全国人大常委会通过《中华人民共和国公司法》，为国有企业公司化改组、建立现代企业制度提供了法律依据。这一时期国有企业改革开始从以往的放权让利政策调整进入转换机制制度创新阶段。从1994年底开始，国家经济贸易委员会、国家经济体制改革委员会会同有关部门，选择100家国有大中企业进行现代企业制度的试点。1995年，建立现代企业制度的试点工作全面铺开。

国务院还选择18个城市进行优化资本结构的配套改革试点，采取多种政策在减轻企业债务负担、分离社会服务功能、分流服务人员等方面实现了重点突破。上述改革和调整，从实际部署上加快了由计划经济体制向社会主义市场经济体制转轨的步伐，市场在资源配置中的基础性作用明显增强，市场营销日益引起各级政府和国有中小企业的重视。改革开放全面推进和经济建设迅猛发展的大好局面客观上需要中国市场营销学学科壮大成熟。[①]

（三）"两个根本性转变"的提出

在加强宏观调控和深化改革的过程中，"八五"计划提出的主要指标完成或超额完成。国民经济和社会发展取得显著成就，"八五"期间国民经济持续增长，国民生产总值年均增长 12.3%。1995 年 9 月中共十四届五中全会通过《中共中央关于制定国民经济和社会发展"九五计划"和 2010 年远景目标的建议》（以下简称《建议》），对"九五"时期实现第二步发展战略目标作出部署。"九五"计划和 2010 年远景目标，是在发展社会主义市场经济条件下制定的第一个中长期计划，关系到我国将以什么姿态跨入 21 世纪，意义十分重大。《建议》确定到 2010 年的主要奋斗目标是实现国民生产总值比 2000 年翻一番，使人民的小康生活更加宽裕，形成比较完善的社会主义市场经济体制。《建议》强调，实现奋斗目标的关键是实行两个具有全局意义的根本性转变，一是经济体制从传统的计划经济体制向社会主义市场经济体制转变，二是经济增长方式从粗放型向集约型转变。

中国市场营销学界敏锐地感知到，加强市场营销是实现"两个根本性转变"的需要，因为搞好国有企业是实现"两个根本性转变"的基础。经济体制改革和经济增长方式的转变都涉及企业，毫无疑问，在此过程中，市场营销的重要地位将日益突出。加强市场营销是发展市场经济的应有之义。实现"两个根本性转变"，归根结底是要解决好市场问题，根据市场需求合理配置资源，即经济体制要加快向市场化转变，经济增长方式要以市场为导向。只有经济运行的市场机制完备，只有企业面向市场组织生产和经营活动，其产品才能实现市场价值，提高市场份额，进而提高企业整体效益，将"两个根本性转变"真正落到实处。

市场营销学者提出，加强市场营销是确保社会再生产顺利进行的需要。市场营销是社会再生产的中介环节，而社会再生产过程表现为生产过

---

① 　郭国庆．营销管理：国有企业管理创新的关键．群言，2003（9）：23-24.

程和市场营销过程的统一。商品生产是为交换而进行的生产，资本的循环离不开市场。生产要素的获取，商品价值的实现，都必须通过市场营销，否则生产就会停滞。无数事实证明，生产越发展，社会分工越细，生产专业化程度越高，生产对市场营销的依赖程度也就越大，市场营销的领域范围和效率制约着生产的领域范围和效率。商品制造商、分销商各自利益的实现离不开市场营销。在市场经济条件下，市场营销在社会经济发展中起着指导生产、引导消费、满足需求的重要作用。

市场营销学者向政府部门呼吁，加强市场营销是促进第三产业发展的需要。发展社会主义市场经济，第三产业必须有一个大发展，而市场营销尤其是服务营销是第三产业得以健康发展的重要条件。20世纪90年代，在社会主义市场经济体制日益体现出巨大优势的同时，国内市场上也出现了假冒伪劣商品猖獗、虚假广告泛滥、服务质量低下、消费者权益屡受损害等问题。不良现象的存在，在某种程度上可归咎于企业市场营销观念淡薄。因此，发展第三产业必须树立市场营销观念，努力提高服务质量和顾客满意度。总之，加强市场营销是大力发展第三产业的必然要求，客观现实要求中国市场营销学科走向壮大成熟。

中国市场营销学者认识到，加强市场营销是适应买方市场新形势的需要。改革开放的实践证明，哪个地方市场营销搞得好，哪里的经济发展就快、就健康、就可持续；什么时候重视市场营销，什么时候经济发展的形势就令人满意。市场营销一头连着生产，一头连着消费，搞好市场营销是畅通国民经济大循环的前提和基础。尤其是在中国市场已经进入买方市场的条件下，搞好市场营销，加快市场开拓，提高市场竞争实力，就更具有十分重要的现实意义。加强市场营销，可以加速商品周转和销售，减少产品积压，加快资金回笼，从而盘活资金，减少资金的占用，促进经济进入良性循环的轨道。

在中国市场营销学界的积极呼吁和不懈努力下，政府部门热诚听取建议，及时作出回应。为了适应市场经济发展，进一步加强企业市场营销工作，国家经济贸易委员会提出，要通过典型引导、信息引导和政策引导，全面推动国有大中型企业在营销机构、营销人员、营销战略、营销网络、促销宣传和售后服务等方面提高素质，提高国有企业市场营销水平，增强市场竞争能力。此外，还提出了做好企业营销指导的具体要求，包括指导企业加强营销机构建设，设立市场研究开发部门，不断充实营销队伍；引导企业重视并制定面向国内外市场的整体营销战略；大力开展对营销人员的培训，提高人员素质；根据产品特点，采取多种流通方式，建立较为完备的商品销售网络；运用各种促销手段完善产品销售服务体系，促进产品销售。

（四）"营销"一词首次写进政府工作报告

1996 年 3 月"两会"期间，郭国庆教授作为全国政协委员，在参与讨论《中华人民共和国国民经济和社会发展"九五"计划和 2010 年远景目标纲要（草案）》时，提出建议：文件谈到的"市场销售""经营销售"等相关术语不太准确，希望能用"营销"取代"经营""销售""推销"等，这样表述更加科学准确。[①]

文件起草部门采纳了这一建议，在会后公开发布的《中华人民共和国国民经济和社会发展"九五"计划和 2010 年远景目标纲要》中，"营销"这一术语首次正式见于国家文件。[②] 此后，党和国家对市场营销更加重视，出台了一系列重要文件和举措。党中央领导同志在视察国有企业改革与发展情况时多次强调市场营销的重要作用，中共中央组织部和国家经济贸易委员会在发布的加强企业管理人员培训的文件中强调设立市场营销课程，国家国内贸易局设立了营销改革司，劳动和社会保障部设立营销师、营销员、推销员职称系列和职业技术鉴定标准等。

1998 年和 1999 年，国家经济贸易委员会、劳动和社会保障部以及人事部委托中国人民大学中国市场营销研究中心相继制定了推销员、营销员就业准入的国家职业标准和鉴定规范。郭国庆、李先国、牛海鹏主持编写了《推销员职业技能鉴定考试指南》和《推销员职业技能培训鉴定教材》，郭国庆主编了《推销员职业技能鉴定考试复习指导》初级、中级、高级 3 册。

---

① 郭国庆. 从"一字之差"看畅通的民主渠道. 群言，2003（6）：25 - 26.
② 史慧玲，王强. 郭国庆：营销人生. 中国统一战线，2004（5）：31 - 32.

二、党中央部署市场营销新突破

(一)号召各级干部重视市场营销

1991—1996 年间,党中央领导同志在各地考察时多次强调加强市场营销的重要意义,指出:"要逐步建立市场意识和商品意识,按照市场需要从事生产经营,不仅要生产出适销有竞争力的产品,而且要善于抓住不断变化的市场需求开发出新产品。"在谈到国有大中型企业改革发展时指出,"我国很多国有大中型企业办得是好的,这些企业面向国内外市场,产品适销对路,技术先进,管理严格,竞争力强,经济效益高……国有大中型企业要面向市场,使产品不断适应国内外市场的需求,同时要重视销售,积极开拓市场","搞好国有企业,要有一个好的机制,要有适销对路的好产品……真正做到以市场为导向"。① 中国将越来越靠拢国际市场。能不能在国际市场上生存下去,就要看中国产品质量好不好、服务是否周到、商业网络是不是能够在世界上建立起来。总的来说,我国的产品质量与国际水平相比,还有比较大的差距。我国的产品在国际上还是处于低档、低价的状态,因为我们的劳动力便宜,也没有打出响亮的品牌,不能适应国际市场产品日益多样化、高档化的需要,基本上是靠价格取胜。质量已经成为影响我国在国际市场竞争中能否取胜、对外贸易能否有进一步发展、我国的企业能否有效益的一个关键因素。

(二)以中华优秀品牌应对全球竞争

党中央从中国企业参与国际市场竞争的视角,认识到提高产品科技含量、不断开发新产品、推出创新产品的重要性,进而从民族志气、民族自尊自强、国家现代化的高度阐明了创世界名牌的重要意义。特别指出,要实现现代化,我们的企业就要敢于参与国际市场竞争,在国际市场打响中华民族的优秀名牌。这就需要大幅度提高产品的科技含量,不断开发和采用新技术、开发新产品。当今世界的国际竞争,最根本的还是体现在一个国家的综合国力上,体现在一个民族的整体素质上,要立民族志气、创世

---

① 何椿霖. 改革开放和经济建设的力行者:读《李鹏论宏观经济》有感. 人民日报, 2012 − 08 − 06 (13).

界名牌。

党中央领导同志从企业信用的角度看待名牌战略，注重培养名牌意识，提倡宣传和扶持品牌，指出，"牌子"就是企业的信用，是企业赖以生存的基础，是社会主义市场经济中企业竞争能力的综合表现。

（三）提升市场营销道德意识

1996 年 10 月，中共十四届六中全会专门讨论了加强精神文明建设的问题，进一步提出了新形势下精神文明建设的一系列指导方针和目标任务。1997 年 1 月，中央精神文明建设指导委员会成立。党中央提出依法治国与以德治国相结合的治国方略，以科学的理论武装人、以正确的舆论引导人、以高尚的精神塑造人、以优秀的作品鼓舞人，人们精神面貌发生新的积极变化。全国范围内开展了"社会服务承诺制""百城万店无假货""十星文明户"等群众性精神文明创建活动，涌现出一大批先进的市场营销和服务营销典型，提升了市场营销实践者的社会责任、市场营销道德、服务质量意识。市场营销学科建设又有新的举措，不少学者开始重视市场营销道德、市场营销伦理、社会营销、宏观营销、口碑营销和消费者权益问题的理论研究，这在市场营销课程建设和教材建设方面也得到了充分体现。武汉大学甘碧群教授在 1994 年 12 月出版的《宏观市场营销研究》一书中深入探讨了宏观市场营销、企业社会责任、企业营销道德等问题。[1]之后，他又于 1997 年 9 月出版了名为《企业营销道德》的学术专著。[2]

（四）切实加强国有企业营销工作

1996 年 10 月 30 日，国家经济贸易委员会印发了《企业领导人员工商管理培训实施意见》，提出要加强师资队伍建设和教材建设。之后，国家经济贸易委员会发布《关于进一步加强工商管理培训师资队伍建设的意见》（国经贸培〔1997〕893 号），强调各培训院校（中心）要挑选优秀教师承担工商管理培训班的授课任务。同时，还组织有关专家成立全国工商管理培训指导委员会和课程学科组。郭国庆教授被聘为全国工商管理培训指导委员会和教材编写委员会委员。1996 年 11 月 20 日，国内贸易部行

---

① 甘碧群. 宏观市场营销研究. 武汉：武汉大学出版社，1994.
② 甘碧群. 企业营销道德. 武汉：湖北人民出版社，1997.

业管理司聘请郭国庆为商业粮食企业改革与发展研究咨询专家。

1997 年 6 月，国家经济贸易委员会下发了《关于加强国有企业市场营销工作的意见》。1998 年 3 月又专门召开了全国企业营销工作会议，进而以"三引导一培训"（即政策引导、典型引导、信息引导和营销人员培训）为重点对整个营销工作提出明确要求。郭国庆教授多次应邀出席咨询会、协商会，就加强企业营销工作提出建议。

1996—1998 年间，国家经济贸易委员会总结宣传了近百家营销工作先进企业的典型经验，组织三菱、三星、摩托罗拉、海尔、春兰等国内外知名企业举办国际企业营销报告会；加强对各地市场营销协会的指导，有16 个省市建立了市场营销协会，成为政府引导企业开展营销工作的重要纽带；组织企业营销人员到国外学习培训；针对企业营销中普遍性的问题，研究拟定有关政策措施。

各地经济贸易委员会把加强企业营销作为推进企业改革发展和拓展市场的重要工作来抓，得到地方政府的普遍重视和支持，许多省市以政府名义召开企业营销工作会议，相继出台引导企业开展营销工作的政策措施。一些省市成立了协会组织，在宣传营销经验、提供信息服务、规范促销活动等方面开展了大量卓有成效的工作，为企业营销创造了有利条件。江西大力实施企业营销市场化工程，在致力于政策引导的同时，对企业的营销力量、产销水平、市场拓展及售后服务等提出了明确要求。辽宁围绕企业脱困工作，在对全省 10 个行业、60 个系列产品进行调研分析的基础上，提出了加强市场营销的具体措施。上海针对企业营销力量薄弱的问题，引导企业加强市场研究开发机构建设，在此期间有 230 多家销售额超过亿元的企业建立了市场部。大连要求全市企业实现"一转、一树、五强化"，即由"生产第一"的观念转到"市场第一"上来，牢固树立市场决定企业命运的观点，强化市场营销意识、全员营销意识、广告意识、品牌意识和效益意识，相应建立企业营销工作跟踪监督考核制度。青岛组织企业打好市场拓展、营销策划、售后服务三大战役，争创名牌企业和名牌产品，并对营销工作先进企业和个人进行评选表彰。安徽、江苏等省重视发挥市场营销协会的作用，扎实开展营销人才培训、市场信息服务、营销战略优化等工作。

（五）打好市场营销攻坚战

在 1997 年爆发的亚洲金融危机中，中国承受了巨大的压力，经受了严峻的考验。党中央作出了一系列行之有效的决策，坚持人民币不贬值。中国此前一直实行比较谨慎的金融政策，并采取了一系列防范金融风险的措施，在这次危机中未受到直接的严重冲击，金融和经济继续保持稳定，但企业的生产和营销不可避免地受到了影响。

亚洲金融危机导致世界经济增长放慢，国内产业结构矛盾十分突出，许多国有企业产品积压滞销，以致经济效益低下，企业难以为继，职工大量下岗。更为严重的是，1998 年和 1999 年连续两年遭受特大洪涝灾害，给中国经济发展造成了极大伤害。但是，在党中央坚强领导和英明决策下，改革开放持续深入地推进，给中国经济带来了新的生机和活力。

1997 年 9 月召开的党的十五大指出，要"形成面向市场的新产品开发和技术创新机制"。党中央领导同志强调，"没有企业在市场经营方面有效机制的建立，社会主义市场经济体制是建立不起来的，公有制同市场经济的有机结合最终也难以实现"，"企业要有明确的发展战略、技术创新战略和市场营销战略，实现由单纯偏重生产管理到重视市场营销和技术开发的转变"①，"加强企业发展战略的管理，关键是要根据不断变化的市场要求，抓住发展战略、技术创新战略和市场营销战略这些重要环节"②。

1998 年 1 月 15 日中国航空工业总公司工作会议在京闭幕。会议提出，航空工业在 1998 年的工作中要进一步解放思想，转变观念，振奋精神，坚决打好企业改革、重点型号研制、结构调整、市场营销四个攻坚战，使全行业的生产和经营再迈一个新台阶。

由于中央政府对市场营销工作的强调和重视，各地的企业营销工作形成了声势，抓出了特色，取得了积极成效，不仅推动了企业经营观念的转变，而且强化了市场在企业经营中的导向作用，带动了企业经营机制的转变，促进了企业结构调整、经济效益提高和市场竞争能力增强。

---

① 江泽民主持召开华东七省市国有企业改革和发展座谈会强调 坚持建立现代企业制度改革方向 继续加快东部地区改革发展步伐. 人民日报，1999-06-27（1）.

② 江泽民主持召开八省区市国企改革和发展座谈会并发表重要讲话指出 坚定信心统一认识锐意改革真抓实干 努力开创国有企业改革和发展新局面. 光明日报，1999-08-13（2）.

（六）设立主管营销改革的政府部门

1998 年 6 月 18 日，国务院办公厅发布文件指出，根据第九届全国人民代表大会第一次会议批准的国务院机构改革方案和《国务院关于部委管理的国家局设置的通知》（国发〔1998〕6 号），将国内贸易部改组为国家国内贸易局。国家国内贸易局是国家经济贸易委员会管理的主管国内商品流通行业的行政机构。

国家国内贸易局下设营销改革司，其主要职责是研究拟定连锁经营、代理制、配送制等现代营销方式的管理制度和政策措施并组织实施；组织旧货流通、实物租赁等流通方式的改革，推进流通组织的创新和流通现代化；组织实施对拍卖业的监督管理。

在一系列营销改革政策的推动下，各级政府对市场营销以及营销改革越来越重视，市场营销为各类工商企业开拓市场、扩大内需作出了积极贡献，全国超市、便利店、大型综合超市连锁经营迅速发展。

（七）营销改革初见成效

1999 年 6 月国家轻工业局在北京国际展览中心主办的中国轻工业博览会，充分展示了建国 50 年特别是改革开放 20 年来我国轻工业发展成就，是 1992 年以来举办的全国最高水平的轻工业博览会，共有 350 余家企业参展。博览会展示了家用电器、食品饮料、家具、装饰材料等行业的新技术、新工艺、新装备、新产品和新品种，体现了依靠科技进步和现代化管理发展轻工业的新成果，汇集了一大批轻工业名牌产品和优势名牌企业。

在中央政府的周密部署下，全国各地的企业市场营销工作收到了明显成效。主要表现为以下几点：

（1）企业营销能力得到加强，市场营销水平有所提高。1999 年初上海、大连和青岛等城市的企业营销人员占职工总数的比例已达到 5％左右。一些企业灵活运用产品、价格、地点、促销等市场营销策略，在营销战略的制定与实施、营销网络特别是售后服务体系的建立与完善、企业形象的塑造和宣传等方面都跃上了一个新台阶。

（2）企业市场开拓能力不断增强。青岛海尔集团实施全球化发展战略，在境外建立起上千家空调专营点，发展了 300 多个代理商，形成了内销、出口、海外建厂销售三足鼎立的市场格局。大连瓦轴集团轴承装备制造有限公司、内蒙古鄂尔多斯羊绒集团有限责任公司、内蒙古伊利实业集团股份有限公司等企业通过实施市场营销战略，在国内外市场赢得了发展空间。

（3）带动了适销产品的开发和企业产品结构调整。深圳康佳集团股份有限公司、北京金隅天坛家具股份有限公司、青岛海信集团有限公司等企业积极面向市场调整产品结构，增强了市场竞争和创新能力，形成了产品创新、市场创新、组织创新、品牌创新的良性循环。

（4）促进了工商联合和现代市场营销方式的运用。上海三枪集团有限公司、中国轻骑集团有限公司、宁波雅戈尔集团股份有限公司等企业在加强市场营销的过程中，注意加强工商企业间的联合与协作，积极发展经销、连锁、代理、配送等现代市场营销方式，形成了工商利益相连、关系稳固、效率提升的商品销售网络。

（5）促进了企业扭亏脱困工作的开展。福州人造板厂、湖北洪城通用机械股份有限公司、安徽种子酒厂、江西南昌卷烟厂等一批企业在面临经营困境的情况下，高度重视和持续加强市场营销工作，顺应市场找到了出路，不仅在短期内扭转了生产徘徊和效益下滑的局面，而且成为各行业中竞争力较强的优势企业。类似情况，不胜枚举。

三、以市场营销培训服务改革发展大局

（一）市场营销学者的责任担当

中国人民大学市场营销学术团队利用调研、咨询、讲座等形式在企事业单位和党政机关积极宣传推广市场营销理论及其应用。郭国庆教授曾在中共中央党校为国有大型企业领导讲授市场营销管理课程；受国家经济贸易委员会委托，为各省市经济管理干部学院培训市场营销教师；受国家教育部委托，为全国各高等院校培训市场营销教师。中国人民大学学术团队先后为国家部委、多家大型企业、跨国集团和非营利机构提供市场营销培训和咨询服务。

（二）人才培养结硕果

从中国人民大学走出去的硕士生和博士生，彼时不少已经成为国内各大高校的学术骨干，还有很多学生前往美国、加拿大、法国等地继续深造

或从事研究工作，有的已经在国际学术界获得了相当的声誉。

受国家经济贸易委员会培训司邀请，郭国庆主持编写了《市场营销新论》①，该教材作为国家经济贸易委员会培训司组织编写的工商管理培训系列教材之一，重点介绍了市场营销的基本理论。

（三）培训教材建设的新突破

根据"十五"工商管理培训力求"新、实、精"的要求，上述培训教材在编写思路上进行了一些新的探索：第一，突出时代要求。知识经济已初见端倪，电子商务、网络营销发展迅猛，企业竞争的游戏规则也在发生变化，中国企业要遵循"十五"规划，抓住机会，加快发展，必须遵循新规律，制定新对策，开创新路径，赢得新业绩。第二，突出立足国情，以改革开放、现代化建设和我们正在做的事情为中心。教材中的市场营销案例，取材于中国企业市场营销创新成果奖汇编资料，并在此基础上进行简化、提炼和规范化。第三，突出理论思考，着眼于对现实问题的理论思考。这一教材的编写没有刻意追求理论的完整性、系统性，而是突出理性思维、分析框架和实际应用，力求为提高企业营销管理人员运筹帷幄的素质奠定坚实基础。

之后，该教材经过修订，改名为《市场营销》，作为中共中央组织部和国家经济贸易委员会指定的"十一五"国有企业工商管理培训教材，于2002年由中国人民大学出版社出版。

第2节　国有企业改革发展中的市场营销贡献

一、市场营销助力国有企业扭亏脱困

党的十五大提出了党在社会主义初级阶段的基本纲领，提出以公有制为主体、多种所有制经济共同发展，公有制实现形式可以而且应当多样化，一切反映社会化生产规律的经营方式和组织形式都可以大胆利用。这些理论上的突破和思想上的解放，为经济改革和社会发展理清了思路，指明了方向。党的十五大提出国有企业改革与脱困三年目标，利用三年左右

---

① 郭国庆. 市场营销新论. 北京：中国人民大学出版社，1997.

的时间，通过改革、改组、改造和加强管理，使大多数国有大中型亏损企业摆脱困境，使大多数国有大中型骨干企业初步建立现代企业制度。国有企业要扭亏脱困、再塑辉煌，需要树立市场营销观念，提高市场营销水平。因此，市场营销学科建设任务繁重，市场营销学者重任在肩，责无旁贷。

1999 年是实现国有企业三年扭亏脱困目标至关重要的一年。党中央和各级政府为此付出了巨大的努力。党中央领导同志在成都、西安、青岛、大连等地主持召开有关省区国有企业改革与发展座谈会时，曾就加强企业市场营销问题作出许多重要指示，指出："加强企业发展战略的管理，关键是要根据不断变化的市场要求，抓住发展战略、技术创新战略和市场营销战略这些重要环节。"① 还指出，企业要有明确的发展战略、技术创新战略和市场营销战略，实现由单纯偏重生产管理到重视市场营销和技术开发的转变。②

（一）"两个根本性转变"背景下的"第三个转变"

时代在发展，社会在进步。国有企业改革与发展进程中的新矛盾、新问题也日益显露出来。在新的时代背景下，党中央提出经营管理模式由生产型向市场营销型转变，是富有远见的战略主张。充分认识"第三个转变"的重要性，正确领会"第三个转变"与"前两个转变"的关系，准确把握国有企业改革与发展的战略目标，都具有极其重要的现实指导意义。

市场营销学界对此展开了深入探讨，认为"前两个转变"为"第三个转变"创造了宽松有利的环境，提供了十分必要的条件，奠定了坚实的社会政治基础；"第三个转变"是"前两个转变"的支撑点和落脚点，是"前两个转变"的重要前提和根本保障。市场营销是与市场有关的人类活动，其核心观念是交换。搞好市场营销，是发展市场经济的关键所在。实现"两个根本性转变"，归根结底要解决好市场问题，根据市场需求合理配置资源，即经济体制要加快向市场化转变，经济增长方式要以市场为导

---

① 樊如钧. 坚定信心，深化改革，开创国有企业发展的新局面：在东北和华北地区国有企业改革和发展座谈会上的讲话. 人民日报，1999 - 08 - 13 （1）.

② 江泽民主持召开华东七省市国有企业改革和发展座谈会强调 坚持建立现代企业制度改革方向　继续加快东部地区改革发展步伐. 人民日报，1999 - 06 - 27.

向。只有企业面向市场组织生产和经营活动，才能提高产品的市场份额和企业的整体竞争力，真正实现"两个根本性转变"。可见，"三个根本性转变"是相辅相成、互为补充的有机整体，是国有企业改革的必由之路，是社会主义市场经济体制得以建立和完善的重要条件，是坚持和发展社会主义公有制的根本保障。将"三个根本性转变"真正落到实处，国有企业扭亏脱困就有了希望。

（二）经营管理模式由生产型向营销型的转变

长期的计划经济体制使得企业管理者对于生产管理、人事管理、财务管理、技术革新等有了相当程度的了解和专长，唯有市场营销是一个崭新课题。面对新形势，许多国有企业领导对于如何适应市场、开拓市场束手无策，市场营销已成为国有企业管理的薄弱环节。重生产、轻营销也是国有企业迟迟走不出困境的根本原因所在。实现经营管理模式由生产型向营销型的转变，乃是国有企业改革与发展的客观需要和必然选择。①

市场营销学者提出，国有企业现存的各种矛盾和问题都与市场营销薄弱有关。

（1）职工下岗。为什么国有企业职工下岗而"再就业中心"却能够为其找到合适的工作？除了职工本身没能适应市场经济发展的需要之外，更重要的原因是企业忽视营销，不能面向市场需要安排产品项目和进行业务创新，没有根据职工专长为其创造施展才干的岗位。

（2）产品滞销。为什么一些国有企业的产品找不到销路，积压严重，以至于经常"限产压库"？而另一些企业（如"三资企业"）的产品却购销两旺、供不应求？原因还是国有企业的管理模式停留在生产型状态，而没有转变为营销型，不经市场调查预测，仅凭主观想象或已有的经验乱上项目，盲目跟从。

（3）资金与人才缺乏。一些国有企业领导总抱怨缺资金、少技术、没人才，实际上他们是基于生产型管理模式考虑问题，殊不知他们所缺乏的恰恰是市场营销。营销搞好了，项目找对了，银行愿意贷款，引进的技术有用武之地，大量的优秀人才会毛遂自荐。

---

① 郭国庆．国企改革的"三个根本转变"．企业管理研究，1999（9）.

从中国企业管理实践看，有明确的市场营销战略，率先实现了管理模式由生产型向营销型转变的企业，大多能够抵御竞争的威胁，善于抓住有利的市场机会，经济效益好、市场份额高、产品质量优、市场形象佳。在困境中拼命挣扎却迟迟走不出怪圈的企业，往往忽视市场营销或缺乏营销创新意识。

一些成功的高新技术企业，除了自身技术先进，还有较高的营销效率。技术实力强的高新技术企业，如果不坚持营销导向，最终也会陷入困境。因此，实现由生产型向营销型管理的转变是中国企业面临的新课题、新挑战和新机会。

二、加强市场营销与政府新作为

社会主义市场经济体制的建立和完善，既需要有效的市场，也需要有为的政府。市场营销学者提出，为了实现"三个根本性转变"特别是"第三个转变"，政府部门要有所作为，不断创新，至少应做好如下工作：

（一）学习市场营销知识

尽管我国企业市场营销实践有了一定的经验积累，并且取得了一定的成效，但是市场营销知识的普及和市场营销人才的培养工作仍显薄弱，一些政府部门和企业对营销与市场、营销与推销等基本概念的区别缺乏最起码的了解。市场营销知识的匮乏已经导致了工作的被动，因此，建议各级政府要像重视技术创新那样重视市场营销，像关注金融知识、法律知识的普及那样关注市场营销知识的传播、普及和应用。领导干部当务之急是率先学习现代市场营销知识，准确界定生产型管理和营销型管理的分野，明悉自己在"三个根本性转变"中的地位和作用；在宏观调控的实践中，要以现代市场营销观念为指导，真正从企业需要出发，从人民的根本利益出发，科学合理地制定政策法规，为企业创造公平、有序的市场营销环境。

（二）建立联系制度，优化绩效评价体系

建立联系制度是指政府部门要加强对中心城市和重点企业市场营销工作的指导。中心城市是企业最密集的地区，是企业经营的主战场。集中力量抓好中心城市的企业市场营销工作，对于推动整个工作的开展、提高国有企业市场营销水平具有重要意义。因此，建议在全国选择部分中心城

市和企业为市场营销的工作联系点，定期沟通情况，协调解决有关问题。在总结经验的基础上，针对普遍存在的共性问题，研究制定指导整个工作的政策措施，带动各地市场营销引导工作的深入开展，确保收到实效。此外，政府部门还要不断优化企业绩效评价指标体系，正确引导企业经营管理模式的转变。由过去重产量、产值，逐步转变为用产销率、回款率、市场份额、产品创新度、企业美誉度、顾客忠诚度、营销部门的设立与运营、营销成本占企业总成本的比例、营销人员数量占全体职工人数的比例等新的指标体系，考核企业管理水平和职工绩效。

（三）支持市场营销理论研究，完善市场营销教育体系

国家经济贸易委员会、国家计划委员会、财政部、科技部、国家自然科学基金委员会管理科学部应注重有关研究课题的立项。在借鉴国外先进管理理论与方法的基础上，紧密联系中国企业管理和市场营销的实际，应用现代科学方法，研究确定生产型管理和营销型管理的内涵和机理，建立测定由生产型管理向营销型管理转变的评价指标体系，明确测定转变程度的关键指标，借以考核不同地区、不同行业、不同企业的转变程度，了解转变进程和趋势，确定下一步的关键点，以期提纲挈领，纲举目张，抓住要害，务求实效。

市场营销学者呼吁，教育主管部门要努力完善市场营销教育体系，在继续办好市场营销本科教育的同时，借鉴国外大学教育的通行做法，设立市场营销硕士、博士专业，加大对培养高素质营销理论人才的支持力度。

（四）加强市场营销队伍和机构建设

加强企业市场营销队伍建设，需要建立并不断完善企业市场营销人员上岗资格认证制度。企业市场营销的质量和水平，取决于市场营销队伍的整体素质。虽然一些地区也在探索实行企业市场营销人员持证上岗试点工作，但是缺乏统一规范。从全国范围看，还没有一个统一的市场营销人员培训及考核办法。为了尽快改变这种局面，建议在全国范围建立起企业市场营销人员考试和持证上岗制度，将市场营销人才的培养和使用纳入规范管理的轨道。要重视和加强国有企业营销管理培训的制度建设和机构建设，建立专门机构（如市场营销协会等）来承担理论研究、师资培训、管理咨询、市场调研、需求预测、市场信息等职能。

（五）以加强市场营销助推市场运行质量提升

市场营销学者建议，把加强企业市场营销工作与提高市场运行质量紧密结合起来，通过引导企业强化市场营销，提高主要行业和重点产品的产销率、市场份额；通过对市场需求的测量和预测以及市场营销信息系统建设，强化企业生产经营的市场导向，加快结构调整步伐，改善产需衔接，增加市场有效供给；通过加强工商联合和营销方式创新，建立稳定的产销关系，努力降低营销成本。政府部门要有效利用各种渠道，积极为企业开展市场营销做好信息服务。一方面，各级政府要加强对市场运行及主要行业重点产品供需情况的分析监测，及时把握市场变化趋势和需求特点，在为宏观决策服务的同时，努力为企业营销做好信息服务。另一方面，要重视利用各种行业协会组织的优势，根据各类产品市场营销的特点，有针对性地发布市场信息，为企业开展市场营销提供及时准确的市场指导。

三、国有企业加强市场营销任重道远

（一）管理科学是兴国之道，也是企业振兴之道

中共中央组织部、中央企业工作委员会、国家经济贸易委员会、人事部、国家行政学院于 2000 年 4 月共同举办了国有重要骨干企业领导人培训班。参加学习的有中央管理的国有重要骨干企业领导人 112 人。培训班邀请 31 个跨国公司和机构的高层管理人员授课，培训内容包括金融财务、企业实例、跨国公司经营管理以及迎接加入世界贸易组织的挑战等。

党中央领导同志指出，国有企业经营管理者必须充分认识深化改革和扩大开放的新形势，积极学习、运用现代企业经营管理的先进方法和成功经验，努力成为适应社会主义市场经济发展要求的优秀企业家。管理科学是兴国之道，也是企业振兴之道。当务之急是针对薄弱环节，突出抓好财务成本管理和质量管理，严肃查处各种违法违规经营行为。同时，要密切关注国内外市场竞争的发展变化，科学制定企业发展战略、技术开发战略和市场营销战略。要广泛采用现代管理技术、方法和手段，认真总结和推广国内先进企业的管理经验，引进国外智力，学习和借鉴国外企业现代管

理方法，尽快把国有重要骨干企业经营管理和竞争能力提高到新水平。①

（二）加强市场营销依然是企业面临的艰巨任务

1992—1999 年期间，从总体上看，企业营销管理有了一定程度的加强，但发展很不平衡。对于国内多数企业来说，无论是市场观念，还是市场营销战略、手段和方法都与现代企业营销的要求存在一定差距。20 世纪 90 年代末期，市场需求约束增强，出口受金融危机影响增长缓慢。在此严峻形势下，引导广大企业提高市场营销水平，增强企业适应市场、开拓市场和创新市场的能力，对于改善产销衔接、促进国民经济质量与效益的提高具有重要的现实意义。

市场营销学者研究发现，企业营销工作薄弱是影响产品质量和经济效益的重要因素。事实上，进入 20 世纪 90 年代以后，我国经济运行质量低、效益差的问题一直没有根本改观，主要表现如下：一是产销衔接水平低，1993—1997 年工业企业年平均产销率为 95.98%；二是库存积压严重，1993—1997 年每年产成品存货新增额约占当年新增工业产值的 5%～10%；三是资金周转缓慢，1997 年全部独立核算工业企业流动资产平均周转次数为 1.48 次；四是经济效益差，1997 年工业企业亏损面为 23.6%。造成这种状况的原因是多方面的，但企业营销观念薄弱、缺乏对市场的深入研究、适应和开拓市场能力不强是最根本的原因。

加强市场营销是新形势下围绕企业开展工作的客观要求。在市场经济条件下抓企业工作，一方面应当进一步培育和发展市场体系，为企业竞争提供公平有序的市场环境；另一方面必须大力强化企业的市场主体地位，通过加强市场营销，增强企业适应和开拓市场的能力。值得注意的是，随着计划经济向市场经济的转轨和经济结构的调整，消费对经济增长的作用越来越大，1997 年消费对国内生产总值增长的贡献率达到 58%。企业营销引导工作，与企业改革发展紧密衔接，与开拓市场相辅相成，是处在生产与消费衔接点上的一项基础工作。所以，企业市场营销绩效的好坏，直接关系到市场和经济运行质量，关系到城乡市场的拓展。把加强市场营销

---

① 朱镕基强调要全面提高国有企业管理人员素质．（2000 - 04 - 12）．https：//www.chinanews.com.cn/2000 - 4 - 12/26/26017.html．

作为国有企业工作的一个切入点，坚持不懈地抓下去，对其他各项工作的开展也具有重要的促进作用。

（三）加强市场营销是扩大内需的关键环节

面对亚洲金融危机和世界经济不景气形势的蔓延，中国政府采取了积极的扩张性财政政策和适当的货币政策，加大投资拉动经济的力度。但是，启动需求不能仅仅启动投资需求，更重要的还要依靠最终消费需求。市场营销学者指出，没有最终消费需求，启动投资需求是不现实的，而且往往导致生产能力过剩和产品库存积压。因此，扩大内需不能过分依靠投资需求，也不能坐等投资需求的乘数效应。

市场营销学界不断呼吁，扩大内需的关键不是增加投资，而是加强市场营销，积极开拓市场，把投资乘数效应所产生的有效需求转化为消费。市场营销是衔接生产和消费的纽带，它一方面引导企业按需投资或生产；另一方面又刺激需求、满足需求，是确保国民经济健康稳定协调发展的关键环节，是提高市场运行质量和国民生活水平的根本保障。而投资并不具有这一项重要职能。

加强市场营销，也就意味着要从调查市场需求的现状和趋势出发，根据市场需求安排投资项目或生产供应，根据对市场营销环境的监测和对最新市场信息的调研了解，来选择目标市场，进行市场定位。通过适当的市场营销组合战略，刺激、创造并满足市场需求，实现企业的持续发展。因此，市场营销工作做好了，投资才会有正确的项目领域和方向，消费才能更好地得到满足并稳定扩大，市场才能不断开拓，经济才能持续发展；反之，忽视市场营销，即使投资规模扩大了，也难免会出现凭主观想象乱上项目、乱投资的现象，其后果必然是重复建设严重，投资效益低下，千差万别的消费需求得不到有效满足，企业市场竞争力和市场份额徘徊不前，市场运行和经济发展的质量缺乏保障。

市场营销学界为了支持国有企业扭亏脱困，积极向政府部门提出建立企业市场营销基金的建议。到 1999 年 3 月，浙江、河北等省都设立了政府市场开拓基金，在支持企业市场营销方面收到了较好的效果。中央有关部门在总结实践经验的基础上，要求地方政府每年由财政安排部分专项资金，对暂时经营困难但从长远看产品有市场、有效益的企业，特别是中小企业，在市场营销宣传和市场开拓等方面给予必要的支持。另外，财政、税务部门也研究制定有关政策，允许企业税前从销售收入中增提一定比例的促销费用，用于扩大产品宣传和奖励市场营销人员。

到 2000 年末，国有大中型企业改革和脱困三年目标基本实现，国有控股企业实现利润大幅增长，大多数国有大中型骨干企业初步建立了现代企业制度。一批具有国际竞争力的企业逐渐成长起来，成为国民经济发展的中流砥柱。在此过程中，市场营销学科发挥了重要的作用，功不可没。

第 3 节　中国加入世界贸易组织后的市场营销学科

一、"入世"给中国企业带来新的机遇和挑战

（一）成功"入世"带来新的发展空间

2001 年，中国人以坚韧和努力，迈出了走向世界的关键一步。加入世界贸易组织是我国改革开放进程中具有历史意义的一件大事，也是进一步推进全方位多层次宽领域对外开放的重要契机。中国政府于 1986 年 7 月申请恢复中国关贸总协定缔约国地位，并开始同缔约各方进行谈判，1995 年 1 月世界贸易组织成立后，中国开始与世界贸易组织成员逐一进行拉锯式的双边谈判，其过程跌宕起伏，中美之间的谈判尤为复杂艰难。从"复关"到"入世"，中国进行了长达 15 年的谈判。2001 年 11 月，世界贸易组织第四届部长级会议在卡塔尔首都多哈召开，大会一致通过了关于中国加入世界贸易组织的决定。2001 年 12 月 1 日，中国正式成为世界贸易组织的第 143 名成员。融入世界经济是历史大方向，中国经济要发展就要勇敢地迈向世界市场，积极主动参与经济全球化。从"复关"到"入世"，标志着中国对外开放进入新阶段，从此中国经济在全球化进程中获得了参与制定规则和竞争的有利地位，打开了对外开放、拥抱世界的新天地，赢得了更为广阔的发展空间，对推动经济体制改革和现代化建设产生了深刻影响。

史料4-1　入世的历史背景

早在1971年中国恢复联合国合法席位时，中共中央就着手对关贸总协定进行研究。当时中国实行的是计划经济，而关贸总协定成员主要是发达国家成员，加之中国对国际组织了解甚少，于是中国采取了不申请、不恢复关贸总协定缔约国地位的抉择。

1980年，中国已走上了改革开放、加快经济建设的发展道路。当时，经济建设急缺外汇，产品出口便显得十分重要。经过调查、研究、考察、论证，中国政府逐渐认识到关贸总协定对中国的改革开放具有十分重要的作用。1983年1月，国务院作出申请复关的决定。经过三年多的准备，1986年7月10日中国向关贸总协定正式提出复关申请。

1992年，邓小平同志发表南方谈话，解决了计划经济和市场经济关系的重大认识问题。同年，中央决定在中国实行社会主义市场经济体制，复关谈判进入了新阶段。

1995年，关贸总协定临时机构转为世界贸易组织，入世谈判也有了新进展。为了深化对外开放，建立和完善社会主义市场经济，党中央于1999年作出决定，加速加入世界贸易组织的谈判进程，谈判的主要政策包括：中国以发展中国家身份加入，权利和义务必须平衡，永久解决中美相互最惠国待遇。

中国的改革开放推进了谈判的进展，复关和入世谈判进程又促进了国内的改革开放。1992年以前的复关谈判，关贸总协定主要审查中国的经济体制特别是涉外经济体制，审查中发现我国汇率制度是双轨制，外贸是国家统一经营，价格是以国家制定为主，出口是国家补贴等。对外谈判的形势和需要，迫使国内必须加速经济管理改革，于是中国选择适当时机实现了汇率并轨，外贸管理体制也随之作出了重大改革，例如，进出口管理权下放，扩大外贸企业自主经营权，国家取消出口补贴，允许企业自主定价。总之，在加入世界贸易组织的八年努力过程中，中国改革开放每深入一步，入世谈判就进展一步。

加入世界贸易组织之后，我国信守承诺，履行义务，行使权利，赢得良好声誉，促进了对外合作。特许经营、代理制、连锁经营等现代流通和营销方式不断创新发展，出口营销的商品结构不断优化，服务贸易稳步发展，"走出去"战略取得实质性进展。与此同时，市场营销学者与国外同行的交流合作也在不断深化，市场营销学科的教师队伍迅速发展，高质量研究成果陆续问世。诚如党的二十大所指出的，"必须坚持胸怀天下，拓展世界眼光，深刻洞察人类发展进步潮流，积极回应各国人民普遍关切，为解决人类面临的共同问题作出贡献，以海纳百川的宽阔胸襟借鉴吸收人类一切优秀文明成果，推动建设更加美好的世界"①。

对内深化改革与对外扩大开放是紧密联系在一起的。在十分复杂的国际环境中，党中央敏锐观察和牢牢把握经济全球化不可逆转的发展趋势，毫不动摇坚持对外开放基本国策，推动对外开放迈出重大步伐，提出对外开放的地域要扩大，形成多层次、多渠道、全方位开放的格局，充分利用国际国内两个市场、两种资源，积极推进以质取胜和市场多元化等战略措施。

（二）世纪之交"走出去"的中国企业

如果说中国的开放是从"引进来"开始的，那么到世纪之交，中国的开放则多了一层"走出去"的深刻含义。把"引进来"和"走出去"结合起来，中国对外开放水平由此迈上了新台阶。在此期间，不仅国有企业管理者的市场营销素养得到迅速提升，不少民营企业在开拓国际市场方面也取得了骄人的佳绩。

1. 华为试水国际市场

华为技术有限公司（以下简称"华为"），一个大型的民营企业，一个享誉世界的电信企业。1996年，华为发现俄罗斯的电信网络还大量使用落后的模拟技术，立即派人去"抢滩"登陆。此后，华为充分运用国际市场营销理论，开始大举进军海外。中国人民大学管理咨询团队在战略管理、市场营销管理、人力资源管理等各方面，为华为坚实迈向国际市场、创造辉煌乃至行稳致远发挥了重要作用。到2000年1月，华为的产品已

---

① 习近平.高举中国特色社会主义伟大旗帜 为全面建设社会主义现代化国家而团结奋斗：在中国共产党第二十次全国代表大会上的报告.人民日报，2022-10-26（1）.

经应用于全球 100 多个国家，服务全球 1/3 的人口。

2. 海尔的全球市场营销

总的来讲，20 世纪 90 年代的中国，还是一个以内销为主的大国。在国内市场趋于饱和的情况下，大力开拓国际市场，对于增强企业抗风险能力、依照国际规则转变经营体制、提高产品质量、扩大出口创汇以及确保经济增长速度等都有着十分重要的意义。

当时，亚洲金融危机的持续发展，使国内众多企业在谈到出口业务时面露难色。青岛海尔电冰箱股份有限公司（以下简称"海尔"）及时调整了全球市场营销战略，先难后易，开拓国际市场。

所谓的先难后易，就是先将产品出口到那些要求非常苛刻的发达国家和地区，像美国、欧共体、日本等，然后再以高屋建瓴之势进入发展中国家。这样做的目的是不断激励企业提高水平，在国际市场上和国外产品同台竞争。

"先难后易"的出口战略使海尔在亚洲金融危机中有效规避风险，化解危机。由于海尔产品先进入欧美等发达国家，在欧美的出口量已占海尔出口总量的 60％。1998 年 4 月 17 日，菲律宾最具权威的一家媒体在头条位置刊登了"中国海尔进入菲家电市场"一文，菲律宾各大华侨报刊也竞相报道了海尔冰箱等产品在菲律宾市场上销售呈上升趋势的消息。海尔依靠对国际市场脉搏的成功把握，既规避了大的风险，又抓到了别人望而却步的机遇。

在目标市场选择方面，海尔实施了"3 个 1/3"战略，即 1/3 产品在国内生产国内销售，1/3 产品在国内生产国外市场销售，1/3 产品在境外建厂生产销售。在国际化初期，海尔先后在印度尼西亚、菲律宾等地投资建厂，进而在其他地区投资建厂。

海尔高管放眼全球市场，超前布局产品的设计、制造、营销与服务。1998 年，分布在世界七个技术与信息密集的国家和地区的海尔科技研究所每天 24 小时不间断地向青岛总部反馈全球最新的冰箱市场需求及科研信息。汇集全球科研精英，海尔从设计的最初创意开始就烙下了国际化的印记。

3. 小天鹅依靠技术创新走向国际市场

无锡小天鹅股份有限公司（以下简称"小天鹅"）前身始建于1958年。1978年，小天鹅生产了中国首台全自动洗衣机。不过，这台全自动洗衣机是从日本引进技术，产品非常简陋。1989年，当时的小天鹅洗衣机厂长果断地制定了"快引进，多改进，不断创新"的市场营销战略，并果断地从日本引进松下先进的全自动洗衣机技术和工艺设备，开始生产小天鹅"爱妻型"全自动洗衣机，引起国内市场轰动。1991年，小天鹅洗衣机推出了令同行难以企及的5 000次无故障标准。从此，5 000次无故障标准成为中国洗衣机行业的一个基础标准。

2001年，小天鹅与美国通用电气公司牵手，成立了小天鹅通用公司，经过四年多的产品设计、开发和定型，专门生产面向美国市场的10kg大容量滚筒洗衣机。此外，小天鹅还在泰国、马来西亚、印度尼西亚、中东、南美地区陆续建立了稳固的销售基地，在印度尼西亚、马来西亚创办了合资工厂，在美国洛杉矶以及日本、德国的高新技术密集区域建立了技术开发中心，产品出口80多个国家和地区，成功打入美国和日本高端洗衣机市场，实现了国内家电制造品牌向国际品牌的转变。

（三）学术界研讨"入世"后的中国流通业

为了更好地为经济建设和改革开放服务，中共中央统战部于2002年8月在山东省威海市举办了"中国流通业如何应对加入WTO"论坛。中共中央统战部副部长胡德平出席论坛并讲话，政府流通业主管部门的官员、商业流通领域的专家学者和商业流通企业的经营者等20余人应邀出席，全国工商联副主席、东方集团董事局主席张宏伟，国家经济贸易委员会贸易市场局局长黄海、国务院发展研究中心市场经济研究所所长任兴洲，全国政协委员、北京物资学院教授王之泰，全国政协委员、中国人民大学教授郭国庆，北京物美集团董事长张文中等分别作了专题报告，从不同的角度和层面分析研究中国流通业应对中国加入世界贸易组织的有关问题。其间，还安排参观了威海市商业流通企业——糖酒配送中心（现在的上市公司家家悦）。

学者们在研讨中指出，中国加入世界贸易组织将对我国的批发环节造成较大的冲击。原因如下：一是我国批发业总体现状较差，几乎没有什么竞争实力。20 世纪 80 年代，随着商业批发体制的改革，原有的三级批发"线断网破"，分崩离析。但此后新的全国性的批发网络没有发展起来。很多原国有的批发企业处在瘫痪、半瘫痪状态，而很多民营批发机构规模很小，竞争能力不强。相比之下，国外的批发企业则非常强大。二是国外物流业和电子商务的发展，给现代批发业带来了革命性的变化，使得国外批发企业的批发半径大大扩展，物流递送速度大大提高，国内批发企业无法和技术先进的国外企业竞争。三是目前批发业和零售业出现了越来越明显的融合趋势，导致国内批发企业的竞争压力不仅来自国外批发企业，还来自国外零售企业。例如，沃尔玛、家乐福等国外零售商的批发功能也是非常强大的。①

　　郭国庆指出，国外零售企业或中外合资零售企业的营销实践具有如下特点，值得国内企业学习和借鉴：第一，市场调查深入细致。几乎所有进入中国的国外大型商业零售企业，如日本大荣公司、西友百货、日本永旺集团等，在进入中国市场之前，都对中国市场进行了长达数年深入细致的调查。第二，零售店铺业态定位准确。中国零售市场真正大规模对外资开放是从 1995 年开始的。之后国际大型零售企业进入中国市场，它们与此前进入中国市场的中小型外资企业在业态选择上有所不同，避开了中国已有的大型百货店，选择了零售业的主力业态——超级市场，直接开设大型综合超市（general merchandise store，GMS）和仓储式超市（warehouse store）。中外合资零售企业在业态选择上的战略意图是：不与中国的超级市场（大多为传统的食品超市）在同一水平线上竞争，而是首先选择发展超级市场的主力模式大型综合超市。大型综合超市将目标顾客确定在大众化市场，符合中国的国情，其实质是争夺百货公司的传统市场。第三，外资参与投资的仓储式超市，采用的是一种批发式的零售模式，即用零售的方式来从事实质上的批发业务。这样可以避开中国不开放批发业务的法律限制。第四，慎重选址，力求准确。第五，实行当地化战略。中外合资零售企业大多采用了当地化战略，这其中包括资源的当地化和员工的当地化。中外合资零售店铺中陈设的商品，绝大多数是中国生产的，这源于合

---

① 郭国庆. 我国零售业应借鉴国外做法. 中华工商时报，2002 - 10 - 18.

资企业货源组织本地化战略的成功实施。员工本地化不仅仅是因为中国的劳动力价格相对便宜，而且因为中国人最了解中国市场，所以中外合资零售企业不惜重金培养当地高级员工，对员工灌输企业的归属意识，打造企业文化。第六，销售中的低价战略。中外合资零售企业的一个共同特点是同类商品的价格竞争优势。中外合资企业的低价销售并不是以低于进价的价格进行"倾销"，而是以技术、低成本、管理、信誉等综合因素作为支撑来实现的。彼时中国普通大众的收入水平还不高，对价格较为敏感，低价有很高的吸引力，所以大多数合资零售企业都采取了"薄利多销"的低价战略。

二、国际市场营销成为学科发展热门话题

20 世纪 90 年代，经济全球化推动了国际贸易和跨国公司的发展，进而对国际市场营销形成了更大的推动力。一方面，开放性的国际市场在整体市场份额中的比重不断增长；另一方面，国际市场中的低成本产品、技术、人力等重要资源成为吸引企业国际化的重要因素。世界各国的企业都越来越重视国际营销。1992 年邓小平南方谈话之后，随着中国"复关""入世"脚步的加快，中国市场营销学科对于国际市场营销的研究越来越重视，不少高等院校陆续开设或不断加强国际市场营销课程教学。

（一）科学界定国际市场营销的内涵

国际市场营销（international marketing），又称国际营销，是在全球化环境下协调营销活动，注重市场营销与其他职能领域的有效协作以消除彼此之间的沟通壁垒，从而比国内外竞争者更好地寻找并满足全球消费者的需求。在国际市场营销的过程中，需要确定一套国际市场营销战略，它涉及两个根本问题：选择目标市场和制定一套营销组合。国际市场营销的基本要素如表 4-1 所示。

表 4-1　国际市场营销的基本要素

目标	行动
确定全球顾客的需求	实施国际市场营销调研并分析细分市场；了解不同国家消费群体的相似性与区别

续表

目标	行动
满足全球顾客的需求	调整产品、服务和营销组合，关注生产、技术、成本、价格、全球顾客数据库开发、营销渠道和物流等，以满足不同国家和地区消费者的需求
超越竞争对手	通过提供更多的价值来应对全球化竞争；树立鲜明的品牌形象，明确产品定位；提供更多的产品种类，尽力保证低廉的价格；通过卓越的分销、广告和服务来超越竞争对手
协调市场营销活动	调整并整合目标市场战略，在跨国市场、跨地区市场和全球范围内实施全球化营销战略，如统一管理、授权、本土化等
确认全球环境限制因素	环境限制因素包括：政府行为、保护主义和产业政策造成的环境复杂性；文化差异和经济差异造成的环境差异；市场结构、产业结构造成的环境差异；汇率变动和通货膨胀造成的金融管制等

（二）研究国际市场营销新使命

市场营销学者认为，企业开展国际市场营销必须解决好如下问题：

（1）确定全球顾客的需求。借助国际市场营销调研可以确定全球顾客的需求、不同市场中顾客的需求以及这些市场中的顾客与企业目前服务的顾客的差异性。正因全球范围内顾客需求有所差别，厂商才不得不根据不同国家的消费群体提供差异化的产品。

进入 20 世纪 90 年代，奢侈品成为中国消费者海外购物的重点对象。节假日期间，海外商场奢侈品柜台前挤满中国消费者，一些奢侈品品牌甚至在伦敦、纽约、巴黎等地推出针对中国游客的优惠活动。出境旅游火爆，带动境外购物热火朝天，奥特莱斯、比斯特之类的购物村几乎是国内消费者出境游的必选地，而且大多数消费都聚焦国际一线品牌。与此同时，一些有意思的现象已引起消费者和业内人士的注意。

奢侈品消费回流，造成了一个明显的行业新常态：奢侈品消费本地化进程加快。一般而言，奢侈品因其品牌定位、顾客定位等，很少会选择降低身价，迎合消费者。但随着中国奢侈品消费的回流等，一些奢侈品品牌开始意识到中国市场在产品以及营销方面的新变化。近年来，一些奢侈品品牌在中国市场推出个性化、差异化的产品与服务。另外，随着奢侈品消费人群规模持续扩大，消费者的消费偏好和消费层次日渐分化，一些轻奢品牌不断涌现。这一现象也引发奢侈品行业的思考与创新，消费者需求的导向作用在行业革新过程中得以放大。

（2）满足全球顾客的需求。当各国、各地区间的需求差异很大时，企业就应该考虑调整产品和营销组合以最大限度地满足顾客的需求。如果必须下调产品定价，企业就需要考虑设计一种低成本的产品，选择在生产成本较低的国家进行生产。当然，企业需要运转良好的分销渠道和物流系统来确保及时、足量地向顾客提供商品和服务。企业还需要建立全球顾客数据库和信息系统，以了解和回应顾客需求和购买决策。

（3）超越竞争对手。企业面对的竞争对手包括国内竞争者和国外竞争者。全球的竞争者包括大型跨国企业和小型的区域性企业，其中，有些竞争者并不以盈利为主要目标。评估、监测和回应国际竞争者的行动，尤其是分析竞争者的竞争优势，是企业在长期竞争中获胜的原因之一。

（4）协调市场营销活动。企业在从事国际市场营销活动时，应该协调其在各子市场间的营销活动，这就使得国际市场营销变得更复杂。协调营销活动需要确定的事项包括：营销业务单元在不同国家中的人员及责任分配；哪些决策可以由分支机构制定，哪些决策必须由总部制定；是否需要建立标准化的行动和计划；在多大程度上向当地分支机构放权。

（5）确认全球环境限制因素。企业要在国际市场中生存，就应该认真应对营销环境中的文化差异和经济差异，例如分销渠道系统的结构和复杂性，汇率和通货膨胀率变动造成的金融压力，政府政策，尤其是那些使竞争者获益以及在市场准入方面制造障碍的贸易保护主义政策等的影响。

（三）探索加强国际市场营销之路

市场营销学者认为，提升企业国际市场营销管理水平的当务之急是将企业在不同国家的营销计划协调、整合为跨国营销计划。与各国独立的企业不同，跨国企业运营的一个合理原则就是，通过国际劳动分工和专利的转让使企业获得的整体利益大于部分利益之和。这对实际工作的影响就是，国际市场营销经理所需的权限要大于国内市场营销经理或某一驻外市场营销经理。换言之，国际市场营销经理负有多重责任：跨国营销、国外营销和全球营销。三者的区别如表4-2所示。

表4-2 跨国营销、国外营销和全球营销的区别

	定义	活动与职责
跨国营销	跨越国界的营销活动	从事跨国经营所必需的便利、协调活动，要面对不同的环境（语言、时区、货币），并对国外营销活动提供支持和评价
国外营销	企业在每国以外的某一国家开展的营销活动	建立在国外市场开展营销活动所必需的营销形象，开展与之相关的管理活动；制定、实施和控制有助于实现企业目标而且有利于满足目标市场需要和欲望的营销战略
全球营销	协调、整合和控制营销活动，确保在各个国外市场实现企业目标	使国际市场营销和国外市场营销活动整合增效；确保在各个国外市场企业战略目标的实现；发展并保持企业在各个国外市场的竞争优势

三、以全球视野研究国际市场营销观念新发展

20世纪90年代的中国市场营销学科，注重以全球视野研究国际市场营销观念的发展。研究发现，随着企业经营环境的变化，企业所遵循的国际营销观念经历了一个漫长的发展演变过程。在这一过程中先后出现了六种观念：国内市场延伸观念、国际有限差异化观念、国际本土化观念、全球标准化观念、全球本土化观念、全球混合化观念。

（一）国内市场延伸观念

国内市场延伸观念是在20世纪60年代初期国际营销实践刚刚产生之际形成的一种指导企业进行国际贸易的观念。其主要特点是：（1）企业的经营重点主要放在国内；（2）企业主要以出口方式进入国际市场；（3）企业仅仅把国际市场看作是国内市场的延伸和补充。企业没有专门为国际市场设计营销组合策略，更没有根据国际市场中不同的市场设计差异化的营销策略，只是把为国内目标市场设计的营销组合直接推向国外。

（二）国际有限差异化观念

从全球范围看，国际有限差异化观念主要流行于20世纪60年代后期

的国际市场营销实践。采用这一观念的企业开始更多地参与国际市场竞争，为国际市场设计更为完善的营销策略。其主要特点是：（1）更加重视国际市场。企业不再只是简单地把国际市场看作国内市场的延伸，而是明确地把国际市场作为自己的目标市场。（2）实行差异化的营销组合策略。企业专门根据国际目标市场的需要，单独开发产品、制定价格、建立营销渠道和采取促销措施，而不再是把为国内目标市场设计的营销组合直接推向国外。（3）进入国际市场的方式更加复杂。（4）企业实施的是有限的差异化策略。企业虽然开始重视国际市场，意识到国际市场与国内市场的差异，并且能够根据国际市场上消费者的需求对营销组合做一定修改，但仍然把国内市场看作其最主要的市场。

（三）国际本土化观念

由于国际市场上的成功，企业开始越来越重视国际市场，经营观念也开始从国际有限差异化观念发展为国际本土化观念，这一观念盛行于整个20世纪70年代。其主要特点是：（1）企业把国际市场放在和国内市场同样重要的位置。国际市场在企业经营中不再是可有可无的，而是已经成为企业的重要组成部分。（2）企业高度重视国际市场中各个目标市场的差异性。由于国际市场在企业经营中所占的份额越来越大，企业开始注重分析各个国家不同的社会、经济、政治、文化、科技环境，以及由此造成的消费者的不同需求。所谓本土化，就是指在不同的目标市场提供不同的产品或产品线，使用不同的定价策略和分销渠道以及不同的促销计划。

（四）全球标准化观念

全球标准化观念的形成以西奥多·莱维特1983年发表于《哈佛商业评论》上的论文《市场的全球化》（The globalization of market）为标志。他在文中指出：新的通信、运输和传播技术的发展创造出了一个更加同质化的世界市场，人们都渴望那些使生活变得更加轻松愉快、增加人们自由支配时间和购买力的商品。趋向统一的需求为标准化产品创造了全球性的市场，也为全球标准化观念的形成奠定了基础。在这一观念指导下，企业将世界市场视为一个统一的市场，强调需求的相似性，忽视需求的差异性，把具有相似需求的潜在消费者群体归入一个全球性的细分市场，在全球范围实行标准化的营销管理。采用这一观念的优点在于：（1）企业可以利用规模效应来节约成本。(2) 企业通过全球标准化营销可以形成全球统一的品牌形象，实现组织结构的简单化和管理控制的程序化。(3) 企业通过全球标准化营销有利于规避市场风险。

全球标准化观念存在一定的适用范围，具体包括：(1) 在全球有类似性的产品，例如汽车、软饮料、农产品、化妆品等。(2) 需要技术标准化的产品，比如电器等，如果不将其进行标准化运作，产品的成本就会极其昂贵。(3) 研究开发成本高的技术密集型产品，对这类产品必须进行全球标准化以补偿初期的巨额投入。

（五）全球本土化观念

全球本土化观念是和全球标准化观念截然不同的营销观念。虽然有些产品市场呈现出一定的趋同性，但是更多产品市场由于政治、法律、经济、文化环境的不同，其面向的消费者的需求必然存在明显的差异性，因此采用全球本土化观念更符合实际。全球本土化观念是指按照消费者所处的地理位置、所在国籍、文化背景和生活方式等标准来进行市场细分，针对各细分市场的不同需求推出不同的产品，制定不同的价格，采用不同的销售服务方式，选择不同的广告促销手段。采用这一观念的优点在于：(1) 可以更好地满足消费者。以全球本土化观念为指导能够通过实施更有针对性的营销组合策略更好地满足各国目标消费者的特殊需求，从而吸引更多的顾客，扩大商品销售。支持全球本土化的学者认为世界市场是异质化的，有针对性的营销组合策略往往比标准化营销更为有效，在各国市场的竞争中会显示出更强的竞争力。(2) 可以获得垄断优势。企业基于不同市场之间的差异，采用针对当地细分市场的更为准确的定位战略，获得在此细分市场占据准垄断地位和建立价格歧视的条件，以此为基础可以设定较高的价格，从而抵消标准化全球营销所具有的成本优势。(3) 可以减少全球企业内部的摩擦成本。标准化所带来的规模经济可以驱动成本降低，但标准化也会在一定程度上增加总部与分支机构或分销渠道之间的摩擦，产生隐蔽的协调和配置成本。解决这一问题的关键在于比较全球本土化营销所带来的成本和收益。

（六）全球混合化观念

全球混合化观念认为标准化和本土化各有优缺点，因而企业在进行全球营销时，应该将全球标准化观念与全球本土化观念的优点结合起来，通过优势互补来增强企业的适应性。既要致力于发现需求的共性，追求营销组合各要素的标准化，也要注意到需求的差异性，在一定程度上进行调整。即根据具体的市场决定标准化和本土化的程度，研究营销组合可以延伸到全球各地的程度以及必须修改使之适应各地情况的程度。

全球营销企业一般在部分营销要素上尽可能保持一致。全球混合化战略简单地说就是"思维全球化，行动本土化"。通常，当企业一半以上的销售收入来自国外时，国际营销向全球营销的转化进程就会加快。一家公司采用何种全球营销的具体方式，取决于行业现状及其竞争优势的来源。

四、厘清国际贸易与国际市场营销的关系

为了更好地开展国际市场营销理论研究和教学实践，有必要厘清国际贸易与国际市场营销的关系，明确国际市场营销与国内市场营销的差异。市场营销学者指出，国际贸易是指世界各国之间产品和服务的交换，由世界各国的对外贸易构成，为一定时期世界贸易的总和。国际市场营销是指超越国界的市场营销活动。

（一）国际贸易的构成

传统的国际贸易由产品的进口和出口构成。进出口产品包括有形产品，也包括无形产品。无形的进出口产品是指一国在运输、保险、贷款、旅游、技术等方面向他国提供服务或从他国获得服务的贸易活动。除传统的国际贸易形式外，国际经济和科技合作日益发展，这是国家间经济联系的一种高级形式，它使生产要素同流通要素、经济要素同科学技术要素交织在一起，进一步丰富和扩展了国际贸易的内容和范围。国际贸易性质复杂、范围广泛、分类颇多，依据不同的划分标准会形成许多概念，如出口贸易、过境贸易、易货贸易、补偿贸易、租赁贸易、加工贸易、技术贸易和合资经营等。

（二）国际贸易与跨国公司的新发展

作为当代国际市场营销活动主体的跨国公司，以遍布世界的生产资本和营销资本、庞大的营销体系积极参与各主要经济领域的活动。跨国公司是一种跨越本国国界，在两个及以上的国家和地区从事生产与营销活动的

企业。跨国公司在经济上和组织上是一个统一的整体，通常由本国的总公司控制设在国外的分公司或子公司。跨国公司设在国外的分公司，要经东道国政府批准注册，并具有独立的法人地位。

在全球经济一体化的大潮中，企业营销的国际化是世界经济发展的必然结果。各国企业，无论是发达国家的，还是发展中国家的，都参与全球竞争，开展国际市场营销。改革开放以来，我国企业立足于自己的比较优势和基本要素禀赋条件，扬长避短，日益广泛地参与国际合作和国际竞争，取得了一定的成效。

（三）国际贸易与国际市场营销的区别

国际贸易与国际市场营销都是以获取利润为目的进行的超越国界的活动。尽管二者存在某些共同点，但也存在如下重要区别。

（1）国际贸易由世界各国的对外贸易构成，每一个国家的对外贸易包括进口贸易和出口贸易，因此，国际贸易涉及购进和售出两个主要方面；国际市场营销主要强调售出这一方面，而且这里的售出不一定就是出口。

（2）就国际贸易而言，参加交换的产品必须真正从一国转移到另一国，而国际市场营销作为超越国界的营销活动，是指这种活动超越国界而不是指产品超越国界。企业在开展国际市场营销活动时，其产品可以超越国界，也可以不超越国界。例如，企业在若干国家分别设厂生产，当地生产、当地销售，尽管企业产品并未发生超越国界的交换，但企业所进行的市场营销活动是超越国界的。

（3）国际市场营销涉及整个市场营销过程和企业发展战略问题。尽管国际贸易也涉及某些市场营销活动，如产品购销、定价等，但在开展这些活动时往往缺乏整体的计划、组织与控制。

（4）国际贸易的原动力是比较利益，国际市场营销的原动力是以满足市场需求、实现利润收入为动机的企业决策。

（5）国际贸易所依赖的信息来源主要是国际收支状况，国际市场营销所依赖的信息来源主要是其市场营销信息系统。

（6）国际贸易只涉及部分市场营销活动，如产品购销、定价等，不进行分销渠道管理，一般也不进行市场营销调研、新产品开发、促销等市场营销活动，国际市场营销则涉及上述所有活动。①

（四）国际市场营销与国内市场营销的差异

国际市场营销是超越本国国界的市场营销活动，是企业将产品或服务由一个国家（地区）销售给本国（地区）以外的消费者或用户的企业行为。显然，国际市场营销与国内市场营销相比并无本质的不同，只不过国际市场上营销决策的复杂性、行为技巧的复杂性都远远超过了国内市场，使得许多市场营销原则与因素仅仅适用于国内而不能沿袭到国外。企业进行市场营销时必须统筹考虑和综合运用国际国内两个市场、国际国内两种资源、国际国内两类规则。事实上，广阔的国际市场所提供的无数发展机会，使得很多国家和企业对国际市场营销表现出极大兴趣，它们逐步认识到国际市场营销的重要性。

一般来说，国际市场营销与国内市场营销处于两个不同的市场营销环境，二者都要分析环境，选择目标市场；都要制定市场营销战略，完成产品和服务的交换，实现物品从生产者到消费者的转移；市场营销过程也大致相同，都是为了取得利润或经济利益。由于国际市场营销与国内市场营销相比有超越国界、异国性、多国性的特点，因而国际市场营销的复杂性、决策的风险性、手段的繁复性和战略的多样性都大大增加了，特别是在贸易保护主义时有抬头的今天，排除花样繁多的贸易障碍已成为各国政府和企业必不可少的工作。国际市场营销与国内市场营销的具体区别如下。

（1）国际市场营销的困难大于国内市场营销。主要表现为语言不同，法律、风俗习惯不同，贸易障碍多，很难进行市场调研和了解贸易对手资信情况，贸易接洽也多有不便等。

（2）国际市场营销比国内市场营销复杂。主要表现为各国的货币与度量不同，商业习惯不同，海关制度及其他贸易法规不同等。

（3）国际市场营销比国内市场营销风险大。国际市场存在的风险很多，比较突出的有信用风险、汇率风险、运输风险、价格风险、政治风险、商业风险等。

---

① 郭碧翔．国际贸易与国际市场营销的差异性．国际贸易，1986（2）：51．

（4）国际市场营销的手段及参与者多于国内市场营销。在国际市场上，市场营销的手段除 4P 之外，还有政治力量、公共关系以及其他超经济手段等。国际市场营销的参与者也与国内市场营销有明显不同，除常规参与者外，立法人员、政府代理人、政党、有关团体以及一般公众，也被卷入国际市场营销活动。

五、探讨国际市场营销的主要理论依据

中国市场营销学科注重探讨支持企业开展国际市场营销的主要理论依据。研究发现，对于正在实施全球化战略的企业来说，正确区分企业本身特有的优势和企业所在国赋予的本土优势非常重要。例如，对于美欧工资水平较高的国家来说，在中国生产家电产品就具有成本优势。显然，这种优势是国别优势，因为在中国生产家电的企业都可以获得这种优势。不过，海尔的企业形象和品牌名称却是独有的，这种优势是其他企业无法模仿复制的，这就是企业优势。

（一）国别优势理论

比较优势（comparative advantage）原理证明了国际贸易存在的基本合理性。只要两个国家具有不同的资源优势，两国间的自由贸易就可以给双方带来利益，增进两国的福利，即使一国在所有产品的生产上相对于另一国都具有绝对优势（absolute advantage），也没有关系。

在国际贸易领域中，比较优势理论是解释国际贸易存在和贸易利益的主导理论，从亚当·斯密的绝对优势理论到大卫·李嘉图（David Ricardo）的比较优势理论，再到赫克歇尔-俄林（Heckscher-Ohlin）的要素禀赋理论，比较优势理论形成了完整的体系。亚当·斯密和大卫·李嘉图的理论都强调生产率的差异并提倡自由贸易，而最为成功的就是赫克歇尔-俄林的要素禀赋理论，该理论构造了一个包含"两个国家、两种商品、两种生产要素"的模型，从要素禀赋结构差异以及由这种差异所导致的要素相对价格在国家间的差异来寻找国际贸易发生的原因。传统比较优势理论的核心在于各国应按照比较优势原则加入国际分工，从而形成对外贸易的比较优势结构。在国际贸易中各国比较优势的产生是由于它们的生产资源结构或储备比例各不相同，国际贸易的发生源于各国之间资源禀赋的差

异，各国都应当集中生产并出口那些能够充分使用本国充裕要素的产品，以换取那些需要密集使用其稀缺要素的产品。

要充分发挥比较优势的作用，自由贸易是一个必要的条件。在缺乏自由贸易的情况下，各个国家都是自给自足，无法形成专业化分工。如果市场足够大，跨国企业会选择在该国直接投资建厂，以避免贸易壁垒的影响。这种进口替代式的对外直接投资（foreign direct investment，FDI）是对非自由贸易的应对，并不是按照比较优势的原则确定生产地点，因此，只能说是一种次优的方法。但是，由于在任何一个生产地点都要投入多种生产要素，跨国公司常常会在这些地方转移具有其他不同优势的资源。在这个过程中，技术转移使国别优势获得了某些动态特征，即建立在各国技术差异基础上的国际贸易优势不是长期不变的，而是不断扩散的。而技术扩散的过程表明，如果技术发明国不能持续发明新的技术，它的技术优势乃至贸易优势将会消失。更深层的意义是，技术扩散将使建立在技术差异基础上的贸易逐步减少，进而导致各国对对外贸易的依赖递减。

（二）国际产品生命周期理论

国际产品生命周期理论更进一步解释了国别优势转移的内在机理。1966年美国哈佛大学教授雷蒙德·弗农（Raymond Vernon）从国际产品生命周期中总结出国际贸易的经验模式。他认为，在发明创新上占有优势的国家，可以在新产品创新后一段时期内，在贸易中占有优势，并成为这种产品的出口国。但新产品进入国际市场若干时间后，会被仿制。由于模仿国具有廉价的劳动力要素以及相对丰富的资源，贸易的比较优势就会从创新国转移到模仿国，创新国的优势消失，并由出口国变为进口国。国际产品生命周期理论很好地解释了美国制造出新产品一段时间之后将其转移到国外进行生产的原因，以及在这一过程中贸易模式所受到的影响。

（三）钻石模型与五力模型理论

对比较优势理论进行扩展的过程中，迈克尔·波特（Michael E. Porter）在《国家竞争优势》一书中提出了"钻石模型"（diamond of national advantage），该理论认为一国比较优势或劣势由四个因素构成：要素状况，需求状况，相关产业和辅助产业，企业战略、结构和竞争。

钻石模型是一种动态化的理论，描述了一国如何在一段时间后在某一产业中建立自己的竞争优势。依赖低成本要素优势（如廉价的劳动力）的企业能够促进一国早期的经济增长，但其他国家迟早会出现更低的要素成本。为了使经济持续增长，需要通过更新该产业的机械设备和技术以扩大该国的竞争优势。但是，对一国来说，如果要保持它的竞争优势，也必须对相关产业和辅助产业的设备和技术进行更新，同时，国内顾客对产品的要求也会不断提高，他们总是希望得到最好的产品。

波特还认为，企业优势和国家优势所带来的竞争优势会随国家的不同而产生变化，因此，企业需要对各国市场的竞争环境进行分析。进行这种分析最有效的工具就是波特五力模型，该模型认为潜在进入者的威胁、替代品的威胁、买方的议价能力、供方的议价能力和现有竞争对手之间的竞争这五力综合起来决定企业最终能否获得超额利润。

迈克尔·波特提出的钻石模型与五力模型理论对于中国市场营销学界研究国际市场营销具有重要的科学价值和指导意义。

（四）企业优势理论

企业存在的前提是它能将一定价值的投入转化成更高价值的产出。企业要想在激烈的市场竞争中生存下来，就需要向顾客提供比其他企业更好的产品和服务，即企业要有可持续的竞争优势。同样，进入国际市场的企业也必须具有一定的优势以抵消在国外与当地企业进行竞争所增加的成本。这些优势必须是竞争对手无法获得的，企业对这些优势必须具有垄断地位。

企业优势有许多表现形式，可以是专利、商标、品牌，或者是对生产产品所需原料的控制权、提供服务所需要的专用技术，或者只是对销售渠道的控制权，也可能包括加工技术、管理能力和营销技巧。虽然企业优势也可能源于国家的某些特殊条件，但关键是企业要能独家享有这种优势。

20 世纪八九十年代兴起的企业资源观对企业优势的获得进行了较好的解释。企业资源观的中心论点是，企业竞争优势（以在产品市场上获得超出正常平均的收益来衡量）的源泉是企业所控制的战略性资源。它以两个假设作为分析前提：（1）企业所拥有的战略资源是异质的（所以某些企业因为拥有其他企业所缺乏的资源而获得竞争优势）；（2）这些资源在企业之间不能完全流动，所以异质性得以持续（竞争优势得以持续）。伯格·沃纳菲尔特（Birger Wernerfelt）1984 年在题为《基于资源的企业观》的文章中把资源定义为"任何可以被认为是一个给定企业的力量或弱点的东西。更正式地说，一个企业的资源可以被定义为企业永久性拥有的（有形和无形的）资产"。杰恩·巴尼（Jay Barney）在 1991 年将企业资源定义为"一个企业所控制的并使其能够制定和执行改进效率和效能之战略的所有资产、能力、组织过程、企业特性、信息、知识等等"。

以核心能力为主旨的企业能力观对获得企业优势的解释又进了一步。要想获得竞争优势，企业就必须坚持界定明晰、专一聚焦的战略，即将注意力集中到核心业务和能力上。但需要注意的是，当顾客的需求发生变化时，企业要懂得舍弃已有的核心业务及能力，及时响应顾客需求的变化，否则就会丧失这种企业能力。企业能力观认为企业最宝贵的资产是以组织知识为基础的能力，而如何发展、保持和增强组织能力对企业赢得竞争优势具有关键作用。

1990 年普拉哈拉德（C. K. Prahalad）和加里·哈默尔（Gary Hamel）提出了"核心能力"这一概念，其中心观点是，面对全球化的新一轮竞争企业必须重新思考，管理者不应再从终端产品的角度看问题，而应从核心能力的角度看问题。他们形容多样化的公司是一棵大树：树干和主枝是核心产品，分枝是业务单元，树叶、花果是终端产品，而提供营养、滋润和稳定性的根系则是核心能力。

"能力观"和"资源观"具有相通之处和重叠之处，经常使用相同的术语，都从企业内部因素中寻找竞争优势的源泉。但两者也存在不同，"资源观"认为带来竞争优势的因素包括有形资产，而"能力观"则认为其集中于无形的知识和能力上，因而更加强调组织性的因素。

大卫·蒂斯（David J. Teece）、加里·皮萨诺（Gary Pisano）和艾米·肖恩（Amy Shuen）三人于 1997 年进一步提出了动态能力观。动态能力观认为，由于以组织惯例、技能和互补资产为基础的能力包含大量企业特定的缄默知识，所以特定企业的组织能力是难以被复制和模仿的。因此，根据动态能力的战略框架，企业的竞争优势来源于嵌入组织过程中的胜任力和能力，即在企业内部运行的、由过程和位置所决定的高绩效的惯例。但组织过程的内容（惯例）及其发展竞争优势的机会，在任何时点上都明显地由企业所拥有的资产（内部的和市场的）以及由企业所采用或继承的演进路径所塑造。由于价值、文化和组织经验等"软"资产的难以交易性，独特的能力和胜任力一般来说是无法买到的，只能在长期过程中发展出来。

六、洞察企业走向国际市场的原动力

中国市场营销学界研究发现，驱使企业走向国际化的原动力是企业可以从国际市场营销中获得利益，这些利益可以简单归纳为创造内部市场、取得规模效益、降低风险和形成全球视野四个方面。

（一）创造内部市场

无数案例表明，企业一旦在某种产品或服务上拥有了技术、专利、管理技巧或商誉等方面的领先优势，它就必然会考虑如何最大限度地利用这些优势。企业可作如下三种选择：（1）将上述优势凝结于一种产品或服务并出口到国外市场，即出口。（2）向其他企业出售这些优势，允许它们在国外生产和出售产品或服务，即许可证贸易。（3）在海外设立子公司，利用这些优势在国外市场从事生产和营销，即海外生产。

上述三种做法所产生的收益是各不相同的。如果一个企业在技术上占据了领先地位，那么它的首选往往是通过出口达到在国外开拓市场的目的。但是，随着时间的推移，出口将变得不理想或不可能。例如，当产品成熟时，进口国可能会考虑鼓励本地生产以取代进口。因此，出口会面临各种限制，包括公开的关税和进口许可证要求，以及其他隐蔽的限制政策。此时，企业必须在许可证贸易和海外生产之间作出选择。

由于技术市场是不完备的，技术拥有者（卖方）和技术购买者（买方）之间存在信息不对称。买方在购买并使用卖方提供的技术之前无法断定该技术的实际价值，因而无法判断对方的价格是否合理。复杂的技术能否成功地从一个企业传递到在另一种环境中经营的国外独立企业，其结果是不确定的。因此，要有效地传递必要的信息，需要被许可方付出很高的成本。

许可方很难确保被许可方在生产中实施有效的质量管理。所以，为了更有效地转让和利用技术，避免因外部市场交易的不确定性而导致的高交

易成本，建立国外子公司进行海外生产就比较有吸引力。这样可以将技术的买方和卖方通过行政手段整合在一个组织里，以雇佣关系代替买卖关系，减少相互欺骗的动机。

在某些产品（如包装食品、药品和软饮料等）的生产和销售方面，商标往往起着关键的作用。拥有著名商标的企业常常发现，它们无法通过出口的方式充分利用自己的优势，进而采取在国外建立子公司的战略。尽管在与当地生产者竞价的过程中，外国投资者有时会因附加成本（如通信和控制成本）而处于不利地位，但著名商标的特殊作用将弥补这一不足。

（二）取得规模效益

跨国公司通常相对集中地出现在某些资本密集型和技术复杂型的行业，如食品、化工、石油、机械、冶金、汽车、电子仪器、家用电器、计算机等行业。这些行业具有生产批量化和规模化的特点，可以大大降低生产成本，取得规模经济效益。对研究与开发的巨额投资、为促销支付的巨额广告费用等，都要求尽可能大的营销规模，从而加速企业国际市场营销的进程。

（三）降低风险

企业走向国际化，在全球范围内建立起自己的一体化空间和内部体系，就可以在降低交易成本、维持和提高市场占有率、合理避税、保证资源供应等方面表现出更大的灵活性，从而有效地克服外部市场缺陷所造成的障碍，分散经营风险。例如，一个企业如果在不同国家的市场上经销产品，就不易受到那些影响某国市场的随机需求变量或当地政府干预的损害；同样，当一个企业在几个不同的市场建立了原材料的供应来源后，该企业应对全球范围内原材料需求增长的能力将有效地增强。

（四）形成全球视野

20 世纪八九十年代，社会已经进入信息化的时代。企业通过广泛的国际商务活动建立起的有效信息网络，在寻求新的国外资源、打入新的国外市场和取得先进的技术及管理经验方面，都发挥着积极的作用。例如，企业要不断创新，开发新产品和新工艺，就必须跟踪国际科技发展的最新动态，而企业设在世界各地，尤其是技术先进国家的分支机构，就是最好的信息站。同样，进入国际市场还可以为企业学习先进的管理经验创造有利的条件。

七、研究中国企业国际市场营销的发展进程

何佳讯等市场营销学者研究发现，中国企业的国际市场营销发展进程，大致经历了三个阶段：出口营销为主的阶段、原始设备制造商（original equipment manufacturer，OEM）为主的营销阶段以及跨国并购兴起的阶段（如表 4 - 3 所示）。①

表 4 - 3 中国企业国际市场营销的发展过程

阶段	主要进入方式	主要企业战略	主流营销策略
出口营销为主的阶段（1979—1990 年）	出口贸易	● OEM ● 通过外贸企业或利用海外营销渠道	● 订单生产 ● "推"的策略
原始设备制造商为主的营销阶段（1991—2001 年）	出口、合资、对外直接投资	● OEM＋自有品牌 ● 自建渠道 ● 海外设厂	● 价格和规模竞争 ● 本土化营销 ● "推"与"拉"的策略并行
跨国并购兴起的阶段（2002 年至今）	出口、合资、对外直接投资、国际战略联盟	● OEM＋反向 OEM＋自有品牌 ● 跨国并购 ● 海外上市	● 品牌收购 ● 品牌识别国际化 ● 差异化营销 ● "拉"的策略地位上升

（一）出口营销为主的阶段（1979—1990 年）

改革开放以来，中国一些企业以出口创汇为目的逐渐进入国际市场。出口是中国产品走出国门的主要方式，也有一些企业在国外设立销售机构或进行合资经营。在这个阶段，出口产品结构单一，基本以劳动密集型产品为主；而参与国际市场的企业，也基本以国有大中型工业企业和一些外贸企业为主。大部分企业的海外投资规模较小，投资行业范围狭小，投资主要集中在发展中国家及地区。在计划经济体制下，企业的对外投资更多

---

① 何佳讯. 中国企业国际营销进展：阶段特征与战略转变. 国际商务研究，2005（2）：60 - 64.

受到政府宏观调控，尚缺乏自主权。

（二）原始设备制造商为主的营销阶段（1991—2001 年）

随着中国市场经济体制的初步建立和逐步完善，很多企业开始尝试直接在国外投资设厂，以更好地满足当地市场需求。20 世纪 90 年代之后，制造类产品的出口比重大大增加，产品的科技含量也开始逐渐提高。一些有实力的企业开始加大科研投入，积极进行产品技术创新，创立企业品牌。在这个阶段，参与国际化经营的企业数量迅速增长，经营领域开始呈现多元化，投资领域也开始由发展中国家向部分发达国家过渡。民营企业在这个阶段成为中国企业国际化的重要力量，华为技术有限公司、正泰集团股份有限公司等规模较大的民营企业，都不同程度地走向国际市场，通过兼并、收购、控股、中外合资等多种形式与国外企业进行战略联盟，形成优势互补。OEM 模式成为很多民营企业进军海外市场的主要方式，还有一些企业自创出反向"OEM"模式，取得了巨大成功。此外，私营生产企业获得自营进出口权，成为中国外贸出口新的增长点。

（三）跨国并购兴起的阶段（2002 年至今）

随着经济全球化进程加快和中国经济快速发展，中国企业"走出去"步伐明显加快，中国企业全球化的深度和广度不断拓展，对外投资从早期的以投资为主转向收购兼并、股权置换、境外上市和战略联盟等多种形式并重。

"走出去"的概念在 2000 年 3 月九届全国人大三次会议被正式提出，"走出去"对中国的发展具有重要意义：可以充分发挥过剩的外汇储备优势促进资产组合多元化，控制外汇储备规模趋向合理，扭转资产收益过低的被动局面；可以实现顺差的对外转移，从而减少贸易摩擦；可以缓解国内资源和生产要素的瓶颈，延伸既有的传统产业优势，推动新兴优势产业、产品海外布局，充分利用好两个市场、两种资源；有助于中国二元经济结构下贸易生产体系的转型升级，向高端代工和自主发展演进。

跨国并购作为新兴的"走出去"形式在我国发展迅速。随着 2001 年中国成功"入世"，中国企业的国际化进程进一步加速，中国企业的海外并购暗潮涌动。中国一些实力较强的企业通过收购、组建国际战略联盟，获得国外的销售渠道和著名品牌，形成优势互补，以更快的速度进入当地市场。

第 4 节　壮大成熟的中国市场营销学科

社会主义市场经济条件下的中国市场营销学科，在加强自身建设、服务国家战略、推进教学改革、提升科研水平、完善人才培养机制、开展国际学术合作等方面都取得了令人瞩目的成就，不断走向壮大成熟。

一、市场营销学科从规范走向成熟

（一）专业设置

1993 年国家教育委员会高等教育司编著的《普通高等学校本科专业目录和专业简介》，将市场营销正式列入国家学科专业目录，隶属于经济学门类下的二级学科，正式成为大学本科专业。1994 年中国人民大学价格学专业在校本科生转为市场营销专业学生，培养方案中的主要课程有："市场营销""消费者行为""市场调查与预测""国际市场营销""国外商业"。1998 年，教育部发布《普通高等学校本科专业目录（1998 年颁布）》《高等教育自学考试经济管理类专业考试计划》等文件，再次将市场营销学列入管理学门类下二级学科企业管理。1998 年，国家开始正式批准设立市场营销硕士点。

20 世纪 80 年代初，中国人民大学的市场营销本科课程和研究生教育是在商业经济学科之下，"市场学""国际市场学"等是商业经济专业的重要课程；研究生招生、培养是商业经济专业市场学或西方市场学研究方向。1994 年，中国人民大学计划统计学院的价格学专业在校本科生转为贸易经济系市场营销专业学生，这才有了市场营销本科专业。

根据《国家教育部学科专业目录及学科名称代码表》，市场营销属于二级学科企业管理之下，其一级学科是工商管理。

根据教育部发布的《普通高等学校本科专业目录（2020 年版）》，工商管理类与市场营销相关的专业有三个：市场营销、市场营销教育、零售业管理。

进入 20 世纪 90 年代以后，根据教育部颁布的《学位授予和人才培养学科目录》，市场营销硕士、博士的招生培养是在工商管理学科下以市场营销为研究方向。也就是说，市场营销在研究生培养层面不是一个独立的专业。

国家自然科学基金持续资助市场营销相关研究，资助项目数量和资助强度不断增加，2000年资助市场营销相关研究项目五项，共计55.6万元。[①]

2002年，经教育部备案，中国人民大学等三所高校首批自主设立了市场营销管理专业硕士、博士点。市场营销管理专业的各个研究方向根据社会经济发展对人才的需要适时灵活调整。

2002年，市场营销、中介服务成为人才市场上最火的两个职业，许多单位对从事这两类职业的人才虚席以待。根据人事部发布的全国人才市场供求信息，从专业类别看，供需排名前20位的专业中，市场营销和中介服务类人才出现供不应求的局面。有利的市场环境推动市场营销学科不断壮大，社会地位日益提高。

（二）课程体系持续改革

"九五"后期，在教育部"高等教育面向21世纪教学内容和课程体系改革计划"中，市场营销学被列为"工商管理类核心课程"。随着学科学术型和专业型硕士点的设立，课程内容体系也在之前通识教育和专业教育模块的基础上扩充。理论教育模式侧重于理论基础问题的讲授，属于理论方法型课程内容，涵盖"市场营销学原理""市场调查与预测""市场学研究方法""市场营销经典文献阅读"等课程；实践教育模式侧重于学科应用问题的讲授，属于综合实践型课程，主要讲授如何解决市场营销学理论知识在具体领域或者具体环节中的应用问题，涵盖"网络营销""物流营销""电子商务""营销策划"等课程。市场营销课程体系日臻完善，走向成熟。

（三）市场营销教育创新

1997年我国高等院校开始实行扩大招生的新政策，越来越多的高校增设市场营销专业。社会主义市场经济体制目标的确立、市场竞争的日趋激烈以及高等教育规模的空前增长，迫使企业逐步转变用人理念，更看重个人的综合素质和实践能力。同时，现代信息技术、计算机、互联网的普

---

① 任之光．营销科学学科回顾、展望与未来方向．营销科学学报，2021，1（1）：31-42.

及，使得知识的获取途径和传播速度发生明显变化，富有实践应用价值的学科理论更容易受到公众关注。

随着改革开放的不断深入，具有中国特色的市场营销成功案例不断涌现。值得关注的是，这些根植于中国大地的成功案例，并不能用流行的西方市场营销理论得出令人信服的解释。此时，在市场营销教学实践中，仅仅灌输理论知识已经远远不够了，照本宣科地推介西方市场营销理论遭到诟病。信息传播的便利性、快捷性以及就业的巨大压力，使得市场营销学者不得不进行教学创新。市场营销教学开始兼顾理论知识讲授与学生营销实践能力的培养，甚至更加侧重后者。这种以培养能力为中心的市场营销教学模式，被称为构建型课程教学模式。

构建型课程教学模式以学生和学习为中心，学生是信息加工的主体，是知识意义的主动构建者，教学过程是由师生互动共同完成的，而且强调实践环节。在提倡对传统方法进行改革创新的同时，倡导参与式、启发式、讨论式和研究式教学，鼓励案例教学法、实地考察法、模拟训练法等教学方式。教材不再是学习内容和知识的主要来源，学生可以借助图书馆、互联网等途径自主学习，获取大量的市场营销理论知识和实践案例。

构建型课程教学模式有利于学生的主动学习、主动探索、主动发现、主动创新，有利于能力型人才的培养，有利于师生之间的交流互动，教学相长。其不足之处在于：容易忽视教师的主导作用，不利于课程讲授的系统性、完整性，而且学生自由度可能过大，不利于教师对学生学习过程、学习方法和学习效果的把控，容易偏离教学目标。[1]

(四) 培训市场营销师资

如果说 20 世纪 80 年代初，市场营销学师资在一定程度上还缺少教授和高层次学科人才，那么在壮大成熟阶段，学科师资力量已经呈现出逐步壮大、走向成熟的喜人局面。据记载，1993 年初期，中国从事市场营销

---

[1]　陈凯，汪晓凡. 市场营销课程教学模式 30 年回顾与展望. 中国林业教育，2010，28 (1)：68 - 71.

专业教学的高等院校教师达 2 000 余人。为了进一步优化师资质量，培养充足教学后备军，各个高校还在持续组织教研人员出国深造，一些高校还直接聘请国外专家为本校师生讲座，为国际化师资队伍的建设奠定了基础。例如，1986 年，对外经济贸易大学邀请美国著名市场营销学教授菲利普·科特勒到中国讲学。此外，自 1999 年开始，全国工商管理专业学位研究生教育指导委员会还联合各个高校举办全国 MBA 培养院校市场营销师资教学研讨会，邀请国内外市场营销领域的学术专家和实践专家，共同商讨如何培养教师胜任力。

在此期间，中国人民大学市场营销团队一直引领着全国高校市场营销学科的发展，前来中国人民大学听课、进修的高校教师每年都有二三十人，委托中国人民大学培训市场营销师资队伍的会议或培训班每年有 4～6 期，全国 50％以上的高校市场营销专业采用中国人民大学师资编写的教材。当时，国内学术界普遍反映，中国人民大学市场营销学科建设起步早，课程体系完备、新颖，培养方案科学、实用、先进，开设的新课多，编写的新教材多，而且概念界定清楚，体系科学合理，深受师生欢迎。正因如此，许多计划出版国外市场营销著作中文版的出版机构慕名邀请中国人民大学市场营销团队组织翻译。

中国人民大学市场营销学科建设的成功做法、市场营销专业课程设置及培养方案，经常被其他高等院校借鉴，来中国人民大学访学、调研、取经的国内同行数不胜数。

（五）出版市场营销教材

1992—2002 年，市场营销学相关教材、专著和译著累计出版上千种。除西方经典教材持续被翻译引进外，不少学者也创作出本土化经典教材。例如，郭国庆等人编著的"市场营销丛书"共计 5 册，从 1993 年起陆续由中国商业出版社出版，分别是：《营销失误启示录》（1993）、《国际企业导论》（1993）、《营销定价策略》（1994）、《逆向营销》（1994）、《市场营销战》（1995）。著名经济学家厉以宁教授在仔细审阅丛书手稿之后，于1991 年 1 月 3 日欣然应邀为丛书作序（见图 4-1）。

序

厉以宁

由郭国庆等同志编著的《营销失误启示录》、《逆向营销》、
《营销定价策略》、《国际企业导论》和《市场营销战》等市场营
销丛书，已由中国商业出版社出版。这些著作的一个共同特
点是深入浅出，通俗易懂，实用性强，而且反映了国内外有关
营销问题研究的最新成果。这套丛书的出版对于我国市场营
销工作的开展和市场营销水平的提高是很有帮助的。

我不是专门研究市场营销学的。我的弟弟厉以京多年来
从事营销学的教学和研究，并且同实际营销部门联系密切，
他是这个领域内的行家。可惜他远在广州华南理工大学，而
郭国庆同志又住在我家附近，经常有所接触，这样，本来该
由我弟弟撰写的序言就由我代劳了。我是研究一般经济理论
的，最近一段时间以较多的时间和精力放在社会主义经济运
行问题的研究之上。因此，我想从社会主义经济运行的角度
来谈谈市场营销战略与策略研究的重要性，以便读者能站在
较高的层次上观察市场营销问题，加深对市场营销的作用的
认识。

让我们从最简单的市场关系谈起。假定企业是具有独立
利益的商品生产者，市场一方面把消费者的信息传递给企
业，另一方面把企业生产的信息传递给消费者，从而企业可
以销售出自己的产品，而消费者的意愿又能得到满足，那么
经济运行状况将如图 1 所示：

1

图 4-1 厉以宁教授为"市场营销丛书"作序

1996 年，郭国庆、李先国、牛海鹏负责制定了全国高等教育自学考
试指导委员会经济管理类专业委员会《市场营销学自学考试大纲》。郭国
庆、李先国主编了全国自学考试委员会指定教材《市场营销学》，这是应
全国高等教育自学考试指导委员会办公室邀请，依据《高等教育自学考试
经济管理类专业考试计划》编写的市场营销学自学考试教材。李海洋、牛
海鹏编著的《服务营销》一书，是我国较早的服务营销论著之一，被有的
高校指定为本科教材。1997 年，郭国庆、成栋、王晓东、宋华翻译了科
特勒《市场营销管理（亚洲版）》的上下册。之后，郭国庆还翻译了科特
勒《市场营销原理》第 11 版、第 14 版和第 25 版。一系列教材的出版，
对于国内营销学同行了解国外营销学最新动向提供了重要支持和帮助，有
力地促进了面向全球的中国特色市场营销学科体系的建立和完善。

（六）学术团体成熟发展

1992—2002 年，市场营销专业协会初步形成了常态化的教研交流模

式，市场营销教学逐步走向成熟发展。例如，中国高等院校市场学研究会和中国市场学会自建立起，通过定期的形式（如学术年会、教学年会、博士生论坛）或不定期的形式（如不同专题的研讨会），为全国高校从事市场营销教学、研究的专业人员提供交流的机会。

1993 年，中国高等院校市场学研究会年会在云南财贸学院（现云南财经大学）举行。年会恰逢换届选举，经过民主协商和无记名投票选举，产生了由 79 人组成的第四届理事会，并由理事选举出 32 名常务理事，推选罗国民为会长，甘碧群、厉以京、李国振、杨鑫、吴健安、林功实、郭国庆、梁世彬、韩枫为副会长，卜妙金为秘书长。研究会理事和常务理事中，增添了大批中青年营销学者，经华北地区代表提名，时年 31 岁的郭国庆当选为副会长，其主要使命是代表研究会参与第五届市场营销与发展国际会议的筹备，为中国学者成团队地与国外学者对接做好准备。

在此期间，中国市场学会于 1994 年创办了《市场营销导刊》。该学刊成为国家重点学术期刊。

（七）科研成果不断丰富

通过在中国知网期刊数据库进行检索，可以发现，1992—2002 年，市场营销学术论文数量已经上升至 5 万余篇，其中约有 200 篇期刊论文获得国家自然科学或国家社会科学基金的支持，武汉大学、复旦大学、浙江大学、中山大学等一批综合类高校也开始加入市场营销领域的研究。通过对这些文章的内容进行分析，可以发现随着市场经济体制的不断深化，以及互联网时代的来临，市场营销学科研究主题也开始向纵深化创新和多元化细分发展，衍化出以消费者、营销策略、网络营销等为主要关键词的研究热点。

二、坚持胸怀天下，借鉴世界市场营销最新成果

党的二十大报告指出，必须坚持胸怀天下，拓展世界眼光，深刻洞察人类发展进步潮流，积极回应各国人民普遍关切，为解决人类面临的共同问题作出贡献，以海纳百川的宽阔胸襟借鉴吸收人类一切优秀文明成果，推动建设更加美好的世界。① 1992 年之后，伴随着市场营销学科走向壮大

---

① 习近平. 高举中国特色社会主义伟大旗帜 为全面建设社会主义现代化国家而团结奋斗：在中国共产党第二十次全国代表大会上的报告. 人民日报，2022 - 10 - 26 (1).

成熟，对外学术交流日益频繁。定期召开的国际学术会议，为中国学者掌握世界市场营销最新进展提供了更多机会和便利。中国营销学界一方面全方位加强国际学术交流，举办一系列市场营销国际、国内学术会议；另一方面，抓住市场营销日益受到关注、重视的机遇，以中国企业实现"两个根本性转变"为主题进行营销创新研究。此外，还聚焦"跨世纪的中国市场营销""中国市场的特点与企业营销战略""新经济与中国营销创新"等专题开展学术研究。

（一）关注国外最新学术进展，立足中国实践开展研究

进入 20 世纪 90 年代，国外市场营销学界关于 4C 营销组合、关系营销、绿色营销、互联网营销、顾客满意与顾客忠诚、顾客让渡价值、新产品扩散理论与模型等的最新研究成果，引起了中国市场营销学者的关注。

1. 4C 营销组合

罗伯特·劳特朋（Robert Lauterborn）提出用新的 4C 组合取代 4P 组合。① 其主要内容包括：（1）顾客（customer）。顾客要求是企业营销管理的核心。（2）成本（cost）。顾客购买成本不仅指货币支出，还包括时间、体力和精力耗费以及风险承担（指消费者可能承担的因购买到质价不符或假冒伪劣产品而带来的损失）。（3）便利（convenience）。企业提供给消费者的便利比营销渠道更重要。便利原则应贯穿营销的全过程：在产品销售前，企业应及时向消费者提供充分的关于产品性能、质量、使用方法及使用效果的准确信息；顾客前来购买商品，企业应给顾客提供最大的购物方便，如自由挑选、方便停车、免费送货等；产品售出以后，企业应重视信息反馈，及时答复顾客问询、处理顾客意见，对有问题的商品要主动包退包换，对产品使用故障要积极提供维修方便，对大件商品甚至要提供终身保修。（4）沟通（communication）。企业应重视与顾客的双向沟通，积极建立基于共同利益的新型关系。双向沟通有利于协调矛盾，融合感情，培养忠诚的顾客。

---

① Lauterborn R. New marketing litany：4P's passé：c-words take over. Advertising Age，1990，39（4）：119 - 124.

2. 关系营销

20 世纪 80 年代关系营销（relationship marketing）由利奥纳多·贝瑞（Leonard L. Berry）在探讨服务市场营销时首先提出。进入 20 世纪 90 年代之后，关系营销逐渐成为国内外营销学界研究的热点课题。关系营销可以定义为：企业与其顾客、分销商、经销商、供应商等相关组织或个人建立、保持并加强关系，通过互利交换及共同履行诺言，使有关各方实现各自的目的。企业与顾客之间的长期关系是关系营销的核心概念。建立关系是指企业向顾客作出各种承诺；保持关系的前提是企业履行诺言；发展或加强关系是指企业履行以前的诺言后，向顾客作出一系列新的承诺。交易营销能使企业获利，但企业更应着眼于长远利益，因此保持并发展与顾客的长期关系是关系营销的重要内容。

关系营销与交易营销存在一定的区别。例如，在交易营销情况下，一般来说，除产品和企业的市场形象之外，企业很难采取其他有效措施与顾客保持长久的关系。如果竞争者用较低的价格向顾客出售产品或服务，用类似的技术解决顾客的问题，企业与顾客的关系就会终止。在关系营销情况下，企业与顾客保持广泛、密切的联系，价格不再是最主要的竞争手段，竞争者很难破坏企业与顾客的关系。再如，交易营销强调市场占有率，在任何时候，管理人员都必须花费大量费用，吸引潜在顾客购买，以取代不再购买本企业产品或服务的老顾客；关系营销则强调顾客忠诚度，维持老顾客比吸引新顾客更重要，企业的回头客比率越高，营销费用越低。关系营销还为企业带来一种独特的资产，即市场营销网络。精明的营销者为确保交易的成功需要与其顾客、分销商、供应商等建立起长期的互信互利关系。这就要求营销者以公平的价格、优质的产品、良好的服务与对方交易，相互之间加强经济、技术及社会等各方面的联系与交往。

3. 绿色营销

绿色营销是指以促进可持续发展为目标，为实现经济利益、消费者需求和环境利益的统一，市场主体根据科学性和规范性的原则，通过有目的、有计划的开发及同其他市场主体交换产品价值来满足市场需求的一种管理过程。

1992 年，英国威尔士大学的肯·毕泰（Ken Peattie）在《绿色营销：化危机为商机的经营趋势》一书中指出："绿色营销是一种能辨识、预期消费者与社会需求，并且可能带来利润及永续经营的管理过程。"首先，企业服务的对象不仅是顾客，还包括整个社会；其次，市场营销过程的永续性一方面需依赖环境不断地提供市场营销所需资源的能力，另一方面要求企业能持续吸收营销所带来的产物。绿色营销要求企业在营销中不仅要考虑消费者利益和企业自身的利益，而且要考虑社会利益和环境利益，将四方面利益结合起来，全面履行企业的社会责任。1993 年，杰奎琳·奥特曼（Jacquelyn Ottman）在《绿色营销：创新的机会》一书中强调，绿色营销是指社会和企业在充分意识到消费者日益提高的环保意识和由此产生的对清洁型无公害产品需要的基础上，通过产品创新、市场创新和管理创新，发现、创造并选择市场机会，通过一系列理性化的营销手段来满足消费者以及社会生态环境发展的需要，实现可持续发展的过程。绿色营销的核心是按照环保与生态原则来选择和确定营销组合的策略，绿色营销是建立在绿色技术、绿色市场和绿色经济基础上对人类的生态关注给予回应的一种经营方式。

绿色营销的实质是强调企业营销要努力把经济效益与环境效益结合起来，尽量保持人与环境的和谐，不断改善人类的生存环境。诚如习近平指出的："绿水青山既是自然财富、生态财富，又是社会财富、经济财富。保护生态环境就是保护自然价值和增值自然资本"，"环境就是民生，青山就是美丽，蓝天也是幸福。发展经济是为了民生，保护生态环境同样也是为了民生。既要创造更多的物质财富和精神财富以满足人民日益增长的美好生活需要，也要提供更多优质生态产品以满足人民日益增长的优美生态环境需要"。① 与传统营销相比，绿色营销强调营销组合中的"绿色"因素，例如注重绿色消费需求的调查与引导，开发和经营符合绿色标准的绿色产品等。

---

① 习近平. 习近平谈治国理政：第三卷. 北京：外文出版社，2020：361 - 362.

4. 互联网营销

互联网营销也称为网络营销，是以国际互联网络为基础，利用数字化的信息和网络媒体的交互性来实现营销目标的一种新型的市场营销方式。具体来讲，互联网营销以互联网为媒体，并用相关的方式、方法和理念实施营销活动以更有效地促成个人和组织交易活动的实现。互联网营销作为适应网络技术发展与信息网络时代社会变革的新兴营销策略，越来越受到企业的重视。互联网营销在国外有多种表述，如 cyber marketing，internet marketing，network marketing，e-marketing 等，不同的表述有不同的侧重点和含义，目前较常见的表达是 e-marketing，突出表示电子化、信息化和网络化，体现了网络营销的特质。

进入 20 世纪 90 年代，互联网在中国的出现和普及为消费者获取产品信息提供了极大的便利条件。通过互联网，消费者不但可以快速搜索到厂商发布的产品信息，而且可以方便地获得其他人对产品使用的评价和意见。很多消费者在购买产品之前，都会到网上寻找适合个人需要的产品信息，以这些信息为参照形成个人对产品的评价，进而决定是否购买该产品。消费者在处理各种各样的产品信息时，有关产品的口碑信息对消费者的决策具有巨大的说服力和影响力。

招商银行 1996 年率先推出网上银行——一网通，向客户提供包括公司银行和个人银行在内的各种网上金融服务。之后中国银行推出了"支付网上行"，中国建设银行在总行成立了网上银行部，招商银行在上海地区全面开通网上银行业务，真正实现了网上购物的实时支付。银行业借助互联网营销，能够以更廉价的营销成本、更快捷的营销渠道，占领更广泛的营销空间和客户群。

5. 顾客满意与顾客忠诚

顾客满意是指顾客将产品和服务满足其需要的程度与期望进行比较所形成的感受。顾客是否满意，取决于其购买后实际感受到的满意程度与期望（顾客认为应当达到的程度）的差异。若满意程度小于期望，顾客会不满意；若满意程度与期望相当，顾客会满意；若满意程度大于期望，顾客会十分满意。

顾客期望的形成，取决于顾客以往的购买经验、朋友和同事的影响以及营销者和竞争者的信息与承诺。一个企业若使顾客的期望过高，则容易引起顾客的失望，降低顾客满意程度。但是，企业如果把期望定得过低，虽然能使顾客感到满意，却难以吸引大量的顾客。顾客将这种感受（评价）同期望进行比较，就会形成自己对某种产品/品牌满意、十分满意或不满意等的感受。

满意的顾客会变得忠诚并向他人正面宣传企业，积极推荐企业的品牌。研究表明，不满意的顾客、满意的顾客和十分满意的顾客在忠诚度方面存在很大差别。满意度轻微的下降，会导致忠诚度巨大的下滑。总体而言，顾客忠诚和顾客满意是正相关的关系。不过，在不同行业和不同竞争环境下，二者之间的关系也会有差异。在高度竞争市场，一般满意和十分满意的顾客之间的忠诚度有巨大差异；而在非竞争市场（如电信、石化等行业），顾客无论满意与否都会保持高度忠诚。

忠诚顾客的消费更多，停留的时间更长。失去一位顾客不仅意味着失去一时的销售额，还可能意味着失去顾客终身的购买量。顾客终身价值是指一位顾客购买企业产品或服务总量的价值。除了吸引和留住顾客，许多企业还希望不断提高顾客份额。顾客份额是指企业产品或服务在一个顾客该类消费中所占的比重。企业追求的目标不再是赢得大量顾客的部分业务，而是争取现有顾客的全部业务。例如，通过成为顾客所购买产品的独家供应商，或说服顾客购买本公司更多的产品，或向现有产品和服务的顾客交叉销售其他产品和服务，获得所属产品类别中顾客更大的购买量。

6. 顾客让渡价值

在市场营销观念的指导下，企业应致力于做好顾客服务，让顾客满意。而要实现顾客满意，需要在多方面开展工作。事实上，消费者在选择产品/品牌时，价格只是考虑因素之一，消费者真正看重的是顾客让渡价值（如图 4-2 所示）。

顾客让渡价值是指顾客总价值与顾客总成本之间的差额。顾客总价值是指顾客购买某一产品与服务所期望获得的一组利益，包括产品价值、服务价值、人员价值和形象价值。顾客总成本是指顾客为购买某一产品所耗费的时间成本、精力成本、体力成本以及所支付的货币成本。

顾客在购买产品时，总希望把有关成本降到最低，同时又希望从中获

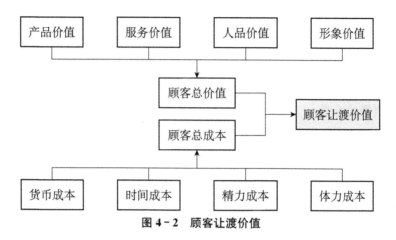

图 4-2 顾客让渡价值

得更多的实际利益，以使自己的需要得到最大限度的满足。因此，顾客在选购产品时，往往从价值与成本两个方面进行比较分析，从中选择出顾客让渡价值最大的产品作为优先选购的对象。

企业为战胜竞争对手，吸引更多的潜在顾客，就必须向顾客提供比竞争对手具有更大顾客让渡价值的产品，这样才能吸引消费者注意，进而使其购买本企业的产品。为此，企业可从两个方面改进工作：一是改进产品、服务、人员与形象，提高产品的总价值；二是降低生产与销售成本，减少顾客购买产品的时间、精力与体力的耗费，从而降低货币与非货币成本。

7. 新产品扩散理论与模型

新产品扩散是指新产品上市后随着时间的推移被越来越多的消费者采用的过程，新产品上市后会逐渐扩张到其潜在市场的各个部分。扩散过程与采用过程的区别，仅仅在于看问题的角度不同。采用过程是从消费者角度考察个人由接受新产品到成为重复购买者的各个心理阶段，而扩散过程则是从企业角度分析新产品如何在市场上传播并被市场采用的更为广泛的问题。

弗兰克·巴斯（Frank M. Bass）曾提出一种新的以消费者的创新和模仿行为为基础的耐用消费品的模型，称为巴斯模型。巴斯模型的理论基础是：创新的潜在采用者受两种传播途径影响，即大众媒体和口碑传播。巴斯将创新的采用者分为两个群体，一个群体只受大众媒体的影响（外部影响），称为"创新者"；另一个群体只受口碑传播的影响（内部影响），称为"模仿者"。该模型提出，新产品在 t 时期的渗透增加 I_t，即

$$I_t = r(M - P_t) + p(M - P_t)P_t/M$$

式中，M 是最终达到的潜量，是最大潜量的一部分；P_t 是 t 时期达到的渗透；r 是创新率；p 是模仿率；$r(M - P_t)$ 是创新效应，与未被利用的潜量成比例；$p(M - P_t)P_t/M$ 是模仿效应，与已被利用的潜量成比例。

于是，我们得出这样一个现实假设：一些人（创新者）独立作出自己是否采用某种产品的选择，而其他人（模仿者）受已经采用者人数的影响。累计渗透曲线的形状取决于创新率（r）和模仿率（p）的相对大小。如果创新率大于模仿率，销售将很快开始，然后缓慢接近饱和；如果模仿率大于创新率，就会产生 S 形曲线。一旦收集到足够的数据，r 和 p 就可以通过回归分析估计出来。

巴斯认为，产品的接受速度是前一阶段购买者的线性函数，与顾客是创新者还是模仿者有关。在巴斯模型中，创新者对应的创新系数指未购买产品的消费者受外部因素的影响购买新产品的可能性，模仿者对应的模仿系数指未购买新产品的消费者受内部因素的影响购买新产品的可能性。在此前提下，巴斯模型将新产品在 t 时刻的销售量表示为：

$$S_t = \left(p + \frac{q}{N} N_{t-1} \right)(N - N_{t-1})$$

式中，S_t 表示 t 时刻新产品的销售量；N 表示最终购买新产品的顾客数量（也就是市场容量）；N_{t-1} 表示 t 时刻之前购买新产品的顾客数量；p 为创新系数（外部影响系数，对应创新者）；q 为模仿系数（内部影响系数，对应模仿者）。

巴斯模型为预测首次购买行为提供了良好的方法，特别适合预测在市场上还没有竞争者的新产品的销售情况。运用巴斯模型进行销售预测必须具备以下两个条件：（1）企业已经引入新产品，并且观察了一段时间。（2）企业尚未引入新产品，但是该产品在某些方面同销售了一段时间的产品相似。这是因为，巴斯模型必须要有一定的参考数据来估计其模型中的参数。通过构建巴斯模型及对巴斯模型参数的估计，我们可以很好地回答最终有多少顾客会采用该新产品以及何时采用的问题，这也是巴斯模型最

关注的方面。

巴斯模型是传统趋势分析的一种有用的变形。与其他时间序列方法不同，它以关于消费者行为的理论为基础。现实的扩散过程显然比创新者和模仿者的简单二分法复杂得多，但这种简单方法所得的方程是稳健的，而且能产生可靠的预测。

学术界有过一些通过引入额外的维度来产生更复杂的扩散模型的尝试，但它们取得的成功很有限，大多数只是引入一两种营销变量的效应（通常是广告和促销），但没有一个统一的理论说明如何加入营销或外生变量。一些模型进行的额外的复杂化只对简单模型提供了很少的改进。复杂模型的主要局限在于它们需要在产品生命早期进行估计，而那个时期可用的数据非常少。

（二）中国市场营销团队与国外交流不断深入

1. 科特勒对中国市场营销学科发展颇为关注

走向壮大成熟的中国市场营销学科，日益为国际学术界所关注。越来越多的国外市场营销同行主动提出与中国市场营销学者开展学术合作交流，共同研究营销问题，发表学术成果。1993 年，中国人民大学安排郭国庆赴加拿大麦吉尔大学访问。这项由加拿大国际开发署（Canadian International Development Agency，CIDA）资助的国际学术交流项目，为中国学者了解国外市场营销最新发展动向提供了机会。1993 年 12 月，世界著名市场营销学专家、美国西北大学凯洛格商学院菲利普·科特勒教授在美国市场营销协会（American Marketing Association，AMA）蒙特利尔分会进行学术演讲，麦吉尔大学安排郭国庆前去旁听。借此机会，郭国庆向科特勒介绍了自从他 1985 年访问北京以来中国营销教育的新发展，并就中国人民大学市场营销学科建设问题向他请教。科特勒非常高兴地表达了自己的独到见解和良好祝愿，表示非常愿意再次访问北京。回到美国之后，科特勒将最新发表的论文复印寄来，并向中国人民大学图书馆捐赠一部最新出版的市场营销学教材。后来，科特勒多次邀请郭国庆出席科特勒咨询集团在中国的讲座活动，委托郭国庆等学者作为专家评委，在中国营销学者范围内评选"菲利普·科特勒营销理论贡献奖"候选人。中国人民大学市场营销学科建设及其综合实力得到了科特勒的充分肯定，科特勒也为中国人民大学市场营销学科建设提供了重要支持和帮助。

2. 中国市场营销学科开启与国外同行深度交流

经报请国务院有关部门批准，历时两年多的筹备，由中国人民大学、加拿大麦吉尔大学和康考迪亚大学联合举办的第五届市场营销与社会发展国际会议（ISMD-5）于 1995 年 6 月 22 日—25 日在北京召开。

这次国际学术会议属于国际学术组织营销与发展国际学会（International Society for Marketing and Development，ISMD）每两年一届的例行年会，一般在发展中国家举行，研究市场营销对社会发展的贡献、产品服务质量、商品设计与经济社会发展、消费者欲望与经济发展、消费文化与社会发展、技术转让与持续增长、跨国公司营销战略适应等问题。

来自全球 46 个国家和地区的 135 名外国学者和 142 名中国学者出席了会议。25 名中国学者的论文被收入《第五届市场营销与社会发展国际会议论文集》（*Proceedings of The Fifth International Conference on Marketing and Development*）（如图 4 - 3 所示），6 名中国学者的论文荣获国际优秀论文奖。

图 4 - 3　《第五届市场营销与社会发展国际会议论文集》

（三）中国人民大学中国市场营销研究中心成立

1995 年 6 月，经国家教育委员会批准，中国人民大学中国市场营销研究中心（Marketing Research Center of China，MRCC）成立。MRCC 是致力于中国市场营销研究、推广、交流和应用的学术机构，是中国品牌建设和品牌理论研究的引领者。到 2020 年 7 月，MRCC 已经是中国商业史学会副会长单位、品牌专业委员会合作单位，营销国际学会（Sales and Marketing Executives International，SMEI）、国际营销科学与信息技术大会主席单位。

MRCC 自成立以来一直在国家层面推动营销的发展：1995 年推动"营销"首次写入"九五"规划和 2010 年远景目标纲要；2002 年参与制定劳动和社会保障部国家营销师职业资格鉴定标准；2016 年参与起草首个国家品牌战略文件《关于发挥品牌引领作用推动供需结构升级的意见》并做文件政策解读。近年来，MRCC 与中国社会科学院合作陆续推出中国城市品牌发展指数报告，产生了良好的社会影响。

MRCC 倡导以人为本，致力于营造和谐有序的学术氛围，提倡市场营销学者之间相互尊重、共同进步。目前，MRCC 已经与牛津大学企业声誉中心、美国市场营销协会、新加坡营销协会等国际著名学术机构达成了长期合作意向，与《亚洲营销学报》（*Asian Journal of Marketing*）、《中国营销学报》（*Journal of Chinese Marketing*）、《亚太管理学报》（*Asian Pacific Journal of Management*）、《管理学刊》（*Journal of Management*）等国内外学术期刊建立了战略伙伴关系。截至 2022 年 3 月，MRCC 已承接各类科研项目 15 项，组织出版教材著作 58 部，发表论文、研究报告 60 余篇。

三、市场营销理论研究的创新发展

（一）开启市场营销量化研究先河

1995 年，郭国庆编著的《市场营销管理——理论与模型》一书出版。这部历时五年、四易其稿的著作，系统论述了市场营销理论的产生和发展过程、主要学术流派、市场营销的重要模型；详细研究了中国市场发育的状况，中国国情对市场营销理论在中国企业管理实践中应用的影响，对中国未来市场营销机制的走向与完善提出了独到的见解，强调中国的市场营销研究和应用与世界融为一体；首次在国内对市场营销进行了定量研究，在系统归纳、总结、整理市场营销理论框架中各个数量模型和概念模型的同时，也为中国市场营销理论提供了新的研究思路，开拓了新的空间。

（二）开展非营利组织市场营销教学研究

郭国庆主持研究国家自然科学基金项目《国外非营利组织的发展及其管理研究》，以此为契机，推动了非营利组织市场营销课程建设，发表了大量相关论文。[①] 吴冠之率先开设了非营利组织营销课程，并编写出版了《非营利组织营销》[②]。

非营利组织的管理者很早就导入了会计制度、财务管理、人事管理、战略计划等传统企业职能，市场营销是在所有企业职能中最后一个被非营利组织采纳的职能。

非营利组织营销在营销组合上与传统的营销有所不同：

（1）产品。非营利组织要向目标群体充分展示产品的核心利益，增强公众的信心，通过使目标群体满意来维系其忠诚度。这就要求非营利组织在调查分析的基础上开发并创造出公众所接受的产品，通过由指导到引导的过程来满足公众的需求。[③]

（2）定价。非营利组织的主要问题是如何筹措资金，这一点与营利组织略有不同。非营利组织的经费大多来自税收和捐赠，因此，募捐是非营利组织的一项非常重要的工作。

（3）渠道。要将非营利组织的产品和服务以最便捷的方式提供给目标群体，往往需要其他机构的支持与协助。非营利组织要善于利用渠道分担成本，尽可能采取发展中介机构等有效措施，使少量的资源能够发挥更大的效用。

（4）促销。大多数非营利组织是利用传播来影响其目标群体行为的，它们选择公众乐于接受的媒体（广告、宣传、销售促进和人员推销），设计并传播为目标市场提供利益的信息。非营利组织在与目标市场进行沟通的同时，还争取谋求外界持续不断的支持，通过获得协助达到协调公众的

---

①　郭国庆．非营利组织的界定及其营销特点．首都财贸，1998（3）：27-28.

②　吴冠之．非营利组织营销．北京：中国人民大学出版社，2008.

③　郭国庆．国外非营利机构筹资模式及启示．经济理论与经济管理，2001（12）：22-27.

态度进而影响其行为的目的。

（三）教学科研取得新成就

2000年6月和2000年9月，郭国庆先后被聘为国务院体改办高级职称评审委员会委员和财政部教材编审委员会专业编审组成员。借助与政府部门联络合作的便利，中国人民大学市场营销团队的研究成果陆续为政府部门所知晓，并引起相关方面高度重视。与此同时，中国人民大学市场营销学科建设也得到了国务院经济体制改革办公室、经济贸易委员会、对外贸易经济合作部、国家自然科学基金委员会等部门的大力支持。

2002年郭国庆主编的《市场营销学通论》作为"十二五"普通高等教育本科国家级规划教材、21世纪市场营销系列教材，获得全国普通高等学校优秀教材一等奖。之后，该书又先后荣获"中国市场学会改革开放30年精品教材""教育部2007年度普通高等教育精品教材""中国人民大学商学院优秀教材二等奖（2019）"。2004年，郭国庆入选教育部"新世纪优秀人才支持计划"。之后，刘凤军入选教育部"新世纪优秀人才支持计划"。除此之外，还有许多学者为教学科研作出了杰出贡献，在此不一一提及。

（四）市场营销理论创新崭露头角

郭国庆、刘凤军、王晓东合著的中国人民大学硕士研究生系列教材《市场营销理论》（中国人民大学出版社，1999），除了对世界市场营销研究的流派进行广泛研究，荟萃大量市场营销学领域的最新研究成果之外，还首次对中国传统文化中的营销思想进行了探索，概括总结了传统文化中儒家的义利观与诚信为本、"待乏"学说满足未来市场需求、孟子的反垄断与重视市场信息、白圭的"乐观时变"与取予观、《管子》的市场观、苏轼的市场营销方式论等营销思想。

《市场营销理论》的特色在于，学说史篇从时间序列上论述了市场营销理论的发展，包括早期市场营销学派的研究成果及其贡献；学派篇从纵向与横向相结合、以横向为主的角度论述了市场营销各主要学派的产生、发展、主要代表人物及其学术贡献等；专题篇则根据世纪之交中国企业面临的市场竞争新格局、市场营销新环境选择了十几个专题，分别加以深入剖析，并就建立和发展中国市场营销理论问题进行了初步探讨。其中，对新产品扩散、服务市场营销、市场营销与政府行为、可持续发展与市场营销、市场对接与营销创新、知识经济与市场营销、市场营销元理论、市场营销道德、市场营销理论维度等问题的论述引人深思。该书是当时国内学术界少有的探索市场营销理论的著作。

四、致力为国家经济社会发展作出新贡献

(一) 倡导高科技企业营销创新

随着科教兴国战略的实施，高科技企业日益成为科技产业化的主力军和技术创新的主体，并在经济发展、社会进步和国力增强等各方面发挥日益重要的作用。中国市场营销学者积极投入高科技企业营销创新研究，指出高科技企业要想赢得竞争优势，必须以技术为导向，具备技术实力。而营销创新作为企业营销活动的核心，会对企业的绩效产生重大影响。

在中国高科技企业创新发展的过程中，高层管理者已逐渐认识到市场营销的重要性。例如，联想集团创始人柳传志在谈到企业成功的秘诀时指出：联想的成功靠的就是"科技成果＋规模生产＋市场营销"，因为强大的市场营销能力，既是科研、生产投入的保障，又是把科研、生产的成果转化为效益的工具。

高科技企业的产品具有某些明显的特性：一是高科技产品充分采用了复杂技术的最新科研成果；二是高科技产品的更新换代速率高；三是高科技产品必须有大量的研发投入。因此，企业营销必须考虑如下因素：一是高科技产品容易引起消费者的忧虑，一些人会为学习使用高科技产品而烦恼，一些人则担心现有技术会迅速落伍从而推迟购买。二是高科技产品短暂的产品生命周期需要高效的时间管理和营销创新，在创新过程中更加需要研发部门与其他部门的密切配合。三是新技术会通过创造一种特别具有吸引力的新产品而使市场彻底发生改变。

我国一些高科技企业的营销观念仍停留在产品观念阶段。中国市场营销学者建议，在市场竞争日趋激烈的环境下，高科技企业必须比传统企业更重视和加强营销管理，尤其要不断强化营销观念、营销组织和营销技术的创新，以适应市场经济的发展和市场竞争的需要。

现代企业的营销组织正在经历一场革命性的演变，呈现出联合化、扁

平化和概念化的发展趋势。所谓联合化，是指随着跨国经营的普及和市场竞争的加剧，许多企业为减少风险、增强竞争实力和节约成本，纷纷采取联盟战略，与自己的协作者或竞争者共同开展营销活动，以求优势互补。如雀巢公司和可口可乐公司联合以自动售货机推销听装饮料，IBM、东芝和西门子共同研制存储器等。所谓扁平化，是指营销组织逐渐减少层级，使营销决策更加直接、迅速、灵活，尤其是电视、计算机网络的运用，更使得营销渠道缩短，营销人员减少，营销效率提高。所谓概念化，是指企业借助互联网设立虚拟橱窗、虚拟展销会、虚拟经销商等，使营销组织由实体化走向概念化，并不断完善其内在功能。

从我国高科技企业的营销组织看，有不少企业设立的是销售部门而不是营销部门，重视现有产品的销售，而对市场需求的调研预测以及市场营销的协调统合有所忽略。一些企业即使建立了营销部门，也未充分发挥作用。面对国际营销形势的新变化，中国高科技企业必须着手建立战略联盟，调整营销机构，开展网络营销，实现营销组织的不断创新。

面对即将来临的知识经济新时代，中国高科技企业必须重视营销技术的创新，既不满足于现有的营销方式，也不满足于现有的产品技术。要借助代理制、连锁经营、特许经营、物流配送等现代分销方式，促进产品销售，努力提高市场占有率。在产品创新或技术创新取得进展或成就时，要严防"市场营销近视症"的出现。现代企业只有面向市场，不断创新，才能永葆生机与活力。①

高科技企业的营销创新离不开高科技企业家创新意识的强化。

高科技企业家具备社会责任意识，是营销观念创新的客观需要。社会市场营销观念要求企业不仅应对顾客负责，还应对整个企业经营活动过程的所有参加者负责，对社会精神文明和物质文明的进步负责。当代中国高科技企业家在取得良好经济效益的同时，还应积极为文化教育、残疾人就业、救灾捐助等非营利事业的发展作出贡献。

当代中国高科技企业家还应具备环境保护意识。具体到营销管理，应

---

① 郭国庆，周宏，黄铁军．民营科技企业发展中的问题与对策．经济理论与经济管理，2002（7）：45－50．

具有绿色营销意识。绿色营销要求企业在开展市场营销活动的同时,努力减少和消除生产经营对生态环境的破坏和影响。具体来讲,企业在选择生产技术、生产原料、制造程序时,应符合环境保护标准;在产品设计和包装装潢设计时,应尽量减少使用的剩余物,以降低对环境的不利影响;在分销和促销过程中,应积极引导消费者在产品消费使用、废弃物处置等方面,尽量减少环境污染;在产品售前、售中、售后服务中,应注意节省资源、减少污染。可见,绿色营销的实质,就是强调企业在进行市场营销活动时,要努力把经济效益与环境效益结合起来,尽量保持人与环境的和谐,不断改善人类的生存环境。

(二)开展市场营销咨询

20 世纪 90 年代初,中国人民大学市场营销教师积极推广普及市场营销知识,多次承担企业营销咨询项目。河北承德露露股份有限公司始建于1950 年,以生产露露系列天然饮料为主业,是跨地区、跨行业和跨国多元化经营的现代企业集团。当时公司以发展民族饮料为目标,坚持走科技兴厂的道路,本着"高起点引进、高速度发展、创造高效益"的原则,使技术装备水平居国内领先地位,从而使公司的生产能力、科技含量有了更大的提高。为了提升市场份额和客户满意度,从 1992 年起,公司多次委托中国人民大学市场营销学者进行市场需求调研预测,协助制定切实可行的市场营销战略。先进的市场营销理论知识为企业插上了腾飞的翅膀,企业市场营销绩效迅速提升,其主导产品"露露牌"杏仁露成为获得国家专利的优质产品和著名品牌,深受广大消费者喜爱。校企合作、产教融合给企业带来了生机和活力,公司于 1997 年年底在深圳证券交易所上市,成为国内饮料行业首批上市公司之一。

1993 年,中国人民大学郭国庆、李先国、王晓东等与香港理工大学中国商业研究中心合作,共同实施了荷兰飞利浦小家电市场调查项目。合作双方密切关注不断创新的市场营销理论,针对中国消费者市场发展新趋势,拟定了详细周密的市场营销调研方案,将优秀的本科生、硕士研究生组织起来,由青年教师带队深入工厂、机关、学校、社区,开展问卷调查和深度访谈,收集一手数据,借助计算机进行数据分析,得出了符合客观实际的研究发现和调查结论。香港理工大学的市场营销学者负责撰写英文调研报告，之后，合作双方多次开会研讨、修正、完善研究报告。该项调研活动及其成果得到了飞利浦小家电的高度认可。

此后，中国人民大学市场营销团队还为北京当代商城（1994 年）、北京牡丹牌电视机（1994 年）、中国人民大学报刊复印资料中心（1995 年）、北京全聚德（1996 年）等提供过市场调研和营销策划。

1996 年 7 月—12 月，中国人民大学市场营销团队应邀为北京铁路局制定营销改革方案，支持北京铁路局所属分局、站、段设立营销中心，确定营销规划，完善营销系统，培训营销管理者，收到了良好的社会效果。

韩冀东、牛海鹏等积极响应国家号召，在西部大开发中发挥作用，承担了青海西宁供电公司市场营销战略研究项目，在 1998—1999 年期间，多次去西宁市、湟源县、湟中区、刚察县等地实地调研，最终提交的研究报告受到了有关部门的好评。2000 年 3 月"两会"期间，党中央领导同志在听取了全国政协委员郭国庆的相关汇报后，对高校教师利用科学知识支持西部大开发的积极行动给予了高度评价。

进入 21 世纪以来，宏观经济形势的根本好转，给中国市场营销学科带来了新机会新使命新担当。回首中国市场营销学科孕育萌芽、艰难探索和壮大成熟的历程，应该说市场营销学者创造了无愧于人民、无愧于时代、无愧于历史的新业绩。

第5章 中国市场营销学科的质量提升

党的十四大确立了社会主义市场经济体制的改革目标，中共十四届三中全会确立了经济体制的基本框架，党领导人民攻克了一个个难关险阻，创造了一个个令人刮目相看的人间奇迹，成功把中国特色社会主义推向21世纪。2001年中国加入世界贸易组织以后，市场营销环境发生了许多重大变化，提高经济增长质量和效益成为举国关注的重要问题，改革开放新举措新政策新格局为市场营销学科开辟了更加广阔的发展空间。2002—2012年间，中国市场营销学者在人才培养、科学研究、社会服务、教学创新等各方面都取得了新的成就，中国市场营销学科进入了质量提升的新时期。

第1节 世纪之交的市场营销环境

一、经济增长质量和效益引起高层关注

2002年11月8日—14日召开的中国共产党第十六次全国代表大会明确提出了全面建设小康社会的奋斗目标。党的十六大要求把推进经济结构调整和自主创新作为转变发展方式的主攻方向，变压力为动力，坚定不移地保护和发展先进生产力，淘汰落后产能，整合生产要素，拓展发展空间，增强国民经济整体素质和发展后劲。在经济发展速度不断提高的同时，党中央提出，发展必须有新思路，有市场、有效益的速度，才是真正的、健康的发展。在我国经济发展出现阶段性变化的新情况下，必须

坚决进行经济结构战略性调整，把各方面主要精力引导到调整结构、提高经济增长质量和效益上来，努力实现速度与结构、质量、效益相统一。

（一）中国速度向中国质量转变

到 2002 年，我国粮食等主要农产品供给实现了由长期短缺到总量平衡、丰年有余的历史性转变。以信息产业为代表的高新技术产业迅速崛起，传统工业改造步伐加快，现代服务业快速发展，经济增长质量和效益不断提高。大多数国有大中型骨干企业初步建立起现代企业制度，涌现出一批有实力、有活力和有竞争力的优势企业。国民经济市场化程度进一步提高，市场在资源配置中的基础性作用明显增强。

从改革开放到世纪之交，我国综合国力大幅提升，同时人口结构、供需结构、投资率、储蓄率、出口贸易、生态环境等支撑高速增长的因素发生了深刻变化，甚至是根本性变化。经济增长开始从高速增长转向中高速增长；经济发展方式从规模速度型粗放增长转向质量效率型集约增长；经济结构从以增量扩能为主转向优化存量资源配置、扩大优质增量供给并重的深度调整；经济发展动力从传统增长动能转向新的增长动能。这一系列的多重转向，推动中国经济进入了从高速增长阶段转向高质量发展阶段的历史性"窗口期"。

随着综合实力的增强，中国企业已经积累了一定的技术、人才和资本，"硬实力"大幅度提升。并且，在内外部激烈竞争中，企业已经积累了一些营销管理经验，"软实力"厚积薄发，市场营销学科在改革发展中的重要作用进一步发挥出来。在举国关注经济增长质量和效益的时代背景下，中国市场营销学科也面临着质量提升的新课题。

（二）中国质量万里行提升产品质量意识

2002 年 9 月 24 日，由国家质量监督检验检疫总局和中国质量万里行促进会联合主办的 2002 年"中国质量万里行"活动正式启动。由新闻记者、专家和质量工作者组成的新闻采访团、质量兴市名牌兴业采访团、质量专家团和三下乡服务团，分赴河北、河南、山东、江苏等十几个省区市进行采访，帮助消费者提高产品质量意识，增强法律维权意识。

新闻采访团对曾被质量万里行曝光过的企业、地区或行业进行回访，同时对改革开放以来涌现出的具有国际竞争能力的"联合舰队"——重点产业及产业集团进行采访；质量兴市名牌兴业采访团对具有代表性的大型企业或企业集团进行采访，由所在城市主管部门领导及企业管理者"现身说法"；质量专家团联系实际进行宣讲，指导企业质量管理；"质量、法制、精品"三下乡服务团帮助农民提高产品质量意识、法律维权意识，并向农民介绍优质产品、生活精品。

中国质量万里行活动为市场营销学科建设提供了鲜活的营销案例和研究资料，倒逼市场营销学者反思如何用学科建设新成就新理念新变革来适应质量提升新需求。

（三）企业高质量发展呼唤营销跨上新台阶

在软硬实力均得到显著提升的情况下，中国企业成长的强烈动机逐渐促成了自主品牌成长的内生动力。与此同时，中国企业纷纷走向国际市场，国际营销实力不断增强。越来越多的中国企业通过跨国并购整合本土品牌与国外品牌，以全球化的眼光拓展市场实现国际化经营。例如，联想集团在 2004 年收购 IBM 个人电脑业务；TCL 科技集团股份有限公司在 2002—2003 年先收购了施耐德电气，又与汤姆逊成立合资公司；2010 年国际知名的瑞典汽车厂商沃尔沃轿车公司被浙江吉利控股集团有限公司收购。除此之外，中国自主品牌建设速度加快，本土企业也能够打出营销组合拳，开始在各自的细分市场上获得竞争优势。例如，杭州娃哈哈集团有限公司综合运用多种品牌传播方式，充分借助多年来精心打造的营销渠道，在与国外同行达能集团的竞争中占据优势地位。互联网行业的快速兴起，也为这一时期中国企业的市场营销实践增添了浓墨重彩的一笔。伴随着互联网应用水平和普及程度的持续提高，百度、京东和腾讯等互联网巨头顺势而为，迅速崛起。

2001 年中国加入世界贸易组织之后，市场营销国际化程度迅速提升，国外市场营销学科的教育培训方式、科学研究的方法论、科研论文的学术准则和质量标准等有力地推动了中国市场营销学科的质量提升。在向国外学习、与国际接轨的实践过程中，中国市场营销学科的理论水平、研究方法、学术实力、人才培养等不断走向高质量发展。

二、申奥成功，推动市场营销学科提质量、上档次

党中央关于有市场、有质量、有效益的发展思路，为市场营销学科注入了新的发展理念，引领市场营销学科研究更加关注质量效益问题。北京成功申办 2008 年夏季奥运会、上海赢得 2010 年世界博览会举办权，激发了全国人民的爱国热情，增强了民族自豪感和凝聚力。研究体育赛事营销、会展营销、体育赞助营销、产业营销、体验营销、口碑营销、全球营销、营销道德等成为市场营销学界的热门话题，获得国家社会科学基金和国家自然科学基金资助的科研项目数量也有了明显增加，1994—2008 年获得两大基金资助的市场营销学科研究项目有 184 项。①

（一）体验营销成为市场营销质量提升突破口

1. 体验营销提升消费者幸福水平

一切体验营销活动的开展都是以满足消费者需求为中心的，伴随体验经济的到来，消费者的需求变化可主要概括为以下几方面：（1）从消费结构看，情感需要相对物质需要的比重增加。消费者在重视产品或服务质量的同时，更加注重情感、心理方面的需要和满足。（2）从消费内容看，大众型的标准化产品日渐失势，消费者对个性化的产品或服务的需求越来越多。（3）从价值目标看，消费者从注重产品本身的使用价值，转移到注重产品使用时所产生的感受。（4）从接受产品的方式看，人们已经不再满足于被动地接受企业制造好的产品或服务，而是要实现自身需求与企业生产的互动，主动参与产品的设计与制造。（5）从消费者意识看，消费者的公益意识不断增强，在满足自身需要的同时，开始关注环境保护等公益问题。

随着经济的发展和生活水平的提高，人们对价格的敏感度逐步下降，而产品或服务所带来的心理上的效益则占据着越来越重要的位置。这说明精神需求将逐步超越物质需求成为人们的主导需求，以满足人们的体验需求为目标的体验营销将在激烈的市场竞争中大放异彩。

---

① 郑锐洪，郭国庆．我国营销学主题研究的发展趋势：来自两大基金资助项目的证据．企业经济，2010（8）：81 - 84.

2. 体验营销特征体现了时代新要求

研究发现，作为新兴营销方式的体验营销具有如下三个特征：

一是需要消费者的主动参与。消费者的主动参与是体验营销区别于产品营销和服务营销的一个显著特征。离开了消费者的主动性，体验是难以产生的，而且消费者参与程度的高低也直接影响体验的产出。譬如在采摘活动中，积极的采摘者总是会获取较丰富的体验，而心不在焉的参与者往往体验较少。

二是以消费者体验需求为中心。在现代社会，人们已不满足于单纯地购买产品，而更看重购买产品过程中所产生的满足。因此，企业在提高产品本身的使用价值时，应该开展各种沟通活动，增强顾客的体验需求，使顾客在物质上和精神上得到双重满足。体验营销要求企业切实站在消费者的立场，从消费者的感觉、情感、思考、行动及关联五个方面进行产品和服务的设计思考，提供可以满足不同体验诉求的产品和服务。

三是认为消费者是理性和感性的结合体。传统营销把消费者看成理智购买决策者，把消费者的决策看成一个解决问题的过程，即非常理性地分析、评价，最后决定购买；体验营销则认为消费者同时受感性和理性的支配，消费者因理智和因情感因素而作出购买决策的概率是一样的，这也是体验营销的基本出发点。

（二）价值共创助力市场营销质量提升

随着体验经济时代的到来，价值共创活动越来越活跃，用户参与企业研发、生产、销售和营销的程度也越来越深，诸多行业都尝试开展体验营销，以便更好地创造价值。学术界也围绕基于体验营销的价值共创问题展开了深入的研究，成果较丰硕。

1. 体验营销与价值共创的关系

价值共创是指企业与所有利益相关者在一种体验环境或体验平台中共同识别问题并共同解决问题，从而创造价值的整个过程。一方面，价值共创是体验营销的目的，顾客体验与感知对于价值决定而言具有根本性意义。顾客与服务提供者之间的共同价值日益增多，合作、互动体验成为顾客与服务提供者之间价值共创的焦点。企业开展各种形式的体验营销活动，必须理解顾客体验的形式与价值的形成过程，只有这样才能更好地提供服务，促进价值共创。另一方面，体验营销是价值共创的基础。价值共创的关键是顾客与企业之间的互动，顾客在参与体验营销的过程中，将适应自己的角色，提高自己的能力，并贡献自己的资源（顾客掌握的各种体验与知识）。这种资源只有在体验营销中才会被分享给企业，进而被企业用于对现有产品和服务的改进或创新。

2. 基于体验营销的价值共创机理概念模型

基于体验营销的价值共创始于体验营销环境的构建。沟通有效性、情感承诺、顾客参与和人际互动是体验营销环境的表现形式，四者共同决定了体验营销参与各方的价值共创意愿，并引发之后三个环节（研发共创、生产共创和销售共创）的价值共创活动。三个环节的价值共创活动具备先后的逻辑关系：研发共创是起点，生产共创是后续，销售共创是终点。这三个环节的价值共创活动都以体验共创为主题展开。

在价值共创活动中，参与各方增加了对彼此的信任，也带来了对体验营销活动的满意，并最终形成人际关系强度的提升。不断提升的关系强度使得参与各方一方面在人际关系上形成强烈的态度忠诚，进而发展为行为忠诚，主要表现为对其他用户的依赖与持续互动；另一方面又对体验营销环境形成稳定的态度忠诚，同样带来行为忠诚，表现为对虚拟社区平台的持续使用与对用户生成内容的不断分享。随着参与各方融入程度的加深，体验营销环境发生变化，从而带来下一轮的价值共创活动。至此，基于体验营销的价值共创循环往复，不断提升价值创造的效率和效果。

3. 实践启示

如何营造出让参与各方有效沟通、持续互动并形成情感承诺的体验营销环境，是众多开展价值共创活动的企业需要思考的关键问题。同时，研发共创、生产共创与销售共创等活动，需要最终统一于体验共创这一主题。因此，企业需要统一内部各个环节的认识，在体验共创的统一调度下协同开展各项价值共创活动。最后，企业还应该认识到，基于体验营销的价值共创是一个持续循环的过程，应注意参与各方关系强度的形成、维系及提升，尤其要关注构建彼此间的信任以及让参与各方满意。

（三）社交媒体营销

互联网使用的激增以及数字技术与设备的发展催生了一系列社交媒

体，给消费者提供了一个聚集、社交及交换意见和信息的网络空间。兼具社交属性和移动互联网便利性的社交媒体给企业带来了不同于以往的机遇和挑战。很多企业已经借助这类平台展示信息，开展口碑传播和品牌沟通活动，为消费者提供了更多的价值。成功的社交媒体营销，能给企业带来成本更低的大流量互动效果，从而扩大品牌影响力，提升销售量和品牌价值。

社交媒体（social media）也称社会化媒体，普遍认为最早由美国学者安东尼·梅菲尔德（Antony Mayfield）于 2007 年提出。社交媒体指互联网上基于用户关系的内容生产与交换平台，这些媒体平台具有参与、公开、交流、对话、社区化、连通性的特点，赋予每个人创造并传播内容的能力。

在我国，自 2008 年以来，社交媒体平台从最初的博客发展到后来的微博、微信。不论是新媒体还是传统媒体，越来越多的媒体接入社交功能，同时催生出更多细分的社交形态。在今天，媒介化与社会化日趋融为一体，社交媒体已将传统媒体的内容导向转变为新的连接导向。

社交媒体营销（social media marketing）也称社会化媒体营销，是指企业或组织为了实现营销目标，满足目标市场的需求，利用社交媒体工具，所采取的一系列行动和整合手段。每个社交媒体平台或者社交媒体渠道都有不同的特征和功能，企业在制定社交媒体营销行动方案时应当考虑不同社交媒体的特点。

随着社交媒体的不断发展，消费者越来越倾向于通过微信、微博等社交平台对意向购买的商品进行了解、讨论。这些社交网络能在营销活动中发挥重要的作用，一些国际化的大企业早已开始使用社交媒体和客户进行交互以提高销售的效率。在此情况下，社交媒体营销作为一种新兴的营销方式逐渐受到重视。

（四）信息流广告提升市场营销质量效益

数字经济和社交媒体的发展，使得信息流广告在提升市场营销绩效和质量效益方面的作用日益凸显，引起了市场营销学科的高度关注。信息流（feeds）广告是指位于社交媒体用户的好友动态、资讯媒体和视听媒体内容流中，符合用户使用原页面的行为习惯，将产品信息作为内容融入用户社交生活的广告。信息流广告于 2006 年由脸书（Facebook）首先推出。随后推特（Twitter）、Instagram 和领英（LinkedIn）以及 QQ、微博和微信等社交媒体也相继推出信息流广告。

信息流广告最大的特点就是将广告融入内容，为消费者提供沉浸式体验，提高信息流广告与用户之间的相关度，达到"广告即内容"的效果。这种广告形式与社交媒体中的用户动态形式一致，不易被忽视，既能产生较好的效果，又不易让用户产生反感情绪。

实现个性化、差异化的精准投放是信息流广告的另一大特点。利用大数据分析，依据历史浏览记录、消费行为充分挖掘用户的喜好，并将用户进行分类，达到将每一个用户都标签化的效果，以此实现信息流广告的精准投放，使广告投放效果最大化。

承载信息流广告的载体是各类社交媒体，而微信、QQ、微博等社交媒体拥有海量的用户。在用户群体数量庞大的基础上，精准的广告投放具有使效果倍增的巨大潜力。

媒介、受众和广告三因素会影响信息流广告的传播效果。首先，媒介自身的服务质量，包括操作是否便利、是否安全可靠等，会影响信息流广告的投放效果。其次，媒介本身的知名度无疑会影响广告效果，知名度高的媒介会促使用户对信息流广告的认知和行为产生改变，起到积极作用。

若信息流广告能够引起很多好友的参与，则用户会增强对广告的注意力，因此提高用户的参与度会增强广告效果；消费者创新性也会对广告效果产生显著影响，一般而言，消费者创新性越强，信息流广告的效果越好；不过，倘若消费者感觉自己的隐私受到侵犯，就会对广告产生负面的态度。

广告要素包含图文、视频等形式，用户对不同要素的喜爱程度不同，所以广告要素设计的形式直接影响用户对信息流广告的评价。

三、致力质量提升的市场营销创新

中国市场营销学科的质量提升主要体现在瞄准数字经济最新发展、积极参与甚至引领世界市场营销理论研究、不断完善市场营销理论体系、开设最新市场营销课程、运用最新数字技术提升市场营销教学质量、教材建设在坚持全球视野的同时更多关注中国问题、人才培养更加注重借鉴国外最有效的方法、积极拥抱数字经济时代方面，提出新概念，研究新问题，构建新格局，多出好成果。其中口碑营销、数据库营销、文化营销、宏观营销等国外先进的营销技术方法被大量引入中国市场营销学科建设。

（一）口碑营销

口碑传播（word-of-mouth spread）是由个人或群体发起并进行的，关于某一特定产品、服务、品牌或组织的一种双向的信息沟通行为。口碑营销是把口碑的概念应用于营销领域的过程，即吸引消费者、媒体以及大众自发注意，主动地谈论品牌或公司以及产品，使产品得到消费者的认可，并转化为消费者谈论的乐趣。口碑传播是自发性和主动性的，这也是媒体报道的价值所在，由此形成良好品牌效果的过程就叫作口碑营销。

张中科针对消费者移动口碑传播机理进行了系统研究。面对移动互联网发展和企业市场营销新趋势，借鉴传播学、营销学和心理学等多种学科的理论，结合移动互联网本身的特性，按照移动口碑产生和发展的动态过程，把消费者移动口碑传播分为接收、接受和传播三个阶段，并构建了消费者移动口碑传播系统模型，进而应用多层线性回归、结构方程以及实验设计等多种方法，对影响消费者心理和行为的口碑信息来源、信息本身以及接收者自身等多种心理变量在各个阶段的不同影响，进行了深入的系统性研究，最后对消费者移动口碑传播过程进行了系统、科学的解释。[①]

学术界还应用社会资本理论和社会临场感理论对消费者移动口碑接收进行了实证研究。结果发现，微信用户社会资本的三个维度即结构资本、关系资本和认知资本对微信口碑影响力具有显著正向影响。其中，结构资本对微信口碑影响力的影响最大。微信用户的社会临场感对微信口碑影响力没有直接影响，但是在社会资本影响微信口碑影响力的过程中具有反向的调节作用。在移动互联网环境中，通过智能手机等移动终端，企业和消费者都可以获得自己的价值，而且这些价值是融合在一起的，这为企

① 张中科.消费者移动口碑传播机理研究.北京：知识产权出版社有限责任公司，2019.

业开展移动口碑营销提供了很好的机会。企业可以通过充分利用移动媒介、获得消费者许可、建立与消费者的信任关系、强化与消费者的交流互动、提供良好的消费者体验、提高移动口碑内容价值、提升移动口碑传播效果、扩大移动口碑信息传播范围、促进移动口碑传播的更新和循环等措施，来提高企业移动口碑营销实践的效果。[①]

（二）数据库营销

数据库营销是一个全新的营销概念，是营销领域的一次重要变革。数据库营销（database marketing，DBM）是企业收集和积累消费者的大量信息，经过处理后预测消费者购买某种产品的概率，借助这些信息对产品精确定位，有针对性地传播营销信息，以达到说服消费者购买产品的目的。

数据库营销需要经过系统的顾客数据统计分析，准确进行市场细分和定位，进而实施创造性、个性化的营销策略。数据库能够及时反映市场的实际状况，是企业掌握市场的重要途径。高度理性和个性化的营销策略是数据库营销的灵魂。同时，数据库营销可以发现和创造新市场、维持现有市场，可以与消费者进行高效的、可测量的、双向的沟通，真正实现消费者对营销的指导作用。此外，数据库营销还意味着创造力、判断力、直觉、团队精神和洞察力，它需要"亲密感"，需要深刻地理解人、机器以及错综复杂的关系和系统。数据库营销是技术与文化的交融，是过程与目标的结合，是消费者与企业的联姻，数据库营销在商业活动中是被高度整合的营销。

市场营销学者研究表明，企业在市场营销实践中搜集、积累了大量的市场数据资料，涉及市场状况、客户需求、供货商、竞争者、未来趋势等重要信息。然而，现实情况是数据的超载与无结构化使企业决策部门无法有效利用现有资料，甚至会使决策行为产生混乱。企业如果能通过数据挖掘技术从巨量的数据库中发现不同的信息与知识，用来支持科学决策，就能获得竞争的差别优势。数据挖掘要处理的问题，就是在庞大的数据库中

---

① 张中科，宋文丽，刘爱英. 手机依赖和信任对消费者移动口碑接收的影响研究. 财经论丛，2015（9）：84-90.

寻找出有价值的隐藏事件，并将这些有意义的信息分析、归纳以形成结构模式，供企业决策时参考。数据挖掘看重的是数据库的再分析，包括模式的构建或是资料特征的判定，其主要目的是从数据库中发现先前关心却未获悉的有价值信息。

（三）文化营销

1. 文化营销的内涵和层次

文化营销是指企业有意识地通过发现、培养或创造某种核心价值观念，针对企业面临的目标市场的文化环境采取一系列的文化适应和沟通策略，以实现企业经营目标的一种营销方式。文化营销的实质性内涵在于核心价值观念的培养和塑造，以文化为媒介，通过策略的调整达成与顾客及社会公众全新的利益共同体关系，进而达到使顾客满意的目的。文化营销可以从产品、品牌、企业文化几个层面渐次推进开展。

一是产品层面。从文化营销的视角来看，产品是文化价值观的实体化或载体，这一层面的文化营销是推出能提高人们生活质量、推动物质文明发展的产品或服务，引导一种新的、健康的消费观念和消费方式。如海底捞的产品和服务就体现了一种新的餐饮消费文化。

二是品牌层面。品牌有无优势主要取决于品牌是否具有丰富的个性和文化内涵。品牌背后是消费者的文化认同和价值选择，因此，品牌层面的文化营销具有更大的增值张力和增值空间。比如，海尔的"真诚到永远"就迎合了消费者对真诚这一传统价值观的珍视，并在市场实践中充分体现了其品牌文化所蕴含的魅力。

三是企业文化层面。企业文化是指导和约束企业整体行为、员工行为及企业风格的价值理念。企业文化层面的文化营销指在营销过程中，将企业的产品或服务文化、企业及员工的行为文化、组织的机制和制度文化，特别是企业的精神、价值观、伦理等理念文化，通过整合有效地传达给公众。如诺基亚的"科技以人为本"就体现了诺基亚尊重、重视人的价值的鲜明企业理念，使公众产生了深刻共鸣和认同。

2. 文化混搭产品

郭晓凌等系统研究了文化混搭产品的消费者反应。所谓文化混搭产品，是指一个产品中包含两种或两种以上不同文化的特质要素。在中国市场上，作为全球文化载体的全球品牌采用品牌延伸策略，推出许多包含中国传统文化特色的新产品。研究者聚焦于文化混搭产品的文化含义，从其包含的全球文化、当地文化和品牌自身的文化意义出发，探讨感知品牌全球性、产品当地文化象征性和品牌延伸真实性对消费者行为意向的影响。

研究者分别以星巴克月饼和肯德基油条两类典型文化混搭产品为对象进行两次问卷调查。研究结果表明，中国当地文化象征性和品牌延伸真实性可以促进消费者对于此类产品的积极行为意向，感知品牌全球性的影响相对较弱。对于星巴克月饼，产品感知质量和感知声望在这一过程中发挥中介作用，而肯德基油条仅以感知质量为作用路径。这项研究对于全球品牌和品牌延伸领域的探索具有一定的理论贡献。一方面，在中国这样一个日益开放和全球化的市场上，品牌全球性在消费者选择中的相关性渐弱，而文化混搭产品与母品牌本身在标准、传承、风格和本质等方面保持一致并且产品具有当地文化象征性变得更为关键。另一方面，该研究拓展了品牌文化延伸的相关研究，创新性地从文化角度提出了全球品牌文化延伸的决定因素，对全球品牌利用品牌文化内蕴和当地文化资源更有效地实施当地化战略具有指导意义。①

（四）宏观营销

罗杰·雷顿（Roger A. Layton）和桑福德·格罗斯巴特（Sanford Grossbart）在 2006 年提出了宏观营销研究在 21 世纪面临的四类挑战性的问题：（1）竞争与市场。具体包括市场竞争的结果、非竞争与市场、市场的性质和角色。（2）营销伦理与分配公平。具体包括市场效率和不公平、评价营销社会风险时的道德和伦理议题、作为奉献和延迟满足的力量的营销。（3）营销与发展/全球政策与环境。具体包括作为一种和平与冲突力量的营销、国家发展中的营销与机制构建、营销在不同社会和地区的适应性。（4）生活质量。具体包括奉献、延迟满足和生活质量及代际生活质量的权衡等。

通过梳理 21 世纪最初十余年发表在《宏观营销学报》上的学术文章，

---

① 郭晓凌，谢毅，王彬，等. 文化混搭产品的消费者反应研究. 管理科学，2019，32（4）：130－144.

可以发现宏观营销研究视角更加开阔，研究方法更为多样，呈现以下几个重要趋势。

一是涌现了许多探究营销与可持续发展关系的文章。由于全球气候变暖、能源紧缺、环境保护等问题在 21 世纪变得更为紧迫，许多学者开始关注消费主义与可持续发展、环境的可持续性、营销伦理和社会责任营销等问题。

二是宏观营销研究具有更为突出的全球化视角。这一方面体现在大量的研究文章开始关注发展中国家，尤其是中国、印度、越南、土耳其等新型工业化国家或者转型国家的宏观营销问题。另一方面则体现在学者开始从全球化的视角来研究家庭消费决策和跨国企业行为。此外营销形态的全球化、发展中国家的营销发展历史也引起了学者的兴趣。

三是对于消费者的研究更加深入。除了围绕消费者权益的研究，宏观营销学者开始探究消费者参与生产、消费者与厂商合作这一逐渐普遍的营销现象。

四是信息技术对宏观营销的影响成为一个研究重点。计算机和互联网通信技术的日新月异，个人电脑和手机的普及极大地改变了消费者的生活方式和企业营销活动的实施环境，使得信息技术成为影响营销系统的一个重要因素，《宏观营销学报》甚至为此推出了专刊来探讨信息技术与营销的关系。①

四、市场营销新环境推动市场营销学科提升质量

（一）市场购买力为市场营销质量提升奠定坚实基础

改革开放促进了城乡消费者购买力大幅度提高。为了满足人民美好生活需要，党和国家在加强市场体系建设的同时，还加快了商品流通现代化步伐，严厉打击制假售假、非法传销、商业欺诈、盗版侵权等违法犯罪活动。根据人民群众的现实需要和未来需求趋势，设计生产适销对路的产品，坚持以需定产，逐渐成为越来越多生产企业的共识，企业管理者的市场营销观念进一步强化。

---

① 郭国庆．营销思想史论．北京：高等教育出版社，2019：235．

党中央反复强调，提高产品质量是兴国之道，也是提高经济效益和竞争力的根本之策。各级政府部门注重引领企业采用国际标准，推广先进技术，加强认证认可工作，强化质量管理，使各行各业产品和服务质量不断提高。

在此期间，党中央提出大力发展服务业。放宽市场准入，改善发展环境，推行现代经营方式和技术，使传统服务业得到进一步发展。同时，采取多种措施，积极支持和鼓励现代服务业加快发展。由此，也推动了服务市场营销理论研究、课程创新、教材建设和教育教学改革。

（二）增加农民收入要求提升农产品营销质量

2001年以后，为了增加农民收入，提高农村市场购买力，党中央积极推进农业结构调整，更加强调农业生产的市场导向，即根据市场需求现状及其发展趋势安排农业生产。通过政策支持、加强信息服务和技术服务，引导农民按照市场需求调整种植结构、品种结构，发展畜牧业和水产养殖业，推进农业生产区域布局调整。各地大力推广"公司＋农户""订单农业"等方式，发展农业产业化经营，带动千家万户农民进入市场。

农业农村新发展为市场营销学科增添了新使命新任务新课题，研究农产品市场营销、农产品物流、农产品分销渠道、品牌农业、观光农业等问题的论文逐渐增多，开设多门与农产品营销有关的课程成为各地农业大学市场营销学科建设的一个新趋势。

（三）国家发展战略呼唤市场营销学科提升质量

十一届全国人大二次会议上的政府工作报告提出，把扭转经济增速下滑趋势作为宏观调控最重要的目标，把扩大国内需求作为促进经济增长的长期战略方针和根本着力点，增加有效需求，加强薄弱环节，充分发挥内需特别是消费需求拉动经济增长的主导作用。一是培育消费热点，拓展消费空间。例如，完善汽车消费政策，优化消费环境，加快发展二手车市场和汽车租赁市场，引导和促进汽车合理消费。二是大力发展社区商业、物业、家政等便民消费，加快发展旅游休闲消费，扩大文化娱乐、体育健身等服务消费，积极发展网络动漫等新型消费。三是加快建设"万村千乡"市场工程，推进连锁经营向农村延伸，大力开展"家电下乡""农机下乡""汽车、摩托车下乡"等工作，使企业增加销售、农民得到实惠。四是加强城乡消费设施和服务体系建设，规范市场秩序，维护消费者合法权益。五是出台鼓励消费的政策措施，积极发展消费信贷。在市场营销学科建设中，必须坚持人民立场，人民利益至上。要让市场营销成为满足人民日益增长的美好生活需要的有力工具，切实保护消费者权益，讲求市场营销道德和企业社会责任。在线市场调研、品牌权益、品牌形象、客户投诉处理、客户让渡价值等成为市场营销教学研究的热门主题。2002 年中国人民大学在全国高校中首批设立市场营销管理专业硕士点、博士点，之后，又新设立了博士后人才培养体系。

第 2 节　高质量发展的市场营销学科

一、市场营销学科为中国企业走向国际化贡献力量

在经济全球化深入发展、国际竞争日趋激烈的新形势下，只有顺应世界发展潮流，坚持扩大对外开放，才能更好地利用国内国外两个市场、两种资源，加快发展。

我国实行以质取胜和市场多元化战略，贯彻落实各项鼓励出口的政策，努力扩大出口营销。一方面积极调整出口商品结构，进一步扩大机电产品出口，加快纺织、服装、轻工等传统出口商品的升级换代，提高高新技术产品的出口比重，扩大农产品出口。另一方面，积极开拓国际市场，特别是大力拓展非洲、拉美、东欧、独联体等新兴市场，积极发展与周边国家及发展中国家的经贸关系。鼓励国内有比较优势的企业到境外投资办厂，开展加工贸易，合作开发资源，继续发展对外承包工程和劳务合作。

2003 年，我国的外贸依存度达到 60.1％，其中，出口依存度达31.1％，我国开始呈现出国际竞争国内化、国内竞争国际化的特点。中国企业在致力于满足国内外两个市场需要的实践中，面临跨国公司和国际名牌的挑战。在一定意义上，国内外市场从产品竞争时代进入品牌竞争时代，迫切需要实现"中国产品向中国品牌转变"。

2003 年 3 月"两会"指出，要创造名牌优势产品，不仅在国内市场竞争中抢占先机，而且要到激烈的国际市场开拓发展。从国际市场来看，据联合国开发计划署统计，名牌在全球品牌中所占比例不到 3％，但市场

占有率高达 40％，销售额超过 50％。以名牌为纽带，构建全球性的生产和销售体系，把名牌作为控制和配置资源及生产要素的手段，利用名牌抢占和控制市场，提高市场占有率，已经成为跨国公司重要的经营策略和竞争战略。从国内市场来看，2002 年，在 80 多种消费品中，销量位列前十的品牌市场份额达 62％，其中家电类品牌占比高达 80％以上。品牌已经成为企业和国家竞争力的直接表现。创立品牌，培育名牌，已经成为企业市场竞争的主要手段，品牌观念深入人心。

在此时代背景下，国际市场营销已成为许多高校市场营销本科专业的必修课程。有关国际市场营销、企业国际化经营的多项研究项目，先后得到国家自然科学基金和国家社会科学基金的资助。

二、支持农业产业化发展，加强农产品市场营销战略研究

党的十六大召开之后，党中央大力促进农业产业化经营，扶持龙头企业，推广"公司＋农户""订单农业"等多种形式，发展农产品加工、储运、保鲜等产业，提高农业的后续效益。在此过程中，农产品营销引起了各级政府的高度重视。不仅如此，市场营销在引导乡镇企业结构调整、技术进步和体制创新方面也发挥了不可替代的重要作用。发展小城镇，繁荣小城镇经济，积极稳妥地推进城镇化，拓宽农民的就业空间和增收渠道，也离不开市场营销的贡献。

农产品市场营销促进了农村消费市场开拓，农产品市场信息体系得以建立和不断完善。党和政府致力于加强农村流通体系和市场建设，充分发挥农村现有流通网络的作用，支持城市流通企业经营网络向农村延伸，为农民增加消费提供便利。

党和政府在重视农产品营销的同时，还注意充分发挥市场营销在城市发展和国有企业改革中的作用。中央领导同志曾多次指出，"所有企业都要从严治企，苦练内功，着力抓好成本管理、资金管理和质量管理等薄弱环节。要根据国内外市场变化，正确制定企业发展战略、技术创新战略和市场营销战略"，要"坚持质量第一，采用先进标准，更新和优化产品结构。努力开发有市场需求的新技术、新工艺和新产品；鼓励增产适销对路

产品，特别是名优产品"。① 从数字技术、互联网技术和信息化技术发展的最新趋势出发，对市场营销提出新要求，"要在企业技术开发和生产营销、社会公共服务、政府行政管理等方面广泛应用数字化、网络化技术，把工业化和信息化更好地结合起来"②，要"加强和改进企业质量、成本、营销管理。加快企业管理现代化、信息化建设"③。

三、为城市发展贡献市场营销力量

（一）城市营销

在国外，城市营销的实践最初出现于 19 世纪 50 年代美国西部大开发时期。20 世纪初期，欧洲的一些滨海城市开始尝试以促进旅游为目的的城市营销。进入 21 世纪以来，世界各地的城市都在竞争有限资源以谋求自身发展，城市营销成为增强城市竞争力、繁荣区域经济、促进社会和谐的有效工具。

参照科特勒等学者的相关定义，我们可以把城市营销理解为：从城市顾客需求出发，合理配置资源，通过满足顾客需求，来提升城市核心竞争力，实现政府战略目标的过程。具体来讲，就是以城市的现有资源、城市形象以及城市的前景为产品，以投资者、旅游者、现有或潜在居民等为顾客，通过满足城市顾客需求而增进城市发展动力和竞争力的战略规划实施过程。这一过程包括城市顾客市场需求的调查、分析和预测，城市营销机会的识别、评价和选择，城市营销组合策略的制定与实施，城市营销活动的规划、实施和控制等。

城市营销中的营销组合因素，也可概括为 4P（产品、价格、渠道、促销）。产品可以是用以满足城市顾客需要的城市资源、形象、建筑、设施等。价格是城市顾客取得这些产品所付出的代价，包括各种收费等。渠道是城市顾客得到自己所需要的产品所经过的途径和所采用的方式。促销则是广告、公关、宣传等各种沟通传播活动。

---

① 朱镕基. 政府工作报告：2000 年 3 月 5 日在第九届全国人民代表大会第三次会议上. 人民日报，2000 - 03 - 17（2）.

② 朱镕基. 关于国民经济和社会发展第十个五年计划纲要的报告：2001 年 3 月 5 日在第九届全国人民代表大会第四次会议上. 人民日报，2001 - 03 - 17（2）.

③ 朱镕基. 政府工作报告：2002 年 3 月 5 日在第九届全国人民代表大会第五次会议上. 人民日报，2002 - 03 - 17（1）.

城市营销是市场营销学科的一个新兴分支。经济全球化日益加剧，世界各国的城市都在吸引人才、吸引投资、吸引游客等诸方面展开了激烈的争夺。增强城市竞争力，需要政府加大资金投入，加快市政建设，动员各方力量付出努力，而其中尤为重要的是提升城市营销的能力。城市营销的能力可以从城市品牌、营销建设、营销沟通、网络营销以及营销效益等方面得以体现，与以往人们所理解的政绩工程、形象工程、市长工程等"城市经营"的做法大相径庭。

城市营销与一般营销的相似之处，在于它也要调查预测城市顾客的现实需求和潜在需求，也要从满足顾客需求出发配置资源、安排城市营销组合，也要进行市场细分、市场选择和市场定位等。城市品牌化是城市营销的制高点。每一个成功营销的城市，都有其独特的品牌。这就需要城市管理者从战略规划、形象塑造、基础建设、文化保护与创新、宣传推广、协调管理等各个环节精心设计，付出智慧和努力。只有这样，才能借助旅游营销，打造宜游城市，吸引众多游客；只有这样，才能更好地优化投资环境，建成宜业城市，支持投资者发展事业；也只有这样，才能真正注重城市的人居品质。

钱明辉等学者针对城市品牌化战略执行层面影响因素进行了实证研究，通过合理的逻辑分析提出了城市品牌化执行层面影响因素的测量量表以及关于这些因素作用机理的研究假设和模型，并以我国 32 个城市的样本数据为依据，运用实证研究方法，证明了城市品牌识别、城市品牌结构、城市品牌沟通、城市品牌定位以及城市品牌审计对城市品牌指数的正向影响。在此基础上，城市品牌管理者可以通过精心设计城市品牌化战略执行层面影响因素的组合，充分发挥好各要素的协同作用，促进城市品牌化的成功。[①]

钱明辉还将城市品牌与政府信息化有机结合起来进行科学研究，致力于探讨城市品牌成功要素的作用机理，构建起城市品牌飞轮模型，并就该模型展开实证检验和案例分析。同时，将研究的触角延伸到政府信息化领域的政府网站建设问题。其专著《城市品牌与政府信息化》[②] 通过对中国

① 钱明辉，徐枫，李妍嫣. 城市品牌化战略执行层面影响因素的实证研究. 财贸经济，2009（10）：113 - 119.

② 钱明辉. 城市品牌与政府信息化. 北京：商务印书馆，2011.

主要城市政府网站建设开展实证研究，专门探讨了基于城市品牌的政府网站建设模式和建设策略，无论是在城市品牌的研究领域内还是在政府信息化的研究视野中，这都具有一定的创新意义。

市场营销学者明确指出，城市营销和城市经营存在明显的差异。城市经营事实上是一个更热门的概念，常常被错误地与城市营销概念相混淆。在我国，城市经营从理论研究到实际操作，都倾向于通过市场手段来增加城市财政收入，为城市建设和发展提供资金支持，比如土地的市场运作，道路、广场等的命名等。因此，城市经营实质上属于城市管理（city management）范畴的问题。

城市营销（city marketing）则是一个城市通过更好地满足投资者、旅游者、居民的需求，充分体现以人为本的原则，进而培育和提升城市竞争优势的战略规划和行动。城市营销是城市发展长期战略的一个部分，要求城市有清晰和切合实际的定位，有专业化的战略规划，有目标明确的、建立在对城市顾客行为分析和研究基础上的高效率的营销控制。因此，虽然城市形象、城市品牌、广告、公关活动等营销概念和营销活动也常常以城市营销的名义被提出和实施，但从其目的和过程来看，仍不是完整意义上的城市营销，至多是城市促销（city promotion）。

进入 21 世纪以后，我国各城市认真贯彻科学发展观，不断创新城市管理理念。不少城市的文化创意产业有了迅速发展，城市形象塑造取得进步。城市营销对我国城市化进程和城市社会经济的发展，发挥着越来越重要的作用。

中国社会科学院财经战略研究院刘彦平教授多年从事城市营销理论与实践的研究探索，是我国成果卓著的城市营销专家。他曾多次赴国内外城市进行实地考察和调研，与国外城市营销专家也有着十分密切的联系。他是我国城市营销研究领域的拓荒者，致力于推动国内城市营销和品牌化的专业化发展，曾主持澳门、成都、扬州、苏州、西安、烟台多个城市的营销策划。其所著《城市营销战略》[①] 一书，成为国内外城市营销学界公认的重要文献。

---

① 刘彦平．城市营销战略．北京：中国人民大学出版社，2005.

在刘彦平的精心组织、主持下，我国第一部系列化的城市营销智库研究报告《中国城市营销发展报告 2009—2010：通往和谐与繁荣》于 2009年面世。此后，刘彦平又陆续主编出版了《中国城市营销发展报告 2014—2015：助力可持续城镇化》《中国城市营销发展报告 2016：国家战略视野下的城市营销》《中国城市营销发展报告 2017：国家品牌战略的城市担当》《中国城市营销发展报告 2018：创新推动高质量发展》《中国城市营销发展报告 2019：创新创业促进城市内生增长动力》《中国城市营销发展报告 2020：构筑城市品牌韧性》《中国城市品牌影响力报告（2021）：助力构建新发展格局》《中国城市品牌影响力报告（2022）：推动城市高质量发展》等。在上述报告中，刘彦平团队提出城市品牌影响力指数（city brand influence index，CBII），从城市文化品牌、旅游品牌、投资品牌、宜居品牌和品牌传播五个维度，分 20 个二级指标和 100 多个数据项目，对中国城市品牌的发展绩效进行评估与测量。同时还提出与 CBII 同构的省域品牌影响力指数（provincial brand influence index，PBII）及城市群品牌影响力指数（urban agglomeration brand influence index，ABII）概念及指数模型，以进一步考察城市品牌和区域品牌的互动规律与发展态势。系列报告选取中国 288 个城市、30 个省及 20 个主要城市群的年度品牌影响力进行评估与测量，深入探讨城市营销和品牌化的相关理论和现实问题。该系列智库报告基于数据分析、发展考察、理论聚焦及案例研究，从多个角度对我国城市（区域）品牌建设与发展提出对策建议，每年均作为社科智库系列和国家智库报告系列由中国社会科学出版社出版，产生较好的社会影响，获得学界和实务界的好评。

此外，刘彦平还著有《城市韧性与城市品牌测评：基于中国城市的实证研究》[①]、《粤港澳大湾区影响力报告 2018：基于四大湾区比较的视角》[②] 等学术专著，并在《中国软科学》《财贸经济》《城市发展研究》等期刊发表了大量有关城市营销的学术论文，其成果具有重要的理论价值和

---

① 刘彦平. 城市韧性与城市品牌测评：基于中国城市的实证研究. 北京：中国社会科学出版社，2021.

② 刘彦平，李超，王方方. 粤港澳大湾区影响力指数报告 2018：基于四大湾区比较的视角. 北京：中国社会科学出版社，2019.

实践意义。

（二）市场营销学科赋能红色旅游

发展红色旅游产业，加强红色旅游市场营销，不仅有利于传承中华优秀传统文化、革命文化和社会主义先进文化，也有利于促进区域经济增长，推动社会和谐发展。红色旅游营销推动了市场营销学科的发展繁荣。市场营销学者提出，要在明确认知红色旅游营销重要性的基础上，从多层面出发，善于利用现代信息技术和媒体技术，开展红色旅游市场营销，推动区域红色旅游产业全面优化和可持续发展。

在纪念建党 85 周年之际，国家旅游局于 2006 年 6 月—10 月在全国范围内组织开展了"沿着辉煌的足迹"——全国 85 列红色旅游专列纪念建党 85 周年大型主题活动。借助红色旅游营销，全国红色旅游经典景区、旅行社和媒体携手互动，大力营造红色旅游的声势和氛围，进一步推动红色旅游产品整合与市场推广，扩大红色旅游景区的影响力和美誉度，全面提升红色旅游的开发和管理水平，真正将红色旅游产品打造成为各地旅游业的重要品牌，促进红色旅游产业可持续发展。

习近平同志曾指出："上海党的一大会址、嘉兴南湖红船是我们党梦想起航的地方。我们党从这里诞生，从这里出征，从这里走向全国执政。这里是我们党的根脉。"[①] 在习近平同志的关心和支持下，2006 年 6 月 28 日南湖革命纪念馆新馆破土动工。受中共浙江省委和国家旅游局邀请，郭国庆赴嘉兴出席了新馆动工典礼和中国红色旅游营销论坛，在论坛开幕式上发表题为"以市场营销兴红色旅游"的主题演讲。

（三）国外学者看中国市场营销学科

2003 年，库纳尔·巴苏精辟地指出："尽管在 20 世纪主导营销活动、创造营销理论、传播营销知识的一直是西方国家，但是应当看到，由西方主导营销领域的现象已经走到了尽头。我相信，中国正在以营销强国的姿态崛起。市场营销对中国经济和全球经济的贡献可谓是空前的。也正因为如此，市场营销学者和营销知识在当今中国的重要地位可以称得上是前所

---

① 习近平. 用好红色资源，传承好红色基因 把红色江山世世代代传下去. 求是，2021（10）：4 - 18.

未有的。"

中国学者一直怀着强烈的担当意识和民族自豪感、责任感，在提升市场营销学科质量的过程中，充分发挥中华文化的特色优势，不断进取，有所突破，有所创新，力求为市场营销理论的创新发展作出应有的贡献。

第3节　高质量市场营销学科助力构建和谐社会

一、构建和谐社会呼唤市场营销创新

中共十六届四中全会提出了构建社会主义和谐社会的重大战略任务。此后，中共十六届六中全会通过了《中共中央关于构建社会主义和谐社会若干重大问题的决定》（以下简称《决定》），明确提出了构建社会主义和谐社会的指导思想、目标任务、工作原则和重大部署。《决定》指出，以人为本是构建社会主义和谐社会的根本出发点和落脚点。必须实现好、维护好、发展好最广大人民的根本利益，不断满足人民日益增长的物质文化需要。

2007年10月召开的中国共产党第十七次全国代表大会进一步明确了构建和谐社会与科学发展观的关系。党的十七大报告指出，社会和谐是中国特色社会主义的本质属性。科学发展和社会和谐是内在统一的。没有科学发展就没有社会和谐，没有社会和谐也难以实现科学发展。构建社会主义和谐社会是贯穿中国特色社会主义事业全过程的长期历史任务，是在发展的基础上正确处理各种社会矛盾的历史过程和社会结果。要通过发展增加社会物质财富、不断改善人民生活，又要通过发展保障社会公平正义、不断促进社会和谐。[1]

而市场营销是指以满足人类各种需要和欲望为目的，通过市场变潜在交换为现实交换，致力于满足人民日益增长的美好生活需要的一系列活动和过程。因此，市场营销的基本思想与构建社会主义和谐社会是相吻合的，不断加强营销创新，可以使其在构建社会主义和谐社会的过程中发挥

---

[1] 侯才. "和谐社会"具有深厚的文化底蕴和丰富的内涵. 科学社会主义，2004（5）：7.

显著的功效。

社会三元结构理论认为，现代社会包括三大社会部门：政治领域、经济领域和社会领域。从社会学的角度来理解，构建和谐社会的重要内容之一就是要实现这三大社会部门的良性运行和协调发展。毫无疑问，市场营销在构建和谐社会的进程中会发挥重要作用。

二、关于市场营销助力构建和谐社会的理论研究

(一) 市场营销助力实现地区和谐发展

政府部门服务于公共利益，政府改革的目标就是要使政府更有效率地提供公共产品和服务。这意味着政府首先需要更好地了解其服务对象，比如社会公众的需求，从而有针对性地提高现有公共产品的质量。而市场营销最先关注的就是如何更好地了解顾客需求，因此，许多市场营销原理（如市场调研、市场预测、市场细分、市场定位等理论与方法）可以应用于政府行政当中，提高政府效率。此外，在提供公共产品和服务的过程中，政府部门还需要与社会公众进行更加积极的沟通，以便公众更好地理解政府的行政方针、政策、规划。那么，应用市场营销中的一些沟通策略与技术，就可以使政府工作开展得更加顺利，达到既定的行政目标。

为构建社会主义和谐社会，针对我国社会和政府行政管理的现状，《决定》明确要求：政府的公共财政体制框架进一步完善，各级政府的事权和财权更加合理，城乡居民逐步享有均等化的基本公共服务，教育、医疗、就业、社保等公共产品的质量显著提高，符合社会主义市场经济体制要求的政府职能转变有较大进展，政府的经济调节、市场监管、社会管理和公共服务水平更适应广大人民群众日益增长的物质文化需要。为此，各级政府部门可以学习和应用市场营销理论与方法来提高管理能力，改善治理水平。近年来，城市营销理论越来越多地受到国内外学术界和政府部门的关注，我国的一些地方政府也已经尝试运用该理论，开展诸如地区品牌化运动等，来转变政府职能，协同各个社会利益群体，整合多方社会资源，推动地区的和谐发展。

(二) 市场营销助力企业创造社会财富

贫困是产生社会不和谐的重要原因，发展则是消除贫困的根本途径，

发展才能创造更丰富的社会物质财富,使人民群众的生活水平不断提高,社会生活更加和谐。《决定》指出,要通过发展社会主义社会生产力来不断增强和谐社会建设的物质基础。营利性组织为社会提供私人产品,是社会财富最直接的创造者。市场营销理论与方法最先就是从营利性组织形成和发展起来的,并在推动营利性组织进行社会财富创造方面发挥了巨大作用。近年来,随着新技术的发展和市场趋势的变化,一些新的市场营销理念和方法层出不穷,并且更多地强调营利性组织通过其内部以及其与外部环境之间的协调发展来实现价值创造。比如关系营销就为企业提供了一系列和谐处理其与内部员工、供应商、分销商、顾客、竞争者、社会影响者六个方面关系的理论和方法,通过协调各方利益相关者的利益,实现企业的经营目标;绿色营销则讨论企业如何正确处理与自然环境的关系,实现企业的可持续发展,获得更加长远的价值。

在我国,国有企业一直是国有经济的重要组成部分,是国民经济的重要支柱,肩负建设中国特色社会主义的重要使命。国有企业承担着国有资产保值增值、发展壮大国有经济的重要责任。在构建社会主义和谐社会的进程中,国有企业应增强责任感,努力创造良好的经济效益,为建设和谐社会提供有力支持和物质保障。而通过运用市场营销理论和现代高新技术手段,不断推进营销观念、营销组织、营销方式的改进和创新,国有企业能够更好地迎接经济全球化带来的挑战,抓住瞬息万变的发展机遇,不断取得国有企业改革的新成就,为和谐社会建设提供稳定支持。

(三) 市场营销助力非营利组织提升服务质量

非营利组织从事政府部门和营利性组织无力、无法或无意作为的社会公共事业,提供准公共产品。[①] 按照构建社会主义和谐社会的任务与目标,政府将进行必要的职能转变,在加强宏观管理的同时,减少其直接管理和微观管理职能,将行业性、社会性和公益性事务尽可能交给非营利组织。这也意味着,建设和谐社会,需要非营利组织不断提高其服务能力和水平,尽快地发展壮大,承担起相应的责任。

---

① 郭国庆,汪晓凡,李屹松.非营利组织体验营销的特征及组合策略研究.当代经济管理,2009,31(3):17-21.

但是，非营利组织因其所具有的非营利特性而无法从其提供的服务中获得组织成长所需的资金回报，只能以会员缴纳的会费、民间捐款或政府财政拨款等作为发展的资源。为此，非营利组织需要不断提高服务效率，赢得资助者和支持者的充分信任，以在竞争中胜出并获得持久的发展。而营销可以帮助非营利组织拓宽组织资源的吸收途径，使组织目标的实现更加顺利。比如通过运用营销的方法和手段，非营利组织可以更好地分析并确认公众的需求，据此提供正确的公共服务，并有意识地引导公众的健康需求；借助市场营销的技术、方法和工具，非营利组织可以把自身的宗旨和其他信息传达给公众，提升其在社会公众中的形象，扩大其在社会中的影响力，吸引公众的关注，刺激公众给予回报。事实上，越来越多的非营利组织已经在主动地开展市场营销活动，学术界也对非营利组织营销的相关课题表现出浓厚的兴趣。

总之，市场营销对于推动政府部门、营利性组织和非营利组织的和谐发展有着积极的意义。推广和应用市场营销理论与方法，并积极开展营销创新，能更好地服务于社会主义和谐社会的构建。

三、提升市场营销质量，助推和谐社会建设

进入 21 世纪之后，经济全球化趋势不断深入，科技进步日新月异，生产要素流动和产业转移不断加快。随着各国之间贸易、投资、技术、劳务等方面合作的加强，中国经济与世界经济的联系和相互影响不断加深。同时，中国经济社会发展也呈现出一系列新的变化：社会领域出现新矛盾、经济增长面临新制约、社会心理出现新变化、改革攻坚出现新特点、和平发展面临新环境。《决定》全面分析了新世纪新阶段的国际国内环境，提出了"面临的发展机遇前所未有，面对的挑战也前所未有"的科学论断，同时也提出了"全社会创造活力显著增强，创新型国家基本建成"的目标。面对这样的发展环境，更需要与时俱进地推进营销理念、营销组织和营销技术的创新，充分发挥市场营销在构建和谐社会中的积极作用。

（一）创新营销理念，丰富构建和谐社会的文化

营销理念创新是充分发挥营销对于构建和谐社会积极作用的前提。只有持续不断地推动营销理念的创新，政府、营利性组织和非营利组织三大

部门在建设和谐社会的过程中，才会更好地适应国内外环境变化的新趋势，营造出更加丰富的和谐社会文化氛围。

迄今为止，营销理念已经历了由生产观念、产品观念、推销观念到营销观念、客户观念和社会营销观念的演变。生产观念主张提高生产效率和分销效率，以低成本优势占领市场。产品观念强调生产高附加值产品，以产品优势扩展市场。推销观念（或称销售观念）主张积极推销和大力促销，以取得短期利润最大化。营销观念主张通过比竞争者更有效地满足目标市场需要求得组织的长远发展。客户观念则强调满足每一个客户的特殊需求。社会营销观念是对营销观念的补充完善，主张在制定营销政策时统筹兼顾组织内部、市场和社会三方面的利益。

目前，我国一些企业的营销观念仍停留在产品观念阶段，不重视对市场需求的调查；还有不少企业的营销观念处于推销观念阶段，很多营销手段或技术都被用来为短期的利润目标服务。而和谐社会强调的是发展更加全面、协调和可持续，不是大起大落，不是片面推进。因此，企业部门需实施营销观念创新，树立亲情营销、绿色营销、生态营销、全球营销等新观念。另外，我国政府部门和非营利组织对营销观念的认识有待深化，需要通过对营销理念的创新性学习和应用，提高组织服务效率，丰富构建和谐社会的文化内涵。

（二）创新营销组织，完善构建和谐社会的主体

营销组织创新是充分发挥营销对于构建和谐社会积极作用的保障。政府、营利性组织和非营利组织是构建和谐社会的组织主体，要想应用现代营销理念来改善组织绩效，就需要对原来不适应当前环境变化的组织结构进行调整。

从全球范围看，市场营销组织正在经历一场革命性的演变和创新，呈现出联合化、扁平化和概念化的趋势。面对国际市场形势的新变化，企业必须着手建立战略联盟，调整营销机构，实现营销组织的不断创新，增强财富创造能力。《决定》指出在整合社会管理资源的基础上，形成政府与市场分工明确、上级政府与基层政府分工合理、各类社会组织服务功能完善的互补型网状结构，更好地适应社会结构转型的需要。这也必然要求政府部门对以往那些不符合职能转变要求的组织结构进行调整和创新。在这方面，一些城市营销做得好的国家和地区政府在组织创新方面有很多可资借鉴的案例。同样，非营利组织也应更加灵活地应用现代营销组织的新形式，依靠一系列组织联合化、扁平化、概念化等的方法和手段，不断创新其为社会公众服务的组织形式，在提升准公共产品的质量水平和服务效率的同时，使自身进一步获得完善。

（三）创新营销技术，提升构建和谐社会的手段

营销技术创新是充分发挥营销对于构建和谐社会积极作用的关键。要提高组织营销工作的效率，除了树立正确的营销理念，调整营销组织的结构，还要善于吸收和利用世界先进的科学技术来创新组织的营销技术，不断提升营销技术手段。

面对科技发展日新月异的知识经济新时代，我国企业要更有效地满足不断变换的市场需求，就必须重视营销技术的创新，借助代理制、连锁经营、特许经营、物流配送等现代分销方式，运用柔性营销、事件营销、知识营销、零库存营销、无缺陷营销等最新营销方法，加强客户关系管理，提高市场营销的技术含量和创新力度，从而更好地发挥其在构建和谐社会中的积极作用。同样，政府部门和非营利组织在开展营销活动、推动组织和谐发展的过程中，也需要注意及时地吸收新的营销技术和方法，借助现代化的电子网络平台，不断丰富政府营销和非营利组织营销的技术内涵，增强其提供公务服务的水平和能力。

《决定》指出，我国是一个发展中的社会主义大国，目前正处于工业化、城镇化、市场化、国际化加速推进的历史阶段，经济体制、社会结构、利益格局和思想观念都在发生极其深刻的变化。构建和谐社会既面临挑战，也拥有难得的机遇。加强营销创新，抓住机遇，迎接挑战，可以使政府、营利性组织和非营利组织不断焕发生机和活力，创造出更加辉煌的业绩。在此过程中，企业应注重开展和谐营销。

和谐营销是指企业与社会环境、人、自身的和谐，以人为本，突出人在营销中的核心地位，进行全面、协调的营销，使企业走上可持续发展的路子。企业市场营销要顺应当时的经济、社会文化、竞争、政治法律、技术变革的宏观环境。企业与人的和谐包括本企业与其他企业，企业与消费者、供应商、分销商及各种社会公众的和谐。企业自身的和谐有企业战略

战术的和谐，管理层与营销人员的和谐，企业目标、使命、政策的和谐。市场营销行为要能从顾客的观点出发，全方位、高标准地满足顾客的需要。所有这些和谐，最终要使企业实现可持续发展，即企业把节约资源、保护环境放在重要位置，走出一条发展生产与保护环境、合理利用资源统筹兼顾的路子。和谐营销就是一个不断追求完善的过程，不仅是营销方式营销手段的变化，更是一种市场营销观念的创新，为的是使企业往更有利的方向发展。①

第 4 节　科学发展观引领市场营销质量提升

一、实施名牌战略

中国加入世界贸易组织之后，国外企业纷纷在中国寻找合作者开设合资公司，或以向中国出口产品的方式开拓中国市场。由于此前我国企业的品牌意识较为薄弱，忽视了本土品牌的开创和维护，造成了国外品牌在中国市场占有率迅速攀升、本土品牌错失发展良机的局面。在意识到品牌至关重要的作用后，我国地方政府纷纷实施名牌战略，对一些知名品牌企业采取政策扶持和奖励措施。这些与品牌发展相关的政策和措施，不仅使一些品牌获得了长足的发展，而且提高了企业对品牌的重视程度，挽救了一批因管理理念陈旧而沉寂于市场的老字号品牌。

实施名牌战略是树立和落实科学发展观的客观要求。长期以来，我国一直实行粗放型增长方式，主要依靠增加资金、资源的投入来增加产品的数量，生产方式上呈现出高投入、高消耗、高排放、不循环的特征，单位产品的能耗和资源消耗总量大大高于世界平均水平，在经济增长的同时付出了巨大的环境资源代价。2007 年，除煤炭外，我国经济发展需要的 40 多种主要矿产品都处于紧缺状态，资源约束趋紧、环境污染严重、生态环境恶化，这种经济增长方式使我国主要在加工制造环节参与国际分工，高增值的研发、设计、流通、营销等环节主要掌握在外方手里。

由于缺乏自主品牌，我国只能靠大量投入资源来保证增长速度。要继

---

① 郭国庆，钱明辉. 加强营销创新 构建和谐社会. 中国流通经济，2008（3）：53-55.

续保持较高的发展速度，就必须探索社会与环境相协调的发展道路。这就要求我们的产业链条向研发、设计、流通、营销等高增值的环节延伸，创立自主品牌，培育自主名牌。

进入 21 世纪以后，我国以培育出口名牌为重点开启了卓有成效的政府营销，大力实施名牌战略。先后确定了四批 118 个自主出口品牌，作为重点培育和发展的对象，给予资金支持和政策倾斜。同时，在境内外开展了一系列整合营销传播和宣传促销活动。包括：（1）在中国进出口商品交易会设立品牌展区，集中展示名牌商品；（2）制作名牌产品宣传画册和光盘，通过我国驻外使领馆经商参处和国际知名展会免费发放；（3）在美国和欧洲分别举办中国出口名牌展，以政府的名义整体推广我国的自主品牌；（4）与新闻媒体广泛合作，利用电台、电视、报纸、杂志和商务部政府网站对出口名牌进行重点宣传。声势浩大的政府营销活动在创造有利的舆论环境，唤起企业和社会的品牌意识，引导和帮助企业创立自主品牌、扩大出口等各方面都起到了积极有效的作用。

广东、江苏、浙江、山东、福建、宁波、厦门等地纷纷制定了本地区出口品牌发展规划，建立了跨部门工作机制，出台了配套扶持政策。在政府部门的推动下，经过国际营销实践和国际市场竞争的考验、历练，出口企业的品牌意识明显增强，涌现出海尔、科龙、美的、春兰等一批出口名牌。

（一）名牌建设规划

培育世界名牌，各级政府明确目标，密切配合，循序渐进。名牌建设涉及研发、设计、生产、流通、营销等各个环节，是产品性能、质量、特色、效用、文化、服务等要素的综合体现。实施名牌战略是一项系统工程，需要科研、生产、流通等各个部门的协调配合、共同努力，政府部门在自主出口名牌建设方面，制定周密的五年规划和中长期规划，建立相应的法律体系，将自主出口名牌建设工作纳入法制化、规范化的轨道，建立稳定、全面的政策支持体系，积极支持企业扩大自主品牌出口。

（二）建立国际市场营销网络

在市场营销学者的呼吁下，政府部门意识到，建立中国自主的国际营销网络，是推动企业实施出口品牌战略，开展全球化经营的关键所在。商务部从商品展览和广告宣传入手，利用中国进出口商品交易会、境外知名展会等促销盛会对出口名牌进行重点宣传，在重点市场集中投放广告，帮助出口企业直接进入终端市场，逐步建立自己的市场营销网络和销售服务体系，提高开拓国际市场的能力和核心竞争力。

（三）有重点地开拓国际市场

在国家有关部门部署下，将北美、欧洲、东南亚、北非中东这四个贸易往来多、发展空间大的区域市场作为重点，利用中央外经贸发展专项资金，充分考虑各国所需要的商品和所在国市场的特点，在不同市场选择不同的重点商品，采取各种不同的分销方式，将产品送达目标市场。在对商务部重点培育和发展的出口名牌进行动态管理、优胜劣汰的基础上，每年从高新技术产品、机电产品和传统商品中分别选择一批重点出口名牌，由政府投入一部分，企业配套一部分，聚焦目标市场，进行重点推广，收到了明显效果。

（四）支持出口名牌走向国际市场的政府营销

为了支持出口名牌产品走向国际市场，政府部门采取了一系列市场营销措施，积极有效地开展政府营销。首先，建立一套市场评价体系、严格质量标准，实行动态管理，加强监督评估。其次，对出口名牌建设的企业项目和政府项目给予资金支持和政策倾斜；对出口名牌进行全方位的宣传。再次，利用商务部政府网站、中国对外贸易指南、国际商报和驻外使领馆，通过现代化的信息网络，为出口名牌提供及时、准确、全面的市场需求信息，把名牌产品推向国际市场。最后，对名牌出口企业的自主研发、生产制造和物流包装等活动给予适当的经费资助和政策支持，致力于提高出口商品的科技含量和附加值。

（五）品牌理论研究结硕果

杨学成等研究了口碑信息对消费者品牌转换的影响机制。口碑信息分为正面口碑和负面口碑两种类型，其中负面口碑是指顾客彼此间诋毁某企业或产品的人际沟通行为，或者因交易不满意而不继续使用某一产品的顾客去告知其朋友避开此不满意经历的行为。负面口碑对消费者的态度和行为有更大的影响力，会影响消费者的品牌选择，导致消费者的品牌转换行为，不但会使企业利润下降，也会使顾客忠诚度降低。

　　关于消费者品牌转换行为，学者也进行了多方面的研究，如探讨消费者不满意引发的品牌转换行为，消费者抱怨、负面口碑与品牌转换之间的关系，以及消费者发生品牌转换的原因等。但是已有研究主要探讨的是消费者个人主观的认知感受（如价格、服务失误和竞争者的吸引力等）对品牌转换行为的影响，却没有探讨消费者是否会因为他人的影响（如接收到亲朋好友散播的口碑信息等）而发生品牌转换行为。中国市场营销学者关注负面口碑信息，研究口碑信息来源的专业性、口碑信息发送者与接收者之间的同质性和产品涉入度对消费者品牌转换意愿的影响，以加强人们对消费者品牌选择行为的理解，为企业的营销实践提供帮助。①

　　牛海鹏等研究了品牌体验对品牌忠诚的影响机制。在品牌研究领域，学者已经提出了很多概念架构和研究方向，包括品牌个性、品牌社区、品牌信任等。2009 年，市场营销学界提出了体验营销这一最新概念，基于体验的新品牌观念应运而生，越来越多的学者和企业家意识到为消费者提供品牌体验或许是新环境下营销战略制胜的关键，品牌体验成为又一新的研究方向。在体验经济时代，企业如何有效运用品牌体验增强顾客的品牌忠诚，已成为一个企业建立新利基市场的营销策略。品牌体验是否与品牌忠诚显著正相关？品牌体验是否会通过激发与品牌相关的行为（例如顾客满意），进而影响品牌忠诚？对于典型的高卷入度品类和低卷入度品类中的产品品牌，品牌体验对品牌忠诚的影响是否存在差异？为回答上述问题，市场营销学者选择典型的高卷入度品类（笔记本电脑）和低卷入度品类（牙膏）中的知名品牌为研究对象，通过问卷调查收集数据，展开实证研究，取得了阶段性研究成果。②

二、应对全球金融危机亟须营销理论创新

　　2008 年金融危机波及中国，使中国的出口大幅减少，大批工厂倒闭或减产，失业率上升。2008 年 11 月，中国政府为了应对危机，推出了进

---

　　① 杨学成，张中科，汪晓凡，等. 口碑信息与产品涉入对消费者品牌转换意愿影响的实证研究. 财贸经济，2009（7）：107-111.

　　② 郭国庆，牛海鹏，刘婷婷，等. 品牌体验对品牌忠诚驱动效应的实证研究：以不同产品卷入度品牌为例. 经济与管理评论，2012（2）：58-66.

一步扩大内需、促进经济平稳较快增长的十项措施，提出巩固扩大传统消费，积极培育信息、旅游、文化、健身、培训、养老、家庭服务等消费热点，促进消费结构优化升级。加强商贸流通体系等基础设施建设，积极发展电子商务。整顿和规范市场秩序，努力营造便利、安全、放心的消费环境。继续实施和完善鼓励消费的各项政策措施。大幅提高家电下乡产品最高限价，增加品种和型号，扩大补贴范围，完善补贴标准和办法，加强对中标企业的管理和考核，提高产品质量和服务水平。

市场营销学者针对调适性销售战略的影响因素及其成功关键进行了系统研究。调适性销售行为是指在与顾客接触的过程中或与顾客的多次交往中，销售人员基于对销售环境的根本了解而调整销售行为的一种行为模式。典型的调适性销售行为是指销售人员对每一个顾客或在每一次与顾客接触的过程中都采用不同的沟通方式并调整销售行为。与之相反，典型的非调适性销售行为是对所有人都采用统一的销售模式。

调适性销售战略的应用会给企业的成长发展带来诸多益处。首先，它有利于提升销售人员的工作绩效。懂得调适性销售技巧的销售人员，会在适当的场合下以适当的方式向适当的客户进行推销。销售人员智慧地工作比努力地工作更有成效。其次，调适性销售有利于销售人员与客户建立起长期稳定的合作关系。销售人员在调适性销售中会针对客户的具体特点和消费需求使用不同的沟通方式和销售方式，从而最大限度地满足客户需求，并发现客户长期的和潜在的需求，建立起与客户的长期合作关系。最后，调适性销售有利于拓展企业的客户类型。每个细分市场中都存在一些非典型客户，他们符合这个细分市场的一些特征，但还有很多特别之处。广告等沟通方式更多地关注细分市场中的典型客户，对非典型客户则缺乏吸引力。调适性销售则可以根据非典型客户的特点调整销售方式，使他们成为企业的现实或潜在客户。

随着经济全球化和信息化步伐的进一步加快，我国企业特别是保险业、零售业、金融业、酒店业等以人员销售为主的企业将面临更加激烈的市场竞争。要在激烈的竞争中脱颖而出，我国企业有必要积极实施调适性销售战略。因此，很有必要对调适性销售战略的影响因素、成功关键及其应用前景进行深入研究。①

三、转变经济发展方式需要营销模式升级

进入 21 世纪以后，我国社会经济发展不平衡、不协调、不可持续问题依然突出，经济增长下行压力和产能相对过剩的矛盾加剧，企业生产经营成本上升和创新能力不足问题并存，亟须转变经济发展方式，增强企业自主创新能力，提升市场营销质量。

市场营销学者在调查研究的基础上，明确提出在新的市场环境下，需要从战略上采取如下措施：一是稳定和扩大外商投资，特别是鼓励外商进入高新技术产业，着重提高外资企业的技术水平、产品质量；二是把扩大内需和稳定外需结合起来，在坚持扩大内需的同时，努力稳定外需；三是鼓励企业走出去，开拓国际市场。由于国家实行了"家电下乡"政策，家电产品的销售情况明显好转，一些创新产品订单比较多，具有自主创新能力的品牌企业表现突出。

市场营销学者指出，需要转变经济发展方式，再也不能故步自封、裹足不前，绝不能单纯地偏重生产制造，而是要注重研发、营销、物流等相关服务业的发展，加大研究开发的投入力度，不断提高营销网络和物流体系的效率，努力打造拥有自主产权的知名品牌。诸多城市的结构调整既着眼未来，又兼顾当前。就短期措施而言，抓内销、促企业转型；就长效举措而言，强研发、树品牌、推进企业营销模式升级。在 2008 年金融危机中，东莞最先垮掉的企业是那些无核心技术、无自主品牌和无营销渠道的"三无"加工企业，所以东莞在引导企业加快技术更新、产品升级和创建自主品牌方面狠下苦功。

市场营销学术界还提出，要积极引导和支持乡镇企业面向市场调整结构，提高管理水平和技术水平。通过市场营销培训，发挥企业管理者的积极性、主动性、创造性，变压力为动力，化挑战为机遇，适应市场变化，主动调整结构，积极拓展市场，努力培育新的经济增长点。着力转变发展

① 郭国庆，李屹松，汪晓凡. 调适性销售战略的影响因素及其成功关键. 经济理论与经济管理. 2009（7）：63-68.

方式，必须加快自主创新，形成具有自主知识产权的产品和品牌，提高市场竞争力和抗风险能力。

第5节　探索中小企业市场营销提升之路

2001年之后，我国中小企业的营销管理水平总体来讲还比较落后，具体表现为：营销观念较为落后，营销手段有待改进，营销组织建设落后，营销人才较为缺乏，营销创新动力不足，营销战略缺乏理性，忽视品牌建设等。为了提高中小企业的市场竞争能力，应该从推进营销观念创新、建设网络营销平台、创建联合营销组织、完善营销人才机制、培养营销创新文化、完善营销发展战略、重视品牌资产管理等多方面采取有效措施，提升企业的核心能力。

一、中小企业营销存在的问题

中小企业的蓬勃发展是我国经济体制改革和社会主义市场经济建设的必然结果。随着国民经济的不断发展和综合国力的不断增强，我国中小企业在营销管理方面取得了长足的进步，但与市场经济体制发展完善的总体趋势相比，与提升企业核心能力的客观要求相比，仍有欠缺。主要体现在以下几个方面：

（一）营销观念较为落后

随着社会主义市场经济的迅速发展，我国买方市场已经形成。"定制营销""以销定产""顾客至上"已是现代企业耳熟能详的营销口号。但在我国某些中小企业中，生产观念、产品观念、推销观念等传统营销观念仍占主导地位。企业不是按照市场需求组织生产，而是不经市场调研预测便急于投产，或依照过去的老经验安排产品组合。

（二）营销手段有待改进

一些中小企业虽已学会用先进的营销方式来武装自己，但是往往存在市场开拓力度不大、信息反馈机制不灵、市场需求趋势把握欠准等问题。不少企业的管理者把营销等同于推销，营销手段落后。许多中小企业未能借助现代化的互联网、专业信息机构、相关科研单位等渠道获取所需的信息，仅仅依靠自有力量或老经验、老手段。企业缺乏现代意识和创新意识，所采取的营销组合策略老套落伍，很难树立良好的市场形象。

（三）营销组织建设落后

我国中小企业虽然数量众多、行业面广，但普遍存在规模小、实力不强、经验不足、企业之间横向合作不足等问题，以致企业在发展过程中依赖自己的资源建立营销组织，在与资源雄厚的大企业竞争时势单力薄，处于不利的地位。企业的组织结构类型多为地理型组织、产品型组织或市场型组织，而矩阵式营销组织较为少见。此外，在营销组织建设方面各自为政、缺乏合作共享机制，也制约中小企业营销竞争力的提升。

（四）营销人才较为缺乏

人才是企业最核心的资源。现代意义上的企业竞争，归根结底就是企业间人才的竞争。谁拥有了人才资源，谁就取得了竞争的优势，能在竞争中取胜。中小企业大多资源缺乏，财力有限，很难为企业所需人才提供有竞争力的薪酬、福利与发展机会，因此，很难吸引到优秀的人才。中小企业没有形成科学有效的人才引进、培育和使用机制，尚未形成"人尽其才，才尽其用，用当其时，人才辈出"的良好氛围。

（五）营销创新动力不足

我国市场上的中小企业，大多是简单劳动密集型的加工制造企业，技术、资本含量极低，位于价值微笑曲线的最低端，只能赚取极其微薄的加工费用。因为这种生产模式对资本技术要求不高，进入门槛较低，所以大量的企业蜂拥而至，结果造成市场上产品供过于求，同质化严重。为了维持企业生存、打败竞争对手，中小企业又开始了激烈的价格战，进一步削薄了本就不多的利润，使多数企业面临生存困境。在这种情况下，企业即使想进行创新，也心有余而力不足，只能继续处于简单加工制造环节，继续进行低层次的价格战，形成恶性循环。

（六）营销战略缺乏理性

应变能力较强的中小企业尽管得以生存下来，但由于缺乏理性的营销战略指导，难以发展壮大。有些企业不具备实施差异化战略的资源条件，想当然地多元化、差异化发展；有些企业过分固守原有的战略，在自身已具备了相当的实力时，面对有利的市场机会，不思创新，缺乏理性，仍旧谨慎地实行聚焦战略；有些企业即使选定了需求多样性的高端客户，仍简单地实施低成本领先战略。总之，不少中小企业在实践中存在营销战略缺乏理性的现象。

(七) 忽视品牌建设

不少中小企业在营销实践中，往往只关注企业产品本身的销售，而忽视事关企业长远发展的品牌建设，缺乏长远的规划，资源投入也不足。企业在规模发展到一定程度后，往往会遇到巨大的发展瓶颈——产品品牌不响，价值无法提高，利润回报低，企业很难做大做强。2010 年南非世界杯期间，我国企业营销实践问题的严重性就已凸显。赛事期间，中国制造了大量的呜呜祖啦及比赛用品。然而，这些中国制造的产品却因没有自己的品牌，导致利润被压薄至极限。款式各异的呜呜祖啦在中国出厂价一般是 0.6～2.5 元人民币，而在南非可以卖到 20～60 兰特（约合 17.7～53.1 元人民币），中国企业加工赚取的利润不到 5%。如果再考虑环境成本等诸多因素，呜呜祖啦的生产者就是"赔本赚吆喝"。

二、提升中小企业营销能力和质量

借鉴国外中小企业营销管理的实践经验，结合我国中小企业的发展特点，要解决中小企业在营销管理方面存在的问题，全面提升其营销能力，应该从以下几个方面入手。

(一) 推进营销观念创新

由于我国中小企业中传统产业占有较大比重，而且有些中小企业为了获取超额利润，忽视了对环境和社会的影响，因此应当树立绿色营销、低碳营销观念。企业在选择产品生产技术、生产原料、制造程序时，应符合环保标准；在设计产品和包装时，应尽量降低产品包装或产品使用剩余物，以降低对环境的不利影响。企业应积极引导消费者在产品消费、使用过程中减少污染。在产品的销售过程中，注意节约资源，使经济效益和环境、生态有机结合起来，推动企业的可持续发展。

随着现代营销战略由产品导向转变为客户导向，客户需求及其满意度逐渐成为营销战略成功的关键。各个行业的企业都希望及时准确地了解和满足客户需求，进而实现企业目标。实践证明，不同子市场的客户存在不同的需求，甚至同属一个子市场的客户的需求也会经常变化。在此营销背景下，企业的营销战略必须及时调整，越来越多的企业开始由营销观念转变为客户观念或顾客观念（customer concept）。

所谓客户观念，是指企业注重收集每一个客户以往的交易信息、人口统计信息、心理活动信息、媒体习惯信息以及分销偏好信息等，根据由此确认的不同客户终身价值，分别为每一个客户提供不同的产品或服务，传播不同的信息。通过提高客户忠诚度，增加每一个客户的购买量，从而确保企业的利润增长。相比之下，营销观念强调满足每一个子市场的需求，而客户观念则强调满足每一个客户的特殊需求。

需要注意的是，客户观念并不适用于所有企业。一对一营销需要以工厂定制化、运营电子化、沟通网络化为前提条件，因此，贯彻客户观念要求企业在信息收集、数据库建设、电脑软件和硬件购置等方面大量投资，而这并不是每一个企业都能够做到的。客户观念最适用于那些善于收集单个客户信息的企业，这些企业营销的产品能够借助客户数据库的运用实现交叉销售。合理运用客户观念往往能带来异乎寻常的效益和收获。

对于服务营销、品牌营销、整合营销、口碑营销、体验营销等先进的营销观念，中小企业都要密切关注，并根据自己的实际情况，积极地加以学习、引进，在实践中不断总结、改进，使之真正为企业所用，创造价值。

（二）建设网络营销平台

网络营销是企业营销实践与现代化通信技术、计算机网络技术相结合的产物。它具有范围广、速度快、成本低，对企业规模没有绝对的限制，能平等地获取信息及平等地展示自己的优点。网络营销为中小企业创造了极好的发展空间，中小企业只需要花费极低的成本，就可以迅速建立起自己的信息网和贸易网，将产品信息迅速传递到以前只有财力雄厚的大企业才能接触到的市场中去，平等地与大企业竞争。网络营销方式能使中小企业跳过中间商而与消费者实现一对一的沟通，便于企业针对消费者的个别需要提供个性化服务。面对这种机遇，中小企业必须迅速调整营销渠道策略，充分利用互联网这一营销渠道，完善市场调研、信息分析、促销、电子交易和消费者互动服务等各种功能，更好地满足消费者需求和实现企业利润最大化的目标。

网络营销作为新的营销理念和策略，凭借互联网特性对传统经营方式产生了巨大的冲击。但不能片面夸大网络营销的作用，认为网络营销将完全取代传统营销。网络营销与传统营销的整合是一个务实的、创造性的过程。

（1）互联网作为新兴的虚拟市场，它覆盖的群体只是整个市场中某一部分群体，还有许多群体由于各种原因还不能或者不愿意使用互联网，如老年人和落后地区的群体，因此仍需要采取传统的营销策略和手段覆盖这部分群体。

（2）互联网作为一种有效的渠道有自己的特点和优势，但许多消费者由于个人生活方式不同，不愿意接收或者使用新的沟通方式和营销渠道，如许多消费者不愿意在网上购物，而习惯在商场一边购物一边休闲。

（3）互联网作为一种有效沟通方式，可以方便企业与用户之间直接双向沟通，但消费者有自己的个人偏好和习惯，可能愿意选择传统方式进行沟通，如电子报纸出现后，并没有冲击原来的纸介质出版业务，相反起到相互促进的作用。

（4）互联网只是一种工具，营销所面对的是有情感的人，因此一些以人为本的传统营销策略所具有的独特亲和力是网络营销没有办法替代的。随着技术的发展，互联网将逐步克服上述不足，在很长一段时间内网络营销与传统营销是相互影响和相互促进的，最后实现融洽的内在统一。可以预见将来再也没有必要谈论网络营销了，因为营销的基础之一就是网络。

总之，网络营销与传统营销是相互促进和补充的，中小企业在进行营销时应根据企业的经营目标和细分市场，整合网络营销和传统营销策略，以最低成本达到最佳营销效果，实现以消费者为中心的传播统一、双向沟通，实现企业的营销目标。

（三）创建联合营销组织

现代企业的营销组织呈现出联合化、扁平化和概念化的发展趋势，在激烈的市场竞争中，独立的企业"孤军作战"很难取胜。从现实看，我国中小企业规模小，实力不强，在与大企业的竞争中处于不利地位。因此，面对国内外营销形势的变化，中小企业之间可以开展合作营销。两个或更多的中小企业的联合营销是各中小企业在主体平等的前提下以市场为纽带，组成灵活的生产营销网络，使各自的相对优势在更大范围内得以更大程度地发挥。这既增强了合作各方中小企业的竞争力，又平抑了市场风险，保持并提升了市场份额。与此同时，中小企业应积极发展与大企业的合作，经营一些大企业不愿干、干不好的项目，为大企业提供配套的产品和服务以谋求发展。目前，大企业的规模扩张依赖于与众多中小企业的专业化协作以降低成本，减少风险。中小企业应抓住机遇主动与大企业合作，通过专业经营，逐步积累经验，携手共创未来市场。

在营销实践中，为了不使组织结构变得呆板、僵化和缺乏效率，企业必须适时地对营销组织重新调整，尤其是当出现如下情况时：

（1）外部环境发生变化。包括：商业周期的变化、竞争加剧、新的生产技术出现、工会政策变化、政府法规和财政政策变化、产品系列或销售方法的改变等。

（2）主管人员出现变动。新主管往往试图通过改组来体现其管理思想和管理方法。

（3）现存组织结构暴露出缺陷。有些缺陷是由组织本身的弱点造成的，如管理宽度过大、层次太多、信息沟通困难、部门协调不够、决策缓慢等。

（4）内部主管人员出现矛盾。

（四）完善营销人才机制

建立科学的营销人员分配制度和营销人员日常管理制度对于中小企业提升市场营销质量很重要。目前，许多中小企业对营销人员的分配制度是采用典型的单一销售额目标考核体系。这种分配制度对于销售人员的成长，尤其是新进人员的培养是极为不利的。因此，改革中小企业营销人员的分配制度成为提升营销能力的当务之急。具体做法是：

（1）变过去考核销售额的单一目标考核体系为多目标考核体系，将考核指标由单一销售额变为销售量、回款率、新客户开发率、销售增长率、客户满意度、市场占有率等多项指标。

（2）适当提高基本工资，建立富有挑战性的激励制度，并帮助营销人员做好职业生涯规划，将营销人员的个人发展与企业的发展紧密结合起来。

完善营销人员的日常管理制度，则应主要从以下几个方面入手：

（1）通过行政管理制度的建立，规范营销人员的行为。

（2）通过业务管理制度的建立，规范业务流程和个人业务行为。

（3）通过行动管理制度的建立，规范个人的市场行动，以保证必要的工作时间。制度的具体执行则可以依靠营销例会制度。通过营销例会的召开，做到上情下达、下情上报，共同探讨市场问题。同时表扬先进、鞭策落后，培养营销人员的归属感、荣誉感。

此外，企业还应该重视人才的引进和培训，积极引入优秀人员，做好相关培训，使营销人员能够很快适应企业，并掌握营销活动所必需的基本技能。

（五）培养营销创新文化

企业文化是企业健康发展和持续发展的保证，是企业的精神支柱和动力源泉。其他的资源可能枯竭，但唯独企业文化可以生生不息，为企业源源不断地注入新的活力。企业文化是否良好成为一个企业能否发展壮大的关键所在。中小企业要想提高营销管理水平，就必须致力于培养营销创新文化。企业营销中偶发性的创新不是真正的创新，只有依据企业营销环境等具体因素变化而变化且持续不断的创新才是真正的创新，而这种创新无疑需要一整套系统完善的鼓励创新的制度的支持。要给予创新者培训、资金、技术等方面的支持，并积极表扬创新成功者，宽慰创新失败者，最终在企业中培育一种创新文化。营销创新文化要具备如下特征：

（1）以人为本。以人为本就是在营销管理过程中对员工给予充分的尊重，让员工的才华得到最大限度的发挥，同时，使企业的发展与个人的发展相协调。员工对企业的满意度、忠诚度提升，将使其更加细心周到地为客户服务，从而有利于企业长期健康发展。

（2）追求创新。创新是企业生存与发展的关键，尤其是中小企业，更要把追求技术创新视为自己的灵魂。许多中小企业在创建营销文化的过程中，都把创新作为核心内容之一。

（3）团队合作。团队合作对于提升中小企业的营销绩效起着十分重要的作用，是企业在激烈的市场竞争中得以生存与发展的坚强保证。团队合作可以有效地避免部门之间或业务单元之间在营销实践中各自为战、自相残杀、竞相降价、互相拆台等。

（4）敬业精神。敬业精神是做好本职工作的重要前提和可靠保证。中小企业的创业者多数是有一技之长的专业人士，做事认真细致，具有较强的敬业精神。正是在这些创业者的影响下，敬业精神成为许多中小企业营销文化的重要内容之一。

（六）完善营销发展战略

中小企业营销发展战略的定位，无外乎确定企业的产品、价格、渠道以及促销等方面，其关键是中小企业如何围绕自己的核心能力来选择与其相适应的目标市场，同时千方百计地提供比其他竞争者更有竞争优势的产品。根据中小企业的发展特点，其可以选择的市场应具有以下几个特点：第一，市场范围比较分散，大企业进行生产时难以形成规模经济，同时，顾客对商品的需求是小数量、多样化的，而且对售后服务和交货速度要求较高。第二，产品的生产周期相对较短、更新速度快，顾客需求的地域性较强。特别强调，中小企业在所选择的市场上必须能够充分发挥自己的核心能力。第三，中小企业可以通过一系列的促销活动，将其获得的竞争优势准确地传递给目标顾客，并得到其认同理解。

中小企业可以从实施聚焦战略做起。聚焦战略是指企业在详细分析外部环境和内部条件的基础上，针对某个特定的顾客群、产业内一种或一组细分市场开展生产经营活动，充分发挥企业资源效力，为目标群体提供量体裁衣式的服务，赢得竞争优势。聚焦战略有两种形式：一种是企业寻求目标市场上的成本领先优势，称为成本聚焦战略；另一种是企业寻求目标市场上的差异化优势，称为差异化聚焦战略。成本领先战略与差异化战略都是要在行业范围内实现目标，聚焦战略却是围绕为行业内某一特定目标服务而建立的，并以这一目标为中心。

实施聚焦战略，企业能够划分并控制一定的产品势力范围。在此范围内其他竞争者不易与其竞争，所以企业的市场占有率比较稳定。通过目标细分市场的战略优化，企业围绕一个特定目标进行密集性的生产经营活动，可以更好地了解不断变化的市场需求，能够比竞争对手提供更为有效的产品和服务，提供更高的顾客价值和更好的顾客满意，从而获得那些以更广泛市场为经营目标的企业所不具备的竞争优势。尽管从整个市场的角度看，聚焦战略未必能使企业取得低成本和差异化优势，但它的确能使企业在其细分目标市场中获得优势地位。这一战略尤其有利于中小企业利用较小的市场空隙谋求生存和发展，使之能够以小搏大，在小市场做成大生意。

（七）重视品牌资产管理

品牌资产已经成为一个企业竞争力的标志。对于企业而言，没有强势品牌支撑的市场必然缺乏稳定性。2010年8月初，一份面向体育用品市场的研究报告称，中国本土品牌在未来3～5年仍会掌控低端市场。本土品牌以李宁、安踏、匹克、特步为代表，有很强的零售渠道控制能力以及与国内消费者良好的沟通能力。通常，与"低端"相捆绑的另一个关键词是"低价"。在2010年中国体育营销峰会上，时任安踏品牌总监徐阳坦言，相比耐克、阿迪达斯这类国外品牌，本土品牌的差距主要在品牌资产上。品牌资产的沉淀需要一个过程，这是本土品牌要补足的部分。对于现代企业来说，品牌日益成为生存和成功的核心要素之一。强势品牌意味着强市场地位和高利润。从某种程度上说，未来的营销就是品牌的战争。

品牌资产给企业带来的附加价值，归根结底来源于品牌对顾客的吸引力和感召力。它实质上反映的是品牌与顾客（包括潜在顾客）之间的某种关系。这种顾客关系不是一种短期的关系，而是一种长期的动态的关系。那些有助于增加顾客购买信心的记忆、体验和印象，以及在此基础上形成的看法与偏好，都是品牌资产的重要组成部分。

要提升品牌资产，就要在企业内部管理上多下功夫。可以从产品创新、企业管理、企业文化、技术资源等方面入手加强品牌资产管理。品牌名称和品牌标识物是品牌资产的物质载体，品牌知名度、品质认知度、品牌联想、品牌忠诚度和附着在品牌上的其他资产是品牌资产的有机构成，为顾客和企业提供附加利益是品牌资产的实质内容。因此，加强品牌资产管理，还要着力提高企业的品牌知名度、品质认知度、品牌联想和品牌忠诚度。

第6节 中国市场营销学科的新发展

一、国家自然科学基金资助市场营销学科研究项目

进入21世纪以来，国家自然科学基金委员会等机构加大了对市场营

销学科的资助力度，申报与市场营销相关研究项目的学者越来越多，2000—2010 年的具体情况如表 5-1 所示。2001—2005 年，市场营销学者关注的十大主题是营销方法、营销策略、顾客体验、服务设计开发、服务文化、关系营销、服务质量与价值创造、服务营销、组织间营销、品牌策略。2006—2010 年市场营销学者关注的十大主题是营销方法、品牌策略、营销策略、顾客体验、品牌价值、组织间营销、关系营销、服务营销、消费者认知与心理、消费者满意度与忠诚。

表 5-1　2000—2010 年国家自然科学基金委员会资助市场营销学科项目情况

	2000 年之前	2000 年	2001 年	2002 年	2003 年	2004 年	2005 年	2006 年	2007 年	2008 年	2009 年	2010 年
项目资助量（项）	19	5	6	6	11	13	20	24	22	27	31	46
资助总金额（万元）	176.1	55.6	71.9	84.5	138.6	198.5	405.5	493.0	453.0	759.2	694.1	1 172.0

资料来源：国家自然科学基金委员会管理科学部。

市场营销学者过去经常采用的研究方法有实验室实验、统计或计量经济学、问卷调查、田野实验、解析模型、结构方程模型等。2011 年以后，市场营销学者所采用的研究方法呈现多样化、多视角、跨学科、混合化趋势。

二、服务营销与体验营销的教学科研

（一）服务营销

早在 21 世纪到来之前，中国市场营销学者就已关注国外服务营销的发展，相关课程陆续开设，介绍国外服务营销的文章也陆续问世。不仅如此，学者还就如何建立中国特色的服务营销学开展了探讨。

服务营销学的教材体系和课程体系越来越彰显出中国特色。一是全面贯彻党的创新理论中关于服务、服务质量、服务营销等相关问题的重要论述。二是及时反映服务营销理论与实践的最新发展，尤其是互联网、物联网、大数据、人工智能、区块链等最新技术在服务营销中的应用，彰显服务营销数字化、网络化、智能化发展新趋势。三是更加关注中国服务营销实践的新发展，扎根中国大地，直面中国现实，坚定文化自信，更多地体现中国特色、中国智慧、中国方案、中国元素、中国气派。服务营销实质上是企业在市场细分的基础上，根据个人的特定需求来安排营销组合，向顾客输出便捷、愉悦、省时、舒适或健康等形式的附加价值或利益，以满足顾客特定需求的经济活动。服务营销的过程既是服务设计、展示、输出、传递的过程，也是顾客接受、消费、感知和评价服务的过程，是企业寻求差异化竞争优势的重要手段。总之，市场营销学者对服务营销概念、理论等问题的阐述，逐渐摒弃了"言必称西方"的做法。

从教材体系或课程体系的框架结构看，具有中国特色的服务营销学大致可分成三个单元。第一单元为服务营销战略，包括服务与服务营销、服务购买行为分析、服务营销过程与战略、服务目标营销战略、服务文化与顾客关系管理。第二单元为服务营销组合策略，按照服务营销组合 7P 展开，即服务产品与服务品牌、服务定价、服务分销、服务促销、服务有形展示、服务人员与内部管理、服务过程。第三单元为服务营销管理，包括服务营销规划与组织、服务质量管理。

2005 年，郭国庆主编的《服务营销管理》一书由中国人民大学出版社出版。多年来，该书被 200 多所高校指定为教材，受到社会各界的热烈欢迎。2020 年，《服务营销（第 5 版）》由中国人民大学出版社出版。

2006 年，武汉大学经济与管理学院市场营销与旅游管理系和香港城市大学商学院市场营销学系组建"组织营销研究中心"。

（二）体验营销

2001 年，美国著名未来学家阿尔文·托夫勒（Alvin Toffler）预言：服务经济的下一步是走向体验经济，人们会创造越来越多的跟体验有关的经济活动，商家将靠提供体验服务取胜。毫无疑问，人们的消费需求和欲望也随着体验经济的渐进发展而发生新的变化，人们更加期待某些不同寻常的产品或经历，并乐于体会由此产生的心灵感受。因此，面对新的消费心理和需求，企业应洞察先机，积极开展体验营销，提供能满足消费者体验需求的产品和服务，争得市场竞争中的优势地位。世纪之交，中国市场营销学者就已关注国外体验经济和体验营销的最新发展，针对体验营销的教材建设、课程建设和科学研究尤其是体验营销的概念、特征、实施策略和价值共创等问题进行了初步探讨。

1. 体验营销的概念

中国市场营销学者从体验的概念入手，进而探讨体验营销的内涵。体验指因某些刺激而使消费者产生的内在反应或心理感受。体验通常是由于对事件的直接观察或是参与造成的，无论事件是真实的还是虚拟的。只有那些能真正刺激消费者感觉、心灵和大脑，并且进一步融进其生活的体验才能使消费者内心深处感受到强烈的震撼，得到他们的支持和认可，从而建立起长期持续发展的关系。

体验营销指企业以满足消费者的体验需求为中心所开展的一切营销活动。体验营销主要研究如何根据消费者的期望，利用现代技术、艺术、大自然以及社会文化传统等各种手段来丰富产品的体验内涵，以更好地满足人们的娱乐体验、情感体验、超脱体验及审美体验等体验需求，在给人们心灵带来震撼和满足的同时实现产品销售的目的。很多著名企业都在自觉地运用体验营销，比如麦当劳、星巴克等，这种现象并非历史巧合，而是人们需求层次不断提高和企业竞争不断升级所导致的一种趋势。

2. 体验营销实施策略

企业开展体验营销，并无严格的步骤、程式可循。但一些成功的体验营销经验表明，企业在实施体验营销时，应着重开展如下工作。

（1）研究消费背景，关注产品或服务对顾客的整体价值。一个产品或服务的价值往往不容易在购买时立即得到肯定，而常常在顾客购物前、中、后的体验中逐步得到认可，此时顾客的整体体验就成为增加顾客满意度和品牌忠诚度的关键因素。因此，营销人员应通过各种手段和途径来创造一种综合的效应以增加消费体验，营造出与目标顾客需要相一致的心理属性，而且还要注意社会文化因素，考虑消费所表达的内在价值观念、消费文化和生活意义等。也就是说，企业应注重与顾客之间的沟通，发掘他们的心理需要，站在顾客的角度审视自己的产品和服务所提供的价值是否相符，挖掘潜在的营销机会。

（2）制定体验主题，让顾客切实感受到企业所要展现的体验价值。体验营销是一个包含严格的计划、组织、实施和控制的完整管理过程。体验营销首先要设定一个主题，并且所有服务都围绕这个主题，或者至少应设有一个主题道具（例如一些主题公园、游乐园或以某主题为导向设计的一场活动等），以便顾客能亲身感受，产生共鸣。同时，设计具有特色的主题也是建立差异化竞争优势的需要。

（3）设计营销事件，激发顾客体验需求。顾客体验本质上是一个持续的过程，企业不能任由顾客体验随机自发地形成。企业塑造的顾客体验应该是经过精心设计和规划的，应具有稳定性和可预测性，顾客在购买前能够知道将得到什么样的体验。从企业竞争的角度看，企业要提供的顾客体验应该是与众不同的，对顾客有价值的。设计营销事件和刺激必须建立在目标顾客的消费习惯和对体验营销的要求的基础上，同时自始至终不能偏离体验主题。这需要企业根据不同的地区特征和消费终端环境所展现出的不同的体验诉求，充分把握好不同顾客群的需求和期望，激发进而满足顾客的体验需求。

（4）借助体验工具，调动顾客参与体验的主动性。体验工具包括交流（或沟通）、产品展示、空间环境、电子媒介等。要充分利用企业资源，全方位地组合运用各种工具，让消费者充分暴露在企业提供的氛围中，主动参与到设计的事件中来，从而完成体验生产和消费的过程。人们的需求和欲望是多方面、多层次的，随着时间和环境的变化而变化，因此体验需求也具有多样性。企业要善于寻找和开发适合自己的营销方法和工具，不断推陈出新，调动顾客参与体验的主动性。①

（5）细致周密地考虑企业的体验营销战略。体验是非常复杂的心理感受，没有哪两种体验是完全相同的，人们只能通过一些标准将体验大致分为几类，比如，有的学者将其划分为娱乐体验、情感体验、超脱体验和审美体验。企业营销人员应着重探讨营销战略，考虑企业的资源、能力及历史特点等，确定企业的目标顾客，以及将要提供的体验类型，还应考虑如何更好地提供体验价值，给顾客长久新奇的感受，为企业创造竞争优势。周密、细致的营销战略既有利于企业各种具体营销策略的相互配合，在短期内迅速提高企业的竞争力，也有利于企业的长期发展。

（三）体验营销理论研究的成果

2007 年，韩国喜来健公司营销总裁慕名来到中国人民大学，希望与

---

① 郭国庆，牛海鹏，刘婷婷，等.品牌体验对品牌忠诚驱动效应的实证研究：以不同产品卷入度品牌为例.经济与管理评论，2012（2）：58-66.

中国人民大学中国市场营销研究中心合作开展学术研究，以该公司产品、服务的营销模式为研究样本，共同探讨体验营销理论与实践问题。郭国庆率领营销专业学生 10 余人，深入上海、成都、沈阳、北京等地的喜来健体验馆实地调研，考察、总结该公司在体验营销方面的成功经验和存在的问题，历时 8 个月，最后写成专著《体验营销新论》①。

《光明日报》2008 年 4 月 21 日发表了题为 "《体验营销新论》倡导营销新概念" 的评论，指出：这本由中国人民大学郭国庆教授撰写的《体验营销新论》的出版，标志着我国体验营销研究领域迈出了新的步伐，是对体验营销在中国应用的一个形象化的 "注解"。② 体验营销是近年来市场营销实践前沿出现的一种特色营销文化。星巴克、麦当劳、微软、IBM、喜来健等企业都是体验营销的倡导者。和传统的服务经济相区别，体验营销更加注重满足客户的体验。作为一种新兴的市场营销方式，体验营销可以更好地降低消费者的购买风险，在保障消费者安全权、知情权、自主选择权等方面具有非常明显的优势。该书从消费者对体验营销的认知、态度与消费行为等八个方面，对企业如何让体验营销发挥更大作用进行了深入探讨。

市场营销学者将体验营销研究的最新成果应用于市场营销教学实践，受到学生的热烈欢迎，收到了良好的教学效果。相关研究成果也及时反映在市场营销教材中，使更多的青年学子获益。2008 年，郭国庆主编的《市场营销学概论》（高等教育出版社，2007）获评教育部 "2008 年度普通高等教育精品教材"。

三、独树一帜的市场营销教育

（一）注重营销发展史的研究教学

郭国庆所著《营销理论发展史》（中国人民大学出版社，2009）是国内学术界研究营销理论演变发展的历史轨迹的学术专著。营销理论发展史是研究世界范围内重要营销理论思想发展历史的学科，它阐释营销科学发

---

① 郭国庆 . 体验营销新论 . 北京：中国工商出版社，2008.
② 《体验营销新论》倡导营销新概念 . 光明日报，2008 - 04 - 21.

展的历史轨迹，研究重要营销科学理论及思想发生、发展、继承、演变的逻辑过程。近年来，中国学者在营销理论发展与创新方面取得了突出的成就，形成了独具特色的学术流派，为丰富世界营销理论宝库作出了杰出的贡献。《营销理论发展史》力求准确反映营销理论演变发展的历史轨迹，充分体现营销理论创新的最新进展和未来趋势，为构建具有中国特色的营销理论体系服务。书中通过对营销科学思想发展阶段的划分，重要学说、见解的辨析，重要营销科学家哲学观点和方法论的载叙，廓清了营销科学思想发展的脉络，反映了不同历史时期、不同国家和地区出现的营销科学思想内容与特点，探索了营销科学思想发展规律。2010 年，该书荣获北京市第十一届哲学社会科学优秀成果奖二等奖。

（二）加强市场营销教材建设

郭国庆主持编写的高等院校市场营销规划教材共计 15 种，从 2011 年开始，由中国人民大学出版社陆续出版。来自中国海洋大学、四川大学、江汉大学、华中科技大学、西南交通大学、南京大学、浙江大学、西安交通大学、对外经贸大学、北京师范大学、北京林业大学、北京邮电大学、中国政法大学、上海财经大学等著名高校的 40 余位中青年骨干教师担任主编、副主编。这些教材分别是：《市场营销学》《营销调研》《战略营销》《网络营销》《品牌管理》《营销传播》《国际营销》《营销策划》《消费者行为学》《服务营销》《商务谈判》《广告学》《公共关系》《营销伦理》《推销学》。

郭国庆任总主编，中国人民大学中国市场营销研究中心和高等学校教育教材编审委员会组编的"新世纪普通高等教育市场营销类课程规划教材"共计 14 种：《市场营销学》《品牌管理》《销售管理》《渠道管理》《公共关系学》《现代商品学》《商品学案例》《市场调查与预测》《服务营销》《消费者行为学》《广告理论与实务》《营销前沿与技能实训》《现代企业管理》，从 2013 年开始陆续由大连理工大学出版社出版。

从 2014 年 1 月起，郭国庆组织全国 20 多所著名高校院长、系主任编写的《高等院校应用创新型人才培养系列教材·市场营销专业·新课程体系》共计 16 种，包括：《整合营销传播》《营销策划》《市场调研》《品牌管理》《国际营销》《广告学》《营销信息分析与决策》《营销思想史论》《营销决策模型》《销售原理与实务》《网络营销》《渠道与物流管理》《消费者行为学》《公共关系学》《营销创新》《组织市场营销》，由高等教育出版社出版。这一系列教材的出版，对各高校应用创新型人才培养发挥了重要作用，收到了很好的社会效果，不仅提高了学生培养质量，而且有力地促进了我国市场营销教师队伍的成长壮大。每一本教材的主编，均由相关高校从事市场营销教学的院长或系主任担当。大家以高度的社会责任感和敬业精神，参与了整套市场营销系列的多次讨论，又按照分工负责有关教材的编写。从启动教材编写到完成定稿，都一直贯彻"质量至上、对学生负责"的理念，从而保证了教材的系统性、科学性、前瞻性和实践性以及整套教材的质量。

（三）开设具有创新特色的市场营销课程

中国人民大学市场营销学科的特色是立足中国大地，以全球视野，将市场营销理论应用于改革发展实践，从中国特色营销实践中总结成功经验和发展规律，将中国营销智慧奉献于世界营销学界。

从课程设置看，营销思想史与营销创新、营销决策模型等课程迄今为止在全国所有高校中为中国人民大学所独有。从学士、硕士、博士、博士后等全层次市场营销人才培养的数量和质量看，中国人民大学走在全国高校的前列。全国市场营销师资队伍中以及担任校长、院长、系主任的营销学教授、博士生导师等高端人才中，来自中国人民大学的占到 1/3 以上。从各高等院校使用的市场营销教材看，中国人民大学市场营销教师编写的教材要占到 60％以上。在全国所有市场营销学术机构的高层领导名单中，均可见到中国人民大学教师。中国人民大学市场营销教师参与过国家各部委所有市场营销法规、文件的研究、起草和制定。总之，在我国市场营销学界，中国人民大学市场营销学科被公认为贡献巨大、特色显著、地位崇高。

（四）为国家造就优秀营销人才

从人才培养情况看，中国人民大学市场营销学科为国家、世界培养造就了一大批优秀的学术人才。例如世界著名管理学家、美国莱斯大学教授李海洋，香港中文大学教授张轶凡，国际货币基金组织首席经济学家童晖，中央财经大学党委书记何秀超，著名城市营销专家、中国社会科学院财经战略研究院研究员刘彦平，著名互联网营销专家、北京邮电大学教授杨学成，著名绿色营销专家、北京林业大学教授陈凯，著名数字营销专家、拉夫堡大学伦敦校区教授孟捷（曾任职于麦考瑞大学、牛津布鲁克斯大学），著名营销智能专家、美国硅谷高科技创新创业峰会首席经济学家、大连理工大学教授范广哲，著名战略管理专家、对外经济贸易大学国际商学院教授、博士生导师、管理学系主任吴剑峰，著名营销学教授、对外经济贸易大学市场营销系主任郭晓凌等都是毕业于中国人民大学市场营销研究方向的硕士研究生或市场营销管理专业的博士研究生。各大高校在人才建设上都积极作出贡献，为我国市场营销学科储备中坚力量。

四、成功举办市场营销国际学术会议

进入 21 世纪以来，中国人民大学中国市场营销研究中心（MRCC）成功主办多次国际学术会议，受到国内外市场营销学者的高度评价。

（一）2007 国际市场营销学术交流峰会

2007 年 6 月 16 日上午，2007 国际市场营销学术交流峰会在杭州电子科技大学隆重开幕，到会嘉宾共 188 人，其中有国外学者 16 人，还有近 30 位来自中国人民大学、复旦大学、武汉大学、华中科技大学、南京大学等高校的著名营销学者、教授。中国人民大学中国市场营销研究中心主任郭国庆教授、杭州电子科技大学校长薛安克教授、牛津大学库纳尔·巴苏教授、天津师范大学管理学院院长韦福祥教授分别致开幕辞。库纳尔·巴苏教授发表了名为"Marketing in the 21st Century"的主题演讲，探讨了 21 世纪市场营销学科的发展趋势和未来走向，介绍了国外市场营销教学研究的最新方法。

复旦大学教授、著名服务营销学者范秀成教授发表了题为"从服务营销到服务科学"的演讲。华中科技大学景奉杰教授发表了题为"市场营销研究在中国的发展——Who，What，How，一个基于中国顶级营销期刊的实证研究"的主题演讲，探讨了市场营销学研究在我国的发展和现状。来自美国得州大学圣安东尼奥分校的张银龙（Yinlong Zhang）教授发表了题为"Coke，Pepsi，or Fei-Chang Cola"的精彩演讲。

（二）中国市场营销研究中心（MRCC）2007 年年会

为了进一步推动国内市场营销学术界的沟通与交流，提升市场营销教

学与研究的水平，搭建理论界与实务界的合作平台，由南昌航空大学经济管理学院主办的中国市场营销研究中心（MRCC）年会于 2007 年 11 月 17 日—18 日在南昌召开。会议的主题是"中国营销教育的创新与发展"。来自 90 余所高校和企业的 200 余位专家出席。会议开幕式由中国人民大学中国市场营销研究中心主任郭国庆主持。

韩国喜来健医疗器械有限公司总经理金政鲁介绍了公司新的营销模式。广东外语外贸大学副校长董小麟教授致辞，强调本次年会要继承中国市场营销研究中心的一贯宗旨及市场营销研究的成果，努力推进营销理念的深化和发展，积极提高并普及营销思维和概念，正视营销的重要性和地位。天津师范大学管理学院院长韦福祥教授致辞指出，市场营销正由无序混乱进入科学有序的发展，本次年会对于提高各高校间的营销教育发展有极大的帮助，本次年会必将达成推动市场营销教育发展的共识。

会议主办方向本次活动论文获奖者颁发了优秀论文奖。与会专家教授围绕本次年会主题从精品课程建设、营销课程体系设计、案例撰写与案例教学、教学法研究、营销系列教材的编写等多角度探讨中国营销教育的创新与发展，交流各自在该领域的最新研究成果及国家基金项目的选题和申报的成功经验，探讨规范研究方法在教学与论文撰写中的应用等。

会议期间，举行了主题演讲、学术对话、专题研讨、企业参观等多种理论与实践交流活动，以及国内高等院校商科专业教学科研成果展。

（三）2008 国际市场营销学术交流峰会暨服务营销管理大会

为了促进服务营销理论与实践的创新发展，由中国市场营销研究中心和天津师范大学主办、香港浸会大学协办、天津师范大学管理学院承办的 2008 国际市场营销学术交流峰会暨服务营销管理大会 2008 年 5 月 17 日—18 日在天津召开。著名学者格罗鲁斯等出席了会议。

（四）2012 年国际营销科学与信息技术大会

2012 年 6 月 2 日，由中国人民大学中国市场营销研究中心、湖南商学院、湖南省管理科学学会、湖南省市场学会共同主办的"2012 年国际营销科学与信息技术大会"在长沙召开。来自美国康奈尔大学、香港城市大学、中国人民大学、湖南大学、北京师范大学、对外经贸大学等 10 余所高校代表参加会议。湖南商学院柳思维教授、康奈尔大学马克教授、北京师范大学张平淡教授、香港城市大学周南教授、湖南大学杨智教授、对外经贸大学吴剑锋教授、首都经贸大学张梦霞教授、北京林业大学陈凯教授、宁夏大学冯蛟教授分别围绕会议主题进行了学术汇报与交流。

五、迎难而上，寻找市场营销学科新出路

进入 21 世纪以后，中国市场营销学科在蓬勃发展的同时，仍然存在一些隐忧，需要营销学界高度关注。

一是有的高校停招本科生。许多致力于向世界先进水平看齐的大学出于自身发展的需要，陆续停招营销专业本科生，借以加大硕士生、博士生、MBA、EMBA 的名额分配和教育投入。这些高校师资力量强大，科研条件优越，在招生名额有限和教育资源约束的条件下，注重研究型、高级应用型人才的培养合情合理。可是，没有优质的本科毕业生，何来高素质的硕士生、博士生生源？

另外，有的高校拥有大量优秀的师资，国内营销学同行希望他们能在本科教育方面作出指导示范，真正起到"领头羊"的作用。然而，本科专业既已停招，也就谈不上指导了。

更为严重的是，尽管高水平本科生的培养不能完全仰仗这些高校，但停招的做法无疑会发出一个消极的信号，有可能诱发社会各界对营销本科专业是否有必要设立、是否有必要存留的思考和议论，甚至会导致主管部门在调整专业目录时作出取消该专业的决策。

二是教材内容依然在一定程度上美国化。尽管我国传统文化中存在大量的市场营销理念和智慧资源，但是系统的市场营销学科毕竟起源于美国。起初，我国学者倾向于先学习借鉴美国市场营销学科，在此基础上创建具有中国特色的市场营销理论体系和课程体系，当时编写的教材不可避免地带有美国的印记。经过 20 多年中国市场营销学同仁的共同努力，教材建设和课程体系已有了很大的创新、进步和改善。然而，真正具有鲜明本土化特色的教材和课程依然凤毛麟角，传授给学生的市场营销环境、消费者行为、新产品开发等知识，还难以适应中国国情、反映中国实际、体现中国特色。

三是忽视理论传授，过分强调实践操作。市场营销学是一门建立在经

济科学、行为科学、管理科学和现代科学技术基础之上的应用科学。市场营销学的一个重要特征就是具有很强的应用性。在教学实践中，强调实践操作本来无可厚非，但是忽视基本概念、原理的讲授就有失偏颇了。近年来，在硕士生、博士生入学初试和面试时，发现不少考生的市场营销理论知识并不扎实。此外，在一些营销学硕士或博士学位论文中也会出现基本概念、原理的错误。这无疑与本科教育阶段基础知识不牢有关。营销专业学生的理论水平、学术素养下降，已经直接影响到高素质人才的培养。

四是教学环节缺乏吸引力。营销专业各门课程的讲授，应该是妙趣横生的。许多学校借助实验室、电化教学、案例分析和现场模拟等方式活跃了课堂气氛，吸引了学生的注意力和参与热情，收到了良好的效果。但是，教师照本宣科、学生昏昏欲睡的课堂场面却也时常出现。这和教师缺乏营销实践经验，不善于将当代最典型的营销案例应用到教学实践中去密切相关。由此也可以看出，营销教育工作者必须关注中国营销问题的重要性和迫切性。中国营销学者应该具有为中国企业提升营销管理水平服务、为培养高素质营销管理人才尽职的使命感。

五是学术论文过分偏重定量化。营销理论研究关键是要出思想。研究方法固然重要，但经过研究能否得出科学的思想和理论则更重要。恩格斯指出："一个民族要想站在科学的最高峰，就一刻也不能没有理论思维。"[1] 他指出："经验自然科学积累了如此庞大数量的实证的知识材料，以致在每一个研究领域中有系统地和依据材料的内在联系把这些材料加以整理的必要，就简直成为无可避免的。建立各个知识领域互相间的正确联系，也同样成为无可避免的。因此，自然科学便走进了理论的领域，而在这里经验的方法就不中用了，在这里只有理论思维才能有所帮助。"[2] 恩格斯还指出："可是没有理论思维，就会连两件自然的事实也联系不起来，或者连二者之间所存在的联系都无法了解。……错误的思维一旦贯彻到底，就必然要走到和它的出发点恰恰相反的地方去。"[3] 任何一种研究

---

[1]　马克思，恩格斯. 马克思恩格斯选集：第四卷. 北京：人民出版社，2012：934.

[2]　马克思，恩格斯. 马克思恩格斯选集：第三卷. 北京：人民出版社，1972：465.

[3]　同[2]，482.

方法都不是万能的。爱因斯坦把研究方法称为"脚手架"。事实上，方法就是探索和发现真理的工具，不能把一种方法抬高到至高无上的地位，而应当在研究方法上采取多元化理念，让每一种科学的研究方法都有其用武之地。

营销专业中各门课程的性质不同，学术研究中遇到的问题不同，采取的研究方法就可能而且可以有所不同。不应该简单地强调定量研究方法，更不能把是否采用定量方法作为判断学术成果水平高低的唯一标准。擅长定性研究方法的学者，也应学习借鉴数量研究方法，具备基本的定量研究能力。定量研究与定性研究相结合，充分发挥各种研究方法的优势，取得的研究成果才能经得起时间和实践的检验，成为划时代的精品。

六是营销课程门数过少。尤其是教育部直属高等学校，大多强调宽口径、厚基础，加强通识课、公共课，营销课程被挤占空间。营销专业面临着从企业管理中独立出来的艰巨任务，面临着电子商务、物流管理等新兴专业的竞争压力。我们应重视诸如营销思想史、营销研究方法、营销风险管理、服务营销管理、非营利机构营销管理之类属于营销专业特有课程、应有课程尤其是体现中国特色的课程的建设。

七是教师讲的和学生需要学的以及企业家想要的差距太大。营销学、营销专业、营销专业的教师和学生的重要性如何，不是由营销学界说了算，而应由社会来认可，由用人单位来鉴定。我们不妨给自己的学生去向（即高校的客户、用人单位）做一番市场分析、市场选择和市场定位。不同的高校，其学生的毕业去向势必有所不同。从客户需求出发设计课程，用人单位需要什么，我们就应教授什么。从学生已有的基础和接受能力出发设计教学方法，以适合他们的教学方式传授营销理论，才能收到事半功倍的效果。教学科研贴近营销现实，强化教师和企业界人士的交流和互动，是提升营销专业地位的必由之路。聘请具有一定理论水平的成功企业家前来授课，组织学生深入企业实践学习，都是值得一试的举措。

八是学术研究"点""面"脱节。现有的营销学教材可谓百花齐放。然而，对营销史、营销理论体系以及营销教育的研究明显不足。在众多同行致力于在国外重要期刊发表论文的同时，关于中国营销问题的研究显然被忽略了。这从国家自然科学基金项目的申报可见一斑。大多数项目的申请，是瞄准世界营销研究的最新进展，从某一"点"上寻找创新突破。但是，中国营销教育的现状与问题，各地院校的营销教育如何体现地域特色、行业特色，中国特色营销理论体系如何构建等这些摆在我们面前的"面"上的问题，一般就无人顾及了。

九是营销专业的发展目标不明确。例如，我们培养的营销人才应能在企业中担当哪些角色，胜任哪些工作；我们的营销教育是应致力于为中国（或当地）的企业、消费者服务，还是应致力于抢占世界营销科学的制高点；我们学术研究的着眼点是更多地放在中国营销问题上，还是时刻瞄准发达国家营销研究与教育的最新进展等。凡此种种，营销专业的发展大多没有一个明确的目标，单纯受制于不尽合理的教学与科研考核体系。

十是同行交流、相互支持有待加强。营销学是所有营销学同行共同致力的事业。展望未来，营销事业的兴旺和营销队伍的壮大，需要全体营销学者为之努力奋斗。营销学同行之间理应相互尊重、相互提携、相互帮助、加强交流。要提倡学术诚信、学术民主、学术自由，尊重前辈，尊重有德行、有学问的人，尊重对营销事业作出贡献的人，形成健康和谐、人人向往、心情舒畅的学术氛围，共同致力于把我国的营销教育事业做大做强，让每一位同行都能够展现才华、进步成长。

应对挑战需要全体营销学者的共同努力，当务之急是从多方面作出各自的贡献。

一是加强中国本土问题的研究。随着中国改革开发的深化和经济实力的增强，越来越多的西方发达国家日益关注中国的发展，重视中国问题的研究。2009 年 6 月 10 日—12 日，郭国庆教授受全国人大常委会办公厅外事局的委托，出席了在新加坡举行的世界贸易组织亚洲议员贸易研讨会，阐述了我国坚定支持多哈回合谈判的一贯立场，介绍了我国应对经济危机的战略举措。世界贸易组织秘书处官员表示，虽然中国是世界贸易组织的新成员，但中国认真履行责任和义务，为推进多哈回合谈判发挥了重要作用。印度尼西亚、泰国等国代表也在发言中指出，中国为应对世界金融危机冲击采取的一系列举措，不仅对本国经济，而且对区域经济乃至世界经济都产生了积极影响，希望借鉴中国的成功经验和做法。

不可否认，在我国应对全球金融危机的过程中，市场营销理念和市场营销管理无疑起了重要作用。因此，注重研究中国营销问题，不仅是办好营销专业、应对竞争挑战的客观需要，更是丰富世界营销理论宝库、为世界营销理论创新发展作出中国学者应有贡献的迫切需要。

中国传统文化中的营销理念，近现代企业家的商业哲学和成功案例，著名人物的理念、思想，经过系统地研究、提炼，都有可能升华为本土营销理论，成为现代营销理论的重要组成部分。美国的营销理论体系为世界经济的发展以及各国企业竞争力的提升作出了重要的贡献。而将具有中国元素、中国智慧的营销理论呈现给世界，对于丰富营销理论宝库、提升世界各国人民的福利水平、促进和谐世界的构建，具有重要价值。在国际化进程中学习国外理论和经验固然重要，把具有中国特色的营销理论传播给世界各国，也是意义更加重大的国际化战略举措。

二是重视人才培养，加强队伍建设。中国营销学界应该要有自己的学术刊物和交流平台，以促进学术交流、提升学术水准、共享学术进展。同行之间要加强交流，深化合作。要允许和鼓励形成不同的学术流派。由于各地情况不同、各校的优势劣势不同，在中国营销学界形成各种不同的学术流派是完全必要的。从古今中外科学发展的历史轨迹来看，因师承传授使得门人弟子同治一门学问，可以形成"师承性学派"；同样，因以某一地域、国家、民族、文明、社会、问题为研究对象而形成具有特色的学术传统或群体，则可以形成"地域性学派"或"问题性学派"。例如，近代西方经济学相继出现的芝加哥学派、奥地利学派、瑞典学派、剑桥学派等区域性学派以及重农学派、供应学派、现代货币主义学派等问题性学派。在营销学界，美国就有威斯康星学派、哈佛学派、中西部学派、纽约学派等区域性学派以及管理学派、行为学派、应变学派、商品学派、机构学派等。在学派形成和强化的过程中，一批批新人脱颖而出，推进了学术队伍的建设，形成了不少各具特色和优势的学术团队。各个不同学派都为学科的发展和理论的完善作出了独特的贡献。①

---

① 郑锐洪.中国营销理论与学派.北京：首都经济贸易大学出版社，2010：187-194.

史料 5 - 1　中国本土八大营销流派①

从《中国本土八大营销流派》一文的部分内容，可以窥见中国市场营销学科特色以及本土形成的不同营销流派。

在中国，市场营销学术界已经涌现了一批很有特色的研究，介绍这些特色研究，对扩大中国营销的国际影响，增进中国市场营销的多元化成长是非常重要的。我们通过对中国市场学会理事以上专家的研究成果进行收集，又对全国 500 余所大学具有教授职称的营销学教师的资料进行收集，还通过关键词在中国学术期刊网、维普期刊网、人大复印资料期刊网进行全面检索，对凡是在某一营销研究领域发表了 10 篇以上论文的学者都进行了分析，最后发现，在中国市场营销领域，有八个最具特色的研究，它们最能代表当今中国市场营销研究的现状。这八个特色研究，分属于八个研究团队，我们称之为中国市场营销研究的八大流派。这里主要介绍基本理论派。

基本理论派是对营销基本理论问题的研究，全国许多营销理论工作者都在做，但最为出色的恐怕要算中国人民大学郭国庆团队的研究。

郭国庆多年来一直致力于营销基本理论问题的研究，对营销思想史、营销流派、营销原理、国际营销等都有系统的研究，发表了大量研究论文。出版的《市场营销管理：理论与模型》是中国营销学界不可多见的高水平理论专著，《市场营销理论》是令营销界眼前一亮的营销新理论专著，《市场营销学通论》在科特勒营销体系基础上进行了大胆创新与超越，并结合中国市场实际，探索了本土营销的新问题，是一部不可多得的好教材。这几部关于营销基本理论的专著，在学术界和教学界产生了很好反响，已经成为许多院校的硕士研究生教材和博士生必读参考书。郭国庆还主持了国家自然科学基金和国家社科基金的各种研究课题，形成了富有特色的营销基

---

① 郑锐洪在其学术专著《中国营销理论与学派》一书中指出，我国学术界对本土市场营销学派问题的关注始于中国管理传播网 2006 年 9 月 27 日刊登的一篇关于中国本土八大营销学派的文章。该文从理论研究特点和理论主题贡献两个角度归纳出当时中国市场营销学界的八大学派，在学术界产生了强烈反响。本部分内容参考引用该文，阐述当时的情况，与现在情况可能有出入。

本理论研究方向。

其余七大流派分别是：顾客满意派（清华大学赵平团队）；品牌营销派（南开大学范秀成团队）；营销道德派（武汉大学甘碧群团队）；营销实务派（中山大学卢泰宏）；营销安全派（四川大学李蔚团队）；精准营销派（上海交通大学吕巍）；顾客价值派（大连理工大学董大海）。

从对以上八大流派的分析，我们可以发现如下特点：

1. 流派都出自中国著名大学。八大流派研究团队所在的学校都是中国著名的高等学府，这表明中国市场营销研究的中坚力量，还是中国的著名大学。

2. 流派的代表人物都是市场营销方向的博士生导师。八大流派的代表人物，都是市场营销方向的博士生导师，都拥有可以依托的博士点，都有一个比较庞大的博士生研究群体。这显示，一个流派的形成，除了代表人物外，还需要有一个好的研究平台提供支撑，一个好的平台才能保证一个特色研究较快地成长。

3. 流派地域分布广阔。从八大流派的地理分布看，东部有上海交通大学，西部有四川大学，南部有中山大学，北部有清华大学和中国人民大学，中部有武汉大学。虽然各地都有，但分布并不均衡，以北部和东部发达地区为主，占有六派，中部和西部只有两个代表。这显示，中国市场营销研究在中西部地区的研究力量还比较薄弱。

4. 流派代表人物以中青年营销学家为主力阵容。在八大代表人物中，60岁以上的只有武汉大学甘碧群教授（68岁）和中山大学卢泰宏教授（60岁），范秀成、郭国庆、李蔚、董大海、吕巍均只有40岁左右。这些学者后劲足，有能力带领中国的本土营销流派迅速成长。

5. 各流派都得到国家重要学术基金的资助。八大流派几乎都得到了国家自然科学基金、国家社会科学基金或教育部博士点基金的支持。由此看来，一个流派的出现，与相关基金资助密不可分。

由于所能掌握的资料有限，对中国营销流派的研究难免有不尽合理的地方，但向社会介绍这些特色研究，对提升中国营销研究水平有益无害。在中国，还有一大批著名营销学者，他们在市场营销研究方面也有非常杰出的研究成果，但由于他们的研究比较广泛，无法看出鲜明的研究特色，所以不能形成流派，因此没有列入文中。

郑锐洪认为，一个独立的思想学派理应具有以下几个方面的显著特征：（1）独立的重点研究领域；（2）历史的研究发展过程；（3）突出的理论创新贡献；（4）独特的理论研究方法；（5）有影响力的领军人物；（6）形成了主题研究团队；（7）具有后续研究和发展前景；（8）研究成果具有较高的理论和实践价值。以此为基础，他将中国市场营销学派划分为具有重要学科理论意义的营销理论创新学派（代表人物为郭国庆）、伦理营销学派（代表人物为甘碧群），和以当代中国市场营销五大理论研究重心为核心的品牌管理学派（代表人物为赵平）、服务营销学派（代表人物为范秀成）、关系营销学派（代表人物为董大海）、消费者行为学派（代表人物为卢泰宏）和营销渠道学派（代表人物为庄贵军）。[1]

习近平指出，要勇攀科学高峰，敢为人先，追求卓越，努力探索科学前沿，发现和解决新的科学问题，提出新的概念、理论、方法，开辟新的领域和方向，形成新的前沿学派。[2] 要提倡理论创新和知识创新，鼓励大胆探索，开展平等、健康、活泼和充分说理的学术争鸣，活跃学术空气。要坚持和发扬学术民主，尊重差异，包容多样，提倡不同学术观点、不同风格学派相互切磋、平等讨论。[3] 我国市场营销学科要鼓励形成不同的学派，百花齐放，百家争鸣。各学派之间相互尊重，相互砥砺，共同为我国的营销教育事业贡献才干和智慧，形成人尽其才、才尽其用、用当其时、人才辈出的局面。

三是发扬老一辈学者优良的学风和作风。学习他们不畏艰险、不怕困难、孜孜不倦的攀登精神，学习他们尊重长者、关心同行、提携后生的高风亮节，学习他们严肃认真、精益求精、一丝不苟的治学态度，学习他们淡泊名利、虚怀若谷、不断进取的道德风范。

---

[1]　郑锐洪. 我国营销学界理论研究主题重心的形成：一项基于"学术论文"的内容分析. 中国流通经济，2010（10）：64-67.

[2]　习近平. 在中国科学院第二十次院士大会、中国工程院第十五次院士大会、中国科协第十次全国代表大会上的讲话. 人民日报，2021-05-29（2）.

[3]　习近平. 在哲学社会科学工作座谈会上的讲话. 人民日报，2016-05-19（3）.

总之，应对前进中的挑战需要正确地估计形势，在市场营销学科顺利前行的同时常怀忧患意识，在推进国际化进程中更加关注中国问题。①

六、中国市场营销学术期刊建设发展

由于当时对发表论文的核心期刊尚无明确的说法，所以，市场营销学者一般都在各种不同的学术期刊上发表自己的研究成果。这些学术期刊包括：《财贸经济》《经济理论与经济管理》《中国软科学》《管理评论》《南开管理评论》《管理学报》《学位与研究生教育》《中国科技论坛》《消费经济》《人民论坛》《国家行政学院学报》《北京行政学院学报》《中国工商管理研究》《企业管理》《商业研究》《当代经济管理》《政策与管理》《中国流通经济》《中国科技产业》《经济与管理评论》《市场观察》《市场营销导刊》《江西社会科学》等。

在国家自然科学基金委员会等权威机构的引领下，发表高水平学术论文的核心期刊先后得到学术界公认，确立了应有的社会地位。市场营销学科高质量发展越来越成为营销学者的普遍共识。学术研究、人才培养、课程设置、教材建设、平台创建、国际交流等各方面的新发展都力求以科学的战略预见未来、引领未来，体现时代性、把握规律性、富于创造性。历史接力是一棒接着一棒向前奔跑的，中国市场营销学科发展也是一程接着一程向前推进的。市场营销学科的质量提升，极大地增强了中国广大营销学同行的志气、骨气、底气，为中国市场营销学科走向自信自强奠定了坚实基础，提供了有力支撑。

---

① 郭国庆在中国高等院校市场学研究会 2009 年年会上的致辞。

第6章 中国市场营销学科的自信自强

2012年11月8日，中国共产党第十八次全国代表大会在北京胜利召开。从此，中国特色社会主义进入新时代。市场营销学者重任在肩，在习近平新时代中国特色社会主义思想引领下，从我国独特的历史、文化、国情出发，致力于建设中国特色市场营销学科，努力建构中国自主的市场营销知识体系，不断增强历史自觉、坚定文化自信，推进市场营销学科自信自强、守正创新，在新的历史起点上踔厉奋发、勇毅前行。

第1节 以消费者行为研究助力扩大内需

一、国内需求潜力呼唤消费者行为理论创新

进入新时代，我国积极推动供给结构和需求结构相适应、消费升级和有效投资相促进、区域城乡发展相协调，增强内需对经济增长的持久拉动作用。

（一）积极培育消费热点

2012年，我国把消费作为扩大内需的主要着力点，通过增加居民收入提高消费能力，完善消费政策，培育消费热点。为了扩大服务消费，国家制定完善政策，支持社会力量兴办各类服务机构，重点发展养老、健康、旅游、文化等服务，发展医养结合、文化创意等新兴消费，创建全域旅游示范区，降低重点国有景区门票价格。国家还着力促进信息消费，实施"宽带中国"战略，加快发展第四代移动通信，推进城市百兆光纤工程

和宽带乡村工程，加快建设光纤网络，大幅提升宽带网络速率，在全国推行"三网融合"，扩大数字家庭、在线教育等信息消费，加大网络提速降费力度，实现高速宽带城乡全覆盖，扩大公共场所免费上网范围，明显降低家庭宽带、企业宽带和专线使用费，取消流量"漫游"费，大幅降低移动网络流量资费，让群众和企业切实受益，为数字中国建设加油助力。发展智能产业，拓展智能生活。促进电商、快递进社区进农村，推动实体店销售和网购融合发展。大力发展物流快递，把以互联网为载体、线上线下互动的新兴消费搞得红红火火。汇小溪成大河，让亿万群众的消费潜力成为拉动经济增长的强劲动力。

（二）创造良好消费环境和营销环境

党中央致力于建立和完善扩大居民消费的长效机制，使居民有稳定收入能消费、没有后顾之忧敢消费、消费环境优获得感强愿消费。[①] 深化流通体制改革，加强大型农产品批发、仓储和冷链等现代物流设施建设，清除妨碍全国统一市场的各种关卡，降低流通成本，促进物流配送、快递业和网络购物发展。坚持以推进供给侧结构性改革为主线，持续激发微观主体活力，减少无效低效供给、扩大有效供给，更好适应和引导需求，充分释放十几亿人口蕴藏的巨大消费潜力。整顿和规范市场秩序，严肃查处假冒伪劣、虚假广告、价格欺诈等行为，建立健全消费品质量安全监管、追溯、召回制度，严肃查处制售假冒伪劣行为，保护消费者合法权益，让群众花钱消费少烦心、多舒心。

（三）促进消费稳定增长

我国围绕改善民生来扩大消费，着眼于补短板、增后劲来增加投资，使扩大内需更加有效、更可持续，使供给侧改革和需求侧管理相辅相成、相得益彰。新冠疫情暴发后，我国积极促进形成强大国内市场，持续释放内需潜力，充分发挥消费的基础作用、投资的关键作用，稳定国内有效需求，为经济平稳运行提供有力支撑。

为了创造人民幸福美好生活，党和国家适应消费需求新变化，不断完

---

① 习近平在中共中央政治局第二次集体学习时强调 加快构建新发展格局 增强发展的安全性主动权．（2023－02－01）．央视网．

善政策措施，努力改善消费环境，同时着力扩大内需，增强消费对经济发展的基础性作用和投资对优化供给结构的关键作用。一是加快发展服务消费。通过开展新一轮服务业综合改革试点，支持社会力量提供教育、文化、养老、医疗、家政、健康等服务，积极推动服务业模式创新和跨界融合，发展医养结合、文化创意等新兴消费。落实带薪休假制度，完善旅游设施和服务，大力发展乡村、休闲、全域旅游。推动绿色消费，稳定住房消费，扩大教育文化体育消费。二是扩大数字家庭、在线教育等信息消费。促进电商、快递进社区进农村，推动实体店销售和网购融合发展。三是增加高品质产品消费。积极引导企业增品种、提品质、创品牌，扩大内外销产品"同线同标同质"实施范围，更好满足消费升级需求。

二、引领绿色消费的营销新策略

（一）绿色消费的兴起

保护社会自然环境免遭污染，实现社会生态平衡是企业重要的社会责任。一些企业在为社会创造巨大财富、给广大消费者提供物质福利的同时，破坏了自然生态平衡，污染了环境，不利于人类生存环境的良性循环。因此保护自然环境，治理环境污染，实施社会可持续发展战略势在必行。通过绿色营销从微观层面实施可持续发展战略、保证消费者的绿色消费是企业的社会责任。

保护自然环境及社会生态平衡，要求企业把注意力集中在现代营销对环境的影响及为满足消费者需求而产生的成本上。营销与消费应符合生态平衡的原则，营销系统不应只关注消费者选择或消费者满足的极大化，而应追求最佳的生活质量。要把环境代价纳入生产者及消费者的决策范围，如对恶化环境的行为课税并征收实际社会费用；要求企业安装防污染设备；对不可回收的包装物课税；禁止使用高含磷量的洗涤剂和含铅汽油等。

（二）以绿色营销推动绿色消费

传统营销通过产品、价格、渠道、促销的有机组合来实现营销目标。绿色营销强调营销组合中的"绿色"因素：注重绿色消费需求的调查与引导；注重在生产、消费及废弃物回收过程中降低公害；开发和经营符合绿色标准的绿色产品；在定价、渠道选择、促销、服务、企业形象树立等营销全过程中都要考虑以保护生态环境为主要内容的绿色因素。

开展绿色营销需要收集绿色信息，分析绿色需求。绿色信息包括如下内容：绿色消费信息、绿色科技信息、绿色资源和产品开发信息、绿色法规信息、绿色组织信息、绿色竞争信息、绿色市场规模信息等。在此基础上，分析绿色消费需求所在及需求量的大小，为绿色营销战略的制定提供依据。

尽管越来越多的社会公众持有绿色消费价值观和态度，然而把绿色消费态度转换为相应绿色消费行为的消费者比率仍然较低，存在绿色消费"态度-行为"差距，即绿色消费态度往往不能形成购买绿色产品、节约产品或能源、减少废弃物等绿色消费行为。

（三）绿色营销新策略

中国市场营销学者建议，为了促进绿色消费行为，企业可以采取以下策略。

（1）加强参照群体内部的沟通。参照群体内部的沟通能够有效提高绿色消费行为被消费个体采纳的倾向，尤其是那些能够以较低成本、较低认知开展的绿色消费行为，譬如购买必需品时选择绿色产品，外出时选择绿色出行方式以及节约能源等。原因有以下四点：首先，在绿色消费理念被公众普遍接受的条件下，加强参照群体内部的沟通，有利于促进积极信息的扩散，有利于建立绿色消费行为规范；其次，内部沟通可以提高个人信念，即预期其他参照群体成员也将采取类似绿色消费行为；再次，对倾向于采取非绿色消费行为的个体成员提供劝说机会；最后，能够通过绿色消费行为在成员的沟通中建立起参照群体身份，而群体身份又将强化成员的绿色消费行为。

（2）建立绿色消费社区。建立绿色消费社区，能够形成一个以绿色消费行为为主的消费群体，既有利于形成绿色消费群体规范，促使个体对参照群体的行为进行模仿，也有利于通过提供绿色消费信息、绿色消费教育以及改变消费行为条件结构等方法，促使成员个体改变传统消费行为习惯，形成新的绿色消费行为习惯，从而缩小绿色消费"态度-行为"差距。因为个体消费行为对环境的影响有限，所以满足可持续发展所需要的行为改变主要体现为集体行为的改变，即需要基于社区的解决方案。一些国家较早建立了绿色消费社区，促进绿色消费行为的效果明显。研究表明，绿色消费社区中群体规范和消费习惯的再造对于促进个体成员绿色消费态度与行为一致具有重要作用。

（3）改善绿色产品属性。面对绿色购买这种亲社会的合作行为，倘若消费者能够将绿色产品视为传统产品的替代品，则会使合作成本最小化，合作行为的成本越低，个体就越愿意采取合作行为。然而，研究表明，厂家提出的替代品概念并不成功，多数消费者认为绿色产品与传统产品在产品属性方面存在差异，对于汽车等技术含量高的产品更是如此。从短期看，政府政策会在绿色产品推广方面扮演关键角色，可以提供补贴给消费者、厂商和渠道商作为补偿，但这种干预策略成本是高昂的，效果是暂时的；从长期看，要求科学家和设计者开发出更好的绿色产品，加强产品的功能属性，要求厂家提高生产效率，降低产品的生产成本，以消除属性权衡中令人不满的部分。

（4）优化渠道与信息。在提升绿色产品属性、降低生产成本的同时，绿色产品营销者还需要优化分销渠道与信息供给，通过对上述营销组合的调整，使那些心存疑虑的消费者确信，成为绿色消费者是简单容易的。具体包括以下举措：在主流分销渠道铺货，包括线上渠道和线下渠道，便于消费者寻找购买；在产品标签、包装或促销活动中引用权威机构的绿色认证标志和信息，便于消费者认知；在营销沟通材料中展示出其他消费者的绿色购买行为，对他人行为的期望会影响绿色购买行为，消费者更有可能从众进行绿色购买；开发营销信息，强调个人绿色购买行为可以为增加社会利益作出贡献，从而使消费者感觉良好并进一步提升感知效力。

（5）改变环境结构条件。提供便利绿色消费的外部条件，核心是改变促成传统消费习惯的环境结构条件，即调整影响消费行为的情境因素，通常包括便利条件、经济刺激、政策制度、法律法规以及社会规范，促进绿色消费行为。首先，一些绿色消费的正外部性以及绿色产品功能属性的不足，意味着绿色产品购买者往往损失个人利益以对环境保护作出贡献，因此应由政府提供良好的设施条件和鼓励性的政策制度以促进绿色消费态度更好地转化为具体行动，譬如提供便利的公共交通设施，对于通过"以旧换新"方式购买的家用电器进行财政补贴等。其次，应由社会公信力高的政府机构或非营利组织设立绿色产品认证机构，通过产品认证方式使消费者更加容易接触、辨识绿色产品。再次，为促进绿色消费，政府机构可以通过经济手段加大绿色产品供给，譬如采取减免税收、财政补贴、政府采购、绿色信贷等措施鼓励环境技术研发、绿色产品的生产，提高企业生产绿色产品的积极性，使消费者接触到日趋丰富的绿色产品；还可以通过法律手段，譬如制定实施环境保护法，强制约束企业的污染物排放，抑制高耗能、高排放、高污染产品的生产供应。最后，中国属于高情境社会，政府表率对社会公众的消费行为具有榜样作用，因此政府机构也应该通过采购绿色产品、践行绿色消费方式等起到表率作用，这对形成绿色消费社会规范极具意义。

（6）进行干预策略组合。干预策略的有效性在于能够移除绿色消费态度向绿色消费行为转化的重要障碍。由于绿色消费"态度-行为"差距取决于多种可能相互作用的影响因素，所以单一的干预方法往往难以带来较大的行为变化。单一的干预策略在履行其主要功能后边际效益递减，影响了干预效果，例如经济刺激大到可以清楚表明个人利益时，再提高这一刺激水平所带来的行为改变将远逊于提供信息的作用，二者结合产生的效果会胜于二者单独作用的效果之和。因此，最有效的行为改变方法，是将不同的干预策略相结合。这意味着，为促进绿色消费态度向绿色消费行为的转化，需要同时提供多种干预，将之有效组合，方能达到最好的效果。

三、消费者增权理论的实践应用

市场营销学者发现，竞争不够充分以及信息优势使得企业在市场营销过程中处于优势地位，营销者经常采用带有强烈侵入性的"推"的市场营销策略，让消费者承担自我选择（self-select）的任务。数字经济时代带来的环境变革改变了这一切，消费者的权力不断提高，已经影响到企业的市场营销活动。但是，在市场营销实践中，居主导地位的营销模式仍然基于过去的权力结构，这就给企业的营销活动带来了巨大的挑战，企业的营销效率开始下降。要改变营销现状，就必须深入研究消费者增权（consumer empowerment，又译作消费者赋权）理论的最新进展及其对中国市场营销实践的借鉴意义，使之有效地指导营销管理实践，推进营销创新。

（一）增权的含义

增权的概念被广泛应用于行为和社会科学、社会工作等领域，学术界还没有对增权的概念形成统一的认识，不同学者各执己见。吉列尔梅·皮雷斯（Guilherme D. Pires）等人认为增权既可以指一个过程，也可以指一个结果，或者两者兼具。作为过程的增权需要具备可以让个体获取相关事务控制力的机制，包括开发和锻炼可以在其决策中施加控制力的技能的机会。作为结果，增权是主观的，个体可能会拥有一种控制力，在运用控制力方面变得更加有效。[①] 林肯（N. D. Lincoln）等人则认为增权可能涉及一方相对于另一方的权力的丧失，或者一方从另一方获得权力。[②] 所谓增权，指的是充实或提升个体或群体的权力或权能的过程。通过增权，个体或群体提高了独立应对和处理自身事务的能力。

不少市场营销学者开始从其他社会科学领域引入增权的概念。例如，阿维·尚卡尔（Avi Shankar）等人认为，消费者增权就是权力从生产者向消费者的转移，消费者增权等同于消费者行使其选择的权力。[③] 很明显，这一定义有很大的局限性。首先，消费者的权力并不局限于选择权，现在的消费者可以通过口碑、抗议等形式对企业的营销过程施加影响；其次，增权不仅是权力的增加，还包括权能的提升。

通过上述消费者增权概念的最新进展的分析，我们可以得出如下结论：消费者增权是消费者相对于企业的权能/权力提升的一个动态过程，权能是指消费者行使其权力的能力。因此，增权也意味着消费者根据自己的意图改变相关因素之间因果关系的能力和权力的提升。

（二）消费者增权的内在原因

进入数字经济时代，消费者的权力和权能不断提升，主要有以下几个原因：

---

① Pires G D, Stanton J, Paulo R. The internet, consumer empowerment and marketing strategies. European Journal of Marketing, 2006, 40 (9/10): 936-949.

② Lincoln N D, Travers C, Ackers P, et al. The meaning of empowerment: the interdisciplinary etymology of a new management concept. International Journal of Management Reviews, 2002, 4 (3): 271-290.

③ Shankar A, Cherrier H, Canniford R. Consumer empowerment: a Foucauldian interpretation. European Journal of Marketing, 2006, 40 (9/10): 1013-1030.

（1）消费者拥有了更多的选择和更多的信息，因此增加了行使权力的机会。西方经济学理论中"消费者统治"的观点认为，消费者拥有货币"选票"，他们会购买（投票给）那些能够使效用最大化的企业产品。但是，这有赖于完全竞争的市场条件，完全竞争市场可以充分给消费者增权。消费者的这种"投票"行为其实就是一种奖惩权力的运用，得到较多"选票"的企业在竞争中胜出。但是，由于垄断的存在以及信息不对称，消费者没有选择的余地，也就无法运用"投票"（奖惩）权力。此外，消费者对于不满意的企业的口头抱怨影响范围有限，由于成本高，他们也不可能组织起来运用他们的权力来影响企业。梅恩斯（E. S. Maynes）称之为"消费者在宏观上的权力（macro-power）和微观上的无能为力（micro-impotence）"，也就是说，单个或者数量较少的消费者是无法与企业抗衡的。

随着数字经济的发展，市场地域界限的打破使得竞争日益激烈，消费者的选择也极大丰富了。同时，信息技术的发展，尤其是互联网的兴起，使得消费者不仅可以获取大量信息，还可以制造信息、发送信息。消费者因其庞大的数量成为企业的一个重要资源，他们可以利用互联网以较低的成本进行自组织和口碑传播。如果消费者对消费过程是满意的，他们可能会重复购买或者传播正面的口碑，这些都是对企业的奖励；反之，拥有了较多选择的消费者将不再购买该企业的产品，还可能会在网上传播负面口碑，甚至可能会抗议或者联合抵制，这些都是对不满意企业的惩戒。可见，丰富的信息和选择使得消费者行使权力的机会大大增加：消费者可以选择他们偏爱的产品并进行正面口碑传播，不购买甚至是联合抵制那些不符合他们要求的产品等。

（2）企业以消费者为中心的市场营销战略会主动赋予消费者一定的权力。随着市场竞争的加剧，为了更好地满足消费者的需求，提升竞争力，许多企业都实施了以消费者为中心的营销战略，也可以理解为消费者增权战略。例如，定制化战略就是一个以消费者为中心的战略，它将控制权交给了消费者，由消费者决定他们自己想要的产品的颜色、形状、规格等，甚至由消费者自己来生产产品。我们将这种企业赋予消费者的权力归为法定权力，虽然在此并不存在上级和下属的明显等级关系，但是以消费者为中心意味着企业赋予消费者某些权力使得企业在进行营销活动时必须受到消费者的影响，消费者的地位和权力得到提升。以消费者为中心的企业，为了给消费者提供个性化的产品或者服务，满足其个性化需求，就必须将对消费过程的较大控制权力给予消费者。这种消费者增权是企业有意识的一种营销活动，给消费者增权的目的主要是使消费者满意。

（3）消费者的不断学习以及大数据、人工智能、物联网等数字技术提供的便利的行权工具使得消费者行使权力的能力大大提高。企业在进行营销活动时，传播的都是经过加工的正面的信息，消费者对企业的抱怨也不会为其他消费者所知，所以企业传播给消费者的信息是有偏误的。在互联网出现之前，消费者局限在比较狭小的范围内与亲戚、朋友、同事等交流消费经历、消费知识以及其他消费信息。由于掌握信息有限以及缺乏消费经验，消费者无法识别有偏的信息，企业也就具有了明显的优势，因而具备了很强的专家权力。在互联网时代，消费者搜集信息的能力大大提高，他们不仅可以通过电视、杂志、报纸等传统媒介获取信息，还可以根据自己的需求主动通过互联网搜索引擎进行搜集。互联网是一个盛产信息的媒介，也是一个有着更大触及范围的媒介。互联网给消费者提供了获取信息、交换信息和经历以及进行社会互动的平台。消费者不仅可以通过互联网看到企业发布的信息，还可以通过聊天、写博客、发表评论等方式随时与其他处在任何地理位置的消费者互动，分享他们的消费经历和发表他们的观点。没有经验的消费者可以向有经验的消费者学习。同时，许多第三方机构，例如消费者组织、行业门户网站等也在互联网上提供有关企业和产品的信息，甚至提供产品性能、价格等方面的对比以及购买帮助和购买建议。消费者掌握了更多的信息和营销知识，专家权力明显提高，他们不仅可以作出更加理性的选择，还能够根据自己掌握的知识和信息影响企业的营销活动。

（三）消费者权力的类型

约翰·弗伦奇（John French）和伯特伦·雷文（Bertram Raven）提出了五种社会权力基础（bases of social power）（见表 6-1）。[①] 在此基础

---

① French J R P，Raven B. The bases of social power. Cartwright D. Ann Arbor：University of Michigan，Institute for Social Research，1959：150-167.

上，贝赫朗·瑞扎巴克（Berhang Rezabakhsh）等人将奖赏权力和强制权力整合为奖惩权力，并认为消费者不可能成为企业营销过程中的参照体，因此，忽略了参照权力。① 他们将消费者权力分为三种：一是专家权力，是指在消费者和企业之间缺乏透明度和信息不对称的市场中，消费者对于质量和价格信息的掌握；二是奖惩权力，它是对企业行为的一种奖惩，以此避免对于消费者利益的漠视；三是法定权力，是指消费者直接影响营销活动尤其是产品和价格政策的能力。

表 6-1　五种社会权力基础

社会权力类型	概念界定
奖赏权力（reward power）	基于给予积极有利结果，或去除负面不利结果所带来的力量
强制权力（coercive power）	指惩戒违背意愿的行为的能力
法定权力（legitimate power）	指通过选举或任命而担当一定职位所得到的行为力量，权力大的一方具有影响下属的法定权力，并且下属有接受这一影响的义务
参照权力（referent power）	由于成为其他人的参照体所拥有的力量，通常是获得尊敬或者尊重
专家权力（expert power）	由于个人较对方具有更多的信息、专业知识和特殊技能而具有的权力

虽然个体消费者不能成为企业营销的参照体，但是意见领袖会成为其他消费者甚至是企业的参照体。而且在互联网背景下，消费者掌握的信息不应该仅限于产品的质量和价格信息，还应该包括生产商、渠道商、产品的受欢迎程度等方面的信息以及更多的营销知识，因而专家权力具有的影响力会更大。所以，消费者可以拥有四种权力：奖惩权力、法定权力、参照权力和专家权力（见表 6-2）。

---

① Rezabakhsh B, Bornemann D, Hansen U, et al. Consumer power: a comparison of the old economy and the internet economy. Journal of Consumer Policy, 2006, 29: 3-36.

表 6 - 2　消费者权力的类型及其表现形式

消费者权力	概念界定	表现形式
奖惩权力 （sanction power）	消费者对偏好的企业进行奖励，对违背消费者利益的企业进行惩戒	买/不买、消费者忠诚、传播正面/负面口碑、抗议、联合抵制
法定权力 （legitimate power）	企业赋予消费者某些权力，使得企业在进行营销活动时必须受到消费者的影响	对企业营销活动的直接影响
参照权力 （referent power）	消费者中的意见领袖由于成为其他人/企业的参照体所拥有的权力	口碑传播、抗议、发起联合抵制或者对企业营销活动的直接影响
专家权力 （expert power）	消费者对于产品质量、价格、生产商、渠道商、产品的受欢迎程度以及营销知识等方面信息的掌握所带来的权力	对企业营销活动的直接或者间接影响

信息充分、选择丰富和知识累积使消费者权力/权能大大提高，但这些在给消费者带来收益的同时，也带来了行使权力的成本。消费者会根据成本和收益的权衡结果决定是否行使权力。

（1）奖惩权力。消费者的奖惩权力会通过买/不买、消费者忠诚、传播正面/负面口碑、抗议、联合抵制等形式来行使。

首先，在买/不买的决策中，在消费者满意的情况下，重复购买对于消费者来说不会增加成本，反而会降低搜索、谈判等交易成本。如果企业有多种产品可满足消费者追求多样性的需求，那么消费者对于一个企业的忠诚其实对消费者自身也是有利的。但是，由于消费者的选择增多，即便做选择更加困难，也并不意味着排除替代选项很困难。在购买决策过程中，消费者可以将那些不符合基本标准的选项排除，即采用非补偿性规则进行购买决策，这种做法比较简单，无需成本，反而会由于找到更满意的产品而具有较高的收益。因此，在选择极为丰富的情况下，消费者采取不再购买来惩罚不满意的企业是极为普遍的现象。

其次，在口碑传播方面，消费者传播令其满意的企业的正面口碑成本很低。在现实生活中，消费者在与朋友、亲人等交流的过程中经常会谈论消费经历和推荐其满意的产品。这是一种面对面的交流，消费者通常会通过谈论成功的消费经历来显示自己知识的丰富、决策的聪明，亲人朋友也能从中受益，使消费者具有较高的心理收益。但是，在网络虚拟关系下进行口碑传播时，消费者身份的隐匿性无法使这种心理收益得以体现。因此，正面口碑传播的线上和线下行为有着明显区别。消费者会对不满意的企业进行负面口碑传播，通过网络传播负面口碑也是低成本的。网络中的关系是一种虚拟关系，消费者在交流过程中的心理成本较低，如果存在不满，负面口碑传播可以成为消费者发泄不满情绪的工具，因此其在网络上传播负面口碑的意愿会很高。

最后，在极不满意的情况下，消费者会采取抗议或者联合抵制的方式来惩罚企业。互联网的兴起虽然降低了抗议和联合抵制的组织成本，但并不是完全没有成本，消费者所需花费的时间成本、精力成本和心理成本都相对较高，所以较少使用这种权力。回顾近年来发生的消费者联合抵制事件，发现一般在企业比较严重地危害到社会或者消费者利益时，才会发生联合抵制。需要注意的是，消费者采用的这几种惩戒企业的方式并不是截然分开的，单个消费者只是简单地转换供应商也许对企业影响不大，但是如果同时传播负面口碑就会影响更多的人，如果上升到联合抵制，那么对于企业的负面影响可能是致命的。企业要防微杜渐，不能忽视单个消费者的影响，个人强制权力的使用可能会通过互联网放大为消费者群体的强制权力。

（2）法定权力。大部分情况下消费者的法定权力是企业主动的增权行为带来的，这其实是企业将消费者的权力限定在可控范围内的一种战略方式。从消费者角度来看，其虽然拥有了更多的权力，但是在消费过程中花费的时间、精力等成本也明显提高，运用这种权力的消费者通常都是为了获得在其他情况下无法获得的比较个性化的价值，例如体验、声誉等。因此，企业的增权战略必须能够给消费者带来个性化的利益，才能达到企业主动赋权的目的，最终实现企业和消费者的双赢。

（3）参照权力。意见领袖在社会上很活跃，他们可能掌管社区团体或者俱乐部，具有一定的社会地位，因此，往往具有较强的参照权力。意见领袖虽然不能控制其他消费者的消费行为，但是可能会在其影响范围内发起关于某一产品的话题和实施某些行为来影响其他消费者的选择。其影响方式可能是口碑传播，也可能是公开表态，或者是发起抗议和抵制，因此，其运用权力的成本和收益与奖惩权力的分析类似。但是，需要特别注意的是，意见领袖比一般消费者行使权力的影响要大得多，甚至会直接影响企业的营销活动，企业应高度重视。当然，企业也可以通过相应的公共关系活动或者营销活动来影响意见领袖行使权力的成本和收益。

（4）专家权力。消费者获取更多的信息和知识意味着其专家权力不断提升，可以更加理性地进行选择，还能够对企业的营销活动施加影响。与此同时，消费者行使专家权力的成本也在不断上升：更多的选择和更多的信息对消费者而言意味着处理信息和作出选择变得更加困难。首先，选择是存在机会成本的。经济学假设消费者是完全理性的，在信息充分的情况下能够作出使自己效用最大化的选择。但是实际上消费者并不是完全理性的，他们经常受到情感的驱动，而且往往有多种目标，在众多产品中做选择是一件非常困难的事情。阿莫斯·特韦尔斯基（Amos Tversky）等人的研究表明，选择增加，如果其中存在冲突，即使所有的选择都是可以接受的，消费者也可能会延缓作出选择。在大部分情况下，选择一种就意味着要放弃其他替代品。所放弃的替代品对于消费者的吸引力越大，消费者的懊悔、不安等失调感就越强。[1] 希娜·延加（Sheena S. Iyengar）等人研究发现，将消费者的选择限制在少量替代品中，可以使消费者更容易作出决策，并且能够让消费者对自己的选择更加满意。其次，信息越丰富，搜集和处理信息的成本就越高。消费者要在众多的替代品中作出准确选择，意味着他们要花费更多的时间和精力成本来搜集和处理更多的信息，替代品越多，所耗费时间和精力等成本就越高。[2] 互联网虽然提供了大量的信息，但是辨别信息真伪同样需要消费者花费时间和精力。消费者会将处理信息和作出选择所带来的收益和成本进行比较，如果成本超过了收益，消费者就可能出现选择麻痹。在现代快节奏生活中，消费者的时间也

---

[1] Tversky A, Shafir E. Choice under conflict: the dynamics of deferred choice. Psychological Science, 1992, 3 (6): 358-361.

[2] Iyengar S S, Lepper M R. When choice is demotivating: can one desire too much of a good thing?. Journal of Personality and Social Psychology, 2000, 79 (6): 995-1006.

比以前更加宝贵，他们不再愿意花费大量的时间和精力筛选少量的、与其消费相关的、有价值的信息。互联网搜索引擎以及一些提供比较购物的网站大大降低了消费者处理信息和作出选择的高成本。加之，专家权力涉及消费者能否以自己的既定支出来选择合适的产品使效用最大化，因此，从总体上来看，消费者还是愿意进行信息搜集、处理和产品选择。

（四）消费者增权的应用

技术进步势不可当，竞争日益激烈已成定局，因此，消费者增权的趋势是不可改变的。这就给企业营销管理的未来发展带来了如下启示：

（1）打造抗衡力。企业可建立一种"抗衡力"（countervailing power）来对抗消费者增权。建立抗衡力最为传统的方式是差异化战略。企业的产品差异化会导致市场信息不透明，从而建立起一种抗衡力。另一种方式是与消费者互动。在互动的过程中，消费者和企业之间是一种双向沟通的关系，企业会在互动过程中了解消费者的更多个性化信息。企业对消费者的信息了解越详尽、越充分，其专家权力就越大，企业在营销活动中的控制力也就有所提升。

（2）建立信任合作关系。企业可以采取消费者增权战略与消费者尤其是意见领袖建立信任和合作关系。企业也可以赋予消费者一定的权力，使得意见领袖/消费者可以直接与企业沟通，也可以参与企业的营销活动，表达他们对于企业营销活动的意见和看法，这会增强他们对企业的拥有感。在互动营销中，企业将消费者看作一项宝贵资源。当今的消费者受过较高的教育，而且善于学习和获取信息，如果企业能够与其建立长期互惠的关系，通过增权激发其潜能，那么他们可以帮助企业实现成长和发展，这一资源如果没有被开发利用好，则有可能毁掉一个企业。

（3）在消费者增权中寻找市场机会。面对消费者权力/权能提升，企业不能无作为，而应该深入分析消费者对权力的运用，同时分析消费者的消费行为和心理的发展趋势，积极寻找消费者增权带来的机遇。随着消费者拥有的信息和选择的增加以及市场知识的丰富，他们在权力提升的同时，期望也在不断提升。消费者在消费活动过程中的关注点不再局限于选择的结果，认为产品的可靠性、可操作性、耐用性、功能以及服务等都是理应具备的，他们越来越关注过程、体验、情感和关系。消费者期望企业能够给他们提供准确的信息、帮助他们作出符合自身利益的选择，给他们创造美好的消费体验，将他们视为独一无二的消费者。因此，消费者拥护策略（customer advocacy）、体验式营销策略都是企业未来营销创新的方向。

（4）引导消费者行使权力。鼓励消费者行使对企业有利的权力，避免消费者行使对企业不利的权力。消费者是在对权力运用的成本和收益进行权衡后来决定是否行使其权力的，因此，企业可以通过提高消费者购买的便利性等策略来降低消费者行使对企业有利的权力的成本，通过对正面口碑传播者给予奖励等策略来提高消费者行使对企业有利的权力的收益，通过提高转换成本等策略来增加消费者行使对企业不利的权力的成本。

四、中国情境下的消费者互动与体验价值研究

莫里斯·霍尔布鲁克（Morris B. Holbrook）和伊丽莎白·赫斯曼（Elizabeth C. Hirschman）基于大量的理论观察和实践总结，提出了著名的"体验价值观"，其核心是：消费体验会引起体验消费价值，这种价值不同于理性消费价值，它更多的是消费者内心有关美感、享乐和符号的价值，是消费模式转换催生的新型消费者价值判断。[1] 在此基础上，市场营销学界针对体验价值的内涵、来源及特征进行过专门研究，"互动"作为体验价值的主要发生来源及代表特征得到一致认可。

市场营销学者注重消费者主观感受的消费体验，使得定义体验价值时越来越强调消费者在创造价值中的感知和主动角色。因此，对于互动的研究更多应从消费者主体感知出发，研究消费者感知互动与价值共创的联系。然而，目前有关消费者感知互动与体验价值关系的实证研究尚显匮乏。特别是，区分不同感知互动类型对体验价值影响的差异，以及从更深层面探析体验价值创造机制的实证研究还有待完善。这在很大程度上制约了体验价值理论研究的丰富和深化，成为体验营销理论发展中亟待回应的

---

① Holbrook M B, Hirschman E C. The experiential aspects of consumption: consumer fantasies, feelings and fun. Journal of Consumer Research, 1982, 9: 132-140.

问题。

就我国企业的体验营销实践而言，越来越多的企业意识到在消费者增权背景下，消费者日益强调对过程、体验、情感和关系的重视。服务提供者开始跳出价值单向传递的常规思维，刺激消费者参与价值链设计和分享，致力于通过客商互动实现价值共创。然而，由于互动与体验价值转化机制研究的不完善，企业无法洞悉由于消费者感知互动类型的不同所引致的体验价值差异，忽视了由感知互动转向体验价值中的消费者主体认知加工过程。企业在设计和开展互动式营销服务时十分盲目，单纯强调消费者参与，设计纷繁多样的营销手段刺激消费者互动，在聚集了大量"人气"的同时却无法形成坚实的"买气"，互动变成了商家的"一厢情愿"，以致企业浪费了大量营销资源，而市场收效甚微。

孙乃娟等跳出现有研究中解释体验价值的理论视域局限，首次在中国消费情境下尝试基于感知互动类型的新视角探讨其与体验价值之间的作用机制。通过对零售行业 446 个有效样本数据的分析发现，交互导向互动和任务导向互动对消费者体验价值具有显著正向影响，而自我导向互动对消费者体验价值具有显著负向影响；消费者涉入度对交互导向互动与体验价值的关系具有正向调节作用，而对自我导向互动与体验价值的关系具有负向调节作用；新进入者调适对感知互动类型与体验价值的关系存在部分中介效应。这一研究结论为实践中设计提升体验价值的互动式服务提供了决策依据。[1]

在有关消费者体验价值影响因素的研究中，很少有学者关注购物网站交互性对消费者体验价值的影响。李光明等在回顾文献的基础上提炼出网站交互性的两个重要维度：双向性和控制性，并以手段-目的链理论为基础构建网站交互性与体验价值之间关系的概念模型，最后运用结构方程模型检验了网站交互性、消费者体验价值和满意度之间的关系。研究结果表明，网站交互性的双向性维度是提升消费者体验价值和满意度的关键。[2]

---

[1] 郭国庆，孙乃娟．新进入者调适中介下感知互动类型对体验价值影响的实证研究．管理评论．2012，24（12）：72-83.

[2] 郭国庆，李光明．购物网站交互性对消费者体验价值和满意度的影响．中国流通经济．2012，26（2）：112-118.

五、研究消费者权益保护理论，致力提振消费需求

市场营销学者指出，消费是指消费者为满足个人或家庭生活需要，通过市场而获得、使用生活消费资料和消费服务的活动，它是人类生存的基本需求，关乎人民群众的美好生活向往。而消费者权益是指消费者在有偿获得商品或接受服务时，以及在以后的一定时期内依法享有的权益。这是在一定社会经济关系下，适应经济运行客观需要，赋予商品最终使用者享有的权利。

（一）消费者权益的国内外比较

早在 20 世纪 60 年代初，国际消费者联盟组织就对消费者权益进行了初步界定，认为消费者享有以下基本权利：（1）安全保障权；（2）知悉真情权；（3）自主选择权；（4）公平交易权；（5）依法求偿权；（6）求教获知权；（7）依法结社权；（8）维护尊严权；（9）监督批评权。

在社会主义市场经济体制下，国家依照社会经济运行的需要和市场上消费者的主体地位，来制定明确的立法，这就使得消费者权益不仅是一种公共的约定和公认的规范，还得到了国家法律的确认和保护。在我国，消费者权益不仅仅包括《中华人民共和国消费者权益保护法》规定的九项基本权益，即安全权、知情权、选择权、公平交易权、求偿权、结社权、获知权、受尊重权和监督权，还包括反不正当竞争法、食品卫生法、产品质量法、药品管理法、计量法等法律法规中的相关规定所确认和保护的消费者权益。

消费者权益是"商品最终使用者享有的权利"。在市场经济条件下，人民群众生存与发展的各种需求的满足，都是通过在市场上从事交易、交换活动来实现的。例如，人们为了生存，会在衣食住行等方面存在需求，如购买服装、购买食品，购买或租赁房屋，还要使用交通工具等；人们为了更好地发展自己，会追求更高层次需求的满足，例如学习知识和技能，参加体育和社交活动，欣赏电影和音乐等。在以上活动中，人民群众作为消费者，其生存权利和发展权利的相关需求得到了满足。而只有消费者权益得到了充分的尊重，人民群众的需求才能得到更好的满足。

保障消费者权益不仅是建设社会主义法制社会的迫切要求，也是企业

社会责任的重要体现。企业社会责任是指在一定的社会历史条件下，企业对社会发展及其他成员的生存与发展应负的责任。企业作为市场经营的主体，其经营行为不仅仅与企业管理者、股东、员工的利益密切相关，而且与更广泛范围内的多个群体相关，如新闻媒体、社区居民、供应商等。因为从长期来看，企业良好的发展不仅要依靠企业内部人员的协作和努力，还要有良好的成长和发展环境，所以企业必须重视企业外部群体的利益和需求，并且把它们当作利益相关者，在经营过程中满足它们的需要，为企业和社会的持续发展奠定良好的基础。

在中国，企业社会责任的地位更为重要。企业不仅要改进经营管理，承担起创造利润、发展经济的义务，更要健康可持续地发展，担负起节约资源保护环境、丰富人民群众物质文化生活、保障消费者权益、改善民生的社会责任。中国消费者协会多次开展"消费与责任"主题活动，提出保护消费者的合法权益是全社会的共同责任，社会各有关方面应共同努力，做好消费维权工作，改善消费环境，提振消费需求。因此，作为市场的经营主体，企业是消费维权的第一责任人，不仅要诚信经营，守法经营，更要承担起法律规定的经营者的义务和社会责任，在创造利润的同时，切实保障消费者权益，满足人民群众生活和发展的需要，改善民生。

（二）消费者权益保护存在的问题

1993年颁布《中华人民共和国消费者权益保护法》以及一系列相关法律法规以来，我国在维护消费者权益、完善社会维权机制、解决消费权益纠纷、打击侵害消费者权益违法行为、提高消费者依法维权意识以及促进消费维权运动蓬勃发展等方面取得了极大的进步。但是，随着产品服务类型的不断丰富以及新兴市场的迅猛兴起，我国在消费者权益保护中存在的一些问题也逐渐显现出来，这些问题的出现不仅损害了消费者权益，而且对于人民群众相关需求的满足产生了负面的影响。总体来说，结合我国消费市场的现状和发展，与消费者权益、民生相关的新的热点问题主要集中在以下四方面：

（1）房地产市场上消费者权益的维护。拥有安定的居所是人民群众生存权利最基本的需求，"安居"才能"乐业"，因此房地产行业在改善民生中具有非常重要的地位。房地产市场上存在价格虚高、虚假宣传、物业侵权、"黑中介"等现象，使消费者处于弱势地位。这些负面现象的存在，给人民群众的安居乐业带来极大影响。这些问题如果无法及时有效地得到解决，势必影响人民群众的生活和个人发展，影响人民群众对美好生活的向往和追求。

（2）农村消费者权益的维护。我国对于城市消费者权益的保护取得了一定的成绩。相比之下，农村消费者权益保护比较滞后。我国农村消费者处于被动、弱势的地位，其权益保护任重而道远，需要更多努力。农村消费者权益保护存在的问题具有消费者权益受害频率大、受害人数多、影响范围广、持续时间长且较难查处和彻底清除等特点。这种状况不仅危害了农民的生产和生活，而且从长期看会对更大范围群体的生活产生恶劣的影响。

（3）新兴产品市场上消费者权益的维护。随着生活水平和收入水平的提高，在生存和生活方面的需求都得到满足的前提下，人们追求更高层次需求的满足，消费的对象也从基本的生活用品，延伸到各种新兴的产品，例如教育、服务、金融理财、医疗等，人们通过购买以上产品来实现个人更好的发展。但是，相比于传统产品，这些产品本身具有质量不稳定、无法试用等特征，而且人们对于这些新兴产品还不够了解，拥有的专业知识也不够丰富，因此在购买和消费过程中，消费者的权益经常受到损害，不仅给消费者造成了经济损失，更使得消费者对于市场的信任和预期下降，不利于民生的改善。

（4）数字经济环境下消费者权益的维护。随着数字经济的迅猛发展，我国网民群体规模、电商平台、网红经济都取得了迅速的增长。现在，人们把互联网当作收集信息、沟通联络、购买产品的平台，数字技术已经融入人民群众的日常生活。但是，数字经济环境下侵犯消费者权益的事件层出不穷，例如大数据杀熟、算法歧视、网购骗局、网络水军、虚假信息、垃圾邮件泛滥、网络著作权受到侵犯等。这些侵权事件的发生，不仅阻碍了我国数字经济的健康发展，也给人民群众的生活和发展带来了负面影响。

（三）切实保护消费者权益应采取的措施

首先，完善消费者权益保护的相关法律法规。目前我国房地产、教育、服务、金融产品、数字经济等领域涉及消费者权益保护的法律法规很少，还有些法律规定在实践中缺乏一定的协调性，法律效力不高。针对相关立法的空白应抓紧制定出台与消费者权益密切相关的法律，同时也应配套制定相关行政法规和部门规章，使立法更加细致化、具体化。尤其要完善平台企业垄断认定、数据收集使用管理、消费者权益保护等方面的法律规范。要加强规制，提升监管能力，坚决反对垄断和不正当竞争行为。这样，才能使消费者权益和人民生活真正地实现有法可依。

其次，加强消费者权益保护的社会监督。充分发挥新闻媒介的监督作用，定期对一些产品、服务的抽检结果进行曝光，形成强大的舆论威慑力。充分利用消费者保护协会等消费者组织来优化市场消费环境，及时进行消费提示和消费警示，引导广大消费者科学合理消费，科学健康生活。

最后，提高消费者自身维权意识。消费者维权的效果在相当程度上取决于消费者维权意识的觉醒，取决于消费者捍卫其合法权益的积极性与主动性。当然，消费者维权意识的觉醒并非一日之功，需要全社会加大对消费知识的宣传、促进消费运动的发展和提高全民法律意识。因此，要逐步普及全民消费者权益保护知识，使消费者从我做起、从现在做起维护保障消费者权益，保证自己生存和发展的权利得到实现。还要通过宣传教育，使广大消费者掌握维权、投诉、诉讼等相关程序，增强自身权益保护能力。消费者要知法、懂法、用法，学会利用法律武器来保障自己的权利。

党的二十大报告提出，着力扩大内需，增强消费对经济发展的基础性作用。为了完整、准确、全面贯彻新发展理念，加快构建新发展格局，着力推动高质量发展，助力恢复和扩大消费，不断满足人民群众日益增长的美好生活需要，最高人民法院于 2022 年 12 月 27 日出台了《关于为促进消费提供司法服务和保障的意见》，从消费端、生产经营端、市场秩序端三方面入手，加强消费者权益司法保护。这对于增强消费信心、提升消费意愿、释放内需潜力、推动经济转型升级具有重要意义。

第 2 节　以品牌理论研究服务质量强国战略

一、党和国家提出品牌创新和质量强国战略

党的十八大以来，中国特色社会主义进入新的发展阶段，市场形势呈

现出许多新机遇新挑战新变革，对市场营销提出了新要求和新任务。习近平总书记于 2014 年 5 月提出了"三个转变"的重要思想，即"推动中国制造向中国创造转变、中国速度向中国质量转变、中国产品向中国品牌转变"①。这一创新论断是对中国品牌未来发展方向的科学指引，也是对品牌强国战略的高度肯定。之后，习近平总书记又明确提出，高质量发展应做到"创新力、需求捕捉力、品牌影响力、核心竞争力强，产品和服务质量高"② 等科学论断。

（一）高度重视质量建设

习近平指出："质量体现着人类的劳动创造和智慧结晶，体现着人们对美好生活的向往。中华民族历来重视质量。千百年前，精美的丝绸、精制的瓷器等中国优质产品就走向世界，促进了文明交流互鉴。今天，中国高度重视质量建设，不断提高产品和服务质量，努力为世界提供更加优良的中国产品、中国服务。"③ "要树立质量第一的强烈意识，下最大气力抓全面提高质量，用质量优势对冲成本上升劣势。要开展质量提升行动，提高质量标准，加强全面质量管理，促进公平竞争，加强知识产权保护和管理，遏制以降低质量为代价的恶性竞争。"④ 科技创新是提高供给质量和水平最重要的发力点。⑤ 因此，要着力增强创新驱动发展新动力，注重发挥企业家才能，加快科技创新，加强产品创新、品牌创新、产业组织创新、商业模式创新。

2012 年以来，国家致力加快制造强国、质量强国建设，推动集成电路、移动通信、飞机发动机、新能源汽车、新材料等产业发展，实施重大短板装备专项工程，发展工业互联网平台，创建"中国制造 2025"国家级示范区，强化产品质量监管，全面开展质量提升行动，推进与国际先进

---

① 推动中国产品向中国品牌转变（习近平讲故事）. 人民日报海外版，2019 - 01 - 31 (5).
② 习近平 . 习近平谈治国理政：第三卷 . 北京：外文出版社，2020：238.
③ 习近平向第二届中国质量（上海）大会致贺信 . 人民日报，2017 - 09 - 16 (1).
④ 习近平：推进供给侧结构性改革是一场硬仗 . (2017 - 06 - 21). 人民网 .
⑤ 情牵黄土地 心系老区人：习近平总书记在山西考察工作纪实 . 山西日报，2017 - 06 - 26 (1).

水平对标达标，有效满足市场需求。

高层决策者积极弘扬工匠精神，倡导"来一场中国制造的品质革命"。围绕推动制造业高质量发展，强化工业基础和技术创新能力，促进先进制造业和现代服务业融合发展，加快建设制造强国。高质量发展是对经济社会发展方方面面的总要求，要从供给、需求、投入产出、分配、宏观经济循环等多个方面体现新发展理念，更好满足人民日益增长的美好生活需要。打造工业互联网平台，拓展"智能＋"，为制造业转型升级赋能。强化质量基础支撑，推动标准与国际先进水平对接，提升产品和服务品质，让更多国内外用户选择中国制造、中国服务。

改革开放 40 多年来，中国经济这艘巨轮之所以能够克服重重险阻、破浪前行，高度重视质量管理是一个重要原因。

2017 年党的十九大报告中，"质量"一词出现了 16 次之多，"质量第一""质量强国"的表述首次出现在党代会报告之中。增强产品的质量意识，隐含市场导向的深刻内涵，因为没有市场需求的产品，尽管也凝结着"无差异劳动"，但其结果只能转变为库存积压，没有效益，质量更无从谈起。

产品质量强国战略服务于国内供给侧结构性改革，旨在解决"一个马桶盖"引发的国内消费者需求整体升级问题，直接满足人民日益增长的美好生活需要。这是中国经济体量和经济结构历史性变迁的真实反映，也是中国经济发展内在动力转化的重要训示。在中国特色社会主义新时代，坚持质量第一、效益优先，不仅是一种企业管理行为，更是打赢去产能、去库存、去杠杆、降成本、补短板攻坚战，提升与现代化经济体系建设相适应的供给质量的必由之路。供给侧结构性改革的重点是解放和发展社会生产力，推进结构调整，提高供给质量，提高全要素生产率，目的是化解我国经济发展面临的各种结构性失衡，使供给能力更好满足广大人民日益增长、不断升级和个性化的高品质物质文化和生态环境需要。

（二）着力推进品牌创新

加快转变经济发展方式，重点在于优化产业结构、消化过剩产能，最终要落实到一家家企业上。新一轮科技革命和产业革命正在孕育兴起，企业要抓住机遇，不断推进科技创新、管理创新、产品创新、市场创新、品牌创新。"要着力以科技创新为核心，全方位推进产品创新、品牌创新、产业组织创新、商业模式创新，把创新驱动发展战略落实到现代化建设整个进程和各个方面。"化解产能过剩的根本出路是创新。要努力创造环境，使企业真正成为创新主体。

（三）设立"中国品牌日"

2016 年 6 月，国务院印发了《关于发挥品牌引领作用推动供需结构升级的意见》，提出设立"中国品牌日"，凝聚品牌发展社会共识，营造品牌发展良好氛围，搭建品牌发展交流平台，提高自主品牌影响力和认知度。

为大力宣传知名自主品牌，讲好中国品牌故事，提高自主品牌影响力和认知度，2017 年 4 月 24 日，国务院正式批复国家发展改革委《关于设立"中国品牌日"的请示》，同意自 2017 年起，将每年 5 月 10 日设定为"中国品牌日"。

据权威机构发布的 2021 "全球最具价值品牌"报告，中国有 18 个品牌入围全球最有价值品牌前 100 名，再次成为上榜品牌数量第二多的国家，合计贡献了全球 100 强品牌价值的 14%。

2022 年 4 月，国务院办公厅发布的《关于进一步释放消费潜力促进消费持续恢复的意见》提出，高水平办好"中国品牌日""全国消费促进月"等活动。支持各地区建立促消费常态化机制，培育一批特色活动品牌。

品牌建设也是一项长久的系统工程，需要统筹谋划，久久为功，扎实推进。品牌建设是建设现代化经济体系、构建新发展格局的内在要求，是实现我国由经济大国向经济强国转变的重要途径，是满足人民日益增长的美好生活需要的根本要求。

2022 年 7 月，国家发展改革委、工业和信息化部、国资委等七部门联合印发了《关于新时代推进品牌建设的指导意见》，立足新发展阶段、贯彻新发展理念、构建新发展格局，提出未来一个时期我国推进品牌建设的总体思路、发展目标、重点任务和保障措施，为新时代品牌建设指明了方向。

我国经济已由高速增长阶段转向高质量发展阶段，正处在转变发展方式、优化经济结构、转换增长动力的攻关期，建设现代化经济体系是跨越关口的迫切要求和我国发展的战略目标。提高供给质量、建设质量强国的理念已深入每个行业、每个企业，重视质量、品牌创新成为社会风尚。越来越多的中国品牌异军突起，以高性价比、高技术含量的产品参与竞争，拥有越来越多的"粉丝"。中国产品紧紧围绕优质、精品、创新等关键词向中国品牌转变。神舟飞天创造"中国高度"，蛟龙潜海成就"中国深度"，高铁飞驰跑出"中国速度"，北斗导航展现"中国精度"。这些国家名片在推动中国发展的同时，也造福世界。应大力推动创新驱动发展，弘扬劳模精神、工匠精神、企业家精神，加快培育具备国际影响力的一流品牌，向品牌强国迈出坚实步伐。

（四）市场营销学者致力品牌教育培训

1. 西藏特色农产品的品牌建设

2015年8月12日，应西藏自治区科学技术厅等单位邀请，郭国庆教授在拉萨做题为"发挥西藏品牌优势 打造高原特色农产品基地"的专题公益讲座。这次公益讲座涉及打造西藏特色农产品品牌的"危"与"机"、靓丽品牌的系统支持、完善品牌定位战略、提升品牌形象等内容。

2. 助力东北老工业基地振兴的品牌营销

郭国庆教授于2016年12月19日到黑龙江省做"实施品牌战略 振兴龙江经济"专题讲座。讲座指出，黑龙江省有着得天独厚的资源优势，面临难得的发展机遇。"龙江丝路带"主要内容纳入国家"一带一路"倡议，确立了在国家规划中的地位。哈尔滨至汉堡国际货运班列开通并常态化运行，"哈绥俄亚"陆海联运进入试运行，基础设施互联互通取得成效。而要在良好的市场环境下，促进黑龙江经济振兴起飞，实施品牌战略，提升核心竞争实力乃是当务之急。品牌是一项重要资产，可为现有产品提升价值。实施品牌战略，提升黑龙江品牌的知名度、美誉度、忠诚度和联想度，可以为经济发展带来更高的价值回报。

实施品牌战略，必须坚持市场导向。要处理好科技含量与市场需求的关系，竞争导向与客户导向的关系，营销战略持续性与营销战术多变性的关系。

实施品牌战略，必须加强全方位营销。政府部门、非营利机构、企业协调一致，打造地方形象，树立区域品牌，彰显黑龙江优势。城市营销借力科研院所、著名高校，提升城市品牌指数。企业要借用供应商营销、分销商营销、内部营销等方法处理好产业链上下游的关系。

实施品牌战略，必须提升服务质量和服务便利。诚信经营赢得良好的口碑和客户认知，技术质量和职能质量不可或缺。需要高度重视人员素质、服务程序、基础设施，需要统筹兼顾决策便利、渠道便利、交易便利、获益便利、售后便利。要努力提升服务的硬件环境，加强信息的有效沟通，不断优化服务程序。

二、贯彻质量强国战略，加强品牌理论研究

（一）品牌建设及其理论创新

品牌是一种名称、术语、标记、符号、设计或其组合，用于辨认某个或某群销售者的产品及服务，并使之与竞争对手的产品和服务区别开来。品牌价值是一个品牌所具有的财务价值，即在某一个时点，运用类似有形资产的评估方法，根据品牌属性、品质、档次、品位、文化、个性等计算出来的价值金额。

品牌名称和品牌标志是品牌资产的物质载体，品牌知名度、品牌美誉度、品牌联想度和品牌忠诚度是品牌资产的有机构成，为顾客和企业提供附加利益是品牌资产的实质内容。品牌建设是一个自下而上的渐进管理过程。首先，企业要确保顾客识别和认知品牌，并将其与特定品类或需求相关联。其次，企业要从战略的高度将大量无形资产和有形资产与顾客心智有机地联系起来，借助品牌联想使消费者从内心稳固地建立起品牌应有的意义。再次，依据顾客与品牌相关的判断和感受，引导和激发顾客的适当反应。最后，将顾客的品牌反应转化为强烈的顾客忠诚。这种品牌建设模型包含由上述四个步骤和品牌建设六个模块构成的金字塔，金字塔的左边是品牌建设的理性路径，右边是品牌建设的感性路径（如图 6-1 所示）。

品牌知名度是指某品牌被公众知晓、了解的程度，它表明品牌为多少或多大比例的消费者所知晓，反映的是顾客关系的广度。品牌知名度是评价品牌社会影响大小的指标。品牌知名度的大小是相对而言的，名牌就是知名度相对较高的品牌。品牌知名度一般呈金字塔形分为四个层次：无知名度（unaware of brand）、提示知名度（aided awareness）、未提示知名

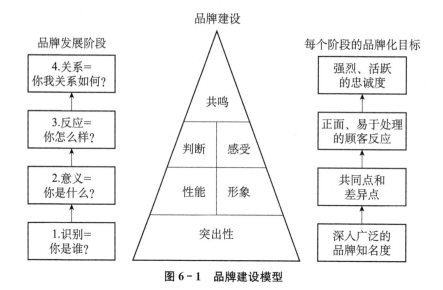

图 6-1　品牌建设模型

度（unaided awareness）和顶端知名度（top of mind），层次越高越难实现。从品牌管理的角度，一般考虑后三个层次。

品牌美誉度是指某品牌获得公众信任、支持和赞许的程度。如果说品牌知名度是一个量的指标，那么品牌美誉度就是一个质的指标，它反映某品牌社会影响的好坏。品牌美誉度的资产价值体现在口碑效应上，即通过人们的口头称赞，一传十，十传百，引发源源不断的销售。

消费者在一段时间内重复选择某一品牌，并积极推荐他人购买的倾向，称为品牌忠诚。品牌忠诚度是顾客对品牌感情的量度，反映出一个顾客转向另一个品牌的可能程度，是企业重要的竞争优势。品牌忠诚度是一项战略性资产，如果对它进行恰当的经营开发，就会给企业创造更多的价值。

（二）关于品牌理论发展的研究

顾雷雷的学术专著《中国品牌管理理论的研究》，以改革开放以来中国市场营销学界关于品牌管理理论的研究文献为基础，借助思想史方法和计量方法，从横向角度分析了市场营销学者关于品牌管理理论的思想特征和历史作用，从纵向角度分析了中国改革开放以来品牌管理理论发展的逻辑脉络、逻辑继承、逻辑创新以及实践运用。在横向与纵向的结合中，分析了影响或决定品牌管理理论发展的各种因素，全面准确地概括了理论发展的特征和趋势。①

　　研究明确指出，中国品牌管理理论的发展历程符合 S 形曲线的扩散特征，将巴斯扩散模型引入理论扩散的领域，可将中国品牌管理理论的发展阶段划分为起步阶段（1979—1993 年）、成长阶段（1994—2003 年）和成熟阶段（2004 年至今）。中国品牌管理理论的发展是一个从弱到强、从确立意识到深化研究、从理论介绍到理论与实证研究相结合的过程。随着市场经济的不断发展和市场竞争的日趋激烈，品牌在消费者的日常生活中扮演越来越重要的角色，品牌管理对于企业和厂商增加销售额和利润也起到了越来越大的作用，品牌管理的这种作用也逐渐成为社会关注的现象。②与此同时，品牌的社会效应也得到了市场营销学、传播学、社会学等领域的关注。

　　改革开放初期，学者开始关注中国品牌管理。在起步阶段，关于这一理论的研究仅停留在"商标""包装""广告"等品牌外围的主题上，并未对品牌本身的作用、建立和维护品牌的手段、运营品牌的策略和品牌的内涵等内容进行深入探讨，也未对中国品牌管理理论和实践的现状进行反思。进入成长阶段后，学者开始重视核心品牌管理理论，开展了关于品牌资产、品牌延伸等品牌管理理论的研究，并树立起中国本土品牌的意识，对如何提升中国本土品牌的竞争力，如何提升中国品牌的品牌形象等问题进行了较为深入的探讨。到成熟阶段，学者对品牌管理理论的研究趋于深入，围绕本土品牌竞争力从原产国效应、老字号的复兴和消费者民族中心主义等方面展开讨论，并为中国本土品牌的发展作出了诊断，提供了策略上的参考。此外，学者对营销实践中发生的事件的反应能力也不断提升，能够较快地结合营销实践对品牌管理理论进行研究，为企业建言献策。

　　随着研究主题的不断拓宽，市场营销学者关于中国品牌管理理论的研究方法和研究特征，经历了从理论介绍到理论与实证研究相结合的过程。在起步阶段，品牌管理理论属于一个新兴的领域，受到地域、语言、理论

---

　　①　顾雷雷. 中国品牌管理理论的研究. 北京：经济科学出版社，2018.
　　②　顾雷雷. 品牌资产理论在中国的发展阶段划分与特征：基于扩散模型的研究. 经济学家，2015（12）：24－33.

积累和研究方法的限制，学者的研究局限于引入和介绍国外成熟的品牌管理理论。在成长阶段，通过与国外学术界的不断交流、对国外学者研究方法的学习以及结合中国具体实际的思考，中国品牌管理理论逐渐吸收了实证主义的研究范式，开始向接纳统计、计量方法、实证范式转移。因此，成长阶段是中国品牌管理理论从概念介绍向成熟的实证主义研究过渡的阶段。而在成熟阶段，中国品牌管理理论则进入了理论与实证研究相结合的成熟实证研究阶段。在研究方法上，中国学术界已与国外接轨，开始采用结构方程模型等较为高级的统计方法，同时也开始借鉴心理学的实验方法，呈现出实证方法丰富多样的特征。

研究发现，中国品牌管理理论的发展受到宏观经济发展状况、市场营销学科发展和企业品牌管理实践活动等因素的影响。首先，宏观经济发展状况为改革开放以来中国品牌管理理论的发展营造了良好的环境。1978年，中共十一届三中全会首先拉开了社会主义现代化建设的序幕，为社会主义市场经济的发展，为国有企业改革和民营企业发展营造了良好的氛围，使企业在逐步市场化的过程中适应市场竞争，重视品牌发展。如国有企业在起步阶段实行的"放权让利"和"企业承包制"，在成长阶段力图建立的"产权清晰、权责明确、政企分开、管理科学"的现代企业制度，在成熟阶段推行的"建立健全现代产权制度"等，都对国有企业自主经营、提高生产积极性、迈向市场起到了作用。与此同时，民营企业的发展也为中国品牌管理理论的发展营造了良好的环境。民营经济合法地位的确定、"开放搞活"政策等都为民营经济成为非公有制经济的重要组成部分奠定了基础，也使其凭借灵活、敏锐和高效的特点带动了中国经济的发展，推动了中国市场化进程和品牌管理理论与实践的发展。

其次，中国市场营销学科的发展为品牌管理理论的发展奠定了坚实的基础，并为品牌管理实践培养了大批人才。在改革开放以来中国品牌管理理论发展的不同阶段，市场营销学科的发展推进着这一理论的发展。自1977年我国恢复高考以来，伴随着市场经济的发展，市场营销学科的教育被提上日程。各大院校纷纷开设市场营销学讲座，介绍市场营销学的研究内容和科学研究方法。在此基础上，一些学校相继开设了市场营销学课程，传播市场营销学的理论。1998年开始，我国高校在工商管理专业下设立了市场营销学方向，并陆续建立了硕士点、博士点，一方面为企业培养实践型人才，另一方面也为学校等科研机构提供研究型人才，促进了品牌管理理论研究水平的提高。此外，学术界经常组织国内外学术研讨会，为学者之间的科研交流提供了平台，也为学者了解国外前沿研究方法、研究主题提供了渠道。受到市场营销学科发展的影响，中国品牌管理理论的研究也日趋深入，研究方法、研究主题也逐渐开始与国际接轨。

此外，改革开放以来，企业品牌管理实践活动对中国品牌管理理论的发展也起到了重要的推动作用。受到改革开放的影响，企业的市场营销和品牌管理实践活动日益丰富，催生了一些经典成功案例，同时也产生了一些严重问题。品牌管理实践活动中成功与失败的案例往往都会成为学术界研究的对象，进而成为中国品牌管理理论发展的突破点。如 20 世纪 90 年代末，学者根据"秦池酒""爱多 VCD"等品牌倒塌、企业破产事件提出，中国中小企业可采取"反品牌化"或"无品牌化"策略；又如，根据"娃哈哈""巨人"等企业品牌延伸的失败案例，总结出在中国市场环境中品牌延伸的注意事项和合理对策；再如，2008 年以来集中爆发的品牌危机事件引起了一批学者的重视，他们对品牌关系破裂后"再续品牌关系"的问题进行了集中的探讨。

在计量研究方面，《中国品牌管理理论的研究》收集了宏观经济发展状况、市场营销学科发展和企业品牌管理实践活动的大量数据，采用回归方法验证了这些因素对中国品牌管理理论发展的影响。研究发现，宏观经济发展状况和市场营销学科发展对中国品牌管理理论的发展均具有显著的积极影响，而企业品牌管理实践活动的影响不显著。通过引入期刊类型这一虚拟变量，发现企业品牌管理实践活动不显著的原因，即企业品牌管理实践活动对品牌管理理论在非核心期刊上的发展起到显著的积极影响，而对其在核心期刊上的发展起到显著的负面影响，两种影响相互抵消，导致企业品牌管理实践活动对中国品牌管理理论发展影响不显著。

（三）关于产业集群品牌感知真实性的研究

杨海龙等基于特殊性产业集群品牌感知真实性的"正宗传承"和"价值象征"两个维度，建立了以集群品牌感知真实性为中介的企业品牌根脉传播诉求对集群品牌购买意愿影响的模型，检验了企业类型和消费者居留时间的调节作用。

在特殊性产业集群情境中，由于产地、工艺、文化内涵、历史渊源、原材料，甚至是气候、水源和土壤都能成为影响消费者品牌选择的重要因素，因此，集群内企业品牌往往选择向消费者传播自己的地理标识、正宗性、悠久历史、原产地和行业内排名等信息。莫尔哈特（Morhart）等把这种向消费者重点传播自身品牌的传统技艺、文化传承、地理位置和原产地等相关信息的行为界定为"企业根脉传播诉求"。企业品牌根脉传播诉求的共同策略选择必然带来一种结果：特定集群品牌下大量企业品牌，包括同一时期建立的和不同时期建立的品牌，都坚称自己是正宗传承，并努力让消费者信以为真。真实性对品牌来说至关重要，是品牌成功的核心要素。

研究发现，集群品牌感知真实性的中介作用通过正宗传承和价值象征两条路径实现。相较而言，后入新兴企业品牌的根脉传播诉求对价值象征维度作用更大，长居留期强化了正宗传承维度的影响，短居留期则强化了价值象征维度的影响。研究拓展了企业品牌与集群品牌的互动关系理论，支持了企业品牌"自证为真"共同策略选择的集群意义，以及后入新兴企业品牌在价值象征维度所具有的独特优势。[①]

（四）关于品牌资产理论的研究

市场营销学者收集分析我国品牌资产理论文献的相关数据，发现品牌资产理论在中国的发展具有以下三个特征：第一，品牌资产理论的迅速发展受到我国经济腾飞的影响。第二，市场营销学科的成熟在提升品牌资产理论研究质量的同时，也不可避免地对研究数量的增长产生了抑制作用。一方面可能是由于我国市场营销学科接受西方的实证研究范式，然而，数据支持的不足、更长的研究周期导致品牌资产理论文献数量的增长缓慢。另一方面，也可能由于营销学与国际接轨，越来越多的学者投身于更加前沿的问题研究，而淡化了对品牌资产理论的发展和创新。第三，品牌资产理论在一般领域扩散的"失败"是由模仿效应所导致的。如果该理论缺乏创新，那么扩散速度越快（即巴斯模型中的模仿系数越大），理论的扩散

---

① 杨海龙，郭国庆，陈凤超．根脉传播诉求对集群品牌购买意愿的影响：品牌真实性的中介作用．管理评论，2018，30（3）：102－113．

越容易"失败"。①

（五）关于品牌标识设计的研究

尚晓燕等聚焦品牌标识设计的消费者反应问题进行了研究，指出品牌标识作为企业重要的视觉资产，其设计是企业建设品牌资产、开展感官营销的关键环节，而洞察消费者对品牌标识设计的反应是首要前提。该项研究总结出品牌标识设计中的文字、图形和色彩三大主要元素，并从这三个方面梳理了消费者对品牌标识设计的反应，进而从设计的美学吸引力和内涵意义两个角度归纳出品牌标识设计影响消费者反应的情感路径和认知路径。最后，从品牌标识整体设计、动画标识、视觉美学和文化方面探讨了该领域进一步的研究方向，强调指出品牌也需"高颜值"。②

钱明辉等针对"为什么有的标识会让人产生廉价感"这一问题，研究了颜色刺激的引导作用。研究指出，品牌标识是品牌最重要的视觉象征符号。颜色作为醒目的视觉要素，是品牌标识设计的一项重要内容，能够刺激消费者产生心理反应并影响其认知。这项研究从品牌标识颜色刺激对消费者产品价格感知的影响的角度出发，探讨了高饱和度和对比色颜色搭配的品牌标识引发消费者廉价感的机制。依托餐饮、酒店、运动品等领域的虚拟品牌标识，围绕色彩搭配中的色相和饱和度及其交互作用，以及社会群体的集体主义/个人主义文化价值在其中的影响进行了五组对比实验，验证了色相、饱和度等品牌标识色彩要素对消费者的廉价感感知的影响。研究结果发现：相比于相近色和低饱和度，对比色和高饱和度更能让人对品牌标识产生廉价感；两要素交互时，人们的价格感知从低到高的排序为高饱和对比色、高饱和相近色、低饱和对比色和低饱和相近色；前述色彩的廉价感效应仅在有高集体主义倾向的文化氛围的国家的消费者中成立，对以美国为代表的有高个人主义倾向的文化氛围的国家的消费者则无明

---

① 顾雷雷. 品牌资产理论在中国的发展阶段划分与特征：基于扩散模型的研究. 经济学家，2015 (12)：24-33.

② 尚晓燕，郭晓凌. 品牌也需"高颜值"：品牌标识设计的消费者反应研究述评. 外国经济与管理，2020，42 (1)：55-69.

显的规律性结论。①

(六) 关于风土品牌的研究

2012年以来，地方特色农产品因其对乡村产业发展和农民增收的潜在价值，一直为学者和业界所关注，市场营销学科从品牌视角开展研究的成果陆续问世。杨海龙和郭国庆从"人地互动"的视角出发，基于风土理论，认为地方特色农产品的价值既隐藏在"地方"中，也隐含在与地方共舞的"人"中，是囊括了"人""地"要素及其"互动"内涵的风土赋予了地方特色农产品某种象征价值和情感魅力。因此，地方特色农产品品牌化的实质就是地方风土的品牌化，地方特色农产品品牌就是一种风土品牌。

研究发现，在"风土—风土产品—风土品牌"的概念架构下，在地方依恋推动风土品牌消费偏好的关系中，消费者之所以仍能保持"本土偏好"与"挑遍全世界"的平衡，有赖于真实性感知所发挥的中介"减震阀"作用。这进一步意味着，在消费者对"本地"理解泛化的背景下，特色农产品"地方命名"所展现的差异化地方身份，以及融入地方所延伸的自然生态可持续感知，有助于真实性需求的满足，进而促进地方特色农产品的全球市场输出。②

(七) 关于中华老字号的研究

钱明辉等对中华老字号品牌评价问题进行了系统研究。该研究通过梳理已有品牌评价的相关研究成果，确定中华老字号品牌评价的基本指标，并以新闻文本中关于老字号品牌报道的客观数据为基础，采用内容分析法和词频分析法选取50家中华老字号品牌作为测评对象，利用因子分析法构建中华老字号品牌发展指数的概念模型和指标体系，通过聚类分析揭示中华老字号品牌建设中"本""流""强""势""源"发展态势，以期为政府、企业和消费者提供参考。③

① 钱明辉，樊安懿，刘奥粤. 为什么有的标识会让人产生廉价感：颜色刺激的引导作用. 营销科学学报，2022，2 (3)：42-57.

② 杨海龙，郭国庆. 风土品牌本土偏好还能挑遍全世界吗：地方依恋，真实性与风土品牌. 预测，2021，40 (5)：17-24.

③ 钱明辉，陈丹，郎玲玉，等. 中华老字号品牌评价研究：基于新闻文本的量化分析. 商业研究，2017 (1)：1-12.

企业档案在消费者品牌真实性感知上具有重要作用。钱明辉等以张裕品牌为实验对象，采用控制实验法探讨了老字号企业档案对消费者品牌真实性感知的影响。研究发现：老字号企业档案会提升消费者对品牌真实性的感知，并且在实体店铺场景下使用老字号企业档案进行品牌宣传比电商场景更能提高消费者对于品牌真实性的认同，但是老字号企业档案对品牌真实性的提升效应在其延伸品牌上被明显削弱。学者建议，老字号企业档案部门应当在"静态"档案实体保管之外，同时注重企业档案资源的开发和利用，发挥档案资源在品牌真实性塑造中的作用；老字号企业应当优先考虑在实体店情景下利用档案进行品牌宣传与推广，拓宽实体店档案资源利用的形式；在利用企业档案塑造老字号原品牌真实形象的过程中，应聚焦原品牌进行宣传和推广，尽量避免与延伸品牌交叉宣传。①

（八）关于发展中国家的全球品牌研究

郭晓凌基于全球认同与当地认同视角的分析，深入研究了发达国家消费者如何评价来自新兴发展中国家的全球品牌问题。他指出，随着世界经济格局的改变，市场上来自新兴国家的全球品牌逐步增多，但发达国家的消费者是否接受这类品牌尚不明确。该研究立足于社会认同理论，发现当消费者的全球认同（相对于当地认同）通达时，来自发达国家/地区的消费者对于新兴全球品牌有积极评价，而且该效应通过消费者全球化态度这一中间路径发生作用。进而发现，消费者的"全球—当地"文化内隐观是这一效应发挥作用的限制性条件，即当全球文化和当地文化被视为相互包容时，该效应显现；当二者被视为相互冲突时，该效应消失。针对美国和英国两个发达国家市场，市场营销学者开展了四项研究并获得了一致的结果。这项研究聚焦来自新兴国家的全球品牌这一新现象，利用全球化相关理论和概念，首次试图对发达国家消费者如何评价新兴发展中国家的全球品牌这一主题提供理论解读。研究结果有助于加深对于全球化、全球品牌以及全球认同同化效应的理解，并解决全球化时代原产国效应是否仍然重要的有关争论，在实践方面则对包括中国在内的新兴发展中国家进入发达

---

① 钱明辉，樊安懿，耿祎楠. 老字号企业档案对消费者品牌真实性感知的影响. 档案学通讯，2020（4）：50-56.

国家市场、成为真正意义上的全球品牌提供了重要启示。[①]

（九）关于数字经济背景下的品牌管理研究

随着在线社区的兴起，如何在社区中开展网络营销活动，如何不断提升消费者的品牌认同感，如何通过品牌的有效定位占领更多的消费者心智份额受到越来越多品牌的关注和重视。钱明辉等基于 RAS 信息接收-接纳模型，针对不同类型的消费者群体从社区平均心智份额与社区消费者心智份额两个角度探讨基于在线社区的消费者品牌认同提升效果，并根据品牌发布广告的信息复杂度与信息强度来揭示广告信息特征对消费者品牌认同提升效果的影响，进而提出在线社区消费者品牌认同提升的品牌定位实施策略建议。研究发现：在线社区消费者的平均心智份额呈现曲折上升态势，品牌有必要适时调整支撑品牌定位的营销组合策略；消费者的心智资源不会被某一品牌独占，品牌无法获取所有消费者的认同；品牌定位应简单明了且易于理解；在提升消费者的品牌认同时，应基于消费者个性而非消费者的能力与意识展开；在线社区消费者品牌认同提升过程中始终存在被竞争品牌攻击与反超的风险，品牌可能会流失已经夺取的心智资源；即使品牌重启新的品牌定位战略，也无法全部挽回因竞争品牌反击而遭受的损失。该研究在验证以往品牌认同与品牌定位理论相关结论的同时，也获得了现有理论中未曾揭示的结论，为品牌开展有效品牌定位，扩大消费者心智份额，提升在线社区消费者品牌认同提供了借鉴。[②]

准确识别消费者的品牌决策偏好有助于提升精准营销效率，避免推荐结果出现品牌歧视和低价竞争，有利于改善消费者体验。钱明辉等从个体消费者的品牌决策偏好出发，对基于机器学习的消费者品牌决策偏好动态识别与效果验证进行了研究。首先通过对微博中品牌口碑信息进行文本语义分析和情感倾向分析，实现品牌维度量化。接着基于机器学习算法开发出针对个体消费者品牌决策偏好的即时识别模型，对品牌选择行为进行预

① Guo Xiaoling. Living in a global world: influence of consumer global orientation on attitudes toward global brands from developed versus emerging countries. Journal of International Marketing, 2013, 21 (1): 1-22.

② 钱明辉，郭佳璐. 从社区认同到品牌认同：如何基于在线社区提升品牌的消费者心智份额？. 中国管理科学，2022, 30 (5)：263-274.

测。最后，对比基于消费者品牌决策偏好的产品推荐结果与基于消费者产品外部特征决策偏好的产品推荐结果，验证模型有效性。研究发现：对社交网络中的品牌口碑应用文本语义分析和情感倾向分析是实现品牌在不同维度量化的有效工具；运用机器学习算法模型可以在一定程度上识别出消费者的品牌决策偏好，且机器学习算法模型的性能相较于传统识别方法更为有效；基于消费者品牌决策偏好的产品推荐结果可以有效避免同质化产品的低价竞争，提高零售商利润。①

三、市场营销学科体系中的品牌管理课程

许多高校的市场营销专业开设品牌管理或品牌策略新课程，主要内容一般包括品牌及品牌资产的基本概念，品牌资产创建、维系和提升的基本原理、方法，如：品牌资产和品牌定位、品牌共鸣和品牌价值链、品牌资产创建、品牌战略、品牌延伸、品牌激活和品牌危机管理。各地高校针对所在区域行业或产品的优势，在品牌管理课程建设方面各具特色。

例如，西安文理学院的品牌管理课程，从陕西农产品品牌及西安本地企业真实市场环境出发，鼓励学生参加各种社会实践活动，形成开放式的品牌管理视角，深刻理解由品牌定位、品牌成长、品牌发展、品牌整合营销传播、品牌维护、品牌形象塑造、品牌资产、品牌创新八大理论模块组成的战略品牌管理的核心理论，牢固掌握与陕西农产品品牌及西安当地企业品牌建设相关的重要品牌理论。

再如，上海商学院的品牌管理课程，致力于引领学生比较系统全面地掌握品牌管理的基本知识，熟悉品牌资产建立、维系和提升的基本过程，具备全局规划、细节把控、持续优化的基本思维和基本技能，具有运用品牌管理知识和相关课程知识发现、分析、解决现有企业品牌管理方面问题的能力。教学中注重课堂讲授和案例分析相结合，借助课堂讨论、社会实践、品牌策划等多种形式，培养学生的知识应用能力和决策能力。

---

① 钱明辉，徐志轩．基于机器学习的消费者品牌决策偏好动态识别与效果验证研究．南开管理评论，2019，22（3）：66－76.

四、中国品牌发展报告系列研究

钱明辉自2013年起，以不同的主题出版系列年度中国品牌发展报告，在国内外学术界产生了深远影响。

（一）2013年报告集中研究中国十大品牌发展问题

报告指出，中国本土品牌的发展是时代的选择，也是历史的潮流。报告细数中国本土品牌一年来的成长和困惑，总结梳理2012年中国十大品牌发展问题，对我国本土品牌面临的典型挑战和机遇进行总结和提炼，以期为我国本土品牌深化改革、走向世界奠定坚实的理论和实践基础。这十大品牌发展问题分别是：（1）传统品牌的现代管理问题；（2）本土品牌的国际拓展问题；（3）线下品牌的上线之路问题；（4）中外品牌的权利冲突问题；（5）文化品牌的价值塑造问题；（6）体育品牌的破困突围问题；（7）授权品牌的资产管理问题；（8）区域品牌的整合营销问题；（9）国内品牌的海外维权问题；（10）食品品牌的诚信补救问题。①

（二）2014年报告聚焦中国老字号品牌的传承与发展

报告回顾了近年来中华老字号品牌的成长与困惑，总结梳理过去一年中国老字号品牌的发展历程和经典案例，在此基础上，提出了中华老字号品牌发展指数的理论框架和测算方法，对中华老字号品牌展开评测，发掘其中的问题，以期为老字号品牌的扬帆起航助力加油。报告由四大部分构成：

第一部分介绍了主要中华老字号品牌的传承和发展概况，报告发布了前50老字号品牌发展指数（brand developing index，BDI）的总体排名。

第二部分介绍了中华老字号品牌发展指数的理论框架和测算方法，在理论上将品牌资产（品牌建设的效果）和品牌关系（品牌建设的导向）纳入品牌建设的全过程，尤其是品牌关系已成为企业品牌建设的重中之重。在系统模型的构建上，国内外现有的关于品牌价值和品牌竞争力的指数系统，均是从财务指标、市场指标和消费者指标三大方面进行评价。报告立

足于品牌建设的各个环节，从品牌基础、品牌战略、品牌管理、品牌关系四大维度构建品牌发展指数系统的四位一体模型。

第三部分为老字号品牌理论研究回顾，对有关老字号品牌的研究论文进行梳理，通过内容分析得出理论界的前沿热点与主题。针对研究热点进行检索，选取其中高频被引文献进行研究。

第四部分梳理了六大老字号品牌发展案例，这六个案例涉及品牌复兴、品牌拓展、品牌转型、品牌创新、品牌延伸、品牌责任等多个品牌管理领域。

报告中的指标体系、排名情况、理论探讨与案例分析等内容有助于老字号重估品牌精髓和意义，加强对品牌故事的宣传，在"新"上下功夫，表里并重进行品牌延伸，实行联合品牌经营战略，以无形资产撬动有形资产提升品牌价值。①

（三）2015 年报告研究品牌认证的探源与启航

报告从品牌认证的经济社会效益出发，探析品牌认证的现实问题，梳理品牌认证的主要维度，并对品牌认证的中国历程与国际实践进行总结，结合品牌认证典型案例分析，最后对中国商业联合会品牌认证指标体系进行解读，对认证流程与方法展开介绍，以期助推我国品牌认证扬帆起航。报告包括四大部分：

第一部分介绍了品牌认证的经济社会效益。该部分从国家、企业和消费者三个层面探讨品牌认证的经济社会效益。报告认为，在国家层面，我国品牌观念认知起步晚，市场经济建设时间短，通过认证的品牌数量少，导致我国缺乏强势品牌，尤其是具有我国自主知识产权和国际竞争力的世界级品牌。实施名牌发展战略，能够助推我国经济转型升级。在企业层面，每年新增品牌数量相当可观，但是品牌质量参差不齐，部分品牌效益低下的问题十分突出。品牌认证一方面推动企业提升自主品牌、技术，扩大市场份额，占据更为主动的市场地位；另一方面规范市场行为，促进经济贸易健康发展，维护企业合法权益，构建品牌信任机制。对于消费者来

---

① 钱明辉，谭新政 . 2014 年中国品牌发展报告：中华老字号品牌的传承与发展 . 天津：天津科学技术出版社，2015.

说，品牌认证表明了生产者或分销商的可信赖程度，缓解了消费者与企业间的信息不对称，减少消费者在鉴别、选购商品时付出的时间与精力等。

第二部分为品牌认证的理论探讨。分别从研究背景、研究视角和研究发现三个层面，指出品牌认证的现实问题，梳理品牌认证的主要维度，分析品牌认证的未来展望。从我国品牌认证的发展实践来看，品牌认证已经开始起步，品牌认证涉及面广，认证机构和认证内容纷繁复杂。而从实际来看，品牌认证机构和团体发展无序的状况亟待规范。

第三部分是对品牌认证的中国历程与国际实践进行总结。品牌认证在我国的发展是一个循序渐进的过程。最初的认证制度源于产品质量的保证，是为了保障卖家的信誉和买家的合法权益而提供的第三方认证制度。品牌认证的国际实践部分主要选取了四个机构进行介绍，分别为：国际品牌标准工程组织（International Brand Standard Engineering Organization，IBS）、国际品牌认定委员会（International Brand Attestation Council，IBAC）、超级品牌（Superbrands）、世界名牌协会（World Famous Brand Association，WBA）。

第四部分是对品牌认证的典型案例展开分析。通过宝洁牙防组事件和福喜"过期肉"丑闻两个案例，透视品牌认证问题。首先，按照时间顺序梳理两个案例的起因、经过和结果，然后对案例进行点评，最后，通过宝洁牙防组事件反思品牌认证公信力不高的原因，通过福喜"过期肉"丑闻探索品牌认证双标准频现的原因。①

（四）2016 年报告专注中外百年品牌发展比较

报告从发展品牌的重要意义入手，在梳理了我国品牌政策与国内外理论研究的基础上，对比国外优秀实践案例，针对我国百年品牌发展中的现状与问题展开分析，明确了存在的差距及原因，并针对具体问题提出相应的改进措施。报告分为以下四个部分：

第一部分介绍了发展品牌对我国的重要价值，并梳理了我国的品牌政策。第一章主要介绍随着市场经济的发展，在竞争机制的不断作用下，品

---

① 钱明辉，谭新政 . 2015 品牌发展报告：品牌认证的探源与启航 . 天津：天津科学技术出版社，2015.

牌日益成为先进技术和生产力的代表。第二章主要介绍实施品牌战略，以品牌经济增强核心竞争力。

第二部分介绍了国内外百年品牌的理论研究内容与国际上品牌发展的成功实践经验。第三章介绍目前国内关于品牌学的研究尚未形成系统的理论体系，对于品牌的理论研究可以大致分成三个阶段，即输入和依附阶段、理论探索阶段、创新阶段。从雀巢和可口可乐两个品牌出发，对其研究数量、研究进程和研究内容进行分析。通过比较分析发现，对于国外百年品牌的相关研究主要集中于品牌策略、品牌传播和品牌延伸三个方面。第四章主要介绍韩国、日本、德国及美国四个发达国家品牌的优秀实践经验。

第三部分主要介绍了我国品牌发展的现状、问题、原因、与国外的差距及改进措施。第五章以 2006 年商务部《"中华老字号"认定规范（试行）》认定的第一批"中华老字号"名单及第二批保护与促进的"中华老字号"名录共 1 133 个为依托，参考各品牌的发展历史以及创立时间等因素，筛选出中国大陆地区百年品牌 434 个，并采用国家统计局统计用产品分类标准以其主营业务及初始产品进行分类，建立中国大陆百年品牌名录，从发展总体情况及我国典型地区百年品牌发展情况两个角度对我国百年品牌发展现状进行总结与分析。第六章主要分析我国百年品牌发展的问题。第七章主要依据我国品牌发展中存在的主要问题，总结出我国品牌发展不足的主要原因。第八章主要介绍中国百年品牌和国外百年品牌的差距，从国际市场占有率、知识产权保护的差距、品牌营销建设的差距以及创新精神态度的差异四个方面分别展开论述。第九章针对我国品牌政策体系残缺、产权制度不完善、创新精神沉寂、品牌学科发展和理论体系不完备等现状提出相应的改进措施。

第四部分选择了国内外四个发展繁荣的百年品牌作为案例深入探索优秀百年品牌长盛不衰的原因。第十章主要讲述老凤祥银楼和张裕葡萄酒两个百年老字号的发展历程，第十一章主要介绍以德国西门子和日本资生堂为代表的海外百年品牌的发展历程，分析其繁荣百年的具体原因，总结出可以为国内品牌发展借鉴的具体经验，为我国塑造具有中国传统文化色彩的国际经典品牌提供参考信息。

报告中对品牌发展的剖析与对百年品牌经典案例的探索可以为我国品牌的发展提供新的思路，使我国的品牌发展能在新时代把握机遇。[①]

（五）2017 年报告聚焦品牌经济的强国战略

报告从品牌发展与国家经济战略的重要关系入手，在深入解读品牌经济内涵与理论的基础上，梳理了国内外针对品牌经济的研究主题与我国发布的相关政策文件，并探索性地提出了区域品牌经济的评价模型，针对我国各地区的品牌经济发展现状进行了实证研究，同时还以上市公司为研究对象，提出了品牌价值模型。报告结合"十三五"的发展理念，深入分析了近年来我国品牌经济的相关政策与优秀地区案例。

第一部分品牌的理论探源，介绍了品牌经济的基本内涵与发展意义。第一章主要探讨品牌发展与国家经济战略之间的关系，明确品牌价值是国家、企业和产品的综合竞争力的主要体现，也是品牌实现持续发展的必要条件。第二章主要介绍品牌经济的概念内涵，并明确发展品牌经济的重要价值：品牌作为国际市场的通用语言，是市场的通行证，是支配性资源，是争夺市场的决定性力量。第三章利用美国德雷塞尔大学陈超美团队开发的 CiteSpace，绘制品牌经济主题词论文的科学知识图谱，以探索近年来我国品牌经济开展研究的情况，发现研究热点主要集中在产品和企业品牌、市场品牌、城市品牌三个领域。

第二部分品牌经济的政策研究，梳理了国内的相关品牌经济政策。第四章针对国家层面的政策文件进行研究，采用文献研究法，设定数据源为"北大法宝-法律法规数据库"，检索主题词为"品牌"，通过对检索出的572 篇中央法规司法解释进行初步整理，将 2016 年至今发布的品牌经济政策分为综合性政策和行业性政策两大类。在总结政策的基础上，认识到我国品牌建设相对于发达国家和地区存在的三大问题。第五章从地方层面对政策文件进行分析，这是因为中国地域辽阔，人口众多，不同区域的文化和消费习惯特色鲜明，区域化成为我国经济的重要特点之一。

第三部分品牌经济的战略思辨，将品牌经济与"十三五"发展理念相

---

① 钱明辉，谭新政．2016 品牌发展报告：中外百年品牌发展比较．北京：知识产权出版社，2016．

结合。第六章探讨品牌经济与创新发展战略的关系，第七章探讨品牌经济与协调发展战略的关系，第八章介绍品牌经济与绿色发展战略之间的关系，第九章从微观、宏观、中观三个层面探讨品牌经济与开放发展战略之间的关系，第十章研究品牌经济与共享发展战略之间的关系。

第四部分品牌经济的评价模型，对评价模型的构建过程与实证研究结果进行介绍。第十一章在明确评价指标构建基本原则的基础上，根据已有的文献研究，选择区域品牌评价这一类似的研究成果，对评价地方品牌整体发展水平的指标进行筛选，然后通过词频分析选择出备选的评价指标，再根据理论分析法选取适合我国品牌经济发展评价的指标，在考虑数据可得性与科学性的基础上明确测评要素。同时采用客观的定量分析方法熵值法对指标进行权重赋值，避免了人为赋权带来的主观因素，然后采用因子分析法提取公因子构建评价指标体系结构。最后，对评价指标进行信度和效度的检验，完成对我国品牌经济发展评价指标的选取与构建。为了进一步保证研究的科学性、可靠性与可用性，采集我国各地区的品牌发展评价指标实际数据进行实证研究，一方面检验指标的实际使用情况，另一方面对我国目前各个省份地区的品牌发展水平进行评价。给出我国品牌经济发展评价指标的分项排名及总体排名，并且从品牌发展能力、品牌基础能力和品牌创新能力三个角度详细地探索分析，以期展现各个地区品牌发展的实际情况。第十二章在分析主要品牌价值评估方法、品牌价值影响因素的基础之上，结合企业客观的财务指标以及改进的权重计算方法对品牌评价模型进行了改进，增加了品牌作用指数以及品牌强度计算指标的客观性，并且结合改进的 TOPSIS 方法提升品牌强度指数权重的合理性，完善了品牌评价模型，提升了品牌价值评估方法的科学性，进而可以推广到其他品牌的价值评估实践。①

（六）2018 年报告研究民族品牌的价值发现

报告主要内容包括民族品牌内涵思辨，品牌价值理论梳理，品牌价值计算模型及实证，以及品牌价值与知识创新、智力资本、企业社会责任、

---

① 钱明辉，等.品牌经济的强国战略：2017 品牌发展报告.北京：知识产权出版社，2018.

企业信息透明度和媒体态度的关系。

第一部分通过对中华民族品牌内涵在资本属性、历史维度、市场表现、文化内涵、国民身份五个不同方面的思辨，从品牌价值的内涵分析、构成来源和影响因素对品牌价值的要素构成进行了全面的论述，从历史、文化、公共形象、股权归属、国民身份和社会认可的角度确定了民族品牌的六大判定规则。

第二部分通过实证研究验证，计算得出了2017年我国上市公司品牌价值排名。同时根据以往的研究结论，通过理论分析、提出假设、构建模型、实证检验对知识创新和品牌价值关系进行了全面的分析。

第三部分在已有文献的基础上，选择人力资本、结构资本和社会资本这三种智力资本的核心构成要素，利用我国上市公司的经验数据对智力资本要素与品牌价值的关系进行了实证研究，并针对实证结果提出了相应的管理建议。基于信息不对称理论和信号传递理论，探讨信息透明度与品牌价值之间的相关性，以及与资本结构、企业规模、企业股权集中度的交互性。运用文本分析法，以1 489篇新闻文本为样本，建立媒体态度评价体系，通过文本分析法中的人工阅读法得出文章情绪度分数后，对媒体态度这一自变量进行变量的构建，并得出2012—2016年我国第三产业九大行业中69家上市公司的媒体态度值。以此为基础研究媒体态度与品牌价值的影响关系，并引入行业虚拟变量，进行不同行业间媒体态度与品牌价值之间的关系研究。据此，该研究提出企业重视知识创新、合理开发智力资本、提高社会责任意识与责任承担、提高企业内部信息透明度以及加强媒体态度信息管理等将有助于提升民族品牌价值。[①]

（七）2019 年报告研究社群时代的品牌行为

报告结合社群与品牌两大热点问题，聚焦社群时代的品牌行为，主要内容包涵社群时代的内涵与特点，社群时代对品牌行为产生的影响，社群时代厂商、消费者的品牌行为模式，以及这些行为的变化或演化特征等。报告涉及以下几个部分：

---

① 钱明辉，等. 民族品牌的价值发现：2018 品牌发展报告. 北京：知识产权出版社，2019.

第一部分通过对社群时代的内涵与特点、社群时代商业经济的特征、社群时代厂商品牌行为、社群时代消费者品牌行为以及社群时代品牌行为与高质量发展等的讨论，得出 2018 年我国上市公司品牌价值前 500 名榜单。

第二部分基于信息传播学和认知失调理论，构建了网络社交平台中品牌信息互动性对用户品牌态度影响的理论模型，分析品牌信息特征在信息传播中对该影响的调节作用，并以微信公众号为研究平台通过实验法采集数据进行实证检验和分析讨论。通过三组控制实验验证了品牌依恋对消费者感知信息黏性的负向影响。以张裕品牌为实验对象，采用控制实验法探讨老字号企业档案对消费者品牌真实性感知的影响。

第三部分在对国内外公共图书馆特色服务现状展开调查的基础上，通过聚类分析识别中外公共图书馆特色服务的主要类型并进行对比分析，揭示出其中的共性和差异。

第四部分从个体消费者的品牌决策偏好出发，基于机器学习算法开发出针对个体消费者品牌决策偏好的即时识别模型，并对其品牌选择行为进行预测，讨论了用户对虚拟知识社区的品牌依恋如何影响其知识共创行为，以及如何通过用户的品牌依恋促进其知识共创行为。①

（八）2020 年报告研究中国品牌价值的全球观察

品牌价值评估不但可以量化具体品牌的价值，还可以通过各个品牌价值的比较，直观了解品牌的发展现状，洞悉品牌所处的市场地位及变动，揭示出品牌价值的内涵和规律。报告聚焦中国品牌价值这一主题，主要内容包含中国品牌价值评价、中国品牌价值国际比较、品牌价值与用户研究、品牌价值沟通与标识研究、品牌价值提升与传播机制等。

第一部分以几个全球知名的品牌价值榜单为研究基础，采用相对比例综合法（proportion-relative comprehensive evaluation method，简称 PRC 算法）对各个榜单数据进行综合计算，在此基础上构建出全球品牌价值综合评估榜单（简称 PRC-Brand 榜单）。从品牌价值创造规模、品牌价值创

---

① 钱明辉，等．社群时代的品牌行为：2019 品牌发展报告．北京：知识产权出版社，2020．

造质量、品牌价值创造结构三个方面对中国品牌价值创造成效展开分析。其中，品牌价值创造规模通过 PRC-Brand 榜单上榜品牌数量和品牌价值总量来体现；品牌价值创造质量以 PRC-Brand 榜单上榜品牌的排名来体现；品牌价值创造结构则由 PRC-Brand 榜单上榜品牌的行业构成来反映。

第二部分关注品牌价值与用户研究、品牌价值沟通、标识研究、品牌价值提升、传播机制。包括利用支持向量机构建消费者品牌偏好识别模型；通过对比实验探索人称信息对消费者品牌态度的影响机制；以公共图书馆为研究对象，构建基于第三方平台评论文本的用户满意度机器学习评价模型；基于消费者心理学、色彩心理学和社会学等领域的研究理论，构建品牌标识色彩信息对消费者廉价感知影响的理论模型；基于视觉信息传达、视知觉理论和概念隐喻理论，构建立体化、扁平化这一空间维度标识设计方式对包含认知态度、情感态度、购买推荐态度在内的消费者品牌态度影响的理论模型；以创可贴广告为研究对象，探究创可贴广告的显著度和契合度对品牌回忆和品牌态度的影响，说服知识唤醒的中介作用，以及视频卷入度的调节作用；以张裕葡萄酒品牌、龙徽葡萄酒品牌和陈李济中药品牌这些老字号品牌为研究对象，探讨企业档案在老字号品牌宣传推广中的重要作用及应用场景。报告通过对中国品牌价值全球观察的研究，为我国品牌的国际化发展与价值提升提供帮助。[①]

第 3 节　推动产业升级转型的大数据营销

党的十九大提出了实施结构调整，推动产业升级的战略任务。特别提出，要着力培育新的增长点，促进服务业加快发展，支持发展移动互联网、集成电路、高端装备制造、新能源汽车等战略性新兴产业。在此时代背景下，互联网金融异军突起，电子商务、物流快递等新业态快速成长，众多"创客"脱颖而出，文化创意产业蓬勃发展。

一、国家实施大数据发展行动

我国积极实施高端装备、信息网络、集成电路、新能源、新材料、生

---

① 钱明辉，等. 中国品牌价值的全球观察：2020 品牌发展报告. 北京：知识产权出版社有限责任公司，2021.

物医药、航空发动机、燃气轮机等重大项目，把一批新兴产业培育成主导产业。国家提出实施大数据发展行动，加强新一代人工智能研发应用，在医疗、养老、教育、文化、体育等多领域推进"互联网＋"，推动移动互联网、云计算、大数据、物联网等与现代制造业结合，运用新技术、新业态、新模式，大力改造提升传统产业。促进电子商务、工业互联网和互联网金融健康发展，引导互联网企业拓展国际市场。

完善国家创新体系，加快构建以国家实验室为引领的战略科技力量，打好关键核心技术攻坚战，制定实施基础研究十年行动方案，提升企业技术创新能力，激发人才创新活力，完善科技创新体制机制。坚持把发展经济着力点放在实体经济上，推进产业基础高级化、产业链现代化，保持制造业比重基本稳定，改造提升传统产业，发展壮大战略性新兴产业，促进服务业繁荣发展。统筹推进传统基础设施和新型基础设施建设。加快数字化发展，打造数字经济新优势，协同推进数字产业化和产业数字化转型，加快数字社会建设步伐，提高数字政府建设水平，营造良好数字生态，建设数字中国。

国家有关大数据的支持政策推动市场营销学科数字化转型，并提供坚实的支撑。

二、市场营销学科的数字化转型

市场营销学科建设加快了数字化转型步伐。不少高校开始探索建立大数据营销专业，有的学校将市场营销系改为市场营销与商业分析系，尝试开设"商业分析模型""大数据营销""营销决策模型"等新课程。

中国市场营销学者致力于以市场营销推动产业升级转型，用营销工程、营销决策模型、大数据营销、社交媒体营销的最新成果支持产业结构调整和供给侧结构性改革。

（一）营销工程

加里·利连（Gary Lilien）等学者综合以往相关领域的研究成果，率先提出了"营销工程"（marketing engineering）这一概念，旨在借助多学科的知识以及定量的数学分析方法，系统、科学地进行营销决策。近年来国际学术界所做的有关营销学科面临的问题和学者研究情况的调查进一步表明，营销工程作为营销决策方法论，是未来营销最重要的研究领域。

营销工程是通过营销决策模型对营销数据、营销案例等进行定量化、系统化分析，修正概念性营销中的思想模型，提高决策准确性的系统工程。营销工程的发展为企业理性决策提供了技术支持。企业通过搜集营销相关案例、数据等，修正传统概念性营销观点，建立起新型营销决策模型，借助分析工具对其进行量化的程序性研究，从而作出理性决策。营销工程的意义主要在于它实现了从思想模型到决策模型的转变。大数据、云计算、物联网、人工智能等现代技术的发展促使大量数据信息借助网络媒介涌现。面对庞杂的海量数据，基于定性方法的营销思想模型显然无法满足企业精准制定营销战略决策方法的需求，营销工程使营销管理活动上升到基于数学运算的定量分析层面，对营销人员作出科学的指导，大大提高了决策的及时性与准确性。因此，营销工程方法是营销者在数据爆炸性增长的环境中制定优势决策的得力工具。

营销工程包括如下步骤：

首先，要从营销环境中搜集与企业经营活动有关的数据。在企业经营过程中，内外部环境常常会发生变化，导致企业营销活动与市场需求不匹配。因此，营销人员要对营销环境进行扫描，从环境中寻找切入点搜集相关数据，将搜集到的数据输入计算机系统，对现象进行初步的主观解释。

其次，对搜集的数据进行规范化处理，使其转化为有效信息。在这一步，营销人员要对分散凌乱的原始数据进行初步处理，以科学的方法进行数据库管理，对数据进行筛选、分类、加总，制作报表，得到系统真实的信息。

再次，需要对信息进行深入的分析。这是营销工程方法实施的关键步骤，将海量繁杂的数据进行整理，获得客观规律，得出结论。在这一步，需要借助营销工程软件，对数据信息进行定性和定量的解释，建立起思想模型和决策模型。

然后，对数据结论进行分析阐述。仅仅对数据进行统计处理并不是企业的最终目的，还需要对研究结论作出主观的判断解释，推出各种可能的方案并建立评估修正模型，以获得最优化决策，驱使企业良性发展。

最后，要对所制定的决策加以实施。结合企业的人力资源、物力资源、财务资源等，将决策具体落实。同时，在实施过程中要对市场环境变化继续加以关注，及时预测营销活动，以便发现市场新趋势，及时调整企业战略，作出经验性的总结，不断提高企业的经营效果。

（二）营销决策模型

营销工程的基础是营销决策模型。它是用于描述、分析和解决营销决策问题的一种精确化、逻辑化和科学化的方法，是对营销变量的数学优化。营销决策模型是研究企业营销活动中某种现象与各种相关因素的客观规律的系统性方法，主要目的是确定原因型变量、结果型变量、中介变量以及各变量之间相互联系的特征，体现营销事物发展变化的内在原因。营销决策模型在实际应用中具有较高的准确率，借助营销决策模型，营销人员可以模拟决策，研究不同决策下的市场反应，给企业带来收益价值。

建立营销决策模型时，营销人员首先要有明确的研究目的。营销人员要透彻理解消费者的行为变化，目的是改善某一个特定环节的营销活动，在制定决策的过程中改进企业营销团队的效率，提升营销活动的质量。其次，营销人员要对整个营销活动进行程序化的梳理，抓关键因素。最后，要选择适当的表述方式，可以采用文字、图形、表格以及数学公式等多种形式，分析清楚因果关系，揭示事物客观规律。

按照建立的目的对营销决策模型进一步细化，可以大致分为三类：测量模型、决策模型和理论模型。

（1）测量模型，是为了确定市场环境中因变量与自变量之间的函数关系，而对市场的某些特定特征进行测量，描述市场现象，解释消费者行为和竞争者行为的模型。因变量主要是市场成果指标，譬如市场份额、销售量等；自变量主要是营销组合中的一些变量，包括企业自身能够控制的一些变量等。

（2）决策模型，是建立在测量模型之上，对测量数据进行分析，为营销人员提供营销组合决策的选择域，辅助营销人员进行具体决策的模型。通过多种计算方法和研究技术，如整数规划、动态规划等，获取不同情况下的最优决策点。

（3）理论模型，主要是以文字或数学公式的表现形式对营销环境建立假设，以定性方法进行理论推导，解释某一因素对现实市场现象的影响的模型。它可以作为测量模型和决策模型的理论前提以辅助定量分析。

依据涉及的营销模块,营销决策模型可以分为消费者分析、市场需求与趋势分析等,相应的决策模型方法如表6-3所示。可见,营销工程所包含的决策模型是一种系统的决策工具,几乎涵盖了营销领域的所有决策。

表6-3 决策模型方法

决策类型	具体模型方法
消费者分析	消费者选择模型等
市场需求与趋势分析	时间序列分析法、因果分析法等
营销战略决策分析	决策树、波士顿矩阵、PIMS策略模型等
市场细分与目标市场选择	因子分析法、主成分分析法、聚类分析法(层次聚类法、非层次聚类法)等
市场定位分析	知觉图分析、偏好图分析等
新产品决策分析	联合分析、巴斯模型、ASSESSOR模型等
定价策略	需求导向定价法、成本导向定价法、差别定价法、竞争导向定价法等
分销策略	重力模型等
广告预算决策	ADBUDG模型等

(三)大数据营销

大数据是一种在获取、存储、管理、分析方面规模远远超出传统数据库软件工具能力范围的数据集合。它是需要新处理模式才能具有更强的决策力、洞察发现力和流程优化能力的信息资产。大数据具有4V的特点,即海量的数据规模(volume)、快速的数据流转(velocity)、多样的数据类型(variety)和低价值密度(value)。大数据在营销领域的价值主要体现在以下几个方面:(1)帮助面向大量消费者提供产品或服务的企业实施精准营销。(2)根据客户的消费规律、购买习惯,为其推送感兴趣的优惠信息。(3)从大量客户中快速识别出金牌客户。概括起来,大数据营销具有以下优势。

1. 有助于企业进行等级差别定价

借助大数据,企业可以根据每个客户和每个品牌的关系进行等级差别定价。因为客户对品牌的忠诚度不同，所愿支付的价格也不同，借助大数据可以实现定价个性化，并且最大限度地优化定价策略。麦肯锡咨询公司发现，某企业75％的收入来源于其标准产品，在成百上千种标准产品的定价决策中，有30％的产品定价并不理想。假定销售量没有减少，价格提高1％就可以使利润增加8.7％。

2. 有助于企业高效获取客户信息

借助大数据，企业可以获取更高的客户反应率和更准确、全面的客户信息。弗雷斯特研究公司（Forrester Research）发现，44％的 B2C 营销人员正在借助大数据提高客户反应率，36％的营销人员运用数据分析和数据挖掘，来获取更多的深层客户信息，从而制定出更多关系驱动型营销策略。大数据联盟研究发现，大数据营销有助于增加潜在客户，减少客户流失，促进客户购买，推动产品创新。

3. 有助于企业提升营销决策的科学性

借助大数据，企业可以更精准地掌握消费者的个性、偏好、生活方式、购买行为及其他信息，从而提升企业营销决策的科学水平。58％的首席营销官（chief marketing officer，CMO）认为，在搜索引擎营销、邮件营销和手机营销方面，大数据发挥着重要的作用。54％的 CMO 相信大数据在生产智能化、产品定制化、定价个性化以及渠道创新优化等营销战略决策过程中扮演着十分重要的角色。

4. 有助于企业把握营销机会

借助大数据，企业可以更及时地把握营销机会。营销机会一般来自市场上尚未得到满足的需要。企业通过对大数据的收集、分析、整合、利用，可以及时发现消费者的需求趋势及其满足情况，在市场细分、市场选择、市场定位等各环节实现营销的精准化、个性化和动态化，牢牢把握各种营销机会。事实上，一些企业基于大数据的客户价值分析，已经在发现需求、捕捉机会、精准营销、优化管理、提升绩效等方面进行了不少成功的尝试。

5. 有助于企业制定有针对性的营销战略

大数据营销是指在大数据分析的基础上，描述、预测、分析、引导消费者行为，帮助企业制定有针对性的营销战略战术的过程。以促销实践为例，企业以往都是选择知名度高、浏览量大的媒体进行广告投放。如今，大数据技术可让企业了解目标受众身处何方，关注什么平台等详细信息。因此，大数据营销可以做到当不同用户关注同一媒体的相同界面时，广告内容有所不同。

大数据营销具有很强的时效性，互联网时代的消费者行为极易在短时间内发生变化，大数据营销可以在用户需求最强烈之际，实施精准及时的营销。大数据营销具有明显的个性化优势，可以根据用户的兴趣爱好及其在某一时间点的需求，有的放矢，实施一对一营销。大数据营销还具有精准化、高效率的特点，可以根据实时的定价、分销、促销效果反馈，及时调整营销策略。企业通过对用户的各种信息进行多维度的关联分析，可从大量数据中发现有助于优化营销决策的各种关联。例如，通过发现用户购物车中不同商品之间的联系，分析、预测用户的消费习惯和规律，获悉哪些商品被哪些用户频繁地购买，从而帮助营销人员掌握消费者的购买行为及其规律，有针对性地制定出相关商品的营销策略。

（四）社交媒体营销

社交媒体营销（又叫作社会化媒体营销）是利用社会化网络、在线社区、博客、百科或者其他互联网协作平台和媒体来传播和发布资讯，从而形成的营销、销售、公共关系处理和客户关系维护及开拓的一种方式。一般社交媒体营销工具包括论坛、微博、博客、推特、领英、脸书、Flickr、YouTube、SNS社区。

社交媒体营销要在自主信息时代走向成熟的关键是：（1）让目标客户触手可及并参与讨论；（2）传播和发布对目标客户有价值的信息；（3）让目标客户与品牌或产品产生联系；（4）与目标客户形成互动并使其感觉产品有其一份功劳。

社交媒体的传播效果可通过如下指标来评估：（1）曝光次数（impression），指总体发布量、阅读数量（点击数量）、转载数量、回复数量等常规内容数据；（2）广告当量，指总结统计出每次营销活动中，加精华、加置顶等内容的总量可以对应折合成多少传播网站的对外报价，可得出此次营销活动的附加价值；（3）单次点击成本（cost per click，CPC），计算每次营销活动的平均 CPC，将其与 IT 行业常规的平均 4～5 元的 CPC 进行对比，即可评估此次营销活动的效果；（4）转化率（conversion），在一次营销活动中，对比营销活动前后用户的使用、关注、参与的数据，例如线上活动的注册人数、参与人数、网站页面浏览量/独立访客量、销售量等，即可得出转化率数据；（5）第三方数据，在一次营销活动实施前后，对比谷歌趋势、百度指数等数据，或者委托第三方调研公司调查品牌或者产品的知名度及美誉度变化情况。

三、数字经济催生数字营销

（一）数字经济时代来临

2010 年以来，互联网、大数据、云计算、人工智能、区块链等技术加速创新，网络购物、移动支付、共享经济等新业态蓬勃发展，工业互联网、智能工厂、智慧港口、智慧农业等新模式方兴未艾。作为继农业经济、工业经济之后的主要经济形态，数字经济是以数据资源为关键要素，以现代信息网络为主要载体，以信息通信技术融合应用、全要素数字化转型为重要推动力，促进公平与效率更加统一的新经济形态，日益融入经济社会发展各领域全过程。各国竞相制定数字经济发展战略、出台鼓励政策。数字经济发展速度之快、辐射范围之广、影响程度之深前所未有，正在成为重组全球要素资源、重塑全球经济结构、改变全球竞争格局的关键力量。

（二）把握数字营销新机遇

信息技术的发展与商业模式的创新对消费者需求产生了深远的影响。一般消费者都喜欢与数字产品相关的事物，而现代移动通信技术为那些试图与消费者互动交流的营销者提供了便利，由此引致了数字营销的发展。所谓数字营销（digital marketing），就是企业借助网站、社交媒体、在线视频及其数字平台，与消费者直接接触以获得即时响应，建立持久的客户关系，与消费者通过电脑、智能手机、平板电脑、互联网电视及其他数字设备随时随地交流互动，借以将适当的产品或服务以适当的价格送达消费者的过程。

科学技术的进步也催生了新的商业模式，如共享经济。相应地，中国市场营销的理论研究也进入了创新期。中国市场营销学者在国际顶级学术期刊上发表的论文数量加速增长、市场营销的教材与著作得到进一步的丰富、相关学术会议交流日益频繁，中国迎来了市场营销实践和学术研究的大发展。

（三）数字营销助力供给质量提升

2020 年以来，我国陆续出台支持政策，全面推进"互联网＋"，打造数字经济新优势。数字经济健康发展，有利于推动构建新发展格局。构建新发展格局的重要任务是增强经济发展动能、畅通经济循环。数字技术、数字经济可以推动各类资源要素快捷流动、各类市场主体加速融合，帮助市场主体重构组织模式，实现跨界发展，打破时空限制，延伸产业链条，畅通国内外经济循环。①

彭俞超等学者从市场营销与公司金融视角研究了数字经济时代的流量思维，指出流量思维是一种做大客户群体、占领市场份额并将这些客户资源变现的经营理念。在流量思维的影响下，我国企业广泛采用了一种基于供应链资金占用和金融获利的商业模式：一方面通过增加营销投入和降低价格在产品市场竞争中提高市场份额，据此获得供应链的优势地位；另一方面通过延迟支付货款占用供应链上的资金，并进行金融投资获利。理论分析和实证检验表明，从企业自身看，这一基于流量思维的模式能以微弱提升经营风险的代价，大幅提高企业的总盈利水平。然而，被占用资金的供应链上游企业虽实现了销售增长，却承受了更大的财务压力。

这项研究有机结合了市场营销与公司金融视角，是国内"营销-金融"对接问题研究领域具有里程碑意义的重要成果。研究进行了盈利模式的实证度量，检验了这一盈利模式的后果，有助于理解数字经济时代的企业运作方式，也有助于从新的视角理解经济"脱实向虚"问题。②

新的时代背景下，中国市场营销学者努力探索中国特色市场营销学科发展之路。在教育教学、课程体系、人才培养、科学研究等方面，坚持不

---

① 习近平 . 不断做强做优做大我国数字经济 . 求是，2022（2）：4－8.
② 彭俞超，王南萱，邓贵川，等 . 数字经济时代的流量思维：供应链资金占用与金融获利的视角 . 管理世界，2022（8）.

忘本来、吸收外来、面向未来，在继承中转化，在学习中超越，让市场营销学科以鲜明的中国特色、中国风格、中国气派屹立于世。

第4节　服务营销理论为服务业发展作出新贡献

进入新时代以来，党和国家非常重视服务业发展。党的十九大提出"扩大服务业对外开放"，党的二十大进一步提出，"构建优质高效的服务业新体系，推动现代服务业同先进制造业、现代农业深度融合"。中国市场营销学科立足服务营销教学和理论创新，为中国服务业发展作出新的贡献。

一、服务是人民美好生活的重要内容

（一）重新审视服务的内涵

以往，市场营销学科对于服务的界定，一般都是引用外国市场营销学者如菲利普·科特勒、克里斯托弗·拉夫洛克（Christopher Lovelock）和武耀恒（Jochen Wirtz）等的观点。进入新时代以来，自信自强的中国市场营销学界在界定服务时更多是从中国独特的历史、文化、国情视角出发，认为服务是指履行职务，为他人做事，不以实物形式而是以提供劳动的形式满足他人需要，并使他人从中受益的一种有偿或无偿的活动。

从服务营销科学的角度看，服务是指不可感知却可被区分界定并用于满足人类美好生活需要的活动。这种活动的生产与出售同其他产品既可相互独立，亦可相互联系。在需要借助有形产品协助生产服务时，不会涉及有形产品所有权转移的问题。服务是在服务提供者与服务接受者（服务对象）互动的过程中完成的，使服务接受者获得利益和价值。同时，服务也是企业实行差异化战略的一种重要手段，通过服务差异化，企业可以创建自己长期的竞争优势。[①]

（二）服务经济与服务营销

所谓服务经济，是指在农业经济、工业经济以后生成的以人力资本为基本生产要素的经济结构、增长方式和社会形态。当前，我国正处在经济

---

① 郭国庆．市场营销学通论．8版．北京：中国人民大学出版社，2020：157.

转型的历史节点。从国际产业结构演进的经验看，高附加值的现代服务业逐步取代低附加值的传统工业是发展中国家成功迈向高收入国家的必由之路。中国企业"应该顺势而为、应势而变，创新发展理念、业务模式"①，以奋斗者的姿态迎接服务经济时代的到来。

服务营销实质上是企业在市场细分的基础上，根据个人的特定需求来安排营销组合，向顾客输出便捷、愉悦、省时、舒适或健康等附加价值或利益，以满足顾客特定需求的经济活动。服务营销的过程既是服务设计、展示、输出、传递的过程，也是顾客接受、消费、感知和评价服务的过程，是企业寻求差异化竞争优势的重要手段。

（三）我国服务业发展的主要趋势

2016年1月，习近平总书记在重庆调研时指出，要"发展战略性新兴产业和现代服务业，增加公共产品和服务供给，着力提高供给体系质量和效益，更好满足人民需要，推动我国社会生产力水平实现整体跃升，增强经济持续增长动力"②。进入2020年以来，我国服务业以习近平新时代中国特色社会主义思想为指导，深化服务业供给侧结构性改革，大力培育服务业新产业、新业态、新模式，加快发展现代服务业，着力提高服务效率和服务品质，不断满足产业转型升级需求和人民美好生活需要。

（1）以人为本，优化供给。坚持以人民为中心的发展思想，满足多层次多样化服务需求，不断增强人民的获得感、幸福感、安全感。实现服务付费可得、价格合理、优质安全，以高质量的服务供给催生新的服务需求。

（2）市场导向，品牌引领。顺应产业转型升级新趋势，充分发挥市场资源配置的决定性作用，在公平竞争中提升服务业竞争力。坚持质量至上，树立服务品牌意识，发挥品牌对服务业高质量发展的引领带动作用，着力塑造中国服务品牌新形象。

（3）创新驱动，跨界融合。贯彻创新驱动发展战略，推动服务技术、

---

① 习近平．在亚洲基础设施投资银行第五届理事会年会视频会议开幕式上的致辞．人民日报，2020-07-29（2）.
② 李涛．习近平在重庆调研时强调 新发展理念就是指挥棒．人民日报海外版，2016-01-07（1）.

理念、业态和模式创新，增强服务经济发展新动能，形成有利于提升中国制造核心竞争力的服务能力和服务模式，发挥中国服务与中国制造的组合效应。

（4）深化改革，扩大开放。深化服务领域改革，破除制约服务业高质量发展的体制机制障碍，优化政策体系和发展环境。推动服务业在更大范围、更宽领域、更深层次扩大开放，深度参与国际分工合作，鼓励服务业企业在全球范围内配置资源、开拓市场。正如习近平总书记在企业家座谈会上所指出的，"企业营销无国界"①。

（5）目标明确，前景可期。2016年，习近平总书记在全国卫生与健康大会上指出："要坚持基本医疗卫生事业的公益性，不断完善制度、扩展服务、提高质量，让广大人民群众享有公平可及、系统连续的预防、治疗、康复、健康促进等健康服务。要坚持提高医疗卫生服务质量和水平，让全体人民公平获得。"② 展望未来，我国服务业增加值规模将不断扩大。服务业标准化、规模化、品牌化、网络化和智能化水平将进一步提升，生产性服务业效率和专业化水平将不断提高，生活性服务业满足人民消费新需求的能力将显著增强。

二、我国促进服务业发展的主要举措

（1）推动服务创新。加强技术创新和应用，打造一批面向服务领域的关键共性技术平台，推动人工智能、云计算、大数据等新一代信息技术在服务领域深度应用，提升服务业数字化、智能化发展水平，增强个性化、多样化、柔性化服务能力。推动智慧物流、服务外包、医养结合、远程医疗、远程教育等新业态加快发展，引导平台经济、共享经济、体验经济等新模式有序发展。体验经济是服务经济的延伸，是农业经济、工业经济和服务经济之后的第四类经济类型，强调顾客感受和消费心理体验。

（2）深化产业融合。产业融合是指在时间上先后产生、结构上处于不

---

① 习近平. 在企业家座谈会上的讲话. 人民日报，2020 - 07 - 22（2）.

② 白剑峰，王君平，李红梅. 让人民享有公平可及的健康服务. 人民日报，2016 - 08 - 24（1）.

同层次的农业、工业、服务业、信息业、知识业在同一个产业、产业链、产业网中相互渗透、相互包含、融合发展的产业形态与经济增长方式，是用无形渗透有形、高端统御低端、先进提升落后、纵向带动横向，使低端产业成为高端产业的组成部分，实现产业升级的知识运营增长方式、发展模式与企业经营模式。引导农业生产向生产服务一体化转型，推动线上线下有机结合；支持利用农村自然生态、历史遗产、地域人文、乡村美食等资源，发展乡村旅游、健康养老、科普教育、文化创意、农村电商等业态。打造工业互联网平台，推动制造业技术研发、工业设计、采购分销、生产控制、营运管理、售后服务等环节向专业化、高端化跃升。以大型服务平台为基础，以大数据和信息技术为支撑，推动生产、服务、消费深度融合。

（3）拓展服务消费。补齐服务消费短板，激活幸福产业潜在服务消费需求，全面放开养老服务市场。加快建立远程医疗服务体系，推动优质资源下沉扩容。打造中高端服务消费载体，吸引健康体检、整形美容等高端服务消费回流。推动信息服务消费升级、步行街改造提升，支持有条件的地方建设新兴消费体验中心，开展多样化消费体验活动。鼓励企业围绕汽车、家电等产品更新换代和消费升级，完善维修售后等配套服务体系。着力挖掘农村电子商务和旅游消费潜力，优化农村消费市场环境。

（4）优化空间布局。围绕京津冀协同发展、粤港澳大湾区建设、推进海南全面深化改革开放、长江三角洲区域一体化发展等国家战略，建设国际型、国家级的现代服务经济中心，形成服务业高质量发展新高地。强化中小城市服务功能，打造一批服务业特色小镇，形成服务周边、带动农村的新支点。

（5）提升就业能力。大力发展人力资源服务业，鼓励发展招聘、人力资源服务外包和管理咨询、高级人才寻访等业态。鼓励普通高等学校、职业院校增设服务业相关专业，对接线上线下教育资源。围绕家政服务、养老服务、托育服务、健康养生、医疗护理等民生领域服务需求，提升从业人员职业技能，增强服务供需对接能力。

（6）建设服务标准。瞄准国际标准，推动国际国内服务标准接轨。完善商贸旅游、社区服务、物业服务、健康服务、养老服务、休闲娱乐、教育培训、体育健身、家政服务、保安服务等传统服务领域标准，加快电子商务、供应链管理、节能环保、知识产权服务、商务服务、检验检测服务、婴幼儿托育服务、信息技术服务等新兴服务领域的标准研究制定。

（7）塑造服务品牌。积极开展服务品牌培育和塑造工作，组织培育一批具有国际竞争力的中国服务品牌和具有地方特色的区域服务品牌。开展中国服务品牌宣传、推广活动，以"一带一路"建设为重点，推动中国服务"走出去"。

（8）改进公共服务。紧密围绕城乡居民优质便利生活需求，统筹规划公共交通、停车场地、社区卫生中心等基础设施建设，合理布局社区养老、托育中心、便利店、洗衣房、售后维修、物流快递等便民服务设施，推动各类公共文化、体育场馆免费或低收费开放。

（9）健全质量监管。推动服务业企业采用先进质量管理模式与方法，公开服务质量信息，实施服务质量承诺。建立健全服务质量监管协同处置机制，及时依法调查处理重大服务质量安全事件，不断完善服务质量治理体系。

（10）扩大对外开放。积极引进全球优质服务资源，增强服务业领域国际交流与合作，以"一带一路"建设为重点，引导有条件的企业在全球范围配置资源、拓展市场，推动服务业和制造业协同"走出去"。培育文化创意、数字服务、信息通信、现代金融、广告服务等新兴服务贸易。

三、中国市场营销学科对服务营销理论的贡献

（一）关于服务营销思想的研究

李海廷对《市场营销杂志》（*Journal of Marketing*）、《消费者研究杂志》（*Journal of Consumer Research*）、《营销研究学报》（*Journal of Marketing Research*）、《零售月刊》（*Journal of Retailing*）、《营销科学院学报》（*Journal of the Academy of Marketing Science*）、《服务研究期刊》（*Journal of Service Research*）6 种著名营销期刊上的 310 篇服务营销文献进行梳理分析，并结合服务营销发展过程中的主题演进态势以及标志性事件，出版了《服务营销思想史》[①] 一书。该著作将服务营销思想的发展划分为四个阶段：

---

① 李海廷 . 服务营销思想史 . 长春：吉林人民出版社，2008.

萌芽阶段（1980 年以前），主题是服务营销与产品营销之争。该著作分析了萌芽阶段服务营销思想的发展特征，并对萌芽阶段的服务营销研究状况进行了阐述。对重要的服务营销主题，如服务定义与服务特征、服务营销与产品营销的差异等进行了分析。另外，对服务营销领域发展的影响因素（包括促进因素、阻碍因素、加速因素等）进行了阐述。

探索阶段（1980—1985 年），主题是服务营销学术地位的确立。该著作对探索阶段的服务营销思想演进特征进行了分析，对该阶段的服务营销主题，如服务质量、服务营销战略、服务接触等进行了阐述。

发展阶段（1986—2003 年），主题是服务营销思想的繁荣。该著作阐述了发展阶段的服务营销思想发展特征及服务营销主题的演进情况。重点分析了服务质量、关系营销、顾客满意、消费者行为、内部营销、服务场景、服务接触、产品与服务对比等服务营销内容。

反思阶段（2004 年至今），主题是服务营销范式的调整。该著作对服务营销思想史上出现过的四种服务营销范式，即服务是产品的附属品、服务是产品的对立面、服务主导原则、服务运营视角等进行了总结。对未来服务营销思想的发展进行了展望。

2022 年，王永贵等学者曾运用 CiteSpace 工具对中国服务营销研究现状进行了分析，以服务价值的"创造—交付—提升"过程为视角，对中国服务营销研究的主要脉络和研究主题进行了梳理。[①]

（二）关于服务质量、服务失败与补救的研究

高充彦和贾建民研究发现，顾客满意度调查结果的不确定性对管理者有关企业总体服务质量的评价有重要的影响。当企业处于顾客满意的状态下，不确定性对服务质量的评价产生负面的影响，此时企业需要通过改善服务水平的一致性来提高总体的服务质量。另外发现顾客满意度对服务质量存在非对称影响，即负面结果要比同等程度的正面结果对服务质量的评价影响更大。[②] 苏秦等探讨了顾客服务对关系质量的影响机制，研究发现

---

① 王永贵，焦冠哲，洪傲然．服务营销研究在中国：过去、现在和未来．营销科学学报，2021，1（1）：127 - 153．

② 高充彦，贾建民．顾客满意度不确定性对服务质量评价的影响．管理科学学报，2007，10（2）：39 - 47．

顾客与环境的交互质量对关系质量中顾客满意、顾客信任维度存在直接正向影响，而顾客与服务人员的交互则只对顾客满意产生正向影响。[①]

　　赵卫宏和熊小明开发了一个中国情境下网络零售服务质量测量量表，网络零售服务质量包含环境质量、过程质量、结果质量和补救质量四个维度。这四个维度分别对顾客满意和信任有预测性，进而对顾客忠诚具有预测性。该研究为网络零售商管理中国网购者的服务质量感知、开发基于服务质量的网店忠诚战略提供借鉴作用。[②] 沈鹏熠等在中国情境下开发了线上线下融合的混合服务质量测量量表，认为线上线下融合的混合服务质量包括实体服务质量、电子服务质量和整合服务质量三个主维度及 15 个次级维度和对应的 61 个测量题项，混合服务质量构成维度对总体混合服务质量的相对贡献由大到小依次为整合服务质量、实体服务质量和电子服务质量。[③] 杨晓荣和杜荣则从顾客体验角度出发，在虚拟社区背景下构建了知识共享对跨境电商服务质量的影响模型，研究表明易用性、可靠性、响应性和移情性等跨境电商服务质量维度受到 IT 驱动的虚拟社区知识共享的显著正向影响。通过 IT 驱动的虚拟社区知识共享，跨境电商企业能够了解顾客的投诉问题，获得更多顾客反馈信息，从而快速恢复服务故障，提高服务质量的同时提高顾客满意度。[④]

　　关于服务失败与补救理论，杜建刚和范秀成通过真实场景实验证实了在服务失败群体中会产生群体情绪感染现象，该现象还会激发消费者去个体化倾向，最终这二者均会对消费者抱怨倾向产生作用。[⑤] 彭军锋和景奉杰研究发现，在服务补救过程中，关系品质与顾客知觉公平、口碑以及重购意图之间呈现显著正相关，另外关系品质对服务补救效果起到很强的调

---

　　① 苏秦，李钊，徐翼．基于交互模型的客户服务质量与关系质量的实证研究．南开管理评论，2007 (1)：44 - 49.

　　② 赵卫宏，熊小明．网络零售服务质量的测量与管理——基于中国情境．管理评论，2015，27 (12)：120 - 130.

　　③ 沈鹏熠，占小军，范秀成．基于线上线下融合的混合服务质量：内涵、维度及其测量．商业经济与管理，2020 (4)：5 - 17.

　　④ 杨晓荣，杜荣．IT 驱动的虚拟社区知识共享对跨境电商服务质量的影响研究．中国管理科学，2022，30 (2) 226 - 233.

　　⑤ 杜建刚，范秀成．服务失败中群体消费者心理互动过程研究．管理科学学报，2011，14 (12)：60 - 70.

节作用，同样的服务补救措施会随着关系品质的高低而呈现出不同的效果。① 刘凤军等通过实验法分析了事前补救类型与顾客参与程度相匹配对补救绩效和顾客购买意愿的影响，结果发现低顾客参与程度与预防性服务补救相匹配，高顾客参与程度与服务承诺相匹配时，顾客购买意愿会得到显著提升。②

（三）关于顾客参与及价值共创的研究

张若勇等分析了顾客参与、顾客知识转移和服务创新绩效之间的关系，将顾客参与划分为合作生产、顾客接触和服务定制三个维度，研究发现三个维度对于顾客知识转移影响的途径存在差异。③ 张辉等通过引入控制错觉理论来解释顾客参与过程中顾客不满意的现象，并通过实验法分析了顾客参与和顾客满意之间的关系，结果发现参与的顾客会产生控制错觉，控制错觉和结果与预期一致性对顾客满意都有不同程度的影响。④

李小东等通过构建服务交互价值共创模型，模拟面向模糊性要求情景的单人单次和单人多次服务交互的价值共创过程，该研究首次动态阐释了非常规波动下顾客、企业价值共创的具体过程研究，并识别出价值共创的四种典型情形。⑤

（四）关于服务营销组合中员工管理的研究

中国市场营销学者指出，7P营销组合中的人员（people）是指在服务传递中扮演角色、影响购买者感知的所有人，包括企业员工、顾客以及处于服务环境中的其他顾客。在顾客眼中，提供服务的员工也是服务产品的一部分，大多数服务企业的实际操作人员都可能承担服务表现和服务销售的双重任务。服务企业的员工是服务传递的承担者，是企业与顾客之间

---

① 彭军锋，景奉杰．关系品质对服务补救效果的调节作用．南开管理评论，2006，9（4）：8-15.

② 刘凤军，孟陆，杨强，等．责任归因视角下事前补救类型与顾客参与程度相匹配对服务补救绩效的影响．南开管理评论，2019，22（2）：197-210.

③ 张若勇，刘新梅，张永胜．顾客参与和服务创新关系研究：基于服务过程中知识转移的视角．科学学与科学技术管理，2007（10）：92-97.

④ 张辉，汪涛，刘洪深．顾客参与了为何仍不满意：顾客参与过程中控制错觉与顾客满意的关系研究．南开管理评论，2011，14（5）：153-160.

⑤ 李小东，龚本刚，张晨，等．面向顾客模糊性要求的服务交互价值共创研究．中国管理科学，2022，30（2）：234-243.

的纽带和桥梁，也是服务质量好坏的重要决定因素。对于服务企业来说服务态度、服务技巧、服务质量以及相关的培训都会影响顾客营销体验。所以，企业内部员工是服务营销的重要组成要素，员工的素质直接决定了企业的竞争力，企业应在满足顾客需求的同时也满足员工需求，通过实行内部营销提高员工满意度与服务质量。学者建议，提升服务员工的效率可以采用如下方法：借助市场细分理论和方法满足员工需求；对员工进行必要的技能培训；倡导团队精神，建立学习型组织；加强企业文化建设。①

（五）关于服务质量感知放大效应的研究

郭国庆、孟捷和寇小萱对非营利机构服务质量感知放大效应进行了研究分析。

1. 韦伯-费希纳定律

市场营销学者认为，研究服务质量感知放大效应问题，需要从心理学的角度解释顾客的评价、偏好与期望之间的关系。在此可以引入韦伯-费希纳定律（Weber-Fechner's Law）。该定律描述了个体心理状态（心理物理量）与外在刺激（物理量）之间的关系，其基本公式为：

$$S = a\ln I$$

式中，S 为感觉量；I 为刺激量；a 为常数。

韦伯-费希纳定律的函数关系如图 6-2 所示。

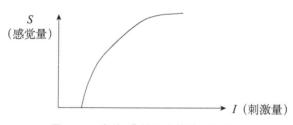

图 6-2　韦伯-费希纳定律的函数关系

韦伯-费希纳模型在描述顾客感知服务质量方面存在一个重大缺陷，它仅仅强调了外在服务对于顾客心理的非对照性刺激，但未能体现顾客感知与顾客心理预期的参照对顾客服务质量评价的影响。中国市场营销学者

---

① 郭国庆，王霞，李祺. 服务营销组合中的员工管理. 企业管理，2005（4）：103-105.

以卡尼曼（Kahneman）关于参照点附近的心理量变化特征的研究为基础，致力于将研究向前推进一步。

2. 修正后的韦伯-费希纳模型

心理学家卡尼曼认为，人们对客观事物的认识存在一个参照点，在对不确定事物进行判断和估计时通常会设定一个初始值，然后根据反馈信息对这个初始值进行修正。

从可能性上说，服务质量感知可将期望的参考点定义为适当服务水平。因为适当服务水平之上、临近参考点的区域位于容忍区内部（顾客对服务绩效的改进感知不明显），而适当服务水平之下、临近参考点的区域则位于容忍区外部（顾客对服务绩效的下降感知较为明显），非常贴合卡尼曼对参照点的论断。

根据以上服务质量理论，可对韦伯-费希纳模型进行修正，即引入顾客期望的因素 I_0（为常数）。修正模型为：

$$S = a \ln \frac{I}{I_0}$$

式中，I_0 为对服务质量的预期。它是顾客基于态度、信念和熟悉程度对服务进行体验观察后给出的分值，是一个由过去的服务经历、信息环境、口碑传播和品牌信念等众多因素决定的函数值。为研究方便起见，研究者将其简化为常数，将 I_0 的取值与容忍区的下限（即适当服务水平）等同起来。这个修正模型说明，当感知的服务质量 I 比预期的服务质量 I_0 小（感知服务质量高于适当服务水平）时，顾客的满意度 S 为负数，即顾客对该服务不满意；当感知的服务质量 I 比预期的服务质量 I_0 大（感知服务质量低于适当服务水平）时，顾客的满意度 S 为正数，即顾客对该服务感到满意。

3. 顾客服务质量感知心理放大效应分析

心理放大效果 E_t^i 描述 t 时刻顾客服务质量感知边际量对实际服务质量水平的边际量的相对变化。中国学者研究的创新之处，是将顾客主观感知的服务质量与企业客观提供的服务质量严格区分开来，以便测量外界刺激与主观感知之间的关系。在该项研究中，作为自变量的、能够引起顾客感知变化的服务质量指的都是后者。心理放大效应的公式为：

$$E_t^1 = \frac{\frac{\Delta PQ}{PQ_t}}{\frac{\Delta Q}{Q_t}}$$

式中，PQ_t 表示 t 时刻的顾客感知服务质量；Q_t 表示 t 时刻客观传递的服务质量。

心理放大效应是指个体对外在刺激的选择性偏好及其强化，即在原有心理状态下，环境的外在刺激对人具有心理效度放大的效果，并且驱动个体加强选择性偏好和行为。

借助加入期望因素修正以后的韦伯-费希纳模型，可以证明这一点：如果以企业所提供的客观服务质量 Q 代表 I（服务设备、外观、人员形象等），以顾客感知服务质量 PQ 代表顾客内心感知状态 S，以 I_0 代表使顾客达到适当服务期望，那么

$$E_t^1 = \frac{\frac{\Delta PQ}{PQ_t}}{\frac{\Delta Q}{Q_t}} = \frac{\frac{\Delta S}{S}}{\frac{\Delta I}{I}} = \frac{dS \cdot I}{dI \cdot S} = \frac{da(\ln I - \ln I_0)}{dI} \cdot \frac{I}{a\ln\frac{I}{I_0}}$$

$$= \frac{a}{I} \cdot \frac{I}{a\ln\frac{I}{I_0}} = \ln^{-1}\frac{I}{I_0}$$

心理放大效应 E_t^1 可以分为正面感知心理放大效应和负面感知心理放大效应。正面心理放大效应是指达到适当服务水平以后，在容忍区内进一步提升服务质量水平，将使顾客得到比实际服务改进变动程度更大的满意；负面心理放大效果指的是在未能达到顾客基本满意的情况下，如果出现服务质量的进一步恶化，将使顾客感知服务质量的结果发生更加剧烈的心理损失（如表 6-4 所示）。从这里可以看出，在顾客的放大效应区域从适当服务水平以下的 $\left[\frac{1}{e}I_0, I_0\right]$ 区域到适当服务水平以上的 $\left[I_0, eI_0\right]$ 区域的演变中，顾客对服务的心理感知敏感度呈现下降的趋势，这与约翰斯顿（Johnston）等国外学者得出的"顾客在容忍区内部对服务绩效的变化感知能力不如在容忍区外部"的结论不谋而合。

表 6-4 顾客感知服务质量的容忍区位置与改进服务可行度的关系

（假设：I_0＝适当服务水平）

容忍区适当服务水平以上	容忍区适当服务水平以下		
	出现放大效应区域		不出现放大效应区域 $I > eI_0$
不出现放大效应区域 $I < \frac{1}{e}I_0$	负面放大效应区域 $\frac{1}{e}I_0 < I < I_0$	正面放大效应区域 $I_0 < I < eI_0$	
顾客感知服务质量弹性小于1且满意度为负	顾客感知服务质量弹性大于1且满意度为负	顾客感知服务质量弹性大于1且满意度为正	顾客感知服务质量弹性小于1且满意度为正
改进服务的可行度低：如果企业为改进服务付出成本的增加幅度大于顾客感知的满意度的增加幅度	改进服务的可行度高：如果企业为改进服务付出成本的增加幅度小于顾客感知的满意度的增加幅度	改进服务的可行度高：如果企业为改进服务付出成本的增加幅度小于顾客感知的满意度的增加幅度	改进服务的可行度低：如果企业为改进服务付出成本的增加幅度大于顾客感知的满意度的增加幅度

市场营销学者认为研究顾客心理放大效应的现实意义，就在于可以借助这一工具来分析改进服务质量、提高顾客感知水平的经济效益。因为改进服务质量必然增加成本，因此，首先必须准确地测量和量化顾客的期望及容忍区的位置，然后分析改进服务的成本为顾客带来的心理效益的大小。[①]

（六）关于服务质量传递系统过滤模型的研究

市场营销学者认为，服务质量既是服务本身的特性与特征的总和，也是消费者感知的反应。在服务质量传递系统中，服务提供者借助各种设施和技术，依靠服务人员向顾客提供各种服务解决方案，此时信息和能量的增加、状态改变和其他刺激物以服务因素的形式向顾客转移，这些刺激或者变革最终被服务接受者感知到，并形成对所接受的服务的质量评价。服

---

① 郭国庆，孟捷，寇小萱．非营利机构服务质量感知放大效应分析．管理学报，2005（2）：206-209，216.

务传递过程中，顾客主观感受到的服务好坏与服务提供者实际产出的各种刺激往往在数量和质量上都会有所出入。无论是优质的服务，还是偶尔发生的服务失误，都可能在传递中被顾客主观忽略或淡化，使最终产生的服务评价与服务提供者最初的产出水平有所差异，由此形成了传递服务质量与感知服务质量的差异，并使服务提供者和顾客双方产生了认知的不协调。

根据过滤对象的差别（传递服务质量和感知服务质量），可将服务质量传递系统内的过滤作用分为两种——系统过滤和感知过滤，二者共同的特征就是具有不可避免性。系统过滤是在服务传递过程中由于服务设施的位置、物理性能或组织内部因素所导致的难以避免的系统损耗。例如，大学提供的教育服务，可能会因教学设施等硬件环境或教师水平等软件环境的不利，而使顾客（即学生）在客观上遭受一定的损失。主观过滤又称心理过滤，是描述顾客综合内外部的影响后，对服务质量评价中的有关信息予以忽略或淡化其在诸多因素中影响决策权重的选择性偏好。主观过滤的产生来源于心理学上的"S（刺激）—O（认知）—R（反应）"的前半部分，客观的外在信息等环境刺激 S 作用于个体的内心可能产生程度不同的主观感受 O，即不同个体对这些刺激的消化吸收能力不同，因此产生的意识、信念、态度、偏好和认同也有所不同。再如，尽管一家医院的走廊里人满为患，但患者首先关注这家医院是附近社区中享有较好口碑的"信得过"的医院，只要能治好病，其他方面无伤大雅。

市场营销学者研究得出服务质量传递系统过滤模型。借助该模型，可以掌握发生在服务质量传递中的系统损耗和过滤效应，便于服务企业针对不同顾客群体的消费心理进行分析，判断不同顾客或潜在顾客的消费哲学、价值观念，对症下药，确定不同的营销战略和广告手段。在服务接触中，营销人员要注意顾客在沟通过程中的心理与行为变化，控制接触对顾客服务感知的影响，利用服务人员和顾客双方的控制欲、角色，对服务过程和结果的有效质量进行管理，提高顾客满意度。①

---

①　郭国庆，孟捷. 非营利机构服务质量传递系统的过滤模型. 管理学报，2006（1）：24 - 30.

第5节 新发展格局背景下的国际市场营销理论创新

一、形成强大国内市场，构建新发展格局

形成强大国内市场，构建新发展格局，是中共十九届五中全会提出的明确要求。

（一）强大国内市场

强大国内市场是指规模庞大、结构合理、畅通融合和经济拉动力强的国内市场。它具有以下特征：（1）市场容量巨大。市场容量是指在不考虑产品价格或供应商的前提下，市场在一定时期内能够吸纳某些产品或服务的数量，主要由消费者数量和购买力所决定。我国有14亿人口，人均国内生产总值已经突破1万美元，是全球最大和最有潜力的消费市场，具有巨大增长空间。（2）市场供给充分。市场供给是指生产者愿意并且可能为市场提供的产品或服务的数量。中国有1亿多个充满活力的市场主体，拥有全球最完整的产业体系和不断增强的科技创新能力，人力资本丰富。（3）市场质量优良。市场质量，又称市场绩效，是指从交易成本、流动性、有效性、稳定性、透明度、公平性和可靠性等方面对市场的综合评价，其核心指标是交易成本、流动性、有效性和透明度。（4）市场环境完善。市场环境是指影响产品生产和营销的外部因素。我国稳定发展的政治环境、积极向上的文化环境、有序竞争的法治环境、高标准的市场体系和完善的市场机制，都为市场运行提供了积极有利的环境条件。（5）市场内聚力强。强大的国内市场应该要素聚集能力强劲，不仅可以留住国内的技术、人才和资金，而且可以吸引国外的各种优质资源向国内集聚。

（二）构建新发展格局的时代背景

近年来，随着外部环境和我国发展所具有的要素禀赋的变化，市场和资源两头在外的国际大循环动能明显减弱，而我国内需潜力不断释放，国内大循环活力日益强劲。展望未来，国内市场主导国民经济循环的特征将会更加明显，经济增长的内需潜力会不断释放。

党中央提出，把实施扩大内需战略同深化供给侧结构性改革有机结合起来，以创新驱动、高质量供给更好地适配需求、引领需求、创造需求。

构建新发展格局关键在于经济循环的畅通无阻，因此必须坚持深化供给侧结构性改革这条主线，破除制约要素合理流动的堵点，贯通生产、分配、流通、消费各环节，形成国民经济良性循环。构建新发展格局的战略基点是坚持扩大内需，加强需求侧管理，加快培育完整内需体系。构建新发展格局的重要条件是扩大对外开放，充分利用国内国际两个市场两种资源，提高全球资源配置能力。立足国内大循环，协同推进强大国内市场和贸易强国建设，依托国内经济循环体系形成对全球要素资源的强大引力场，促进国内国际双循环。建立扩大内需的有效制度，全面促进消费，拓展投资空间，加快培育完整内需体系。

（三）构建新发展格局需要研究国际市场营销

新发展格局绝不是封闭的国内循环，而是开放的国内国际双循环。我国在世界经济中的地位将持续上升，同世界经济的联系会更加紧密，为其他国家提供的市场机会将更加广阔，将成为吸引国际商品和要素资源的巨大引力场。在此过程中，市场营销将发挥十分重要的作用。企业是我国经济活动的主要参与者、就业机会的主要提供者、技术进步的主要推动者，在形成以国内大循环为主体、国内国际双循环相互促进的新发展格局过程中必将发挥重要作用。通过加强市场营销，充分挖掘内需潜力，可以使国内市场和国际市场更好地联通，利用国内国际两个市场、两种资源，实现更加强劲可持续的发展。

二、借助比较市场营销，推进国际市场营销理论创新

（一）什么是比较市场营销

比较市场营销是研究国际市场营销的一种有效方法。综合国外不少著名学者的定义：所谓比较市场营销，就是将两个或多个国家的社会经济环境和市场营销系统及活动，运用比较对照的方式，进行系统、有机的比较分析研究，考察它们之间的异同，以及造成这些异同的原因的一种研究方法。其目的是通过研究，考察因环境不同而产生的不同的市场营销系统和活动过程，推导出社会经济环境、市场营销系统及活动间的因果关系，以指导人们更有效地进行国际市场营销活动过程。其核心是一整套比较分析方法，即一系列从不同角度、不同方面进行比较的方法论的集合。

（二）比较市场营销研究方法

关于比较市场营销的研究方法问题，国外营销学者提供了许多可资借鉴的模型。

1. 巴特尔斯比较分析模型

罗伯特·巴特尔斯（Robert Bartles）自 20 世纪 60 年代以来发表了不少比较市场营销方面的论文。其中一类主要运用比较分析的方法，对若干国家的市场营销活动过程进行实际的比较对照，并提出因果结论。例如，他所著的《比较市场营销：15 个国家的批发业》一书，对 15 个国家的批发系统进行了全面、深入的比较、分析，并阐明了它们的异同及原因。另一类主要研究比较市场营销的方法论，从方法论的角度研究比较市场营销运用的各种比较方法、模型、角度及意义，如他所著的《比较市场营销方法论基础》一书，就是这个领域的代表作。

他曾将比较市场营销的研究方法分为三种：描述分析、环境分析和比较分析。描述分析只将两国的市场营销过程进行比较。环境分析只研究某一国家的市场营销环境与市场营销过程的关系。比较分析将一国市场营销过程与其环境的关系与另一国进行比较和对照。巴特尔斯认为，描述分析是最简单的，能够比较两国市场营销过程的异同，但不能了解造成这种异同的真实原因。环境分析对国际市场营销很有价值，它能够比较全面地分析出某一国家内环境因素与市场营销的关系，对于制定某一国内的市场营销决策很有帮助。但由于缺乏两国之间的比较，企业有时难以确定自己的优势和劣势。比较分析最有意义，但也最困难，它不仅是对两种市场营销过程或两种环境的差异的描述，而且是对两国的市场营销过程与其环境之间关系的比较。

2. 巴特尔斯-贾菲模型

尤金·贾菲（Eugene D. Jaffe）于 1980 年发表了《评〈国内营销有别于国际营销吗〉》一文，提出巴特尔斯模型是一种静止的比较，因为它把比较市场营销局限在两个国家内。而实际上，这种比较是可以用于多个国家的。

3. 埃特麦模型

哈米德·埃特麦（Hamid Etemad）在其《发展中国家的市场营销》

一书中指出：巴特尔斯-贾菲模型的缺陷是没有对环境因素给出明确的定义。他认为，整个市场营销环境可分为两部分，一部分与市场营销有关，称为相关环境，另一部分与市场营销无关，称为无关环境。

埃特麦认为，正确区分相关环境与无关环境可以更容易把握市场营销系统与环境之间的关系，比较的结果也更加准确。埃特曼在巴特尔斯模型的基础上，对比较市场营销的方法作了进一步的细分，仍分为描述分析、环境分析、比较分析三类。

描述分析又分为三种：一是比较两国的市场营销过程，而不考虑相应的环境因素；二是比较两国的相关环境，例如，对两国影响和限制广告活动的法律规定的比较；三是比较和对照两国的整体环境，例如，比较两国的人口构成、地理环境、法律体系、社会政治制度、经济结构、文化背景等。前两种方法都可为市场营销提供有用的信息。最后一种方法提供的信息量很大，但大部分信息与市场营销的相关性不强，或不够具体。环境分析是指对某国的相关环境与市场营销系统进行研究和考察，搞清两者之间的关系。这种研究对于在特定环境中（如某一国家）更好地控制市场营销活动很有价值。此外，这种环境分析也是比较分析的基础。比较分析是将在两国进行的两个环境分析加以比较和对照。埃特麦认为，只有这种比较分析才能将比较市场营销的全部作用发挥出来。

比较市场营销的出现，为市场营销学科提供了一个新的研究途径。几十年来，比较市场营销为市场营销理论尤其是国际市场营销理论和实践的发展作出了重要贡献。人们通过比较市场营销的研究，不断总结市场营销的普遍规律，进而发展形成市场营销学科的一般理论。

（三）比较市场营销的研究意义与实际应用

在我国，虽然对比较市场营销的研究才刚刚起步，但是，这项研究的理论意义和实践意义是显而易见的。

（1）比较各国市场营销的异同，有助于建立和发展市场营销的一般理论。每一个国家都有特定的营销环境和独特的市场营销系统，具有适应本国具体情况的市场营销理论。然而，在考察各国环境差异的同时，还应注意到其在许多方面的一致性和普遍性。譬如，在任何国家，企业要想取得市场营销的成功，都必须努力使自己的产品给购买者带来利益或价值。要想使我国的市场营销理论进一步科学化、系统化，就必须考察各国市场营销及其环境的一致性，而比较市场营销研究正是达到这一目标的有效途径。

（2）比较市场营销研究，有助于引进先进的市场营销技术或方法。这一点对我国及其他发展中国家尤其重要。目前，发展中国家都在积极而慎重地引进西方发达国家的市场营销理论。发达国家的市场营销系统效率较高，其市场营销理论也较发达和完善，值得发展中国家学习、借鉴。但是，如果将在发达国家行之有效的市场营销系统全盘照搬，则未必行得通。这是因为，市场营销技术从一国转移到另一国存在可转移性问题。究竟哪些技术可以转移，哪些不可以转移，也需要借助比较市场营销来衡量和判断。

（3）比较市场营销研究，有助于大力开拓国际市场。如果从事国际市场营销的企业能够了解国外的市场营销环境与营销实践，并了解环境与实践之间的决定与被决定的关系，然后将本国的市场营销实践及环境与国外的情况相比较，就会清楚地看出，本国市场营销实践中哪些在国外能够适用，哪些需要做适应性调整，哪些根本不适用，从而制定出更切合实际的国际市场营销战略。

我国市场营销学者在具体运用比较市场营销这种研究方法时，需注意解决好"与谁比"和"如何比"这两个重要问题。

在"与谁比"这个问题上，首先，要与其他发展中国家（例如"一带一路"沿线国家）的市场营销实践比。因为发展中国家的市场营销环境相近，易于吸收其他发展中国家的市场营销技术，同时可以更加了解这些发展中国家的市场营销环境，扩大对其出口，加强经济合作。其次，要与西方发达国家比。西方发达国家的市场营销系统的效率较高，很多市场营销技术值得引进和学习。通过比较，可以搞清楚哪些可以引进，哪些不可以引进。最后，要将我国以外的两个国家或更多国家的市场营销实践进行比较，以获得有益的启示。

在"如何比"这个问题上，我们可以参考、借鉴国外学者提出的几种模型来进行比较研究。一般来说，描述分析、环境分析和比较分析这三种方法的难易程度是渐增的。我们应该多开展一些比较分析，这样收效可能更大，但在摸索时期，描述分析和环境分析也应有所尝试。

三、研究国际市场营销理论发展史

国外学术界对国际市场营销理论的研究始于 20 世纪初。乔治·费斯克（George M. Fisk）和西蒙·李特曼（Simon Litman）既是市场营销学的先驱，也是较早开展国际营销理论研究与教学的学者。

（一）费斯克的国际市场营销学说

费斯克是北美最早讲授市场营销课程的学者之一，早在 1902 年他就在伊利诺伊大学讲授市场营销课程。1907 年费斯克出版的《国际商务政策》（*International Commerce Policies*）一书可以看作最早的国际市场营销论著。该书重点阐述了自由贸易和经济保护主义的政策问题。但从该书的内容看，它实质上是一部国际市场营销论著，尽管没有用国际市场营销（international marketing）这个词，而用的是国际商务（international commerce）。

该书以市场营销为导向，解释了商务实践活动，论证了市场营销实践的基本规范。下面这段引文就可以作为佐证。"制造出的货物必须根据消费者所需要的品种和数量分销到消费者能够发现的地方。这种在最初生产者和最终消费者之间起桥梁作用的，创造必要的时间效用、空间效用和数量效用的经济学分支，就是商务。"

特伦斯·尼维特（Terence Nevett）曾指出，"对早期市场营销教育的研究发现，commerce 一词专指国际市场营销，它将国家间的商品交易和国内贸易（trade）区别开来。"费斯克也在其著作中指出："commerce 和 trade 通常是一个意思，但前者常指国家间的贸易往来，而后者多指国内的商品交易。谈到国外贸易、对外贸易或跨国的贸易关系，多用 commerce 一词。谈到单个商人的批发贸易或零售贸易，多用 trade 一词。trade 是指批发或者零售，零售是将商品销售给最终消费者，批发则指除了最终消费者其他各环节之间的商品交易。"

然而，费斯克研究的主要是市场营销的国际政治环境，而不是国际市场营销技术问题。他的论著为国际市场营销的教育和发展起到了奠基的重要作用，以此为起点，开启了国际市场营销教学和研究的先河。

(二) 李特曼的国际营销学说

西蒙·李特曼是与费斯克同时代的市场营销先驱，他也是北美率先讲授市场营销课程的学者之一。1907年李特曼开始发表有关国际贸易和国际营销的论著。在1906年美国发生大地震之后，他撰写了一些旨在推动旧金山城市重建过程中的港务发展的论文，如《众国贸易之地》(1906)、《作为国际航运港的旧金山》(1908) 等。其国际市场营销代表作是《商务机制与技术》(*Mechanism and Technique of International Commerce*)，该书的写作起始于1907年，论述了大量国际市场营销问题。该书尽管没有正式出版，却为《国际贸易概论》(*Essentials of International Trade*) 的出版奠定了基础。后者出版于1923年，从该书的章节目录看，涉及批发贸易、仓储业、零售贸易、百货商店、合作分校、商业竞争等，基本上是李特曼在伊利诺伊大学讲授的商务机制与技巧课程的内容。其中与市场营销联系密切的章节条目包括：批发与零售业，邮购商业的影响，商人竞争的不同领域，有利地址的选取，必要资本与贷款的获得，合格雇员的招聘，优势供应来源的确定，与竞争对手争夺客户，降价促销，产品的质量效应，富有吸引力的广告，商店的便利，免费送货，广告，生产性产品与消费性产品，制成品的广告批量，广告媒体与方法，各种媒体的比较价值，现代企业的广告目的及其重要性等。

尽管在1907年很少有以"市场营销"为标题的教材，但是很明显，营销是当时李特曼学术思想的焦点或核心。而且，为了阐明其学术思想，他在《商务机制与技术》中收录了大量国际市场营销的案例，诸如莱比锡和诺夫哥罗德的商品交易会、伦敦和安特卫普的拍卖会、维也纳贸易博物馆等。此外，还列举了巴黎的市场，英格兰商会，美国商会，伦敦、布鲁塞尔和维也纳的商业博物馆等。

《商务机制与技术》向我们展示了这样一个事实：远在国际市场营销教材出版之前，国际市场营销的思想、理念就早已存在。这些早期的国际市场营销思想构成了1910年前后伊利诺伊大学国际市场营销课程的基础。由此也提醒我们，大学课程的发展也是国际市场营销思想演变的一个重要方面。

（三）国际市场营销的发展和传播

1922 年，摩法特（J. E. Moffat）经过对 50 多家美国大学的调查发现，1917 年以来，许多大学都开设了市场营销相关课程，甚至早在 19 世纪末 20 世纪初就有大学开设了此类课程。这些课程在某种程度上都涉及了国际市场营销问题。

1. 伊利诺伊大学的国际市场营销课程

费斯克因早在 1902 年就为伊利诺伊大学讲授市场营销课程而享誉学术界，当时的课程名称为"国内商务与商业政策"，内容涉及各种商务组织形式的对比描述，例如：一般批发贸易、零售贸易、百货商店、合作社、合伙商店、叫卖商贩、小摊贩、拍卖行、商务代理、商务旅行、奖券制度等。此外，还涉及对市场、展销会、股市交易、产品交易、贸易公司、商业职业技术学校的描述。

为了配合课程教学，1902 年，该校还开设了一门副修课程"对外商务与商业政策"，也由费斯克讲授。该课程实际上是国内市场营销课程的国际化，阐述了各种不同的商务体系，如个体商人、自由贸易的商人、贸易保护的商人等；介绍了各种不同的关税、贸易条约、互惠贸易，以及出口贸易相关机构（如贸易博物馆、新闻局、样品室等）。由此可见，在率先开设市场营销课程的同时，伊利诺伊大学也开设了国际市场营销课程。费斯克 1907 年离开该校后，曾于 1903 年在加利福尼亚大学讲授市场营销课程的李特曼前来继任。

2. 哈佛商学院和女王大学的国际市场营销课程

哈佛商学院于 1915 年开设了对外商务及相关课程，主讲教师有保罗·切林顿（Paul Cherington）、赛丁·马丁（Seldin Martin）和麦尔文·科普兰（Melvin Copeland）。他们在教学中提出了如下观点：生产出的产品不仅要考虑推销出去，更要考虑消费者的需求以及如何进行分销；美国和其他国家的销售方式存在差异，充分认识这种差异是十分重要的。由此可见，当时的学者就已经注意到不同国家的市场营销技术和方法。

从加拿大的情况看，1919 年女王大学首次开设商务学学士学位课程，在参照哈佛大学和芝加哥大学的相关课程设置后，率先开设了市场营销课程。该课程分为"国内市场营销"和"国际市场营销"。其中"国际市场营销"由克拉克（W. C. Clark）讲授。他毕业于哈佛大学，是女王大学商学课程的主要创立者。在1926—1946年间，对外商务学一度在女王大学具有非常重要的地位，该校495名毕业生中，有7%的学生的毕业论文涉及国际市场营销问题。

（四）国际市场营销的发展和成熟

第二次世界大战之后，国际分工逐渐深化，国际经济交往日益频繁，合作范围不断扩大。国际经济的这些变化，对市场营销理论提出了新的要求。虽然早在20世纪20年代就有学者从市场营销学的角度研究出口贸易，但直到20世纪50年代出口市场营销才受到西方学术界的普遍重视。20世纪50年代初，一些市场营销学者开始尝试把现代市场营销理论应用于出口贸易，代表人物是爱德华·普拉特（Edward E. Pratt）。他在1956年出版的著作中把出口活动的研究正式命名为出口市场营销。从经济学角度研究国外商业的哈罗德·荷克（Harold J. Heck）也有同样的主张。

20世纪60年代末70年代初，学术界开始运用已经较为成熟的市场营销理论来解释国际经济活动中的一些问题，经过总结、加工、整理，便形成了国际市场营销理论。最初把国际市场营销理论系统化的学者是克莱姆（R. L. Kramer）。克莱姆指出："现在是我们采用国际企业、国际经营、国际市场营销等术语的时候了，那些陈旧的术语（指出口市场营销等）已经不合时宜了。"豪·马丁（Howe Martyn）把国际企业经营、管理、组织以及对社会的影响等方面的理论，进行了系统整理，为国际市场营销理论的发展作出了突出的贡献。

进入20世纪八九十年代以后，国际市场营销理论体系趋于成熟。一般认为，美国科罗拉多大学菲利普·凯特奥拉（Philip R. Cateora）所著《国际市场营销》是国际市场营销学科的代表作，在这一时期，探讨企业国际市场营销的学术论文也大量问世。

（五）国际市场营销理论的全球传播

1982年6月，来自欧洲和北美的国际市场营销学家汇聚在荷兰商学院，对国际市场营销面临的理论与实践问题进行了广泛的研讨。这次会议奠定了国际市场营销的全球性地位。1984年7—9月，美国密歇根大学安娜堡分校教授范恩·特普斯特拉在中国工业科技管理大连培训中心讲授国际市场学。这是国际市场营销理论在中国的首次正式传播。1991 年，特普斯特拉的著作 *International Dimensions of Marketing* 由郭国庆编译，中文书名为《攻必求克：国际市场营销策略》，将国际市场营销的思想传入中国。1995 年，万成林、佟家栋合著《国际市场营销理论与实务》，汤正如主编了《国际市场营销学》。1996 年，王雅梅出版了《国际市场营销》，郭国庆、张轶凡合著了《国际营销学》一书。

　　进入 21 世纪以来，有关国际市场营销环境、国际市场营销组合策略、国际市场营销与国际贸易的关系、国际市场营销发展趋势等问题的论文著作在中国陆续问世，极大地促进了国际市场营销理论在中国的传播。特普斯特拉和拉维·萨拉特（Ravi Sarathy）合著的《国际营销》（*International Marketing*）一书由郭国庆翻译，介绍了国际市场营销的研究对象与方法、国际营销战略、国际营销环境、国际营销调研以及 21 世纪的国际营销模式等内容。吴晓云著有《中国跨国公司全球营销战略：理论模型、检验指标及其实证研究》。吴晓云等人合著了《全球营销管理》。2019年，郭国庆出版了《国际营销》。

　　国际市场营销理论的传播也促进了对跨国企业营销能力的研究。顾雷雷对营销能力、东道国政治风险与跨国公司子公司绩效问题进行了系统研究。研究结果表明，在企业的跨国经营过程中，市场营销活动对其经营结果将产生重要影响。具体而言，在执政效率较低、处于政治周期的国家和地区，子公司营销能力对绩效的积极影响将被减弱；而在政治稳定性较差的国家和地区，这一负面调节效应不存在。因此，在进行跨国经营时，子公司应积极提高自身能力，重视对东道国政治风险类别的区分，规避风险，发挥营销能力对企业绩效的促进作用。①

四、市场营销学科中的国际市场营销教育

　　在中国市场营销学科建设发展过程中，国际市场营销（或国际营销）课程一般作为专业核心必修课程列入本科生培养方案，个别学校将其列为

---

　　①　顾雷雷. 营销能力、东道国政治风险与跨国公司子公司绩效：来自东盟自贸区的证据. 中国人民大学学报，2018，32（2）：104-115.

专业选修课程。在研究生层面，国际市场营销则作为市场营销管理专业硕士或博士研究生的研究方向。

（一）国际市场营销课程简介

国际市场营销课程在充分借鉴国际市场营销最新研究成果的基础上，紧密结合我国企业在"一带一路"倡议下走向全球市场的营销实践，系统阐述国际市场营销的经济环境、文化环境、政治环境和法律环境，全面介绍国际市场营销调研实践、国际目标市场战略和国际市场竞争战略，深入分析国际市场营销的产品策略、品牌策略、定价策略和促销策略以及国际市场营销的计划、组织、执行、控制。

（二）国际市场营销课程思政设计思路

第一，紧密结合我国企业在"一带一路"倡议下走向全球市场的营销实践，充分彰显我国"一带一路"建设的伟大成就，全面贯彻习近平同志关于充分利用"两个市场"、构建人类命运共同体以及构建以国内大循环为主体、国内国际循环相互促进的新发展格局的重要论述。

第二，在讲授国际市场营销的经济环境、文化环境、政治环境和法律环境时，要注重培养学生的营销环境意识，关注国际市场营销环境的发展变化，科学研判"时"与"势"，辩证把握"危"与"机"，提升学生驾驭复杂局面、处理复杂问题的本领。培养学生准确识变、科学应变、主动求变，不断强化战略思维、辩证思维、创新思维，树立强烈的使命感，深刻理解习近平同志关于开拓国际市场的重要论述。

第三，在介绍国际市场营销调研实践、国际目标市场战略和国际市场竞争战略时，要注重培养学生的调查研究意识和战略思维，引导学生胸怀大局、把握大势、着眼大事，善于把局部利益放在全局利益中去把握，不能只见树木、不见森林；善于把眼前需要与长远谋划统一起来，不能急功近利、投机取巧；善于把企业实践与营销环境结合起来，不能闭目塞听、故步自封；善于把握事物发展总体趋势和方向，真正做到向前展望、提前谋局，提高战略计划的系统性、预见性、创造性。

第四，在分析国际营销的产品策略、品牌策略、定价策略和促销策略时，要着重培养学生的质量意识。要让学生认识到，企业要想在激烈的国际市场竞争中处于不败之地，就必须重视技术创新，不断赋予品牌新的活力和价值。培养学生处理和中间商、合作伙伴的利益关系的能力，了解数字经济背景下分销渠道创新的最新进展。引导学生深刻理解习近平同志"广告宣传也要讲导向"重要论述。

第 6 节　中国特色市场营销学科建设新进展

一、研究市场营销理论的维度，为推进理论创新奠定基础

一个民族要走在时代前列，就一刻不能没有理论思维，一刻不能没有思想指引。① 必须要立足于中国市场营销管理实践来发展创新适合中国的市场营销理论。提炼和总结我国市场营销管理实践的规律，把实践经验上升为管理理论，这就是中国特色的市场营销理论。为此，市场营销学科以全球视野深入研究了市场营销理论的维度，认为应该从结构、知识、时间、空间、跨学科和个人等多维度学习借鉴国外市场营销理论，以此为基础构建自信自强的中国市场营销学科。

（一）结构维度

结构维度是基于市场营销理论的学科领域划分，这与市场营销最初为了区别实践领域和学术领域而进行的划分是一脉相承的。后来，学术界认为更多的市场营销著作与研究市场营销的职能法、机构法和产品法殊途同归。因此，市场营销理论的内容可以说是由分别发展起来的不同思想领域所构成的，包括广告、推销、销售管理、消费者信用、市场调研、批发、零售以及其他没有明确分类的科目等。每一个领域的市场营销著作和市场营销理论又被划分为专门性和一般性两大类，或以著书的形式划分为初级的或高级的、理论的或实践的、传统的或非传统的等等。

（二）知识维度

知识维度是指市场营销作为一种理论所包含的具体内容在科学规范性等方面所达到的程度。科学规范是以一些事实和概念为基础而逐步产生、确立并得到广泛认可的，然后再发展到更高水平的概括和总结。从这个视角看，市场营销理论在知识维度上已经达到了一定的高度，赢得了应

---

① 习近平 . 在党史学习教育动员大会上的讲话 . 求是，2021（7）：4-17.

有的地位。例如，各种营销期刊生动地叙述、展现了商业史、营销史的重要片段，为市场营销理论的创建、发展和不断创新奠定了基础；同时，市场营销先驱和理论开拓者还对市场营销以及营销环境等进行了概念化，这也是知识维度提升发展的重要证明。对概念所做的进一步概括和推理，包括从简单的行为规范到市场营销组织的概括性描述，以及大量来自经济学、社会学、管理学等学科的原理、阐释、规律等。在市场营销学科萌芽孕育初期，能够称得上市场营销理论的内容相当缺乏，而且，与市场营销有关的理论、概念及其他内容又含糊不清。因此，真正可以称得上理论的要数对市场营销思想结构的描述阐释。思想结构来自对市场营销的内涵、目的以及职能所做的假设。一方面，众多的市场营销学者都表达了同样的看法和意见，由此便形成了一种思想学派或一般市场营销理论。另一方面，市场营销同行普遍强调市场营销的经济角色，认为经济角色要比技术管理的角色更为宽泛，同时他们也强调市场营销的社会责任和社会功能。从某种意义上说，对市场营销的这些界定、解释和论述构成了市场营销理论的一个重要部分。

（三）时间维度

时间维度是指随着时间的推移，市场营销的理论和概念也在不断地进化演化、走向成熟。该维度在市场营销发展史上曾经作为发展的问题被反复讨论过。这里需要说明一点，时间维度的发展体现在市场营销学者在不同时期对市场营销的内涵都会作出不同的界定、分析和解释。市场营销思想史表明，随着客观环境的发展变化，市场营销的定义乃至整个市场营销理论体系都在不断变化、演进、创新。

（四）空间维度

空间维度是指市场营销理论具有一定的地域限制和空间导向。市场营销理论的研究，往往以空间导向展开，颇受市场营销学者所在地域的限制。例如，在美国市场营销思想史上，中西部学者对农业营销产生了浓厚的兴趣，形成了农产品营销理论；纽约学派对大范围零售、"商圈"等问题颇感兴趣，因此形成了零售组织、零售业态、零售管理的一系列市场营销理论。中国沿海发达地区的市场营销学者在数字营销、大数据营销、人工智能营销等领域的研究起步较早，领先国内同行取得了高质量的市场营销理论成果。这充分表明，市场营销理论（包括概念、原理等）的产生、发展源于问题和研究兴趣的产生地。问题导向研究和兴趣导向研究的地域性利益或价值，会导致市场营销理论的研究朝着不同的方向发展、演化。事实上，如果把空间的概念再扩展一下，我们就会发现，目前占主导地位的市场营销思想是由发达国家首先发展起来的，具有强烈的西方导向。由于空间维度的影响，西方市场营销理论的某些部分可能难以有效地解释其他国家的市场营销实践，也不可能完全被照搬到其他国家并发挥效用。2012 年以来，中国学者不断增强中国特色社会主义道路自信、理论自信、制度自信、文化自信，对于西方市场营销理论的普遍适用性有所怀疑，在深入开展比较营销和跨文化营销研究的基础上，中国市场营销学者自立自强意识不断提升，而且愈加坚定。毫无疑问，构建中国特色市场营销学科必须高度重视中国特色的社会、政治、经济、文化环境。

（五）跨学科维度

跨学科维度是指市场营销理论包含了其他学科的内容，即市场营销理论并不完全是来自市场营销实践或市场营销学者的发明创造。事实上，市场营销理论大量借用了来自经济学、心理学、管理学、行为学、会计学、统计学、传播学、法学、政治学、社会学以及其他学科的概念和观点。这些概念、观点和原理与市场营销的基本理念相结合，相辅相成，进而丰富了市场营销理论体系。任何社会科学都不是在真空中发展的，市场营销理论对其他学科研究成果的兼收并蓄使其逐步发展成为一门独立的学科。

（六）个人维度

个人维度是指市场营销理论的特征不仅是由引发研究的外部问题或客观因素决定的，而且受到对市场营销理论或市场营销思想作出贡献的一些个人主观因素的影响。个人特性、家庭背景、学术经历、任职经验以及从商经历等，都会影响到市场营销学者的理论思维和研究视角。

习近平总书记在 2016 年 5 月 17 日哲学社会科学工作座谈会上的讲话中指出："要按照立足中国、借鉴国外，挖掘历史、把握当代，关怀人类、面向未来的思路，着力构建中国特色哲学社会科学，在指导思想、学科体系、学术体系、话语体系等方面充分体现中国特色、中国风格、中国气派。"① 新时代改革开放和社会主义现代化建设的丰富实践是理论和政策研究的"富矿",我国经济社会领域理论工作者大有可为。

创建中国市场营销学科体系就是要以中国市场营销的伟大实践为基础,创建具有中国特色、中国气派和中国风格的社会主义市场营销学。2011—2015年,从国家自然科学基金委员会管理科学部的研究结果看,市场营销学者关注的十大主题是营销方法、顾客体验、广告与沟通、网络营销、消费者认知与心理、服务质量与价值创造、网络消费者行为、营销策略、品牌策略、消费者购买决策。

二、注重中国市场营销发展史研究

历史是最好的教科书,历史是人类最好的老师。认真研究并正确认识历史,正是为了确立前行的方向、标定进步的坐标,更好地走向未来。"了解历史才能看得远,理解历史才能走得远。"② 中国市场营销学科要想行稳致远,就必须善于从历史中吸取经验和教训,在历史中发现智慧和力量,尤其是要注重中国营销学科发展史研究、中国营销实践史研究以及中国营销思想史研究等。

(一) 关于中国品牌化理论与实践的发展史研究

顾雷雷结合中国的社会、经济、文化背景,对品牌化理论与实践的历史发展加以梳理,总结出中国品牌化理论与实践的发展路径,即由古代的品牌萌芽到近代的品牌缺位,再到社会主义市场经济下品牌的飞速发展;由代表产品产地的品牌标识到代表产品质量的品牌承诺,再到代表情感价值和关系价值的品牌个性和品牌关系。研究还发现,中国品牌化理论与实践的发展受到工商业与政府之间关系的影响。古代中国,随着"工商食官"制度的瓦解,品牌逐渐经历了由代表国家向代表生产者的转变。随着生产力水平的提高,中国古代品牌在数量和质量上都有了一定的提升。新中国成立后,因实行高度集中的计划经济体制,私营工商业收归国有,市

---

① 习近平. 在哲学社会科学工作者座谈会上的讲话. 人民日报, 2016 - 05 - 19 (2).
② 习近平. 在党史学习教育动员大会上的讲话. 求是, 2021 (7): 4 - 17.

场竞争不足，品牌活动锐减，品牌数量相应减少，品牌所传达的信息也较为单一。由此可见，工商业受政府控制力度越强，品牌的实践和理论的发展则越缓慢，甚至还会出现倒退的现象。因此，中国品牌化研究的进一步创新，需要对反消费环境下的品牌回避问题的原因进行社会、经济、文化等多方面探讨，以便更有效地指导中国品牌化实践的发展。①

（二）关于中国市场营销思想史的研究

2022 年中国人民大学批准设立了重大规划研究项目"中国市场营销思想史"。该项目拟运用科学规范的方法，基于中国经济思想史和中国商业思想史的已有成果，系统研究自夏、商、周以来中华优秀传统文化中的市场营销思想，科学总结近现代中国企业家的营销思想及其成功理念，全面探索中国特色的营销思想，引领人民创造更加幸福美好生活的内在规律机理，更加充分、鲜明地展现中国故事及其背后的思想力量和精神力量。

研究成果将以《中国市场营销思想史》四卷本形式呈现。第一卷研究自夏商周至清代的营销思想。内容涉及夏代交换活动中的营销思想，商族、商朝、商人、商业的产生发展及其营销思想演变，西周工商业主的营销思想，春秋战国时期管仲、范蠡、白圭的营销思想，汉代桑弘羊的营销思想，宋代王安石的营销思想，元代商业活动中的营销思想，明代张居正等人的营销思想，清代康熙、乾隆、晋商、徽商等的营销思想。第二卷研究清后期和民国时期著名企业家（以胡雪岩、盛宣怀、乔致庸、伍秉鉴、张謇、荣宗敬、荣德生、范旭东、卢作孚、刘鸿生等为代表）的营销思想。第三卷研究建党以来杰出代表人物的营销思想。从理论逻辑、实践逻辑和历史逻辑探索中国特色营销思想的发展、演变、创新的全过程，揭示中国特色营销思想对于社会经济发展、人民福祉改善、综合国力提升的杰出贡献。第四卷研究新中国杰出企业家的市场营销思想，展现当代企业家的营销理念创新及成就。

中国市场营销思想史研究从浩瀚的典籍和史料中梳理总结中国本土市场营销思想的起源、流变、交融和发展，对促进市场营销学科建设具有

---

① 顾雷雷. 中国品牌化理论与实践的历史发展路径研究. 经济学家，2016（10）：53 - 60.

重大意义，有利于中国特色市场营销教育的建设与创新发展。目前中国高校市场营销教育发展基本沿用西方（主要是美国）课程体系、话语体系和研究方法，存在中国特色不充分、不突出的问题。而在中华优秀传统文化、革命文化和社会主义先进文化中，都存在着极为丰富和有价值的市场营销思想元素，亟待加以整理和阐发。可以说，立足本土文化资源、面向本国实践的市场营销学科建设，才能真正学以致用、收到实效、行稳致远。

（三）中国市场营销思想史研究的科学价值

中国市场营销思想史研究将重点引入中华文化和中国智慧，深化对营销观念、品牌创新、质量管理、目标营销、消费者行为、营销战略等营销学科内在问题的研究，同时对加强成本核算、市场定价、价值判断、营销道德、流通渠道、市场竞争、沟通传播、广告宣传、城市形象、城市品牌等交叉学科的相关理论展开系统梳理。因此，研究中国市场营销思想史不仅对市场营销学科建设具有重要的学术价值，对于会计学、经济学、广告学、传播学、社会学、历史学、公共管理学等相关学科的建设和发展也具有一定的支持作用。要充分借助中国人民大学商学、史学、哲学、经济学等众多人文社会学科的优势和市场营销学科几十年来发展的积淀，通过科研合作和协同创新，拓展新的研究发现和学术成果，为中国市场营销学科发展作出中国人民大学的应有贡献。

中国市场营销思想史研究通过梳理史料与讲故事相结合、抽象概念与生动案例相结合、显性表述与隐性渗透相结合的表达方式，将中国的市场营销思想诸如商朝的营销实践、《管子》中的营销思想、孙中山的物流服务观、杰出代表人物的市场营销观以及当代企业家的营销理念等加以整理和呈现，突显市场营销学科的中国主张、中国智慧和中国方案。一改"言必称西方"的研究和教学风气，有利于增强青年学生的民族志气、骨气和底气，坚定文化自信，厚植爱国主义情怀，唤起学生对市场营销学科的研究兴趣，提振学生建设中国社会主义市场经济、品牌强国的信心与使命担当。

研究中国市场营销思想史，有利于提升我国营销学者的国际学术地位和影响力。总结提炼中华优秀传统文化中的营销思想，系统研究近现代中国著名企业家的营销实践，全面梳理中国杰出代表人物在市场分析、市场定位、品牌建设、产品定价、销售渠道、广告促销等方面的营销思想，阐释在党的创新理论引领下中国人民生活不断改善的内在规律、机理，讲好中国营销故事，宣传当代中国企业家营销理念创新的成功案例，打造融通中外的营销新概念、新范畴、新表述，更加充分、更加鲜明地展现中国故事及其背后的思想力量和精神力量，这些对于增强中华文化感召力，提高中国市场营销学科的国际学术地位和话语权，具有十分重要的意义。

三、加强市场营销的定量研究

（一）学科发展史上关于市场营销学是否具有科学性的争论

19 世纪末期以来，自然科学、社会科学的发展推动了学术思想由定性的哲学理论概括到定量的具有广泛意义的科学思维方式的发展。科学认识的一般规律，往往都是先对研究对象进行定性的研究和描述，而后才进一步进行定量的分析与计算。只有进行精确的定量研究以后，方可更深入地认识事物的本质。马克思曾经说过："一种科学只有在成功地运用数学时，才算达到了真正完善的地步。"① 市场营销学科的发展，尤其是数理方法在市场营销学中的导入历程，也充分证实了马克思这一科学论断的预见性。

20 世纪 40 年代后期，曾有人提出，由于营销理论缺乏实证研究、明确的概括和严整的理论，因而营销学很难成为一门具有科学性的学科。1945 年，保罗·康沃斯（Paul D. Converse）在《营销学报》上发表了《营销科学的发展》一文，提出了营销学是否具有科学性的问题，开启了营销学说史上长达 50 余年的"科学与艺术"之争的先河。此后沃·阿尔德森（Wroe Alderson）、雷维斯·柯克斯（Reavis Cox）、罗纳德·范利（Ronald S. Vaile）等学者参与了讨论，至 20 世纪 50 年代这一争论真正白热化。1951 年，罗伯特·巴尔特斯（Robert Bartels）发表了《营销能成为科学吗?》一文。在对营销学的研究目标、科学含义、研究状况进行了

---

① 苏共中央马克思列宁主义研究院．回忆马克思恩格斯．北京：人民出版社，1957：73.

深入、透彻的分析后，他指出，虽然有证据表明当时的营销研究运用了科学方法，但是营销学显然缺少理论、原理与法则，因此尚不具备成为一门科学的资格；然而，通过持续的努力，营销学迟早会成为一门科学。

不过，20 世纪 50 年代之前的营销理论并非完全脱离定量研究。例如，会计知识一直是营销管理不可缺少的组成部分。在库存控制、定价、购销等营销职能中，数量经济学一直被广泛应用。在营销调研中，人们经常借助各种统计方法来分析均值、方差、相关关系以及进行时间序列分析、指数求值等。另外，人们也时常借助各种曲线和图表来分析经济趋势。但总的来说，在 20 世纪 50 年代之前，数学、统计学、计量经济学等量化方法在营销研究中的应用还是十分有限的。

（二）营销决策模型的出现

随着营销问题日益复杂化，营销决策对变量的控制要求也不断提高。与此同时，出现了数学语言和数学建模理论，推动了营销理论结构的演变。这种发展起源于第二次世界大战期间运筹学在军事方面（主要是后勤和运输）的应用。战后，人们不断寻求运筹学新的应用领域。20 世纪 50 年代中期，运筹学被成功地运用到会计、财务、生产等企业管理领域中。正如恩格斯所说："和其他一切科学一样，数学是从人的需要中产生的。"[①] 数学建模也是源于生活生产以及营销、消费中的问题，运用数学思想、方法和知识将问题抽象成一个数学模型，然后用各种手段把模型求解并应用到实际中去检验，它是沟通理论和实际运用的桥梁和途径。营销管理运用运筹学始于 20 世纪 60 年代，自此，数学决策模型被广泛地应用于营销研究、教学和实践活动中。

许多营销研究者不具有高等数学知识，致使数学在营销方面的应用和发展十分缓慢，但在 1959—1960 年间出现了一个重大转机。福特基金会赞助哈佛商学院应用数学研究所开展了一项交叉学科研究项目，参加人员是来自经济和商业（包括营销）领域的教授，正是这些教授将数学引入了营销理论的研究。如果通过数学建模可以轻松自如地将现实问题"翻译"成数学语言，然后利用计算机将实际问题解决并得到实践的检验，人们就

---

① 马克思，恩格斯 . 马克思恩格斯全集：第二十卷 . 北京：人民出版社，1971：42.

会发现数学建模的魅力所在。当时营销学界中的许多学者热衷于营销模型的构建。

罗伯特·巴泽尔（Robert D. Buzzell）是热衷于营销建模的学者之一。他在 1964 年发表了一篇论文，阐释了 20 世纪 50 年代和 20 世纪 60 年代初营销模型被广泛使用的部分原因：（1）运筹学试图寻找新的应用领域；（2）人们预感到营销学需要有实证分析；（3）营销决策传统方法难以令人满意；（4）营销调研在企业中的地位不断提高；（5）数学模型在指导企业市场竞争方面的潜在价值日益显现；（6）运用数学模型有助于提高营销学的学术地位。然而，在 20 世纪 60 年代初期，应用数学模型的营销学著作寥寥无几，而且已有模型主要是用于市场调研、媒体规划、销售人员配置、销售预测、存货控制等。人们认为营销模型应加以推广，是因为营销学研究的问题与众不同。许多问题属于行为科学的问题，即与公司外部环境（如顾客、供应商和竞争对手等）有关，而行为关系一般难以测量，有些因素根本就无法观测。巴泽尔认为，营销模型特别适用于营销领域中的产品决策、定价决策、促销决策、信用决策、营销渠道和物流决策等。

1968 年，弗兰克·巴斯（Frank M. Bass）、查尔斯·金（Charles W. King）和埃德加·帕斯米尔（Edgar A. Pessemier）共同编辑出版了一部文集，展示了营销领域的最新研究成果，主要包括消费者行为模型，消费者行为理论、营销管理中的经验模型与模拟模型。在整个 20 世纪 60 年代，关于营销定量研究的文章在内容上并没有实质性突破，只有三个主题被人们关注：数量方法引入营销的合理性、营销数量方法的相关技术、相关技术在营销中的作用。1971 年，乔治·达伊（George S. Day）和伦纳德·帕森斯（Leonard J. Parsons）合著的《营销模型：数量应用方法》一书主要论述了与营销有关的量化技术的范围，包括决策最优化模型、回归分析、随机过程模型、单因素与多因素分析、贝叶斯决策理论、实验设计模拟等，并没有重大突破。

量化对营销的贡献在于说明了营销理论的对象及方法，利用抽象的语言和变量实现了思维过程的形象化。它用一定的变量和模型来表示营销中的一些本质概念及相关关系，再对这些变量和模型进行数学分析，从而反映营销现实。营销决策模型是为了一个特定的研究目的，应用现实的程式化表述来探索和解决营销问题的一种模型。营销决策模型往往基于企业的现实营销问题，具有特定研究目的，通过一定表现形式对问题的核心方面进行抽象建模来辅助决策。

（三）营销决策模型为何受到欢迎

总体上看，营销决策模型的大规模研究应用始于20世纪60年代。有三个主要因素发挥了重要作用。

首先是电子计算机的导入。电子计算机进入企业机构后，尽管最初主要用于生产、运作、发放工资、往来账目等基础数据的处理和行政管理，但是营销人员很快意识到信息技术对营销决策的潜在价值，尤其是信息技术使得企业决策所需要的营销数据更易于获得。数据好比决策分析的催化剂，有了数据才好开展分析，而分析又需要适当的工具。随着数据越来越容易获得，企业对营销决策模型的需求日益迫切。数学模型就是一种用定量化的数学方法来分析营销现象和解决营销问题的模型。数学模型的模拟运算，可为使用者提供不同自变量下的模拟结果，从而为企业筛选和优化营销方案提供极大便利。通过数学模型构建营销决策模型，也为决策模型的计算机实现提供了可能。

其次是管理科学化的推进。在这一时期，企业管理者肩负着转变管理模式的历史使命，即由以往凭经验判断进行日常管理转变为以行为科学、社会科学、统计学甚至科学实验等科学的理论和方法为基础，实行科学管理。营销学者也致力于运用分析方法研究营销问题，分析方法的应用无疑给决策模型带来了更大的用武之地。

最后是运筹学的兴盛。20世纪60年代是运筹学的兴盛时期。如上所述，第二次世界大战期间，运筹学研究者热衷于借助数学手段解决军队后期保障和运输问题。战后，运筹学研究者借助模型构建和优化方法处理形形色色的社会问题。运筹学、管理科学在企业经营中的重要性日益凸显。因此，营销决策模型在企业得以广泛运用就成为顺理成章的事了。

（四）营销决策模型的发展历程

营销决策模型的发展历程，大致可以分为五个阶段。

（1）起步阶段（1960—1969年）。用来解决营销问题的数学模型，始

见于微观经济学文献，最为著名的是营销组合最佳模型（即多夫曼-斯坦
纳模型）。20 世纪 60 年代后期，借助运筹学技术分析解决营销问题渐成
时潮，线性规划、马尔可夫模型、仿真技术、博弈论等是常用的工具。还
有学者将运筹学方法和贝叶斯法则结合起来，研究解决不确定环境下的营
销决策问题。贝叶斯法则是概率统计中应用观察到的现象对有关概率分布
的主观判断（即先验概率）进行修正的标准方法。

（2）金色年代阶段（1970—1979 年）。在此期间，营销模型的研究逐
渐形成风气，提出的模型数量激增。更为重要的是，营销决策模型形成了
自己的完整体系。且不论运筹学技术能否解决实际问题，但构建模型来描
述营销现象和营销问题风靡一时。学者借助随机模型、营销组合模型、市
场反应模型、归类营销决策模型等，研究单个顾客行为等营销问题。关于
营销组合的模型大量问世，人们尤其感兴趣的是如何通过建模来表述特定
营销组合因素与市场反应模型的关系，如何借助经验数据来估计相关的反
应函数。为了解决这些问题，学者纷纷采用计量经济学方法。值得一提的
是，在此期间出现了营销决策支持系统，在抽象的营销模型和现实的营销
决策之间搭建了一座桥梁，对于促进营销模型在营销决策实践中的应用，
发挥了十分重要的积极作用。

（3）通用化阶段（1980—1989 年）。市场反应模型的问世，引起了企
业界和学术界的极大关注。人们纷纷要求对该模型进行足够的实证研究，
以确保模型的通用性。20 世纪 80 年代后期，营销知识逐渐成为一个热门
话题。企业借助人工智能和计算机科学技术，用计算机存储营销知识，改
善营销决策，由此也促进了学术界对营销工具（尤其是价格和广告）元分
析以及联合分析（joint analysis）的关注。联合分析是用于评估不同属性
对消费者的相对重要性，以及不同属性水平给消费者带来的效用的统计分
析方法，通过假定产品具有某些特征，对现实产品进行模拟，然后让消费
者根据自己的喜好对这些虚拟产品进行评价，并采用数理统计方法将这些
特征与特征水平的效用分离，从而对每一特征以及特征水平的重要程度作
出量化评价。联合分析始于消费者对产品或服务（刺激物）的总体偏好判
断（渴望程度评分、购买意向、偏好排序等），从消费者对不同属性及水
平组成的产品的总体评价（权衡），可以得到联合分析所需的信息。学

者借助知识管理、营销决策支持系统、营销组合效应元分析、营销知识模型和专家系统等研究解决营销问题。

（4）营销信息革命阶段（1990—1999年）。学者们借助元分析模型、人工智能、计算机科学、数据挖掘、基于扫描数据的消费者选择模型、格式化理论模型、神经网络系统和数据挖掘等方法，研究消费者选择模型、销售促进模型等，解决消费者品牌转换、推销员报酬、存货控制、定价决策、渠道决策等营销问题。

（5）客户中心阶段（2000年至今）。进入21世纪以来，单个顾客成为分析的基本单元。信息技术的发展和在线营销的应用，产生了更多的客户关系管理数据、点击流量数据和电子商务数据，企业借此建立了足够规模的客户数据库。这些数据库又成为客户关系管理系统的一个重要组成部分。学者们致力于研究客户获取和维持模型、客户关系管理模型、客户流失预测模型、客户生命周期价值模型、电子商务模型等，以期为特定营销活动选择适当的客户，进行更加高效的客户关系管理。

荷兰学者贝伦德·维纶嘉（Berend Wierenga）在其《营销决策模型手册》一书中，对营销决策模型的地位做了意味深长的比喻：营销决策模型领域就好比是一条江河，万涓溪流源自20世纪60年代，逐渐汇成江河，经济学、心理学、计量经济学、运筹学、信息技术和人工智能属于江河的上游。到20世纪70年代，就好比河床形成，营销决策模型基本建立了自己的体系，营销决策模型的外围环境就是营销学本身。自此以后，河流逐渐开阔、拓宽。随着时间的推移，汇入更多的支流，迄今已形成令人叹为观止的奔腾不息的江河。河的下游就是陆续问世的营销科学文献和日趋成熟的营销管理实践。

需要指出的是，对于营销决策模型也不能过分迷信。理论一定要联系实际，才能充分发挥其应有的作用。应看到以数学模型为主构建营销决策模型时，也会存在一定局限性。例如，对具体营销问题进行抽象建模时，势必提出明确的假设，在假设基础上建立模型研究营销问题。因此，营销决策模型并不是现实问题的完全写照，而是对某些因素限制基础上的理想化模型。营销学者应共同研究中国自身的特殊环境和特殊问题，结合中国企业的营销管理实践，不断修正完善这些模型，真正为我所用，收到实效。

（五）分析技术的发展

营销决策模型的发展离不开分析技术的进步。最初，学术界是通过简单的统计分析技术对市场情况进行描述。之后，学术界借助经济学和心理学的相关理论建立模型，用数理分析方法研究营销决策问题。进入 21 世纪以来，出现了多种对营销策略进行评估的分析技术，其中，新产品扩散模型、市场份额与需求模型、联合分析、多元 Logit 模型、嵌套 Logit 模型、时间序列分析、层次贝叶斯模型、结构方程模型等被广泛应用于预测营销策略的效果、制定营销决策等。图 6－3 大致描述了分析技术的发展过程。

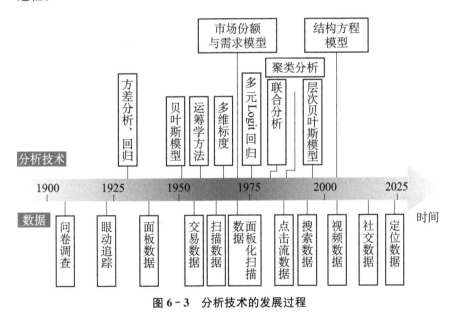

图 6－3　分析技术的发展过程

四、以市场营销学科建设服务国家战略

党中央提出，加快形成以国内大循环为主体、国内国际双循环相互促进的新发展格局。这就为中国人民大学市场营销学科建设带来了新的机遇。党和国家关注的问题和难题，就是中国人民大学市场营销团队的研究课题。党中央提出的创新战略，就是中国人民大学市场营销学科建设的发

展方向。在教学改革方面，要加快培育高素质营销人才，努力以创新创业支持国内大循环。在科学研究方面，要关注数字营销新趋势，推动数字技术产业化、传统产业数字化，以数字经济赋能国内大循环。在实施国家发展新战略的伟大历史进程中，中国人民大学市场营销团队应有担当，有作为。

（一）交流学科建设经验

2013 年 7 月 13 日上午，由中国市场营销研究中心、广西财经学院、广西商业经济学会共同主办的"2013 国际营销科学与信息技术大会"隆重召开。大会邀请了杰出海外华人营销学者以及国内一流高校知名营销学教授和本土知名企业界人士担任主讲嘉宾，议题内容主要围绕"大数据时代的信息技术与营销科学创新"，涵盖营销科学研究的各个领域。来自莱斯大学、岭南大学、北京大学、中国人民大学、武汉大学、北京师范大学、中国政法大学、对外经济贸易大学、华东理工大学、广西大学等国内外 20 余所高校的 80 多名学者以及部分企业代表参加会议。大会不仅带来了对大数据营销的解析，还有对营销最前沿领域的探讨，更有来自营销实践的创新分享。与会人员对大会给予了高度评价，演讲嘉宾们深厚的学术造诣、独到的经验分享、对专业前沿的敏锐洞察让他们受益匪浅。此次大会，让与会人员进一步开阔了专业视野，加强了经验交流，引发了专业教学深度思考。

随着大数据时代的到来，中央财经大学市场营销系响应社会人才需求的变化，整合校内外、多学科的优质教育资源，依托营销专业强大的师资团队，于 2015 年在国内首家设立了市场营销（大数据营销）专业方向，率先采用新理念、新技术改造营销学科。基于传统市场营销专业，在培养中纳入前沿的统计学方法和计算机技术，培养学生应用大数据技术解决营销管理问题的能力，使学生成为兼具敏锐的商业洞察力与创新的大数据思维、具有熟练分析处理结构化及非结构化大数据的技能、能够从事企业营销管理工作并具备初步科学研究潜质的复合型人才。

（二）彰显中国主张、中国智慧、中国方案

中国市场营销学者除承担国内科研教学任务之外，还积极参与国际学术交流活动，出外访问、讲学、开展合作研究等，还担任许多国外（或境外）的学术职务，致力以中国主张、中国智慧、中国方案为世界市场营销理论宝库作出贡献。例如郭国庆教授曾是麦吉尔大学管理学院、牛津大学坦普顿学院、香港大学商学院、香港城市大学商学院等的客座教授，担任《亚洲营销学报》（*Asian Journal of Marketing*）编委、《亚太管理学报》（*Asia Pacific Journal of Management*）编委和国际营销学术组织（International Society for Marketing and Development，ISMD）常务理事，曾多次代表中国参加国际学术会议。

在国际学术交流活动中，中国市场营销学者积极将中国的市场营销理论（尤其是中华传统文化中的营销思想和当代企业家的创新营销理念）推向世界，在国际学术交流会议上的演讲常常获得国外专家的好评，为中国营销理论的国际推广作出了很大贡献。

（三）开辟营销科学研究新领域

顾雷雷等借助市场营销理论和方法，系统研究了营销能力、融资约束和企业投资的关系。该项研究充分利用国家统计局有关工业企业的数据库的样本，对营销能力、融资约束和企业投资的关系进行了检验。回归结果表明，营销能力能够显著缓解企业融资约束对企业投资的负面影响。企业可以通过发挥营销能力与供应链上的合作者建立良好关系，获得商业信用，降低对信贷资金的依赖程度；企业可以通过发挥营销能力提升企业的品牌价值和市场地位，提升投资者和银行对企业的评价，增加企业的信贷资金。进一步的分析表明，在市场化程度更高、金融发展水平更低的地区，以及在竞争程度更激烈的行业，营销能力更能够缓解融资约束对投资的负面影响。①

这项成果极大地拓展了营销-金融对接（marketing-finance interface）领域的研究视野。在以往营销-金融对接的研究中，大多数学者关注营销活动对企业金融市场价值的创造，即对股票价格的影响。然而，仅以股票价格作为因变量，未能深入探讨营销活动在金融市场上的具体价值创造作用。此外，同类研究所采用的样本只涵盖上市企业，而未能对非上市企业

---

① 顾雷雷，郭国庆，彭俞超. 融资约束、营销能力和企业投资. 管理评论，2018，30（7）：100-113.

的营销价值创造进行探讨，存在一定片面性。

来自国家自然科学基金委员会管理科学部的数据显示市场营销学科申请项目数量有了明显增加，表6-5列出了2016—2020年申请市场营销学科项目数量前十位的依托单位，表6-6列出了2011—2021年国家自然科学基金委员会资助市场营销学科项目的情况。

表6-5　2016—2020年申请市场营销学科项目数量前十位的依托单位

申请数量排序	面上项目	青年项目	地区项目
1	中国人民大学	中山大学	海南大学
2	中山大学	深圳大学	宁夏大学
3	深圳大学	四川农业大学	江西师范大学
4	武汉大学	天津财经大学	云南师范大学
5	南开大学	四川大学	贵州财经大学
6	上海财经大学	广东财经大学	广西大学
7	复旦大学	暨南大学	江西财经大学
8	浙江大学	上海外国语大学	石河子大学
9	华中科技大学	中南财经政法大学	兰州理工大学
10	上海交通大学	江南大学	北方民族大学

资料来源：国家自然科学基金委员会管理科学部。

表6-6　2011—2021年国家自然科学基金委员会资助市场营销学科项目情况

	2011年	2012年	2013年	2014年	2015年	2016年	2017年	2018年	2019年	2020年
资助项目数量（项）	74	69	62	58	64	79	73	70	72	69
资助总金额（万元）	2 695.2	2 630.8	2 763.95	2 704	2 458.21	2 876	3 060.01	3 228	3 523.5	2 586

资料来源：国家自然科学基金委员会管理科学部。

2016—2020年市场营销学者关注的十大主题是营销方法、广告与沟通、网络营销、消费者认知与心理、网络社区与口碑、顾客体验、服务质量与价值创造、营销策略、品牌策略、移动互联与新媒体营销。

五、市场营销学术期刊建设与发展

进入2012年以后，中国市场营销学术论文常发表于如下国内期刊：

《管理世界》《营销科学学报》《管理评论》《管理学报》《南开管理评论》《科研管理》《中国软科学》《财贸经济》《经济管理》《管理学刊》《管理科学》《国际贸易》《中国科技论坛》《经济与管理评论》《中国流通经济》《未来与发展》《当代经济管理》等。国内期刊蓬勃发展，体现了我国市场营销学术发展的势头之强劲，下面仅以《营销科学学报》为例进行简单介绍。

《营销科学学报》于 2021 年 7 月正式创刊。该刊由清华大学经济管理学院、北京大学光华管理学院和中国高等院校市场学研究会作为学术指导单位，人民邮电出版社有限公司作为出版单位。《营销科学学报》编委会由来自国内外 40 余所知名高校、活跃在市场营销学科前沿领域的 60 余位知名学者组成。

《营销科学学报》是国内第一本市场营销学领域的学术刊物，在集刊阶段就已经成为国内营销科学领域最有影响力的学术发表平台。随着以数字技术为代表的新一轮科技革命和产业变革的兴起，中国市场日益成为全球消费趋势和数字经济创新的重要发源地。中国市场为全球营销学者提供了丰富的研究素材，也为中国学者从学术上讲好中国故事、贡献全球管理智慧提供了千载难逢的机遇。

《营销科学学报》致力于用科学严谨的方法研究一般营销科学问题和基于中国市场的营销科学前沿问题，强调研究真问题和负责任的管理研究，突出原创性、思想性以及与管理和社会问题的相关性。学报对各种学术研究方法和范式兼容并蓄，弘扬科学精神，既鼓励基于定量和定性方法的实证和理论研究，同时作为中国案例研究期刊联盟的发起单位之一，也鼓励理论贡献突出的案例研究和概念性论文。

六、市场营销学科发展前景可观

（一）师资质量不断提升

2012 年以来，市场营销学科已经形成了一支结构合理、实力雄厚、自信自强、具有全球视野的师资队伍。一批老中青骨干教师获得了教学方面的重要成果和奖励，例如郭国庆、陈煜波、王永贵等教师获得了国家级教学成果奖、新世纪优秀人才支持计划、国务院政府特殊津贴。他们不仅在市场营销学的专业学术造诣上取得了较为丰硕的成果，而且积极带领团队申报国家级科研项目，踊跃参与央企或大型国有企业的营销调研策划活动，运用市场营销知识支持西部大开发、精准扶贫和农村电商事业，在教学、科研以及社会服务方面均作出了较大贡献。

进入新时代以来，中国人民大学市场营销团队认真学习贯彻习近平中国特色社会主义思想中关于市场营销的重要论述，乐于教学，勤于科研，在奉献中做新时代的灵魂工程师。特别值得注意的是，中国人民大学市场营销团队在教学科研实践中曾得到习近平同志的亲切关怀和支持，这给予了中国人民大学市场营销团队不断进取、努力攀登学科建设高峰的强大思想动力，市场营销团队时刻努力做到"政治要强、情怀要深、思维要新、视野要广、自律要严、人格要正"，人人争做有理想信念、有道德情操、有扎实知识、有仁爱之心的"四有"好老师。

（二）课程体系基本完善

一批市场营销学精品课程开始涌现。南开大学、四川大学、哈尔滨工程大学等院校教师的"市场营销学"课程相继入选国家精品课程，且已有上百个精品课程入驻中国大学 MOOC、学堂在线、学银在线三大专业网络课程平台。随着学科发展的逐渐成熟，课程体系内容的设置也从最初的简单模仿西方逐渐彰显出中西结合特色，既对标国际一流商学院市场营销学科的做法，对现有课程内容模块进行补充和完善，也结合中国本土文化特色，增设"中国传统文化与营销哲学"等课程，概括总结了中国传统文化中的营销思想。

（三）学位制度全面构建

在本科培养层面，2020 年教育部《普通高等学校本科专业目录（2020 年版）》管理学门类下一级学科工商管理类中，市场营销学相关专业进一步拓展为市场营销、市场营销教育、零售业管理。在硕士培养层面，2002 年，国家批准 30 所高校开始试办高级工商管理硕士（EMBA）教育，市场营销学研究生教育正式完成了普通硕士学位研究生和专业硕士学位研究生培养类型的划分。在博士培养层面，2002 年，经教育部备案，中国人民大学等三所高校首批自主设立了市场营销博士点，之后，上海交通大学、西南财经大学等一批高校经教育部批准陆续设立了博士点。至此，市场营销学的学士、硕士、博士学位制度建设全面完成，说明学科本身的完备性、独立性和科学性已经得到了普遍认同。

（四）教材体系和质量日臻完善

如果说20世纪80年代初期，中国出版的同类教材《市场学》《销售学原理与应用》《社会主义市场学》《市场经营学》《市务学》《行销学》等名称各异，且面向的对象不清晰，那么在当下教材著作中，市场营销学科性质、研究对象、研究方法、理论体系和概念界定等基本问题已经完全廓清。郭国庆、孙国辉等一批学者编著的教材著作还相继入选了国家级"十一五""十二五""十三五"规划教材、"教育部经济管理类主干课程教材""国家教育委员会推荐教材""21世纪市场营销系列教材"，为市场营销学理论知识在中国的传播、发展和再生产作出了重要贡献。

（五）高校学科平台引领作用明显

除各个专业协会形成了系统化、规模化、丰富化的交流模式外，各个高校开始成为学科交流的主阵地，2023年中国高校市场营销专业排名情况见表6-7。

表6-7　2023年中国高校市场营销专业排名

排名	学校名称	得分
1	中国人民大学	60.8
2	北京大学	57.7
3	对外经济贸易大学	57.1
4	南京大学	56.7
5	重庆大学	55.9
6	复旦大学	54.9
7	上海财经大学	54.6
7	同济大学	54.6
7	中央财经大学	54.6
10	西南财经大学	54.5

资料来源：软科2023年中国大学专业排名。

注：评价指标包括学校条件、学科支撑、专业生涯、专业就业、专业条件。

2005 年，清华大学经济管理学院和北京大学光华管理学院联合主办，中国 30 余所研究型大学的管理类学院共同协办了中国第一份市场营销领域学报《营销科学学报》，之后该学刊牵头主办了中国营销科学学术会议，截至 2019 年已成功举办 16 期，为国内外营销学者提供了一个理论交流和创新交流的平台。2013 年，在国家自然科学基金委员会管理科学部、教育部工商管理专业教学指导委员会的支持下，中国香港城市大学和中国矿业大学联合主办了"第一届中国市场营销国际学术年会"。随后，在国内及国外各大高校的联合推动和支持下，该年会持续进行，截至 2020 年已经成功举办八届，搭建了政府、企业和学术界三方交流的国际化互动平台。此外，清华大学、厦门大学、同济大学等一批高校还陆续设立了市场营销学博士后流动站，中国人民大学、复旦大学、华南理工大学等一批高校还独立或联合设立了市场营销研究中心。其中，中国人民大学中国市场营销研究中心于 2016 年参与起草了首个国家品牌战略文件《关于发挥品牌引领作用推动供需结构升级的意见》，并做文件政策解读。之后，中国人民大学中国市场营销研究中心又与中国社会科学院合作陆续推出中国城市品牌发展指数报告，先后在北京、桂林、广州发布，产生了良好的社会影响。

2020 年 10 月 6 日—8 日，2020 年中国高等院校市场学研究会学术年会暨博士生论坛在江南大学举行。来自我国 179 所高校的数百位市场营销界知名学者通过线上或线下的方式参会。这次学术会议的主题是"人工智能时代的市场营销"，旨在探讨人工智能时代给市场营销带来的新挑战与新机遇。此次年会还邀请了我国管理科学与工程、社会学、行为经济学等领域的国内外知名学者和企业家做主题演讲。

中国高等院校市场学研究会会长、北京大学光华管理学院符国群教授在致辞时称，营销学科引进我国始于改革开放，迄今大致可划分为三个阶段：2000 年前，我国的营销研究基本属于翻译和引进阶段，2000 年后则步入模仿和规范阶段，这一阶段目前已基本结束，现在正步入融合与创新阶段。

符国群教授称，目前中国企业的营销实践，总体上并不逊色于欧美企业，在电子商务、移动互联网营销等方面甚至走在世界前列。遗憾的是，我国营销学界的学者并没有很好地去总结、梳理和提炼，仍然停留在步西方营销学界之后尘，仍然在追逐西方学术期刊的当前甚至过去的热点，在营销理论创新、探索"真正重大的营销问题"上，既落后于我国企业界的实践，也落后于时代的要求。

符国群教授认为，新阶段，中国营销学界面临的重大挑战之一就是，学者还没能真正走出舒适区、研究真问题，还没能产生足够的、与中国企业界及时代相匹配的原创性的研究成果。他呼吁我国的市场营销学者，要研究中国的营销问题，不能只是读文献、只是停留在实验室做实验，而是要走出象牙塔，紧扣时代脉搏，深入中国的企业、社区、家庭，更加直面一线营销现象和营销问题，探索重大的理论和实践问题，对此，营销学界需要集体性反思。

这次学术年会，还同时设立了品牌管理、移动营销、绿色营销、大数据营销、智能营销、数据与市场研究、农产品营销七个平行论坛，邀请了各领域知名学者和业界专家分享最新研究成果和经验。

（六）本土化论文质量攀升

2022 年 5 月，在中国知网期刊数据库进行检索，可以发现市场营销相关学术论文数量已经上升至 35 万余篇，其中 7 300 余篇文章获得了国家自然科学基金或者国家社会科学基金的资助，14 000 余篇为 CSSCI 期刊来源论文。对这些 CSSCI 期刊来源论文的相关信息进行分析可以发现：一是高产机构主要为南开大学、武汉大学、中国人民大学等高校，这些高校在该阶段发表高质量本土化论文均超过 300 篇。二是高产作者主要有庄贵军、董大海、李飞、王永贵、甘碧群、吴晓云、王海忠、卢泰宏、郭国庆、孙明贵、罗永泰、白长虹、汪涛、但斌、李天元等，平均发表高质量期刊论文数十篇。三是随着经济全球化日益加剧，以及信息技术手段迅猛发展，研究主题逐渐细分，衍化出电子商务、品牌、创新等研究热点，以及大数据、社交媒体、精准营销等前沿话题。

（七）国际期刊论文成果丰硕

2004 年，南开大学范秀成联合香港中文大学许敬文等首次在国际市场营销领域顶级期刊 *Journal of Consumer Research* 发表论文。[①] 随后，

---

① Hui M K，Zhao X，Fan X，et al. When does the service process matter? A test of two competing theories. Journal of Consumer Research，2004，31（2）：465－475.

中国营销学者开始致力于在国际顶级核心期刊发表论文。已有分析较少对此进行量化分析，为了呈现该阶段中国高质量国际化期刊论文成果的变迁，研究者利用 CiteSpace 软件对这些成果进行了可视化分析。研究主要以 Web of Science 数据库中 *Journal of Marketing*、*Journal of Marketing Research*、*Journal of Consumer Research*、*Marketing Science* 这四种较为公认的顶级市场营销学术期刊为资料库进行检索。其中，作者机构或地址检索词设定为"China"或"Chinese"，检索时间截至 2020 年 8 月 10日。结果发现 2002—2020 年，这四种营销领域国际期刊共发表4 499 篇论文，其中 396 篇，即近 10% 的文章都有中国学者的参与。中国基本成为国际化高质量期刊论文发表的重要团体。

在党的创新理论指引下，中国市场营销学者不断创新，努力推进市场营销教育改革，推动市场营销理论中国化，服务国家建设和发展大局，并力求对世界营销理论发展作出中国人应有的贡献。市场营销学科发展到今天是一代又一代学者拼搏和奉献的结果。他们具有扎实的理论功底，又善于不断创新、与时俱进地提出新理念、贡献新思想。中国市场营销学者的上下求索为中国市场营销学科发展开拓出了一条康庄大道。

第7章 走向未来的中国市场营销学科

改革开放 40 余年来，中国市场营销教育在学科发展、教学改革、理论创新、人才培养、师资队伍建设、学术平台构建和学科研究深化等各方面都取得了举世瞩目的成就。党的二十大同意把"逐步实现全体人民共同富裕，把握新发展阶段，贯彻创新、协调、绿色、开放、共享的新发展理念，加快构建以国内大循环为主体、国内国际双循环相互促进的新发展格局，推动高质量发展"写入党章。① 展望未来，在新的历史起点上推进中国市场营销学科的创新与发展，需要总结以往经验教训，揭示学科发展规律，继往开来，更多地体现中国特色、中国元素和中国智慧，增强理论自信和文化自信，全面提升市场营销人才自主培养质量，在以中国式现代化全面推进中华民族伟大复兴进程中作出更大贡献。

第1节 机会与挑战并存的发展环境

一、市场营销学科发展面临各种挑战

（一）中国特色不突出

从西方引进的市场营销课程体系和内容缺乏应有的中国情、中国味。简单地以国外大学学科设置作为标准和模式的现象比较多见，而从我国独特的历史、独特的文化、独特的国情出发进行学科建设、充分彰显中国特

① 中国共产党第二十次全国代表大会关于《中国共产党章程（修正案）》的决议。

色的成效不大。许多涉及中国元素、中国特色、中国方案的内容，例如，市场营销在形成强大国内市场中的作用，市场营销在立足新发展阶段、贯彻新发展理念、构建新发展格局、实现高质量发展中的作用，市场营销在满足人民日益增长的美好生活需要中的作用，市场营销在推进科技自立自强和制造业高质量发展中的作用，市场营销在实现中华民族伟大复兴中国梦中的作用等，在现有市场营销教育、教学、教材中依然体现得不充分。必须加快构建中国自主的市场营销知识体系，用中国特色市场营销教育体系培养高素质营销人才，增强文化自觉，坚定文化自信。

（二）理论与实践难以平衡

市场营销在理论与实践的结合上缺乏应有的平衡。市场营销实践部门和企业需要的动手能力强、精于营销规划、善于实践创新的人才，单凭传统的培养体系难以提供。而立志攻读市场营销硕士博士学位的学术类人才，又缺乏系统、全面、准确的市场营销理论知识。在市场营销学科师资队伍中，大部分教师缺乏实践经验或知识，难以适应实践性教学。而从事学术类课程教学的教师，在教材编写、授课、发表论文时也时常出现基本概念、原理错误。这些都不利于教学质量、教材质量、论文质量、人才培养质量的提升。优秀的市场营销师资应该德才兼备，各有所长。科学的市场营销人才培养体系应该是营销理论和营销实践适当均衡，而绝不能厚此薄彼，否则，市场营销教育很难行稳致远。

（三）营销道德教育弱化

市场营销教学中课程思政建设存在不足，营销道德教育弱化。市场营销实践中出现的要小聪明、缺斤少两、以次充好等诚信缺失现象严重抹黑了市场营销专业的形象。在数字经济条件下，一些企业在掌握了消费者的经济状况、消费习惯等个人信息后，对消费者实行消费价格等方面的歧视性差别待遇，俗称"大数据杀熟"，严重侵犯了消费者权益，并造成了不良的社会影响，这也影响了人们对市场营销的观感。还要注意在市场营销教育教学体系中，思政建设和营销道德的课程内容依旧严重不足。

（四）社会偏见误解营销

许多人对营销专业存有偏见，误认为"营销就是推销，没什么学问，用不着花四年工夫学它，毕业后不容易找到好工作"等。部分省市教育主管部门从 2012 年起陆续对市场营销等专业亮出黄牌，一些高校的市场营销专业缩减招生。一些市场营销学者试图通过将 marketing 的中文译名由现在的"市场营销"恢复为以前的"市场学"，来扭转市场营销专业地位下滑之势。要改变这一状况，更重要的是推进市场营销学科体系改革创新，用教学改革、科研创新、人才培养的丰硕成果来彰显市场营销学科的社会地位和魅力，进而赢得社会各界对市场营销专业的尊重和正确认知。市场营销学者可以探讨中国市场营销有别于西方市场营销的若干特点，例如将市场营销从狭隘的工商管理学科视角中解脱出来，赋予其宏观性、人民性、文化性、社会性和经济性等更多的中国特色。

（五）教学体系相对滞后

包括营销教材、教学资源、课程设置、教学方法、师资队伍在内的教学体系，长期以来缺乏与时俱进的改革创新，难以适应社会经济发展的需要。属于市场营销专业的课程有限，大体上只有"市场营销学原理""消费者行为""国际市场营销""服务市场营销""市场调研"。个别学校在此基础上增设"销售管理""推销技巧""谈判技巧""广告学"等课程。为适应数字经济发展的需要，一些学校开设了"大数据营销""电子商务"等相关课程，还有些学校将市场营销系更名为商业分析与市场营销系。然而，从全国范围来看，开设"市场营销思想史"的学校屈指可数，能够开设"大数据营销"课程的学校也十分有限。从课程内容看，教师讲授的和企业实际需要的存在脱节。许多学校市场营销专业的发展目标并不明确，或者照搬其他高校的人才培养方案，或者是根据师资力量来设计人才培养方案，尚做不到用先进科学的人才培养方案引领师资队伍的配置，确保课程体系适应人才培养的需要。因此，急需树立"以教导学、以教促学、以教助学，学为根本"的教学观。需要指出，市场营销学科同行之间相互学习观摩、交流合作、配合支持的学术共同体文化亟待培育。

市场营销实践已走在了理论创新的前头，市场营销理论工作者应知重负重，奋力前行。

二、新国货崛起呼唤市场营销创新

人们通常把数字经济赋能中国制造的创新产品称为新国货。2020 年以来，新国货品牌纷纷借助大数据洞察消费者新需求，不断提升产品与服务质量，并且依托电商平台完成内核转变，赢得了广大年轻消费者的青睐，实现了爆发式的增长。不少地方性品牌走向全国，老字号品牌竞相成为"新网红"，更有一批中国品牌开始竞逐全球市场。

（一）新国货崛起的市场营销特征

首先，新国货产品量大面广。在新一轮的国货热潮中，国货品牌大量涌现，渗透到消费者日常生活的诸方面。稻香村、元气森林、三顿半、王饱饱、钟薛高、完美日记、花西子等品牌都与人民美好生活密切相关，市场需求潜力巨大。另据《百度2021国潮骄傲搜索大数据》，近五年中国品牌搜索热度占比从45%提升至75%，是海外品牌的3倍。① 此外，华为、美的、大疆等一批制造业企业跨出国门、走向世界，成为新国货当之无愧的领军方阵。新国货热潮的背后，是经济、文化、科技等各个领域的中国力量的全面崛起。

其次，新国货精准匹配客户个性化需求。随着市场竞争的加剧，企业市场营销已经由产品导向转变为客户导向。为了适应不断变化的市场需求，新国货企业纷纷在客户知晓的前提下，收集客户人口统计变量、历史交易、心理活动、媒体习惯以及购买渠道偏好等信息，根据由此确认的不同客户终身价值，分别为不同客户群体提供不同的产品或服务，力求取得最佳营销业绩。完美日记、泡泡玛特、拉面说、三顿半、花西子、小仙炖等新国货品牌的崛起，正是践行客户观念、建立客户忠诚进而促进企业利润持续增长的实例。同时，客户观念也为企业开展交叉销售、大规模定制和数字营销奠定了基础。交叉销售是指借助客户关系管理，发现现有客户的多种需求，并为满足其需求而销售多种相关服务或产品的一种新兴营销方式。企业充分利用一切可能的资源来开展营销，服务市场，赢得客户，甚至在很大范围内与合作伙伴共享市场。近几年，各大电商平台都致力于挖掘"老字号"新价值，"老字号"跨界创新、交叉销售已成为时代潮流。泸州老窖推出"顽味"香水，六神和RIO生产花露水味道的鸡尾酒，大白兔润唇膏上线两秒即售罄，老干妈卫衣荣登纽约时装周，云南白药、杏

---

① 购买新国货缘何成为新潮流？. 工人日报，2021-08-17（4）.

花楼、百雀羚、老才臣、内联升、李宁、美加净、回力、英雄等老字号品牌的新价值日趋为年轻人所接受。凡此种种都体现了新国货根据年轻人个性化需求的精准营销。

再次，新国货重视企业社会责任。越来越多的新国货企业创新经营理念，不仅仅关注客户需求，还兼顾道德、伦理和社会责任，积极承担起追求有利于社会长远目标和增进人类福祉的义务。2020 年疫情期间，德青源向湖北疫区捐赠了 508 万枚鸡蛋，并将德青源电商鸡蛋本码改成"2020中国加油"，通过一枚小小的鸡蛋传递温暖。2021 年"7·20"郑州特大暴雨发生后，鸿星尔克宣布捐赠 5 000 万元物资。这一义举引发了广大网友的关注，鸿星尔克品牌一夜之间成为网络"顶流"。成百上千的网友自发地到鸿星尔克的直播间和门店踊跃购买，以实际行动支持这样有社会责任感的企业。

最后，新国货注重场景沉浸式购物体验。新国货在营销过程中，普遍重视对购物场景的塑造，以提升消费者场景沉浸式购物体验。许多"00后"消费者特别关注与数字产品相关的产品，由此引致了数字营销的迅速发展。企业借助网站、社交媒体、在线视频及其数字平台，与消费者即时沟通，建立持久的客户关系。相比于传统线下营销，数字营销更加贴近消费者需求，客户服务也更为便捷，更容易使消费者获得沉浸式体验和观感。许多传统企业也在积极开拓数字营销新领域，通过网络直播等更具互动性的营销模式来吸引消费者，让消费者在场景式购物中获得更佳体验。

（二）新国货崛起背后的市场营销创新

新国货的强势崛起，其市场营销创新可谓功莫大焉。市场营销以满足人民日益增长的美好生活需要为目的，是创造、传播、传递对个人和社会有价值的供给物，通过市场变潜在交换为现实交换的活动过程。在产品和服务从生产者流转到消费者的过程中，市场营销发挥着提升供给体系对市场需求适配性的功能，促进形成需求牵引供给、供给创造需求的更高水平动态平衡，进而实现助推经济社会发展的目标。市场营销创新则是指根据营销环境的发展变化趋势，结合企业自身的资源条件和经营实力，在营销理念、营销实践、营销模式和营销技术等方面实施一系列突破或变革的努力。大量案例表明，市场营销创新在新国货崛起的进程中起到了不可替代的重要作用。

首先，深度挖掘市场需求。"00后"具有与"80后""95后"不同的价值倾向，呈现出更加个性化、包容化、自主化的消费需求新特点。"00后"消费需求的新特点主要表现在以下方面：一是热切向往和追随偶像的消费行为，特别留意品牌和偶像背后的故事，愿意为自己的兴趣付费，因此，企业要正确引导青少年消费者的价值观，树立正面的偶像榜样，更要谨慎选择品牌代言人；二是渴望与同龄人更多的互动交流，往往将内容作为重要的社交手段，内容既是激发互动的工具，也是展示自己所长的方式；三是坚信国产品牌不比国外品牌差，支持国货成了不少"00后"关心国家的一种方式，消费新国货成为一种时尚潮流。正是因为善于回应市场需求新趋势，新国货才成为资本市场最大的风口之一。深度挖掘市场需求，增强企业对市场需求变化的反应能力和调整能力将成为新国货稳步前行的关键所在。

其次，掌握消费行为新特征。目前，我国人均国内生产总值超过1万美元，城镇化率超过60%，中等收入群体超过4亿人，市场需求和消费行为特征有了重大变化，人民对美好生活的需求与日俱增。中国拥有全世界最多的人口，消费升级正在形成强大的国内市场。尽管受疫情影响，2020年我国社会消费品零售总额仍然达到39.2万亿元，是全球第二大消费市场；在线教育、在线医疗等蓬勃发展，服务消费占半壁江山；连续4年成功举办中国国际进口博览会，累计成交额超过2 700亿美元，为全球企业提供了发展机遇。从长远看，我国市场空间巨大，预计未来10年累计商品进口额有望超过22万亿美元。① 我国市场成长性好，中等收入群体还将不断扩大，消费结构还将持续升级，从而为新国货崛起提供了有利的环境条件。

从消费行为看，我国消费者过去具有明显的模仿型排浪式特征，你有我有全都有，消费是一浪接一浪地增长。现在，"羊群效应"消逝，模仿型排浪式消费阶段基本结束，消费拉开档次，个性化、多样化消费渐成主流。低端、中端、高端产品在我国都有一定的消费群体。在此时代背景

---

① 王文涛. 以高水平对外开放推动构建新发展格局. 求是，2022（2）：66-71.

下，保证产品质量、通过创新供给激活需求的重要性更加显著。①

　　作为市场消费主力的"00 后"，总人口约有 1.63 亿。研究表明，他们更看重产品的社会安全和社会责任，具有坚定的文化自信和强烈的民族自豪感，高度认可本土品牌。他们认为，国货具有更高的性价比，国货包装越来越符合年轻人的审美。该群体的消费行为也深刻影响了全体国民的消费行为，新国货崛起已成为不可抗拒的时代潮流。社交电商深入人心，不断地引导消费，助推消费行为呈现出超前化的新趋势。越来越多的消费者购买行为日趋理性、科学、实用。随着个性化消费浪潮的到来，市场消费诉求已经从单纯的商品购买提升到体验式消费、全业态服务、全渠道分销，"00 后"消费者的注意力正从品牌认可转为互动参与，希望借助消费品牌的市场定位和购物场景来表达"我是谁"。他们更重视购物过程体验，希望与品牌商、零售商、网红建立信任感和亲密感，乐于参与、分享、学习和推荐。为了满足精神追求，他们愿意为自己感兴趣的漫展、周边、手游等虚拟商品和服务付费。事实上，他们在家庭购买决策中的角色、地位和影响力日趋重要。例如，在选购科技产品时，越来越多的父母会听取"00 后"子女的意见和建议。由此来看，新国货品牌亟须优化供给结构，进一步提高产品和服务质量，从深层次上解决供需错位问题。正如习近平同志所指出的那样："必须把改善供给结构作为主攻方向，实现由低水平供需平衡向高水平供需平衡跃升。"②

　　再次，传统产品不断创新升级。新国货品牌瞄准消费者日益增长的美好生活需求，推动传统产品创新升级，创造了不少成功案例。宁波的百年老字号寿全斋一直注重产品创新与研发，打造出以寿全斋红糖姜茶为代表的众多新品，引来大批粉丝，成为健康养生"星之选"。寿全斋还推出了直饮装 350 毫升"小暖瓶"红糖姜茶饮料，符合追求颜值、健康、活力的年轻消费者的品位。然而，市场上还有不少产品由于未能深刻把握年轻人的消费诉求，往往货不对路，市场表现惨淡。新国货应聚焦各细分市场的特色需求，着力开发新的特色产品。以年龄细分为例，相较于一般市场细

---

① 习近平. 习近平谈治国理政：第二卷. 北京：外文出版社，2017：230.
② 同①254.

分的泛分类方式，"00后"市场尚需进行二次细分。例如，单在"古风"这个需求领域，便可进一步细分为汉服圈、古文圈、古典音乐圈等。购买者群体及其需求的新变化，给产品创新带来了更多的机遇和挑战。

新国货潮流的形成和崛起，国家情怀固然发挥了重要的背书效用，但是真正支撑新国货长久发展的还是产品本身，尤其是产品质量。习近平曾指出："质量体现着人类的劳动创造和智慧结晶，体现着人们对美好生活的向往。"① 在全球经济下行，未来不确定因素增多的百年变局下，消费者变得越来越挑剔，对价格越来越敏感。新国货要持续发展，就必须注重产品创新，提高科技含量，在品牌、价格、品质之间求得最佳组合和动态平衡。

必须清醒地看到，与以往新产品推广传播周期长、消费者反馈不及时的营销环境相比，数字经济时代的消费者通常在一两天内就能对产品质量作出反馈。不重视质量建设和产品创新，仅靠打折优惠、短期促销和流量运营只能侥幸取胜。只有那些精心打磨产品、用心倾听消费者心声、专注品牌价值、致力高质量发展的品牌才能基业长青，恒久走红。钟薛高因66元一支的雪糕引发热论，蜜雪冰城被爆出食品安全隐患，元气森林广告玩"0糖"文字游戏引发网友质疑，类似案例值得新国货企业引以为戒，高度警惕。当然，也有不少新国货品牌相继建立了产品研发生态体系，致力于打造企业持久的竞争优势，这些营销创新举措值得鼓励和期待。

最后，注重品牌建设。习近平总书记2014年5月高瞻远瞩地提出"三个转变"的重要思想，即"推动中国制造向中国创造转变、中国速度向中国质量转变、中国产品向中国品牌转变"②，为新国货加强品牌建设提供了科学指引。近年来，不少企业运用品牌活化和品牌人格化运营，为新国货崛起注入了强劲动力。

品牌活化是市场营销领域的新话题、新理念和新策略。它是指企业借

---

① 习近平向第二届中国质量（上海）大会致贺信. 人民日报，2017-09-16.
② 推动中国产品向中国品牌转变（习近平讲故事）. 人民日报海外版，2019-01-31 (5).

助消费者对老品牌的信任和忠诚，充分利用集体怀旧的氛围，通过寻根的方式重新唤回失去的品牌资产，重构新的品牌认知与品牌联想，给老品牌赋予新的生命力的过程。目前，我国许多具有深厚历史底蕴的老字号面临着巨大挑战和激烈竞争，故步自封只会被市场加速淘汰。不断给品牌注入新概念、新审美、新创意，革故鼎新，让老字号重焕生机与活力，才能跟上时代脚步。比如，诞生于清末的北京稻香村是著名的糕点品牌，面对新的竞争格局，北京稻香村营销部借鉴"网红"食品的营销理念，努力扩大品牌传播力和影响力。稻香村着力加强与康师傅、王者荣耀、迪士尼等IP以及老字号东阿阿胶等品牌的跨界合作，积极尝试线上首发、线下跟进的全渠道分销，同时不遗余力地展示稻香村也有青春、"卖萌"的一面，千方百计拉近与消费者的距离，努力耕耘 B2B 的柔性定制和 B2C 的千人千面，使稻香村产品在社交网络上形成热门话题，让老字号焕发新生机。此外，华熙生物与故宫博物院联合推出的"润百颜·故宫口红"，一经问世就刷爆社交平台，以至于"一支难求"；大白兔奶糖突破传统的产品种类，进军咖啡、唇膏和香氛等新领域，也赢得了年轻消费者的青睐；"人民日报文创"联合英雄钢笔推出的"英雄·1949"，产品狂销 35 万支。老字号活化焕新不仅直击年轻消费群体的需求，同时还带来代际对话，取得了良好的品牌效应。

新国货品牌在新媒体时代受到消费者追捧，其中一个重要的成功因素就是与消费者产生社交层面的深层情感联结。而实现社交情感联结的前提就是品牌人格化，以人格展现的形式与消费者在特定场景产生持续互动，让消费者愿意为购买产品和服务支付更高的溢价。例如三只松鼠将目标消费者定位为"90后"新生代群体，建立萌宠的品牌形象，赋予品牌人格属性，具有强烈的趣味性、游戏性、互动性，能够快速吸引目标消费者关注，改变了传统的商家和消费者关系。这种创新的营销方式有效地提升了消费者的消费过程体验，超预期的服务也进一步增强了消费者忠诚和消费者黏性。

习近平同志非常重视品牌建设，多次提出企业应突出主业、降低成本、提高效率，形成自己独有的比较优势，发扬"工匠精神"，加强品牌建设，培育更多"百年老店"。① 他还在多个场合精辟阐明品牌创新的重要性，指出要"全方位推进科技创新、企业创新、产品创新、市场创新、品牌创新"②。展望未来，新国货的进一步发展仍需市场营销创新为其提供强大助力和坚实保障，不断增强自身的市场竞争力，彻底走出国货品牌在品质上备受诟病、缺乏品牌号召力的困境。

（三）新国货走向未来，呼唤市场营销创新升级

数字经济的发展给营销渠道建设和营销模式重构带来了更多机会。近年来，线上平台的快速发展不断冲击传统的营销渠道，也促使众多的创新营销模式脱颖而出。许多新国货品牌致力于加强渠道再造和运营变革，以线上促销和线上购买带动线下体验，构建多元购物场景，开展精准化、数字化、个性化全渠道运营。新国货依托淘宝、小红书、抖音、微博、哔哩哔哩、快手等平台，积极开创直播带货、短视频广告、内容营销等新的营销模式，有效地抢占消费者心智和市场制高点。

第一，打造数实共生的购物场景。以淘宝、京东、天猫和拼多多等传统电商为代表的数字平台，直接连接了买家和卖家，买家通过网络搜索就可以迅速找到自己心仪的商品。越来越多的新国货在淘宝、抖音、快手和小红书等数字平台上直播，引发消费者关注。例如，完美日记依据客户画像相近、购买力相当的原则选择直播平台，起初将小红书作为重点内容渠道来运营，随后入驻微博、哔哩哔哩、抖音等平台，并不断加大投放力度。正是由于完美日记和小红书在消费者地域分布、年龄、兴趣等方面的高度重合，才使得小红书为它贡献了一波又一波的种子客户。随着完美日记在各平台投放内容增多、频率增高，其产品销量也得到了快速提升。以腐乳和料酒发家的老字号品牌老才臣，也在积极拥抱社群电商，在全国各地有多个物流供应云仓，满足各地域消费者对各种调味料的需求。

此外，智能设备的广泛应用将人们的时间碎片化分割，使得购物场景也更趋于碎片化。地铁、办公楼、电梯、停车场甚至路边的广告牌，都为实体场景数字化提供了丰富的切入点，可以有效对接市场需求，形成新的

---

① 习近平：推进供给侧结构性改革是一场硬仗．（2017－06－21）．人民网．
② 习近平谈创新驱动发展战略：要抓好顶层设计和任务落实．（2017－06－22）．人民网．

消费和购买刺激。放眼未来，新国货的营销模式创新和营销渠道建设必须关注购物场景数实结合的新变化，努力打造新场景。近年来，新国货品牌大量涌现并全面渗透到消费者的家庭、职场和社交等生活场景，逐渐形成了与传统品牌不同的营销模式，给消费者带来了更加丰富的品质选择。钟薛高成立之初就与娃哈哈、五芳斋、泸州老窖等国货老品牌合作，结成战略联盟，相继推出联名款，获得了超出预期的品牌影响力和美誉度。未来新国货应在各个细分领域进一步打造消费者向往的生活方式场景，力争让他们体验到"想要的生活"。

第二，建设线上线下相结合的渠道体系。新国货为了节省费用，往往借助新媒体，选择消费者集中的几个重点渠道，以内容营销为主要手段进行促销传播。众多国货新秀选择小红书、抖音、快手、哔哩哔哩等新媒体渠道，以"图片＋文字＋短视频＋直播"的形式彰显品牌价值，强化市场定位。毋庸置疑，线上渠道和线下渠道有机融合是营销模式创新的必然趋势。比如韩都衣舍和茵蔓等新国货品牌兴起于线上，之后便开始在线下开店，并引入粉丝经营模式。线下门店已经不再仅仅是产品销售场所，而是传统门店、电商和社群的结合体。一旦社群形成规模，线上线下流量互动，将会成为新的业务增长点。此外，韩都衣舍还布局商业智能，进军传媒领域，成立厦门韩都文化传媒有限公司，以此为基础来提升品牌价值，把握新的发展机遇。

第三，注重大数据营销技术的应用。大数据营销是在大数据分析的基础上，描述、预测、分析、引导消费者行为，帮助企业制定有针对性的营销战略战术的过程。以企业促销实践为例，企业以往都是选择知名度高、浏览量大的媒体进行投放。如今，大数据技术可让企业了解目标受众身处何方，关注什么平台等详细信息。因此，大数据营销可以做到当不同消费者关注同一媒体的相同界面时，广告内容有所不同，做到"千人千面"。大数据营销的核心是数据管理平台（data management platform，DMP）。该平台包括 CMO 辅助决策系统、内容管理系统、客户互动策略系统、效果评估与优化系统、消费者聆听和客户服务系统、在线支付管理系统等。数据管理平台是把分散的多方数据进行整合纳入统一的技术平台，并对这些数据进行标准化和细分，将处理后的数据用于现有的互动营销环境。许多技术企业都为客户提供云数据管理平台服务。随着新国货品牌客户规模不断扩大，大数据营销应是未来营销创新的一个重要方向。

第四，强化贯穿客户全生命周期的体验管理。新国货企业要根据客户获取、客户提升、客户成熟、客户衰退等生命周期各阶段的特点，有针对性地推送内容或者推荐产品，在注重客户体验的同时提高转化率，并且可对市场环境、营销实情、消费过程进行跟踪，从而不断优化营销策略，提高营销效果。企业可以通过搭建计算能力超群的系统，如 SNS 社交媒体，利用更加开放的系统，在不妨碍平台利益和尊重客户隐私的前提下，获取每个客户的社交媒体行为轨迹并存储于服务器，形成一个庞大的数据库。在此基础上，对数据的有效性进行过滤处理，彻底解决行为噪声、重复数据、非目标客户数据等问题，从而为精准营销奠定基础。

（四）新国货行稳致远，需要不断优化市场营销环境

第一，构建全链路的物流运营保障。新国货品牌的电子商务、社交商务能否高效运转，取决于依托的物流体系是否完备可靠。2020 年，全国社会物流总额 300.1 万亿元，按可比价格计算，同比增长 3.5%；社会物流总费用 14.9 万亿元，同比增长 2.0%；社会物流总费用与国内生产总值的比率为 14.7%；快递业务量突破 800 亿件。① 物流站点覆盖率以及运送商品的效率，都关系到能否及时、精准满足市场需求。因此，王饱饱和钟薛高的成功模式很难在国外复制，其原因就在于国外未必具备发达而高效率的物流体系。产品创意再好、主播带货能力再强，但若物流所需时间长、物流覆盖率低、偏僻地区运费贵，消费者网购意愿也必然会大打折扣。可以说，新国货崛起在很大程度上也得益于数百万快递人员的辛苦付出。展望未来，必须持续推进物流体系创新，规范物流行业标准，促进物流行业整合，提升数字化运营水平，为电商平台、网络直播等营销模式创新提供强力支撑和保障。

第二，建立和健全消费者权益保护体系。依托数字平台，新国货得以与消费者亲密接触，企业可以借此掌握大量消费者数据，并结合人工智能、大数据分析等技术为消费者提供个性化的服务。目前，一些企业的

① 王珂．人民财评：推动商贸物流高质量发展迈上新台阶．（2021－08－16）．人民网．

"大数据杀熟"行为，严重侵犯了消费者权益，并造成不良社会影响。十三届全国人大常委会第十三次会议于 2021 年 8 月 20 日通过的《中华人民共和国个人信息保护法》明确禁止"大数据杀熟"行为。新国货企业在利用大数据等技术提升营销业绩的同时，也应时刻将保护消费者个人信息安全作为提升消费者体验的一部分，坚决杜绝大数据杀熟、数据歧视等严重侵犯消费者权益的行为。

第三，不断完善社会责任管理体系。新国货的兴起代表着中国从制造大国向制造强国的转变，其背后的关键是中国产品质量的显著提升。新国货企业应不断强化社会责任，把企业发展同国家繁荣、民族兴盛、人民幸福紧密结合在一起，致力于实现国货的民族复兴，开拓创新，努力打造享誉世界的中国品牌。

总之，新国货之"新"，根本在于供给体系的创新与升级。新国货行稳致远的关键，是要准确把握市场需求特征，强化社会责任意识，全方位推进市场营销创新，更好地满足人民日益增长的美好生活需要。国货当自强，未来亦可期。更加自信的新一代消费群体正在成长壮大，年轻人对美好生活的追求和向往，将成为新国货崛起的不竭动力。[①] 在此时代背景下，中国市场营销学科创新发展就显得尤其必要，而且未来任务十分艰巨。

三、数字经济赋予市场营销学科发展新机会

数字经济是一个信息和商务活动都数字化的社会政治和经济系统。数字化时代是一个洗牌、颠覆、"弯道超车"的时代。菲利普·科特勒曾指出"市场变得比营销更快"。我们要顺应数字化、网络化、智能化发展趋势，积极促进数字经济、共享经济等蓬勃发展，推动市场营销学科不断焕发生机活力。

史料 7-1 数字经济的发展

"数字经济"一词最早出现于 20 世纪 90 年代，因美国学者唐·泰普

---

① 郭国庆. 国潮涌动下新国货崛起的营销密码. 人民论坛，2022 (3)：84-87.

斯科特（Don Tapscott）1996年出版的《数字经济：网络智能时代的前景与风险》一书而开始受到关注，该书描述了互联网将如何改变世界各类事务的运行模式并引发若干新的经济形式和活动。2002年，美国学者金范秀（Beomsoo Kim）将数字经济定义为一种特殊的经济形态，其本质为"商品和服务以信息化形式进行交易"。可以看出，这个词早期主要用于描述互联网对商业行为带来的影响。当时的信息技术对经济的影响尚未具备颠覆性，只是提质增效的助手工具，数字经济一词尚属于未来学家关注探讨的对象。

随着信息技术的不断发展与深度应用，社会经济数字化程度不断提升，特别是随着大数据时代的到来，数字经济一词的内涵和外延发生了重要变化。当前广泛认可的数字经济定义源自2016年9月二十国集团领导人杭州峰会通过的《二十国集团数字经济发展与合作倡议》，即数字经济是指以使用数字化的知识和信息作为关键生产要素、以现代信息网络作为重要载体、以信息通信技术的有效使用作为效率提升和经济结构优化的重要推动力的一系列经济活动。

通常把数字经济分为数字产业化和产业数字化两方面。数字产业化指信息技术产业的发展，包括电子信息制造业、软件和信息服务业、信息通信业等数字相关产业；产业数字化指以新一代信息技术为支撑，传统产业及其产业链上下游全要素的数字化改造，通过与信息技术的深度融合，实现赋值、赋能。从外延看，经济发展离不开社会发展，数字化的社会无疑是数字经济发展的土壤，数字政府、数字社会、数字治理体系建设等构成了数字经济发展的环境，同时，数字基础设施建设以及传统物理基础设施的数字化奠定了数字经济发展的基础。

资料来源：梅宏. 大数据与数字经济. 求是，2022（2）：28-34.

（一）数字经济推动市场营销4.0时代到来

国际学术界认为，市场营销1.0是工业化时代以产品为中心的营销，市场营销2.0是以消费者为导向的营销，市场营销3.0是价值观驱动的、以人为本的营销。市场营销4.0则是企业以大数据、社群、价值观营销为基础，将营销的中心转移到与消费者积极互动、尊重消费者作为"主体"

的价值观，让消费者更多地参与营销价值的创造。

（二）数字经济推动企业与客户互动共创价值

数字经济带来了新一代的广告传播工具，从手机、平板电脑到在机场和购物中心使用的交互式电视，营销人员可以利用精准定位与选定的客户沟通。客户可以在自己家里通过手机客户端挑选产品或服务，完成订购和付款，并通过快递收到自己购买的产品。从测试新产品所使用的虚拟现实显示技术，到销售这些产品的在线虚拟商店，技术的巨大进步对营销的各个领域都有影响。企业不仅要加强客户关系管理（customer relationship management），而且要善于处理"客户管理关系"（customer-managed relationships），了解客户是如何接触企业的，以及客户之间是如何互动的，以便相机采取合适的营销手段。

（三）数字经济使个性化营销成为现实

营销方法几乎每 20 年发生一次重大变化。20 世纪 60 年代，美国企业热衷于重视销量的大众营销（mass marketing）。随着经济水平的持续提高，受益于电视节目和名人效应的发展，企业开始重视目标营销（target marketing），只针对特定的目标市场进行营销活动。

当数字技术发展到一定程度，比如数字录像机 TiVo 出现，企业转向了个性化营销（personalized marketing），更多地针对个人的特殊需要开展营销活动。

（四）数字经济使得速度成为市场竞争的关键要素

随着消费者需求的迅速变化和竞争对手竞相涌现，产品与服务的生命周期越来越短。这要求企业以最快的速度对市场需求作出反应，以最快的速度制定并实施新的市场营销战略。数字经济迫使跨企业合作成为必然选择，因为速度压力迫使企业必须通过合作来整合资源，发挥自己的核心优势；规模经济的要求、新产品研发等巨额投入的风险也迫使企业必须以合作的方式来分担成本，甚至是与竞争对手合作，形成合作竞争的关系。互联网技术极大地降低了合作沟通的信息成本，借助数字化平台，合作伙伴间形成了虚拟企业。虚拟企业既具有大企业的资源优势，又具有小企业的灵活性，为合作各方带来竞争优势。

(五)数字经济使大规模量身定制和精准营销成为可能

传统经济中,产品或服务的多样性(richness)与到达的范围(reach)是一对矛盾。大众化的产品总是千篇一律,而量身定制的产品只有少数人能够享用。数字技术的发展改变了这一切。企业可以极低的成本收集、分析不同客户的需求信息,通过柔性制造系统实现定制。

科技创新的潜在优势将为数字经济行稳致远奠定坚实基础。近年来,我国在关键科技成果、科技体制改革、人才队伍建设等方面取得显著进步,科技创新具有良好基础。在人才方面,每年有约 1 000 万大学毕业生,科学家和工程师数量居世界首位;在投入方面,2020 年研发经费支出达 2.4 万亿元,是 2012 年的 2.4 倍;在技术方面,大数据、云计算、物联网、移动互联网等新技术,既可放大我国优势,也可增大回旋余地;在产业方面,人工智能、5G 等新兴产业与发达国家处于同等竞争水平;在市场方面,我国强大的国内市场,可迅速成为新技术的"应用场""推广场";在体制方面,关键核心技术攻关新型举国体制逐步健全,重点攻关项目"揭榜挂帅",谁能干就让谁干,激发出澎湃创新活力。

在数字经济背景下,数字化智能设备的普及以及大数据、云计算、移动互联网、人工智能、机器人、区域链等技术的发展,使得企业拥有了新的市场营销工具,各种精准营销模式应运而生。企业借助客户关系管理系统,可以依据客户的行为数据绘制"客户画像",并与目标客户建立联系、发送精准的营销信息,通过电子商务平台和高效的物流配送系统为客户交付商品。在数字经济赋能下,新型的市场营销传播工具(如短视频营销、直播营销、KOL 合作营销、社交网络营销等)应运而生,企业发现机会、塑造品牌、维系客户的方式渐趋多元化。

四、数字经济时代中国市场营销学科新突破

在数字经济背景下,中国市场营销学者应该紧紧抓住市场营销学科发展新机遇,再创市场营销学科发展新辉煌,实现新突破。

(一)立足国情,勇于实践,彰显中国特色

中国市场营销学者应从国情出发,从中国实践中来、到中国实践中去,努力创建符合中国实际、具有中国特色的市场营销学科。西方市场营

销有其科学、有益的一面，但是，近年来西方市场营销学出现了偏离初心的趋势。例如，从 *Journal of Marketing* 等期刊上发表的论文看，市场营销学科明显存在"种了人家的地，荒了自己的田"的现象，属于市场营销学科自身的大量问题不去深入探讨，而本属于心理学、行为科学及其他学科的论文反倒占了很大比例。因此，中国市场营销学科不能任由西方市场营销学来引领，必须强化市场营销学科的中国元素、中国立场和中国主张。

事实上，即使是国外市场营销学合理、科学、有益的部分理论，也不是包治百病的灵丹妙药，并不能解决中国企业改革发展面临的所有问题，更不能以为简单地照搬、引进就万事大吉。中国市场营销学科不能总是指望依赖他人的研究成果和营销理论来提高自己的营销实践能力和营销创新水平，更不能做其他国家的学术附庸，亦步亦趋。经过长期努力，我们的市场营销实践和理念在某些领域已接近或达到世界先进水平，在某些领域正由"跟跑者"向"并行者""领跑者"转变，完全有能力在新的起点实现更大跨越。提升市场营销学科的社会地位和观感，让市场营销在满足人民日益增长的美好生活需要方面更好地发挥作用，还要靠全体中国市场营销同仁继续付出艰辛努力，不断开拓创新，打造具有中国特色的市场营销学科体系和人才培养体系。

（二）服务实践，拓宽视野，赋予学科新魅力

中国市场营销学者应静下心来深入调研，将市场营销理论应用于中国社会经济文化发展实践，充分体现市场营销学科魅力。要面向中国现实问题，充分考虑中国国情，深入调查研究中国社会经济文化发展的实际需要和未来趋势，从市场营销学科发展历史中获得规律性的启迪，正确判断形势、科学预见未来、把握历史主动。

进入 21 世纪以来，市场营销学有了突飞猛进的发展，新概念、新理论、新方法不断涌现，但是，作为其母学科的经济学（如信息经济学、行为经济学、福利经济学等）仍在为其带来新的贡献。例如，品牌价值、品牌资产、成本导向定价、需求导向定价、心理定价、中间商关系、心理账户、消费者福祉等相关概念的提出和完善，都与经济学理论的支撑密不可分。

从市场营销思想的产生、发展、演变可以看出，作为市场营销学科的开拓者，古典市场营销学派的商品学派、职能学派和机构学派，也不是从微观企业的角度出发研究问题，而是从宏观视即社会经济运行效率的角度考察产品由生产者到达最终消费者过程中所出现的问题及其解决方案。换言之，市场营销学科的初心，并不是像今天这样将市场营销局限在微观组织内，而是视野宽宏，关注社会，聚焦民生。

市场营销又与文化紧密相连。市场营销实践、市场营销理念会影响甚至造就时尚，形成潮流，引领消费，变革人们的生活方式。不同时代、不同国家的文化环境又会生成不同的营销方式、营销理念和营销供给。当今的中国市场营销学科要走出困境，完全可以从营销文化、营销哲学、营销历史的视角开拓创新，充分挖掘中国优秀传统文化、革命文化和社会主义先进文化中的营销元素，深入研究中国特色的营销文化、营销思想、营销案例。立足本土文化资源、面向本国实践的市场营销学科建设，才能真正经久不衰。这样，不仅能唤起青年学子和社会各界对市场营销学科的亲近感，而且可能促进规律、学说和原理的创新，为丰富世界市场营销理论宝库作出贡献。这也是新时代繁荣发展市场营销学科的必由之路，值得全体中国市场营销学者长期为之努力。

（三）把握规律，推动创新，体现学科先进性

市场营销学科有其产生、发展、演变的规律，中国市场营销学者应注重把握学科发展规律，善于用学科发展的历史经验启迪智慧、明确方向、汇聚力量。加强市场营销思想史、学说史、学科发展史的研究和教学，就是为了更好地总结历史经验、把握历史规律，增强改革创新、开拓前进的勇气和力量，把牢正确方向，坚毅前行。

我们要坚持马克思主义立场、观点、方法，积极推动市场营销学科创新，增进中国市场营销理论与实践的人民性，着力培养市场营销管理者和从业人员的为民情怀，充分体现市场营销理论的先进性。坚持以人民为中心的基本立场，本质上是追求在经济增长过程中实现公平和效率的统一，进而实现人的全面发展，这超越了西方主流经济学以利润最大化为理论发展前提的假设，避免了由此带来的矛盾以及西方经济不断演化出的各种危机。习近平总书记曾多次明确指出，供给和需求是市场经济中具有内在联系的两个基本方面，新的需求可以催生新的供给，新的供给可以创造新的需求。这也正是市场营销理论得以施展魅力的所在。

在培育形成强大国内市场，以新需求引领新供给，满足人民日益增长的美好生活需要的历史进程中，市场营销学科的先进性势必会得到实践的检验进而焕发异彩。

当前，我国正加快建设以5G网络、全国一体化数据中心体系、国家产业互联网等为抓手的高速泛在、天地一体、云网融合、智能敏捷、绿色低碳、安全可控的智能化综合性数字信息基础设施，打通经济社会发展的信息"大动脉"，把握数字化、网络化、智能化方向，推动制造业、服务业、农业等产业数字化，利用互联网新技术对传统产业进行全方位、全链条的改造，提高全要素生产率，发挥数字技术对经济发展的放大作用。在此时代背景下，中国市场营销学科建设应加快课程、教材、教学方式和过程的创新，推出讲授数字营销、大数据营销、数字消费行为、服务营销数字化运营、营销决策模型、人工智能营销等内容的新课程。用数字技术改善教育教学环境，推动人才培养过程和人才培养模式创新。

（四）全球视野，中国立场，为世界作出应有贡献

中国市场营销学者应通过理论创新，贡献中国智慧，着力推动构建人类命运共同体。市场营销学科是世界性的、时代性的，市场营销教育教学创新必须具有全球视野。不拒众流，方为江海。中国市场营销学科体系创新是开放环境下的创新，绝不能关起门来搞，而是要聚四海之气、借八方之力。要深化国际学术交流合作，在更高起点上实现理论创新，主动布局和积极利用国际创新资源，努力构建合作共赢的伙伴关系，在实现中国市场营销学科创新发展的同时惠及其他更多国家和人民，引领全球范围市场营销学科发展。

要树立国际视野，从中国和世界的联系互动中探讨人类面临的共同课题，致力于为丰富世界营销理论宝库贡献中国智慧、中国方案。"吾心信其可行，则移山填海之难，终有成功之日；吾心信其不可行，则反掌折枝之易，亦无收效之期也。"中国市场营销学者要有强烈的创新信心和决心，既不妄自菲薄，也不妄自尊大，勇于攻坚克难、追求卓越、赢得胜利，积极抢占市场营销学科未来发展制高点。要把握大势、抢占先机，直面问题、迎难而上，瞄准世界市场营销学科前沿，引领市场营销学科发展方向，肩负起历史赋予的重任，勇做新时代教育教学创新的排头兵。

五、提升市场营销学科的创新度、本土化和实践性

（一）提升学科创新度

随着市场营销学的不断发展、兼容并蓄，目前该学科已经成为一个涉及管理学、经济学、社会学、心理学、行为科学、数学、统计学等若干学科的经济管理应用科学。这些相互综合交叉的知识体系不仅扩充了市场营销学的知识基础，也为市场营销学全面整合和融会贯通地解决市场营销新问题注入了源源不断的内生驱动力。未来可以借助多学科理论视角，对市场营销学的学科知识体系和一般规律进行更为深入的诠释和挖掘，从而拓展学科知识体系的广度和深度。

近年来，随着经济全球化日益加剧，以及高科技信息技术手段迅猛发展，企业管理与发展中出现的一系列新矛盾新问题新挑战迫切需要新思想来回答和解决。当今世界，数字经济发展速度之快、辐射范围之广、影响程度之深前所未有。互联网、大数据、云计算、人工智能、区块链等技术加速创新，网络购物、移动支付、共享经济等新业态蓬勃发展，工业互联网、智能工厂、智慧港口、智慧农业等新模式方兴未艾。作为继农业经济、工业经济之后的主要经济形态，数字经济是以数据资源为关键要素，以现代信息网络为主要载体，以信息通信技术融合应用、全要素数字化转型为重要推动力，促进公平与效率更加统一的新经济形态。

在数字经济条件下，如何解决未来市场营销战略与人工智能、工业制造的深度融合？如何解决数字营销、移动营销等新时代背景下的市场营销管理问题？如何协调市场营销管理和经济全球化之间的关系？如何协调市场营销与用户需求多样化和个性化的匹配？这些外生性研究问题因时代背景变革而触发。市场营销学科不仅应当以此为契机进行知识再生产，深化市场营销学理论知识体系的自主创新发展，也应当借助市场营销新理论和新技术解决现实实践问题，降低营销成本，提升营销效率，进一步挖掘内需潜力，活跃国内市场，为中国经济发展提供支撑，为世界经济增长扩大空间。

(二) 彰显学科本土化特色

2022 年世界 500 强企业榜单中,中国企业共有 145 家,占比第一,"中国经验""中国模式""中国特色"等越来越受到国际学术界的关注和重视。然而纵观学术界,这些中国企业在变革和发展中积累的丰富而宝贵的营销实践经验尚未被广泛总结和深入挖掘。自西方市场营销思想引入中国以来,中国学者一直致力于通过持续引进和更新国外前沿学术研究范式和研究动态,作出理论贡献和实践创新。然而,一味地引进、验证和应用西方市场营销理论可能并不有利于中国市场营销学科知识体系的建构。

西方舶来的市场营销学科体系在中国语境和情境下不断创新发展,实现西方市场营销理论的中国化、本土化具有重要的科学价值和实践意义。[①]习近平总书记在 2015 年中央政治局第二十八次集体学习时指出,我们坚持马克思主义政治经济学基本原理和方法论,并不排斥国外经济理论的合理成分。西方经济学关于金融、价格、货币、市场、竞争、贸易、汇率、产业、企业、增长、管理等方面的知识,有反映社会化大生产和市场经济一般规律的一面,要注意借鉴。同时,要坚持去粗取精、去伪存真,坚持以我为主、为我所用。习近平总书记反复强调独立自主走符合本国国情的现代化发展道路,旗帜鲜明地突破了西方主流经济学语境下所暗含的"现代化"等于"西方化"的理论假定和理论导向。

未来中国市场营销学科在密切关注国际前沿最新研究趋势和吸收国外先进营销理论的同时,还要充分结合我国具体国情对理论和现实进行深入分析,以更好为中国社会主义现代化建设实践提供指导服务和评估改进。在此基础上,还必须扎根于中国社会主义建设的伟大实践,对中国市场营销的理论思想和实践经验展开回溯和追踪,以构建中国特色的市场营销理论,在国际市场营销领域彰显中国本土化理论的创新贡献,不断增强中国市场营销学科在国际化舞台上的话语权。

(三) 增强学科实践性

随着经济全球化、知识化、信息化进程的不断加速,以及国家向高质

---

① 张闯,庄贵军,周南. 如何从中国情境中创新营销理论?:本土营销理论的建构路径、方法及其挑战. 管理世界,2013 (12):89-100.

量经济战略转型发展，高素质的市场营销人才成为全社会各行各业的迫切需要。对此，市场营销学人才培养体系也应当不断寻求创新改革，对人才培养提出更高更严的要求，一体推进教师队伍、课程体系、教材建设、教学资源、教学手段改革发展。

要致力打造高质量师资队伍。营销教师要致力教学方式方法变革和教学模式手段创新，高质量实施指导性教学、启发性教学和研讨性教学，熟练运用MOOC、视频和音频等数字资源，积极开展线上直播、线上研讨、线上答疑与互动交流等教学活动，为学生自主选择与课程相关的网络学习资源提供便利。学科在壮大学术型科研岗师资的同时，应当吸收一批来自国内外企业的优秀一线营销实践人才，形成产学研合作导向的师资队伍，既能推动研究创新向实践创新的有效转化，也可以从理论与实践两方面提升学生的综合素质与能力。

要推进教学理念和实践创新。市场营销学科应当积极开展校企合作、校外实训等，甚至可以将教学实践场地设置在营销一线，增强理论教育与实践教育的衔接。课程体系要瞄准"创新性、高阶性、挑战度"的"两性一度"教学标准，统筹课前、课中、课后三个教学环节，突出线上教学与线下教学有机衔接，自主学习与课堂讲授、互动研讨有机衔接。不断强化"以教导学、以教促学、以教助学，学为根本"的教学观，实现"以教为中心"向"以学为中心"的教学理念转变，丰富教学资源和教学形式，推动信息技术与教学的深度融合，强化学生自主学习。

要加快构建数字教育教学体系。党的十九大以来，习近平总书记一再强调要关注学习型社会的现代化问题，提出要办好"网络化、数字化、个性化、终身化"的教育体系，构建"人人皆学、处处能学、时时可学"的学习型社会。市场营销学科更应如此，其应用实践性决定了知识体系需要不断更新和发展。未来学科应当不断深化继续教育体系创新发展，开展网上营销教育培训，以非学位教育补充学位教育，以便学生在从学校教育走向社会实践后，依然能够边实践边学习，最终实现"终身学习"的教育理念。

要加强市场营销教材建设。全面推进教材建设高质量发展，提升市场营销教材的实践性和时代性，努力打造更多培根铸魂、启智增慧的精品教材，是传承中华优秀文化、增强全民族自豪感和凝聚力的"培元工程"，也是推进教育现代化、建设教育强国的"奠基工程"。习近平总书记高度重视教材质量问题，提出要"紧紧围绕立德树人根本任务，坚持正确政治方向，弘扬优良传统，推进改革创新，用心打造培根铸魂、启智增慧的精品教材"①。2021 年 10 月 12 日，全国教材工作会议暨首届全国教材建设奖表彰会召开，会议强调加快建设高质量教材体系，服务学生全面发展、健康成长，对全面提高教材建设质量提出了新要求：

首先，要以习近平新时代中国特色社会主义思想为指导，认真贯彻习近平总书记关于教材工作的重要指示批示精神，编写出版扎根中国大地、立足中国实践、总结中国经验、彰显中国特色、具有原创性、育人成效显著的市场营销教材。

其次，要以全球视野谋划和推动教材体系创新，努力打造紧跟国际学术前沿和时代发展步伐、有效服务国家战略和经济社会发展的市场营销教材。市场营销学科具有世界性、时代性，是人类共同的财富。推动教材体系创新，一定要集聚国内外优秀教材资源，聚四海之气、借八方之力。中国学者要深度参与全球市场营销理论构建、教材编写和学术交流，积极贡献中国智慧，塑造营销向善的文化理念，让市场营销更好地增进人类福祉，让中国市场营销理论为推动构建人类命运共同体作出更大贡献。

最后，市场营销教材要适应信息社会发展要求，借助数字技术，开发丰富多样的立体化教材，力求内容形式创新、教学效果好。立体化教材是以传统的纸质教材为基础，融合多媒体、多用途、多场景及多层次的教学资源和多种教学服务内容的结构性配套教学出版物。根据学生学习市场营销的需求特点，在纸质教材中嵌入相关的数字资源、二维码、图标和链接等，以丰富的网络课程资源支持学生时时可学、处处可学。在建设优秀的纸质教材基础之上，还需要通过丰富生动的微课、动画、音频等方式呈现教材内容，充分激活学生的视觉、听觉多种感官，帮助学生全方位、个性

---

① 习近平给人民教育出版社老同志回信强调 紧紧围绕立德树人根本任务 用心打造培根铸魂启智增慧的精品教材．（2022－11－30）．http：//politics．people．com．cn/n1/2020/1130/c1024－31949692．html．

化地学习市场营销知识。

第2节 构建中国特色市场营销学科体系

习近平总书记说过,"推进中国改革发展,实现现代化,需要哲学精神指引,需要历史镜鉴启迪"①。构建新时代中国特色市场营销学科体系,也需要密切联系中国特色社会主义的时代特征,借鉴国外营销理论建立、发展、创新的成功经验,在已有理论框架、学科体系、课程体系的基础上有所突破,有所发展。

一、致力构建中国特色、全球视野的市场营销学科体系

构建中国特色市场营销学科体系既具有民族性,又具有世界性,是民族性与世界性的有机统一。首先,中国特色市场营销学科体系的首要属性是"中国特色",从而必然具有民族性,包括鲜活的民族生活内容、独特的民族表现形式、鲜明的民族气派和民族审美风格。一方面,构建中国特色市场营销学科体系应该大力弘扬中国的传统文化,并从优秀的传统文化中吸取至今仍具有重要价值和现实意义的中华文明成果。另一方面,构建中国特色市场营销学科体系的民族性还体现在要适应世情、国情的新变化,进一步健全和完善既成的思想和理论体系,将中华优秀传统文化中的"仁义礼智信""己欲达而达人""正义""诚心"等营销理念赋予时代新特色,使之得到创造性转化、创新性发展,从而使现代市场营销学科体系具有更多的民族特色和优势。其次,构建中国特色市场营销学科体系必须具有世界眼光,坚持胸怀天下,以海纳百川的宽阔胸襟借鉴吸收人类一切优秀文明成果,要在追求"中国特色"中充分吸纳世界文明的最新成果。民族性与世界性是有机统一的。民族性不能排斥世界性,世界性融于民族性之中。正如习近平总书记所说:"强调民族性并不是要排斥其他国家的学术研究成果,而是要在比较、对照、批判、吸收、升华的基础上,使民族性更加符合当代中国和当今世界的发展要求,越是民族的越是世界的。"

---

① 习近平在北京大学考察时强调 青年要自觉践行社会主义核心价值观 与祖国和人民同行努力创造精彩人生. 人民日报. 2014-05-05 (1).

"解决中国的问题，提出解决人类问题的中国方案，要坚持中国人的世界观、方法论。"最后，构建中国特色市场营销学科体系要主动促进国内与国际双向学术交流。在中外学术交流中，应该理直气壮地宣传中国市场营销学科的新发展，并勇于坚持自己的基本立场、基本方法，识别评判西方国家市场营销学科体系的新成果，去其糟粕，取其精华，进而不断拓展世界眼光，为世界市场营销学科发展作出中国贡献，推动建设更加美好的世界。

二、牢记继往开来、守正创新的学科建设使命

构建中国特色市场营销学科体系要坚持继承性与原创性的辩证统一。构建中国特色市场营销学科体系既具有明显的继承性，即在总体上是沿着当代世界市场营销学科发展的既定方向和目标前进的，包括对市场营销界定、营销环境分析、市场调研预测、目标市场营销、市场购买行为、市场竞争战略、营销组合策略等已有成果的保留和肯定，但同时又要看到这种保留和肯定不是机械的全盘继承，而需要坚持创新和变革，特别要鼓励原创性的研究和探索，包括赋予市场营销新内涵、创新营销组合内容、使营销策略的运用更符合中国法律法规、将中国独创的营销方法和实践充实进教材体系和课程内容等，使中国市场营销学科建设不断跃上新的台阶。

首先，构建中国特色市场营销学科体系的性质是"变革"，是在继承基础上的健全和完善，即不是要根本推翻已经建立起来的课程体系、知识体系或理论体系，不能完全"另起炉灶"，特别要注意肯定和继承既有学科或理论体系的某种特色和优势。如要保留已有体系中突出的中国特色或民族特色以及中国风格、中国气派，体现出的中国的世界观和方法论，进而弘扬中国的优良传统，为解决人类面临的市场营销问题作出贡献。

其次，构建中国特色市场营销学科体系必须以创新为引领，并特别鼓励原创性的探讨，以提升建构中国自主市场营销知识体系的水平和成效。新阶段面临着新课题，需要新理论来引领。构建中国特色市场营销学科体系虽然要继承优良传统和既有成果，但也不能全盘照搬，而是要突出强调创造性的传承，一定要有鲜明的创新意识。中国的市场营销实践和理念有其他国家不可比拟的特殊性和复杂性，既有优秀传统文化滋养，也有我们

自己长期积累的经验和优势，在市场营销学科体系建设上要有底气、有自信。要以我为主、兼收并蓄、突出特色，深入研究和解决好为谁教、教什么、教给谁、怎样教的问题，努力以中国智慧、中国实践为世界营销理论创新发展作出贡献。对于世界上优秀的营销理论和实践，要加以甄别，有选择地吸收和转化。

讲求创新，特别是具有原创性，应该成为中国特色市场营销学科体系的主题和目标。对于中国业已形成的市场营销思想、理论、课程及其体系，既要不忘初心，又要开拓进取、继续前进，增强问题意识，努力补齐短板，加快建构中国自主市场营销知识体系，努力建立起一个具有原创意义的、属于中国人自己的、能够向世人昭示中华民族智慧的市场营销学科体系。

最后，构建中国特色市场营销学科体系要以继承为基础，以创新为根本，以实现原创为最高境界，努力推动三者相辅相成。要坚定文化自信，推动中华优秀传统文化创造性转化、创新性发展，继承革命文化，发展社会主义先进文化，不断铸就中华文化新辉煌。要努力探索市场营销科学前沿，发现和解决新的科学问题，提出新的概念、理论、方法，开辟新的学科领域和方向，形成新的前沿学派。

有句话说得好，没有比人更高的山，没有比脚更长的路。只要我们锲而不舍地前进，总能到达目的地。

三、加强市场营销课程思政建设

习近平总书记在 2016 年的全国高校思想政治工作会议上指出，"使各类课程与思想政治理论课同向同行，形成协同效应""要坚持把立德树人作为中心环节，把思想政治工作贯穿教育教学全过程，实现全程育人、全方位育人"。据此，教育部在 2017 年发布《高校思想政治工作质量提升工程实施纲要》，要求高校尽早开展课程思政建设。

古今中外，每个国家都是按照自己的政治要求来培养人的，即培养社会发展、知识积累、文化传承、国家存续、制度运行所要求的人。所以，加强思政建设，以文化人、以德育人，不断提高学生思想水平、政治觉悟、道德品质、文化素养，是办学的根本。而市场营销专业的人才培养尤其需要思政引领。

（一）市场营销学科必须加强课程思政建设

市场营销学科必须加强课程思政建设，首先由市场营销专业的特点决定。专业的高素质营销人才队伍，能够弘扬优秀文化和道德主旋律，担当社会责任，树立诚信品质，实现造福社会、满足人民美好生活向往的营销功能，有效抑制和驱逐各种危害社会的市场行为。如果思想政治教育不到位，培养出来的学生就可能脱离中国的市场实践，并且很难适应党和国家对经济社会发展的战略要求，也很难符合企业、社会对营销人才的期待和需求。这不仅有违我们的办学宗旨，还可能败坏市场营销专业的形象。因此，必须加强课程思政建设。

其次，市场营销是关于美好生活的学问。我国长期所处的短缺经济和供给不足的状况已经发生根本性改变，人民对美好生活的向往总体上已经从"有没有"转向"好不好"，呈现多样化、多层次、多方面的特点。其中有很多需求过去并不是紧迫的问题，现在人民群众要求高了，亟须补齐民生保障短板，在幼有所育、学有所教、劳有所得、病有所医、老有所养、住有所居、弱有所扶上持续用力，全方位改善人民生活。解决当代中国社会主要矛盾，必须深入挖掘思想政治教育资源，为创造人民美好幸福生活贡献出营销人的智慧和力量。

最后，面对市场营销专业发展的严峻现实，必须全面贯彻习近平新时代中国特色社会主义思想，引领课程思政建设和人才培养全过程。例如，在市场营销教学实践中，充分展现中华传统优秀文化中的营销思想，彰显近现代中国企业家的营销创举和营销理念，宣传中国营销管理、品牌战略的新成就，体现党和国家建设强大国内市场以及建设贸易强国、品牌强国、营销强国对营销人才的迫切需求，用国际市场竞争中的营销战、品牌战案例，激发学生的爱国情怀和社会责任感等。

（二）市场营销学科课程思政建设的基本路径

市场营销学科可以通过"三创新、三互动、四结合"来加强课程思政建设。三创新是指创新课程、创新教材、创新教学方式；三互动是指强化师生互动、课堂内外互动、中国智慧与全球视野互动；四结合是指增进营销的宏观与微观、历史与现实、定量与定性、理论与实践的有机结合。借助案例教学、线上线下混合式教学、双创实践、企业家导师制等创新性教学方法，巩固并提升课程思政效果。

第一，将课程思政建设贯穿课堂讲授、案例分析、社会实践、期末考试、论文写作等教学环节，引领学生认真学习贯彻习近平新时代中国特色社会主义思想，用党的创新理论分析问题、提出对策。

第二，注重挖掘中华优秀传统文化中的营销思想、营销案例，用中国人（包括企业家、思想家、政治家）的话语来阐述营销学的概念、原理，将具有中国特色、体现中国精神、蕴藏中国智慧的营销理念和成功案例应用于人才培养，提升教学内容的思想性、前沿性与时代性，增强学生的政治认同、家国情怀、文化素养、道德意识，强化引领担当、主动上进和团队合作精神。

第三，注重培养学生的专业意识，树立强烈的使命感，了解市场营销在形成强大国内市场中的重要作用。比如，借助"辉瑞和莫德纳疫苗涨价"等案例，引导学生认清中国营销与西方营销的本质区别。无论是消费者行为还是企业营销活动，都必须自觉践行社会主义核心价值观，把社会效益放在首位，国家利益至上，一切为了人民。

第四，用思政建设引领中国一流市场营销人才培养，打造新时代营销人应具备的CHINAMKT特质。CHINAMKT是中国营销（China Marketing）的英文缩写，具有中国特色的市场营销人才必须具备如下特质：沟通传播（communication）、诚实可靠（honesty）、开拓创新（innovation）、领航主导（navigation）、积极上进（activeness）、多才善能（multi-skill）、知识厚重（knowledgeability）和团队合作（teamwork）。[1]

（三）市场营销学科课程思政建设的实施效果

首先，引领学生增强文化自觉，坚定文化自信和历史自信。系统的市场营销学科源于西方是客观事实，但在中华优秀传统文化中、在近现代中国企业家的营销实践中和在中国杰出思想家、政治家代表人物的著述讲话中也客观存在着丰富的营销理念。在课程思政建设实践中，我们将毛泽东的品牌思想、邓小平论国际市场、习近平谈市场营销等思政元素充实到人

---

[1] 郭国庆.中国特色市场营销人才培养体系的探索实践.宁夏大学学报（人文社会科学版），2023，45（1）：141-149.

才培养全过程，突显中国主张、中国智慧、中国元素，一改"言必称西方"的风气，增强了青年学生做中国人的志气、骨气、底气和民族自豪感。

其次，帮助学生端正学习态度，激发学习兴趣。在课程思政建设中，我们提出市场营销是关于美好生活的学问，唤起了学生对营销专业的浓厚兴趣，提振了学生营销报国、品牌强国的信心和使命担当。在期末考试时，选择用党的创新理论指导营销实践题目的学生越来越多，在案例讨论、社会实践、论文写作等环节，越来越多的学生善于用党的创新理论分析问题、提出对策。

最后，确保教学方法先进高效。坚持课程思政建设与营销原理讲授相互融合，借助案例教学、线上线下混合式教学、双创实践、企业家导师制多种手段呈现课程思政教学内容，充分发挥电脑、手机等多种网络终端的信息传播功能，持续提升课程思政教学效果，实现学生"乐学—好学—会学—学会"的良性循环。人才培养质量有了明显提高，大学毕业生发展前途光明。

总之，课程思政建设增强了学生的营销实践创新能力，提升了人才培养质量，收到了明显成效，形成了较高水平的课程思政展示成果，具有良好的示范辐射作用。

四、新时代市场营销人才的关键特质 CHINAMKT

（一）提出 CHINAMKT 的时代背景

近年来，市场营销教育遭遇困境：一是由西方引进的课程体系和内容缺乏中国情、中国味，令学生难以接受；二是用人单位所需要的动手能力强、精于营销规划、善于实践创新的人才，单凭传统的培养体系难以得到；三是思政建设和营销道德教育弱化，导致从业者容易出现耍小聪明、缺斤少两、以次充好等诚信缺失问题，进而影响市场营销专业形象。

面对这种不利局面，中国市场营销学者坚持问题导向，在遵循教育教学规律的前提下，积极寻求解决问题的有效途径，形成了对提高教学水平和教育质量、实现培养目标产生明显效果的独创性、新颖性、实用性教育教学方案。特别是经过探索实践、不断完善形成了行之有效的中国特色CHINAMKT营销人才培养体系，在全国产生了一定的影响，解决了市场营销教育难题，成效明显。

（二）CHINAMKT的内涵

市场营销学科理论在中国的应用首先必须扎根中国实践，同时兼具全球视野。因此，在符合教育主管部门人才培养要求的前提下，要突破常规，创新模式，更加重视科学精神、创新能力、批判性思维的培养教育。一流的市场营销人才尚需不断强化以下素养：

（1）沟通传播。市场营销与沟通传播在学科发展史上有着千丝万缕的内在联系。市场营销工作离不开沟通、传播。传播促销、营销传播、整合营销传播都属于营销理论的基本概念。优秀的营销人才不仅要能够传播产品或服务的信息，还应善于借助营销传播理论知识讲好中国故事、传播好中国声音，具备国家营销、政府营销和社会营销的知识素养和实践能力。

（2）诚实可靠。诚信和友善是中华民族传统美德，也是社会主义核心价值观的重要内容。人们对市场营销专业的误解大多源于营销实践中的不规范、不诚信、不可靠等现象。"营销"这个词留下了太多太深的诸如"忽悠""以次充好""假冒伪劣""价格欺诈"等不良印象。因此，扭转专业形象、培养一流市场营销人才必须加强法律、诚信和营销道德教育。

（3）开拓创新。市场营销理念源于实践，必须与时俱进，市场营销战略必须紧随营销环境和市场需求新变化及时调整，市场营销方式必须拥抱数字经济时代不断创新。创新必须瞄准国家需要、人民要求、市场需求，借助营销工具将新科学、新技术、新理念、新方法应用于实践。

（4）领航主导。市场营销人才必须深刻理解时代潮流和国家需要，具备引领担当、开路先锋、主导掌控的意识和能力，具有战略眼光和过人本领。只有这样，市场营销人才才能担当大任。

（5）积极上进。市场营销是充满挑战和困难的职业，随时可能遭遇艰难险阻与突变境况。因此，营销人才必须具备极强的抗压能力，以积极乐观的心态不断进取，奋力开拓。

（6）多才善能。市场营销目标最终需要营销人员去实现。有效的营销管理，需要营销人员具备多种才干、综合应对能力和坚韧不拔的毅力。

（7）知识厚重。营销管理者经常会面临各种不确定性，要具备应对各种现实问题的知识、才干、能力。而且，知识渊博也是营销人应具备的基本素养。

（8）团队合作。市场营销不是单枪匹马就能做好的工作。营销绩效靠的是集体智慧、团队合作。

（三）培养中国特色 CHINAMKT 营销人才的实施要点

培养中国特色 CHINAMKT 营销人才需要思政引领，加强教学创新，持续迭代优化，如图 7 - 1 所示。

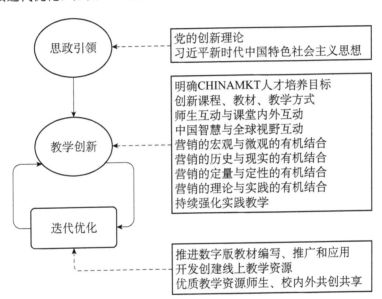

图 7 - 1 培养中国特色 CHINAMKT 营销人才的实施要点

（1）思政引领。旨在用党的创新理论和习近平新时代中国特色社会主义思想统领课堂教学、教材编写、论文写作、社会实践等人才培养全过程，使学生明确国家对市场营销的重视和对高素质营销人才的迫切需求，认清市场营销在实施国家战略中的重要作用，引导学生热爱营销专业，增强营销创新本领，加深对宏观营销、社会营销、国家营销的理解感知。

（2）教学创新。重点是强化师生互动、课堂内外互动、中国智慧与全球视野互动，新增课程或原有课程升级，增进营销的宏观与微观、历史与现实、定量与定性、理论与实践的有机结合、互联互通，坚定文化自信，

彰显中国特色，持续强化实践教学环节。借助数字技术、案例教学、线上
线下混合式教学、双创实践、企业家导师制等现代教学方式，提高人才培
养质量，打造社会需要的品牌人才。不仅要求学生未来能够胜任企业营销
管理重任，还要善于开展宏观营销、社会营销、政府营销、国家营销，尤
其是借助营销传播手段宣介中国主张、中国智慧、中国方案，向世界展示
真实、立体、全面的中国形象。

（3）迭代优化。主要是通过师生互动、校内外互动来实现。即在教学
相长的过程中，集聚灵感、智慧和亮点，发现问题和不足，不断优化思
政、教材和课程；以创建营销师资微信群、数字版教材和线上教学资源为
抓手，推进校内外同行交流互动、共创共享，在惠及全国营销教育事业的
同时，博采众家之长，持续将中国特色市场营销人才培养体系做优做强。

综上所述，在教学实践中，始终以课程思政建设为统领，以创建新
课、原有课程升级转型以及强化实践教学环节作为育人的关键着力点，将
优质教学资源共享共创、迭代升级、持续优化作为中国特色市场营销人才
培养体系的支撑保障，有助于提高人才培养质量，改善市场营销学科的社
会形象。[①]

第3节　提升市场营销专业教材思政建设质量

一、必须高度重视教材质量问题

众所周知，教材是教学内容的主要载体。它不仅是课堂教学过程和教
学结构的基本要素，也是课堂上师生交流的共同媒介，在课堂教学过程中
具有贯穿始终的独特地位。教材建设是育人育才的重要依托。建设什么样
的教材体系，核心教材传授什么内容、倡导什么价值，体现了国家意志，
是国家事权。[②]

2017年2月，中共中央、国务院发布的《关于加强和改进新形势下

---

① 郭国庆. 突破市场营销教育困境 培养中国特色市场营销人才. 消费日报，2021-08-06
（A3）.

② 郑富芝. 全面落实教材建设国家事权. 光明日报，2020-01-21（13）.

高校思想政治工作的意见》提出了"三全育人"要求。毫无疑问，思政课教材建设对于实现"三全育人"目标、提高思想政治工作质量具有极其重要的作用。多年教学实践证明，在加强思政课教学的同时，还必须加强专业课的思政建设，妥善处理好思政课程和课程思政的关系。在推动"三全育人"教育改革的进程中，思政课程与课程思政相辅相成、缺一不可。因此，在致力于提升思政课教材质量的同时，专业课教材的思政建设质量问题同样应引起高度重视。唯有如此，才能实现高校思想政治工作的全覆盖，推动教材与课程同向而行，充分发挥教材的铸魂育人功能，引领青年学生坚定中国特色社会主义道路自信、理论自信、制度自信、文化自信，在全面建设社会主义现代化国家新征程中勇当开路先锋、争当事业闯将。

目前，有关教材质量的研究已取得了不少成果，现有研究主要从教材编写原则、质量评价体系和质量提升路径等方面进行了探讨。另外，思政课教材的质量问题也引起了教育主管部门的高度重视，在高质量思政教材应该具备哪些特点、特征或要求等方面达成了一定的共识。① 然而，聚焦专业课教材思政建设质量的研究尚不多见，同时，现有文献很少对教材质量本身作出科学界定。

二、专业课教材思政建设的特殊性

（一）教材思政建设必须服务于思政课教学改革创新

在 2019 年 3 月 18 日的学校思想政治理论课教师座谈会上，习近平对思想政治理论课的改革创新提出了具体的要求，他强调："推动思想政治理论课改革创新，要不断增强思政课的思想性、理论性和亲和力、针对性。"据此，他提出了思想政治理论课改革创新的八个方面的统一，即坚持政治性和学理性相统一、坚持价值性和知识性相统一、坚持建设性和批判性相统一、坚持理论性和实践性相统一、坚持统一性和多样性相统一、坚持主导性和主体性相统一、坚持灌输性和启发性相统一，以及坚持显性教育和隐性教育相统一。要做到这八个方面的统一，首先必须搞清楚思想

---

① 任保平 . 在新的历史起点上推进经济学教材建设 . 教学与研究，2020（7）：8－11.

政治理论课的政治性、思想性与学术性、专业性的关系。① 其次，思想政治理论课的相关教材是贯彻落实"八个统一"、统筹推进高校思政建设的重要抓手。因此，"八个统一"不仅为教材思政建设的基本原则提供了根本遵循，而且是探讨教材思政建设质量提升路径的重要借鉴。

（二）教材思政建设应遵循的基本原则

学者们探索提升教材质量的相关论述也为教材思政建设的基本原则提供了重要借鉴。例如，任保平在阐述推进经济学教材建设时，明确提出要面对新时代、围绕新问题、融入新理论、形成新范式、探索新规律、推动新实践。② 汪建华则认为应明确建设目标，将立德树人作为教材建设的根本任务；凝聚人才队伍，打造高水平教材编写团队；坚定文化自信，注重教材编写的中国话语；加强教材审读，确保教材内容的普遍认同；关注学生特征，教材建设以促进学生学习为本；借助信息技术，开发丰富多样的教材形态。③ 鉴于专业课教材和教材之间的类属关系，专业课教材思政建设质量的定义、维度、评价和提升路径研究同样需要遵循思政课教材建设的基本原则。

教材思政建设不是简单将政治语言强加在教材内容中的"形式化""表面化""喊口号"，也不应是刻意引用某些思政字眼到相关内容之中的"打补丁""硬融入"，而应将思政教育、立德树人的理念融入教材的规划设计、内容编写、评价修订等全环节，确保思政建设全面推进，落实系列重大主题教育指南和纲要，深入推进习近平新时代中国特色社会主义思想进课程进教材。

（三）关注专业课教材思政建设的特殊性

提升专业课教材思政建设质量既有与提升思政课教材质量相类似的路径、标准和评价指标，也存在一些明显的差异。专业课门类繁多，情况复杂，在培养学生形成正确的世界观人生观价值观方面有所不同，提高思

---

① 张雷声，顾钰民，佘双好，等. 新时代思想政治理论课的改革创新. 理论与改革，2020（1）：1.

② 任保平. 在新的历史起点上推进经济学教材建设. 教学与研究，2020（7）：8-11.

③ 汪建华. 新时代我国高校教材建设的原则与路径. 黑龙江高教研究，2020（8）：21-25.

政建设工作质量所需要的思政元素及其切入契合方式等也有所不同。因此，相对于思政课教材，专业课教材思政建设有不同的质量要求。例如，要求教材思政元素丰富且选用准确、恰当、适宜，符合立德树人的要求；教材思政元素与课程内容贴合度要高，要善于结合所在学科专业、所属课程类型的育人要求和特点，深入挖掘蕴含的思政教育资源；教材思政设计要求思政元素隐性融入，方法巧妙，符合逻辑，衔接顺畅，能够充分调动学生思维和学习积极性；教材思政建设要符合课程特点和思政教育规律，能够有效实现思政目标等。

三、教材思政建设质量的评价指标

(一) 科学内涵

为提升新时代教材思政建设质量，亟须教育界和学术界贯彻落实习近平总书记关于教育教材的重要论述，在现有研究基础上，结合相关文件精神，对教材思政建设质量作出科学界定，推动教材质量的理论研究。

从全球视野来看，国际质量标准草案将质量定义为产品或服务满足顾客明确或潜在需求的固有特性。然而，教材不是一般意义上的产品，它既是有形产品，又是内容产品，还涉及教育服务。因此教材包含产品和服务两种属性。而教育学视角下的教材质量评价更偏向于教育功能，如与课程标准是否一致、是否符合学生身心发展规律、知识和能力发展的比重等。[①] 社会学家则强调教材作为知识文化的载体，需要体现国家意志和被国家认可与保护的文化。[②]

迄今为止，现有关于教材质量的理论研究基本聚焦于综合性、通用性和一般性层面。由于教材产品的复杂性和多样性，教材质量的评价体系往往落于全面而宽泛的窠臼，缺少针对教材某些方面的专项评价。教材思政建设的质量是关乎为党育人、为国育才和国家事权的重大问题，相关研究不能直接沿用目前已有的质量定义和评价指标，必须融合质量管理学、教育学和社会学的观点，体现其独特性和重要性。要明晰教材思政建设质量

---

① 吕玉曼，徐国庆. 教材质量评价的内容取向：以职业教育教材为例. 教育发展研究，2021，41 (1)：41-48.

② 郑富芝. 全面落实教材建设国家事权. 光明日报，2020-01-21 (13).

的科学内涵，并进一步对其进行解构和评价，可以说，教材思政质量是基于上级教育主管部门的要求，教材在传授专业课知识的同时，在传播思政内容的政治性、全面性、适宜性、新颖性、利学性等各方面的综合体现。

（二）质量维度

在明确了教材思政建设质量的科学内涵之后，还需探讨构成其质量内涵的若干维度，从而为进一步构建教材思政建设质量的评价指标体系奠定基础。质量维度是指从多视角判断、说明、评价和确定质量的条件和概念。

这里，我们聚焦研究教材思政建设的质量维度，而非探讨一般教材的质量维度，因此，更应关注专业课教材思政建设的特殊性。值得注意的是，学术界关于教材质量维度问题已经有所涉及，汪建华提出新时代我国高校教材建设要坚持方向性、科学性、本土性、共识性、利学性、层次性原则，为专业课教材思政的质量维度研究提供了重要借鉴。[①] 还有学者特别强调了教材建设的思想性、科学性、民族性、时代性、系统性等。[②] 我们认为，专业课教材思政建设的质量维度应考虑思政资源的政治性、专业相关思政元素的全面性、思政内容嵌入专业知识的适宜性、思政元素迎合时代发展的新颖性、思政元素贴合学生实际的利学性等。质量维度是确定评价指标体系的基础，具有类似一级指标的引领、主导作用。

（三）评价指标体系

教材评价是对教材质量的全面评估和客观检视，是以国家名义对教材政治性、科学性、时代性的权威认定。构建科学准确、客观公正的教材评价指标体系，需要坚持官方评价、社会评价、行业评价、学生评价相结合。潘信林等建议从教师和学生层面定期开展教材综合评价，从师生视角考察教材的合理性和适用性，提高教材建设服务课堂教学和人才培养的实

[①] 汪建华. 新时代我国高校教材建设的原则与路径. 黑龙江高教研究，2020（8）：21-25.

[②] 余宏亮. 中国共产党教材思想的百年演进与基本经验. 课程·教材·教法，2021，41（9）：44-54，116.

效性。① 也有学者认为，高校教材评价指标体系要注重丰富性与多样性，强调满足不同地区、不同性质、不同学科、不同层次的教学需求等。②

　　尽管各类教材质量评价指标的共通内容应包括政治导向、编写理念、内容结构、编排形式、技术设计、印刷出版、应用成效、创新特色等，但鉴于教材出版印刷已有明确的相关评价标准，在未来的研究中应将更多的注意力放在与教材编写及课程内容传授相关的质量指标上，而减少对编辑、出版、发行、选用等环节质量指标的过分关注。我们认为，构建专业课教材思政建设的评价指标体系应从政治性、全面性、适宜性、新颖性、利学性五个质量维度入手。

　　具体而言，政治性是指专业课教材应当有正确的价值导向，起到旗帜鲜明的引导性作用。当前国内外形势存在诸多不稳定因素，高校作为社会思潮的交汇地，应当担负起引领意识形态方向的重大责任。加强专业课教材思政建设对稳固共同信念、增强社会凝聚力的重要性不言而喻。全面性是指在专业课教材的编写过程中，将专业学科的知识体系与思政建设全面融合，做到"能融则融，应融尽融"，力求结构严谨、逻辑性强、体系完备，将立德树人成效纳入质量评估体系，构建中国特色、融通中外的概念范畴、理论范式和话语体系。适宜性是指专业课教材的编写和课程思政内容的设计应注重知识的内在逻辑，处理好专业性、学术性与政治性、思想性之间的关系，找好专业知识和思政建设的结合点并以适宜的方式切入，以确保专业课教材理论知识与价值目标相统一。新颖性是指专业课教材思政建设应坚持以马克思主义中国化时代化的最新成果为指导，体现专业学科和所在行业发展的最新成果，避免现有的专业知识或思政内容与经济社会发展和国家需求脱节。利学性是指专业课教材思政建设应当贴近学生实际，遵循教育教学发展规律，充分考虑学生的认知水平和特点，激发学习兴趣和创新潜能，以学生喜闻乐见的方式发挥润物细无声的育人功能。未来，为进一步探讨教材思政建设质量的评价指标体系，需深度调查访谈教

　　① 潘信林，骆枳．新时代高校教材建设：战略定位、制度设计与发展趋势．探求，2022（2）：93－100.

　　② 李冉，刘佳．凝聚"教材强国"建设的强大合力：新时代教材建设体制机制的历程、结构与展望．课程·教材·教法，2020，40（4）：53－59.

学主管、专业课教师、思政课教师、学生读者等相关主体，在收集大量一手资料的基础上，运用扎根理论、主成分分析等定性和定量研究相结合的方法，不断完善评价指标体系。

四、教材思政建设质量的提升路径

关于新时代高校教材建设的提升路径，王青林等认为应将完善教材管理体制、夯实教材研究工作、加强教材编写及选用管理、创新出版服务模式四方面作为着力点。[①] 李冉等则从教材建设体制机制的角度，提出要"坚持固本培元与守正创新相结合，坚持文化自信与世界眼光相结合，坚持统筹推进与分类实施相结合，坚持学科建设与教材编写相结合，坚持传统教材与数字出版相结合"。并进一步提出构建"研发—编写—审查—发行"一体化的工作体制，加强队伍建设、经费投入、教材研究、信息科技等在内的服务保障体系。[②] 江宏等在论述新时代教材建设实践路径时，强调了政治方向、人才培养、文化自信问题，特别强调教材建设的中国特色、中国元素、中国智慧，尤其是对中华优秀传统文化的传承。[③] 汪建华探讨了政治方向、编写队伍、文化自信、加强审读、关注学生、信息技术在高校教材建设中的重要性。[④] 其中，关注学生读者的兴趣、习惯、认知规律和知识需求，充分借助大数据、物联网、人工智能等现代信息技术呈现知识内容等建议非常具有可行性。上述关于教材建设的研究观点对于探讨教材思政建设质量的提升路径具有重要的借鉴意义。

为实现专业课教材思政建设质量的政治性、全面性、适宜性、新颖性、利学性，我们提出了提升专业课教材思政建设质量的"三步走"策略，通过在专业课教材编写过程中注重"分析思政建设结合点—识别思政

---

① 王青林，施佳欢，阎艳. 高校教材建设的演进脉络、时代内涵与提升路径. 西部学刊，2021（15）：51-55.

② 李冉，刘佳. 凝聚"教材强国"建设的强大合力：新时代教材建设体制机制的历程、结构与展望. 课程·教材·教法，2020，40（4）：53-59.

③ 江宏，江楠，刘理衡. 启智增慧铸魂：新时代教材建设的价值恪守. 当代教育论坛，2022（3）：73-80.

④ 汪建华. 新时代我国高校教材建设的原则与路径. 黑龙江高教研究，2020（8）：21-25.

资源—坚持思政内容编写原则",实现专业课教材思政建设质量全面稳定的提升。接下来,将阐述三个步骤的具体内容,并以市场营销专业课教材思政建设为案例具体分析,为提升其他专业课教材的思政建设质量提供具体可行的实践建议。

(一)分析专业课内容与课程思政内容的结合点

专业课教材思政建设是专业课内容与思政内容的有机结合,不同专业的教材内容跨度较大,因此提升专业课教材思政建设质量不能一概而论,而是要将专业课教材作为思政内容的基本载体,深入挖掘专业课教材内容本身与思政内容的结合点。教育部印发的《高等学校课程思政建设指导纲要》中也指出:"要深入梳理专业课教学内容,结合不同课程特点、思维方法和价值理念,深入挖掘课程思政元素,有机融入课程教学,达到润物无声的育人效果。"

因此,要提升专业课教材思政建设的质量,首先要针对专业课内容这一载体进行全面深入的分析,找出专业课内容与思政建设内容紧密交叉的结合点,在此基础上进行专业课知识与政治认同、家国情怀、文化素养、宪法法治意识、道德修养等思政内容的有机融合。围绕新时代的伟大实践,充分挖掘红色文化、校史资源,将伟大建党精神和抗疫精神、科学家精神、载人航天精神等伟大精神,生动鲜活的实践成就,以及英雄模范的先进事迹等引入教材。以市场营销专业为例,通过挖掘适宜的思政内容结合点,能够实现更加具有政治性、全面性、适宜性、新颖性和科学性的专业课教材思政建设。下面以市场营销专业知识中关于市场营销工作的基本问题、市场营销中的企业实体、品牌建设这三个结合点为例进行说明。

(1)市场营销专业知识的许多方面都涉及市场营销工作的出发点和落脚点问题,要想回答这些基本问题,需要以习近平新时代中国特色社会主义思想为引领。比如,市场细分涉及"按什么标准细分"问题;市场选择涉及"为谁服务、满足谁的需求、聚焦哪些目标客户的需求、如何满足需求"问题;市场定位涉及"用什么价值观、审美观彰显特色优势"问题;市场竞争涉及"联合谁、排斥谁、与谁竞争、跟谁合作"问题;品牌广告策略等也会涉及价值观、世界观、审美观等意识形态问题。这些市场营销工作的基本问题既是专业问题,更是价值观问题,是实现教材思政元素有机融合的天然土壤。

（2）市场营销专业知识涉及许多企业实体的具体实践案例，其中包含展现新时代先进思想的优秀中国企业，也不乏西方资本主义市场经济下的商业主体，因此需要以社会主义核心价值观为引领对案例进行充分审视。一方面，正如习近平同志指出的，"企业营销无国界，企业家有祖国"①，市场营销从来都不是"有钱赚就行""不问买主，给钱就卖""有求必应"的，许多世界知名的高科技企业在商业市场将资本主义的强权主义和霸权政治的丑态展现得淋漓尽致，使得我国的大疆、华为等企业所需要的技术和产品屡屡遭到西方国家供应商"卡脖子"。另一方面，我国一些优秀的、勇于承担社会责任的先进企业正在用营销行动充分践行社会主义核心价值观，比如被消费者誉为良心企业的国货品牌"白象"，多年来一直支持残疾人就业工作，且多次向公益事业捐款，2021年郑州特大暴雨期间，白象第一时间支援前线救援工作，向郑州慈善总会捐赠500万元公益款项和一批救援物资，展现了中国企业的责任感。因此。在分析市场营销活动实践的同时，不应忽视企业实体所代表的政治立场和思想观点，而应该以这些企业的营销行动为例阐述家国情怀、文化素养等课程思政内容。

（3）品牌建设是市场营销专业的重要内容之一，知名品牌的数量和质量也能在一定程度上反映国家的经济实力和综合国力，因此优秀的中国品牌是在新时代发挥中国对世界的影响力、讲好中国故事不可或缺的关键力量。"全聚德""火宫殿""同仁堂"等"中华老字号"是长期生产经营中沿袭传承中华民族优秀传统文化的卓越品牌，是中华民族商业文明的瑰宝，其许多市场营销活动也与优秀传统文化的传承密切相关，比如产品生产非遗技术的保留和传承等。以老字号品牌为案例讲述中国品牌故事，对于我国传统文化的传承和发展具有至关重要的意义。同时，李宁、安踏等新国潮品牌的崛起，展现了新时代我国品牌的创新能力。讲好这些优秀中国品牌的故事既能传播先进的、本土化的品牌建设专业知识，也能增强学生的文化自信。

---

① 习近平. 在企业家座谈会上的讲话. 人民日报，2020-07-22（2）.

（二）匹配专业课教材思政建设内容资源

专业课教材思政建设不是思政课程，对于思政内容的首要要求不应该是"大而全"，而应该是匹配性。通过识别适宜的专业课内容结合点，匹配对应的思政元素，才能达到专业课内容与思政内容的有机结合，达到润物细无声的育人效果。同时，通过匹配思政资源，构建课程思政资源库，可以为其他教材的编写提供相应的借鉴材料，从而推动专业课教材思政建设质量的整体提升，实现政治性、全面性、适宜性、新颖性和科学性。

《高等学校课程思政建设指导纲要》提出了课程思政建设的内容重点包括习近平新时代中国特色社会主义思想、社会主义核心价值观、中华优秀传统文化、宪法法治教育、职业理想和职业道德教育，在匹配专业课思政内容资源的时候，应该以这五个重点内容为基础匹配维度，挖掘与专业课内容存在联系的思政内容，再继续深化二者的结合方式，最终形成专业课教材的思政建设内容，切实做到教材编写、理论阐述、教学研究有机统一。

以市场营销专业课课程"市场营销学"为例，可供市场营销学这门课程匹配的思政资源非常丰富。在习近平新时代中国特色社会主义思想中有许多关于市场营销的重要论述，包括市场规模论、需求反应论、创新营销论、销售渠道论、营销环境论、农产品营销论、供给质量论、品牌建设论、广告宣传论、国际营销论、战略策略论等内容；在社会主义核心价值观方面，可以结合近现代中国企业家的营销创举和营销理念，新时代中国企业营销管理、市场定位、品牌创新、供应链建设、广告信息传播等新成就；在中华优秀传统文化方面，可以结合中华优秀传统文化、革命文化和社会主义先进文化中的市场营销思想以及节俭消费、理性消费等内容；在宪法法治教育方面，可以结合消费者权益保护意识宣传、国家关于市场营销的政策法律法规等内容；在职业理想和职业道德教育方面，可以结合党和国家建设全国统一大市场，构建新发展格局，实施贸易强国、品牌强国、营销强国等战略对市场营销人才的迫切需求，市场营销在创造人民幸福美好生活、统筹两个大局、应对各种挑战、实现中华民族伟大复兴中的重要作用等内容。

（三）坚持专业课教材思政建设目标下的编写原则

要提升专业课教材思政建设质量，除了实现内容上的贴合性、匹配性，还需要坚持以思政教育为目标设立专业课教材编写规则，以引领教材编写者不断提升教材内容的思政建设质量。在首届全国教材建设奖评选中获评全国优秀教材的《市场营销学通论》，深入挖掘了市场营销相关的思想政治教育资源，弘扬了中华优秀传统文化中的营销思想，充分展现了在党领导下中国企业市场营销新成就新模式新案例，全面呈现了市场营销领域的中国智慧、中国风格、中国精神、中国方案。其思政建设收效显著，教材印量大，影响广，是专业课教材思政质量提升的范例。接下来，我们以《市场营销学通论》为例，分析教材编写者在教材编写过程中应遵循的思政建设原则，以启发其他专业课教材的编写者。

（1）坚持政治方向。始终坚持马克思主义指导地位，充分反映党的十八大、党的十九大、党的二十大精神及党的理论创新成果，注重发挥教材的立德育人作用，深入挖掘市场营销课程中蕴含的思想政治教育资源。

（2）体现党的创新理论。将习近平总书记关于市场营销、市场潜量、市场需求、需求外溢、消费行为、市场信息、细分市场、市场定位、品牌建设、销售渠道、产品定价等重要论述很贴切、很恰当地融入教材，将党中央关于市场营销的指示精神准确、及时、全面地呈现给学生，充分展现中国企业营销的成功经验和案例，从而使市场营销学有了更加浓厚的中国情、中国味。

（3）明确价值导向。体现国家和民族基本价值观，将中华优秀传统文化中的营销思想介绍给学生，弘扬以爱国主义为核心的民族精神和以改革创新为核心的时代精神。教材及时反映大数据、云计算、人工智能等新兴科技在中国企业中的应用，充分体现中国特色、中国智慧、中国元素、中国气派，引领学生坚定中国特色社会主义道路自信、理论自信、制度自信和文化自信，激励学生传承中华文脉、富有中国心、饱含中国情。积极倡导绿色营销、社会营销和宏观营销，强调营销道德和企业社会责任，将价值塑造、知识传授和能力培养三者融为一体。

（4）遵循科学规律。遵循营销教育教学规律和人才培养规律，反映营销人才培养模式创新和教学改革最新成果。充分反映经济社会发展和科技进步对营销人才培养的新要求，及时更新知识。教材应注重体系结构完整，逻辑清晰严密，概念界定准确，定性与定量方法相结合。强调理论联系实际，激发学生创新潜能，充分调动学生参与教学互动的积极性，支持学生以角色模拟、案例讨论、延伸阅读等方式加深知识理解，勇于实践创新。①

第 4 节　全面提高市场营销人才自主培养质量

社会和经济的高质量发展需要一支数量充足、质量精良、结构合理的市场营销人才队伍，这支队伍必须依靠我们自己的教育体系自主培养，这也是市场营销教育工作者义不容辞的时代使命。实现高水平科技自立自强，创造人民美好生活，提升企业核心竞争力，应对全球市场竞争，确保人才储备安全，都需要自主培养高素质市场营销人才。全面提高市场营销人才自主培养质量，需要营造尊重市场营销人才的社会氛围，加强市场营销专业思政建设，加快市场营销教育数字化转型。必须扎根中国大地，坚持胸怀天下，必须构建中国自主的知识体系。

一、构建新发展格局需要高素质市场营销人才

党的二十大报告指出："必须完整、准确、全面贯彻新发展理念，坚持社会主义市场经济改革方向，坚持高水平对外开放，加快构建以国内大循环为主体、国内国际双循环相互促进的新发展格局。"② 构建新发展格局需要强有力的人才支撑。

构建高水平社会主义市场经济体制，需要加强市场需求调研预测。以满足国内需求为基本立足点，把实施扩大内需战略同深化供给侧结构性改革有机结合起来，着力提升供给体系对国内需求的适配性，形成需求牵引供给、供给创造需求的更高水平动态平衡，需要加强现代流通体系建设和市场营销管理，完善硬件和软件、渠道和平台，夯实国内国际双循环的重

---

① 郭国庆，林雪娇，张梓琪，等 . 提升专业课教材思政建设质量研究：以市场营销专业为例 . 河北工程大学学报（人文社会科学版），2023（2）.

② 习近平 . 高举中国特色社会主义伟大旗帜　为全面建设社会主义现代化国家而团结奋斗：在中国共产党第二十次全国代表大会上的报告 . 人民日报，2022 - 10 - 26（1）.

要基础。

建设现代化产业体系，建设制造强国、质量强国、数字中国，需要构筑安全稳定、畅通高效、开放包容、互利共赢的全球产业链供应链体系，维护全球产业链供应链的韧性和稳定，保障本国产业链供应链安全稳定，以实际行动深化产业链供应链国际合作。立足我国新发展阶段，需要建设高效顺畅的流通体系，加强服务营销管理，拓宽市场营销渠道，实施产品创新、品牌创新、市场创新和营销创新。

全面推进乡村振兴，需要加强农产品产后分级、包装、仓储、物流、营销，特别是要加快补上冷链物流等短板，推进农产品流通现代化，提高农业综合效益。提高人民生活品质是畅通国内大循环的出发点和落脚点，也是国内国际双循环相互促进的关键联结点。适应人民群众需求变化，提高产品和服务质量，让老百姓的日子越过越好，是社会主义生产的根本目的，更是市场营销发挥作用的大舞台。

促进区域协调发展，需要畅通区域经济循环，借助城市营销、区域营销，充分发挥各地区优势，全力挖掘和释放增长潜力，因地制宜，精准施策。区域协调发展同城乡协调发展紧密相关。以深入实施乡村振兴战略为抓手，深化"千村示范、万村整治"工程和美丽乡村、美丽城镇建设，推动工商资本、科技和人才"上山下乡"，建立健全城乡融合发展体制机制和政策体系，加快推进农业农村现代化，打造乡村旅游品牌项目，加强宣传推广和服务营销。确保市民的"米袋子""菜篮子"货足价稳，确保农民的"钱袋子"富足殷实，需要拓宽农产品销售渠道，完善和强化农产品定价策略。

推进高水平对外开放，增强国内国际两个市场两种资源联动效应，必须加强国际营销。近年来，经济全球化遭遇逆流，国际经济循环格局发生深度调整。新冠疫情也加剧了逆全球化趋势，各国内顾倾向上升。在疫情冲击下全球产业链供应链发生局部断裂，直接影响到我国国内经济循环。不少企业需要的国外原材料进不来、海外人员来不了、货物出不去，不得不停工停产。这就需要借助市场营销原理和方法，善于从危机中捕捉和创造市场机遇。借助市场营销调研技术和预测模型，尽快恢复市场，积极破解难点、堵点，推动全产业链联动复工。通过加强市场营销，充分挖掘内需潜力，可以使国内市场和国际市场更好地联通，利用国内国际两个市场、两种资源，实现更加强劲可持续的发展。这就对加强市场营销提出了新目标新任务新要求，也为市场营销提供了新用武之地、新发展机遇、新拓展空间。所有这些，都需要依靠高素质市场营销人才培养体系付诸实现。

总之，构建新发展格局，推动高质量发展，需要一大批擅长营销调研、需求预测、捕捉信息，精于市场细分、市场选择和市场定位，善于产品创新、品牌创新、渠道创新和宣传推广的优秀市场营销人才。培养如此庞大的高素质人才队伍，必须主要依靠我们自己的教育体系。

二、高素质市场营销人才必须自主培养

党的二十大报告指出："要坚持教育优先发展、科技自立自强、人才引领驱动，加快建设教育强国、科技强国、人才强国，坚持为党育人、为国育才，全面提高人才自主培养质量，着力造就拔尖创新人才，聚天下英才而用之。"[①] 全面提高人才自主培养质量，是现阶段我国教育改革发展的主要任务，是市场营销教育工作者义不容辞的时代使命。全面提高市场营销人才自主培养质量，必须通过深化教育综合改革，提升办学条件、课程教材、教学科研、师资队伍和教育治理全要素的质量，持续推进课程创新、教材创新、教学方式创新，强化师生互动、课堂内外互动、中国智慧与全球视野互动，增进营销知识的宏观与微观、历史与现实、定量与定性、理论与实践的有机结合，走中国特色的营销教育现代化之路，构建具有中国特色、世界一流的高质量市场营销人才培养体系。

特别需要强调的是，市场营销人才自主培养并不是要回到"关起门来自拉自唱、自娱自乐"的老路上去，而是要与高水平教育对外开放结合起来，学习借鉴世界各国发展高质量教育的成功经验，集聚五湖四海的人才推进高质量发展，推进人才强国战略、创新驱动发展战略，开辟发展新领域新赛道，不断塑造发展新动能新优势。

---

① 习近平. 高举中国特色社会主义伟大旗帜 为全面建设社会主义现代化国家而团结奋斗：在中国共产党第二十次全国代表大会上的报告. 人民日报，2022-10-26（1）.

　　国家创新发展要靠自主培养的高水平市场营销人才。人才是自主创新的关键所在，缺乏人才，自主创新无从谈起。在国际科技竞争和综合国力竞争中，人才是一个重要指标。我们必须提高人才自主培养质量，实现高水平科技自立自强，进一步提升综合国力。要实现党的二十大提出的"经济高质量发展取得新突破，科技自立自强能力显著提升，构建新发展格局和建设现代化经济体系取得重大进展"的目标任务，必须自主培养高素质的市场营销人才。[①] 因为科技自立自强，需要有效对接国家需要、人民要求、市场需求，这就需要市场营销人才的贡献和付出。诚如习近平总书记所指出的："科技成果只有同国家需要、人民要求、市场需求相结合，完成从科学研究、实验开发、推广应用的三级跳，才能真正实现创新价值、实现创新驱动发展。"市场营销人才自主培养需要强调国家利益至上，一切为了人民。

　　创造人民美好生活需要自主培养的高水平市场营销人才。我国社会主要矛盾是人民日益增长的美好生活需要和不平衡不充分的发展之间的矛盾。市场营销就是为社会创造并传递生活标准，研究、预测、发掘尚未得到满足的需要（即对更加美好生活的向往），进而不断满足需要的过程。我国已经是世界第二大经济体，实现人民美好生活向往，对于市场营销人才的数量和质量的需求是全方位的、不断更新升级的。我们必须主要依靠自己的教育体系来满足规模庞大的高素质市场营销人才需求。

　　提升企业核心竞争力需要自主培养的高素质市场营销人才。党的二十大提出："深化国资国企改革，加快国有经济布局优化和结构调整，推动国有资本和国有企业做强做优做大，提升企业核心竞争力。"[②] 习近平总书记曾指出，要"加快建设一批产品卓越、品牌卓著、创新领先、治理现代的世界一流企业"[③]。这就需要不断提高人才培养质量，造就一大批懂营销、善管理、有情怀的现代企业家。提升企业核心竞争力，建设世界一

---

　　① 习近平. 高举中国特色社会主义伟大旗帜 为全面建设社会主义现代化国家而团结奋斗：在中国共产党第二十次全国代表大会上的报告. 人民日报，2022－10－26（1）.
　　② 同①.
　　③ 习近平主持召开中央全面深化改革委员会第二十四次会议强调 加快建设世界一流企业 加强基础学科人才培养. 人民日报，2022－03－01（1）.

流企业，既需要高素质的科技创新人才，也需要高素质的市场营销人才。人才是全面建设社会主义现代化国家的基础性、战略性支撑。必须坚持科技是第一生产力、人才是第一资源。顶尖人才、拔尖创新人才、市场营销人才都是稀缺资源和战略资源，具有不可替代性，不可能完全依靠外力培养。我们必须自力更生，强化"人才是第一资源"理念，加大市场营销人才自主培养力度，树立人才培养质量意识，努力形成人才国际竞争的比较优势。

应对全球竞争挑战需要自主培养的高素质市场营销人才。国际形势的不稳定性、不确定性明显增加，新冠疫情影响广泛深远，经济全球化遭遇逆流，民粹主义、排外主义抬头，单边主义、保护主义、霸权主义对世界和平与发展构成威胁。需要借助国际市场营销理论和方法，加强对国际市场形势的研判分析，及时制定有针对性的市场营销战略，保持国际供应链畅通，保障各类经贸活动正常开展。由此可见，全面提高市场营销人才自主培养质量是新时代一项迫在眉睫的重要任务，既是市场营销教育高质量发展的本质体现，也是加快培养自立自强人才的要求，更是应对全球市场竞争、确保人才储备安全的客观需要。值得注意的是，中国是国际市场大宗商品的最大购买者和供应者，要提升我国在全球大宗商品市场领域的市场影响力、竞争力、定价权和资源配置能力，也必须自主培养高素质的市场营销人才。

三、全面提高市场营销人才自主培养质量的路径

全面提高市场营销人才自主培养质量有规可依，有章可循。需要在全社会营造良好的培养氛围，提升全民对于市场营销学科的认知；需要在教育教学中融入更多的思政元素，加强企业的社会责任感和诚信意识；培养体系和培养内容需要与时俱进，与时代保持同步；需要放眼全球，胸怀天下；需要构建自主的营销学科知识体系。具体来讲，主要有五条路径。

一是营造尊重市场营销人才的社会氛围。我国市场营销教育要走出一条自主培养市场营销人才的新路，必须积极营造尊重市场营销人才的社会环境，营造鼓励市场营销创新的良好社会氛围，确保人才自主培养遵循人才成长的规律，有效提升学生学习市场营销专业的兴趣，坚定营销报国、

品牌强国的信心和决心。

二是加强市场营销专业思政建设。深入挖掘中华优秀传统文化中与市场营销有关的人文精神、价值理念、道德规范，坚持创造性转化、创新性发展。总结归纳杰出代表人物关于重视市场需求、打造民族品牌、提高产品质量、拓宽销售渠道、满足人民需要等的市场营销思想，以及"为民造福""实现人民美好生活向往"等实践案例。全面贯彻习近平总书记关于市场营销、市场规模、需求反应、创新营销、销售渠道、营销环境、农产品营销、提升供给质量、品牌建设与品牌创新、广告宣传、国际市场营销、战略策略等一系列重要论述。充分反映近现代中国企业家的营销创举、营销理念和成功案例，宣传介绍国家提升产品和服务质量、遏制过度包装、禁止价格欺诈、规制数据歧视和大数据杀熟等与市场营销有关的政策法律法规等。

三是拥抱数字经济发展机遇，加快市场营销教育数字化转型。近年来，数据成为新的关键生产要素，人工智能在自然语言处理、知识表达、自动推理、自主学习、图像与语言识别和物体操控六大主要能力上均取得了明显突破。数字经济的迅速发展，推动商业业态、运营模式、决策模式、消费者行为等多方面发生了前所未有的变革。市场营销作为企业与外部环境进行价值交换的核心模块，数字化转型的内在需求十分迫切。传统市场营销决策的"理念驱动"模式已经无法适应市场需求和市场竞争新趋势，必须向数字技术驱动模式转型，进而带动市场营销教育和知识体系的转型。为此，必须强化数据技术在需求分析、用户画像、市场定位、推荐系统、搜索引擎和信息流广告等具体营销场景的应用，围绕线上线下混合式教学的目标定位和教学设计新要求，整体推进"教材、资源、课堂、手段、队伍"五位一体全要素教学创新，围绕"课前、课中、课后"全过程实施市场营销教育数字化转型。立足中国实际，解决中国问题，关注大数据、云计算、人工智能、物联网、机器人、网络平台等对市场营销的影响，增加数字化营销、全渠道与销售管理、营销决策模型、服务营销与数字化运营、数字化营销实务等新内容。推动育人模式改革，努力实现规模化教学安排下的个性化学习，培养未来高质量发展所需要的创新型人才。例如，对外经济贸易大学的市场营销学科围绕全球营销与品牌管理、新时期消费者心理与行为科学、数智化营销战略与模型、数智化服务营销、可持续营销与营销创新五大学科方向，坚持理论与实践相结合的理念，致力于培养具有国际化视野和创新意识、市场营销基础知识扎实、具有实际操作技能、擅长从事数智化全球营销的高素质专门人才。中国人民大学市场营销学科则以创建跨院系"营销管理-数据科学"本科实验班为突破口，持续推进市场营销教育数智化转型。

四是扎根中国大地，坚持胸怀天下。党的二十大报告提出，我们要"拓展世界眼光，深刻洞察人类发展进步潮流，以海纳百川的宽阔胸襟借鉴吸收人类一切优秀文明成果，推动建设更加美好的世界"①。市场营销人才的自主培养必须坚持以习近平新时代中国特色社会主义思想为指导，既要扎根中国大地，又要具有全球视野，积极开展国际交流。既要吸收人才培养的优秀传统经验，又要注重学习借鉴人才培养的全球先进经验。

五是构建中国自主的知识体系。长期以来，我国市场营销领域存在着"西方学派、西方理论、西方文化、西方思想、西方话语"至上的倾向，迫切需要立足中国特色社会主义伟大实践，以研究构建新发展格局、实现高质量发展重大理论和实践问题为主攻方向，以习近平新时代中国特色社会主义思想为指导，提出具有自主性、独创性的理论观点，构建中国特色市场营销学学科体系、学术体系、话语体系，成为新思想、新理论、新话语的重要策源地。通过持续推进教育教学改革，坚定青年学生的历史自信、文化自信。

四、全面提高市场营销人才自主培养质量的着力点

落实自主培养、提升培养质量，需要抓住市场营销的本质，紧紧围绕市场规模、市场需求、消费需求、供需匹配、营销创新、能力提升等关键环节，精准发力具体的着力点主要有：

一是认清市场规模优势，增强高质量发展的底气和信心。市场营销学认为，市场规模是由人口、购买力和购买需求决定的。面对前来参加第二

① 习近平. 高举中国特色社会主义伟大旗帜 为全面建设社会主义现代化国家而团结奋斗：在中国共产党第二十次全国代表大会上的报告. 人民日报，2022-10-26（1）.

届中国国际进口博览会的各国友人，习近平总书记深情豪迈地指出："中国有近14亿人口，中等收入群体规模全球最大，市场规模巨大、潜力巨大，前景不可限量。中国老百姓有一句话，叫作'世界那么大，我想去看看'。在这里我要说，中国市场这么大，欢迎大家都来看看。"① 要充分利用市场调查、市场细分、市场选择、市场定位等市场营销手段，进一步挖掘内需潜力，促进国内消费提质升级，培育完整内需体系。国内需求的有效满足，国内市场的进一步活跃，必将"为中国经济发展提供支撑，为世界经济增长扩大空间"②。国内大循环的形成，将为其他国家提供更多的市场机会、更宽广的营销渠道，使我国成为吸引国际商品和要素资源的巨大引力场。提高市场营销人才自主培养质量，需要加强中国国情教育，引领学生充分认识我国市场规模优势，增强超大规模市场给我们带来更多发展机遇、推动高质量发展的底气和信心。

二是关注市场需求，致力满足美好生活需要。市场营销不是简单的推销、促销、销售，而是要真正满足市场需求，为消费者创造价值。我国已进入高质量发展阶段，社会主要矛盾已经转化为人民日益增长的美好生活需要和不平衡不充分的发展之间的矛盾，内需潜力将不断释放。因此，"增强企业对市场需求变化的反应能力和调整能力"③ 就成为市场营销的关键环节。提高市场营销人才自主培养质量，需要加强关注并有效满足市场需求的理念教育和实践训练。要明确提出企业不仅要致力于满足现实的有效需求，还要善于捕捉并满足尚未被发现的潜在需求；特别强调为了提高消费者的满意度和忠诚度，必须妥善管理好市场预期；用发展的眼光看待市场营销问题，强调在对市场需求的变化做出反应和调整时，要特别注意供需匹配和动态均衡发展④，尤其是要着力提升供给体系对国内需求的适配性，形成需求牵引供给、供给创造需求的更高水平动态平衡；强调市场和消费心理分析，及时发现市场消费者的新需求和消费心理的新变化，

---

① 习近平. 习近平谈治国理政：第三卷. 北京：外文出版社，2020：211.
② 同①.
③ 习近平在中共中央政治局第三十八次集体学习时强调 把改善供给侧结构作为主攻方向 推动经济朝着更高质量方向发展. 人民日报，2017-01-23（1）.
④ 同①，247.

更好地满足人民对美好生活的向往①。

三是推动高水平供需平衡，实现供需同步高质量提升。提高市场营销人才自主培养质量，需要引领学生从更宏观的社会视角看待市场供求关系，而不仅仅局限于从微观组织或企业营销的视角看待问题。习近平总书记曾指出，供给和需求是市场经济内在关系的两个基本方面，是既对立又统一的辩证关系，二者你离不开我，我离不开你，相互依存、互为条件。他明确指出："我国不是需求不足，或没有需求，而是需求变了，供给的产品却没有变，服务跟不上。有效供给能力不足带来大量'需求外溢'，消费能力严重外流。"② 企业市场营销的关键环节，就是要准确把握市场需求特征，借助产品、价格、渠道和促销等营销组合，制定切实有效的营销战略战术，更好地满足消费需求。

从消费需求看，我国消费者的消费拉开档次，个性化、多样化消费渐成主流，保证产品质量安全、通过创新供给激活需求的重要性显著上升。③ 因此，亟须优化现有产品供给结构、提高产品和服务质量，从深层次上解决供给同需求错位问题，满足现有产品和服务需求。④ 正如习近平总书记所指出的那样："必须把改善供给结构作为主攻方向，实现由低水平供需平衡向高水平供需平衡跃升。"⑤

四是加强品牌建设，培育百年老店。提高市场营销人才自主培养质量，需要从实现人民美好生活向往出发，加强品牌建设和品牌创新教育。现在，城乡居民食物消费结构在不断升级。展望未来，农产品供应既要保数量，也要保多样、保质量，要深入推进农业供给侧结构性改革，推动品种培优、品质提升、品牌打造和标准化生产。要坚持绿色发展方向，强化品牌意识，优化营销流通环境。生产企业要加强品牌建设，培育百年老店。习近平总书记曾指出，企业应"突出主业、降低成本、提高效率，形

---

① 习近平.经济工作要适应经济发展新常态//中共中央文献研究室.十八大以来重要文献选编（中）.北京：中央文献出版社，2016：246.
② 习近平.习近平谈治国理政：第二卷.北京：外文出版社，2017：253-254.
③ 同②，230.
④ 习近平.推进供给侧结构性改革是一场硬仗.（2017-06-21）.人民网.
⑤ 同②，254.

成自己独有的比较优势，发扬'工匠精神'，加强品牌建设，培育更多'百年老店'，增强产品竞争力"①。他先后在多个场合阐明品牌创新的重要性，指出："全方位推进科技创新、企业创新、产品创新、市场创新、品牌创新"②，"要着力以科技创新为核心，全方位推进产品创新、品牌创新、产业组织创新、商业模式创新，把创新驱动发展战略落实到现代化建设整个进程和各个方面"③。新一轮科技革命和产业革命正在孕育兴起，企业要抓住机遇，不断推进科技创新、管理创新、产品创新、市场创新、品牌创新。

五是正确处理科技创新与市场营销的关系。党的二十大提出，"坚持面向世界科技前沿、面向经济主战场、面向国家重大需求、面向人民生命健康，加快实现高水平科技自立自强。以国家战略需求为导向，积聚力量进行原创性引领性科技攻关，坚决打赢关键核心技术攻坚战。加快实施一批具有战略性全局性前瞻性的国家重大科技项目，增强自主创新能力。"增强自主创新能力，是关系我国发展全局的重大问题，也是形成以国内大循环为主体的关键。在高度重视以科技创新催生新发展动能的同时，特别强调要适应竞争环境和市场需求的变化，积极推进组织创新、市场创新、品牌创新、商业模式创新等。习近平总书记指出："技术是难点，但更难的是对市场需求的理解，这是一个需要探索和试错的过程。"④ 企业要在激烈的市场竞争中得以生存和发展，就必须提升创新能力、竞争力和综合实力，增强供给体系的韧性，形成更高效率和更高质量的投入产出关系。提高市场营销人才自主培养质量，需要引领学生正确处理科技创新与市场营销的关系。

六是提高利用两个市场的能力。改革开放以来，我们社会经济发展的一个重要特点就是对国际市场的充分有效利用。建立在劳动力成本低廉优势和发达国家劳动密集型产业向外转移机会基础上的大规模出口和外向型发展，成为我国经济高速增长的重要推动力。与此同时，中国企业在国

①　习近平：推进供给侧结构性改革是一场硬仗．（2017－06－21）．人民网．
②　习近平谈创新驱动发展战略：要抓好顶层设计和任务落实．（2017－06－22）．人民网．
③　习近平．习近平谈治国理政：第一卷．北京：外文出版社，2014：126．
④　同①．

际市场上经受历练，在奋斗中成长壮大，利用国际国内两个市场、两种资源的能力也在不断提升。党的二十大提出，要"依托我国超大规模市场优势，以国内大循环吸引全球资源要素，增强国内国际两个市场两种资源联动效应"。近年来，我国企业走出去的步伐明显加快，更广泛更深入地参与国际市场开拓，涌现出越来越多的世界级企业。在视察各地科技创新企业时，习近平总书记多次勉励企业努力占领国际市场，提高国际市场份额。① 面对国内外环境的深刻变化带来的新机遇新挑战，习近平总书记提出：企业家要立足中国，放眼世界，提高把握国际市场动向和需求特点的能力，提高把握国际规则能力，提高国际市场开拓能力，提高防范国际市场风险能力，带动企业在更高水平的对外开放中实现更好发展，促进国内国际双循环。市场营销作为连通国际市场和国内市场的重要桥梁，势必在构建新发展格局的历史进程中发挥巨大作用。

人才自主培养质量问题，实质上是中国教育体系能否培养出"国之大计、党之大计"所需人才的问题。全面提高市场营销人才自主培养质量，迫切需要我们建设高质量教育体系，积极探索中国特色的市场营销人才自主培养模式。在这方面，市场营销教育工作者重任在肩，也将大有作为。②

---

① 霍小光，等．聆听伟大复兴的时代足音（砥砺奋进的五年）党的十八大以来习近平总书记国内考察全纪实．人民日报，2017－10－09（1）.

② 郭国庆，李建州．全面提高市场营销人才自主培养质量：使命、路径与着力点．河北经贸大学学报（综合版），2023，23（1）：47－52.

参考文献

书籍

[1] 沃·阿尔德森. 营销行为与经理人行动：功能主义视角的营销理论. 张舒，王海平，丁丽，译. 北京：科学出版社，2015.

[2] 沃·阿尔德森. 动态营销行为：营销的功能主义理论. 张舒，译. 北京：科学出版社，2017.

[3] 巴克林. 流通渠道结构论. 张舒，译. 北京：科学出版社，2012.

[4] 保尔·保斯特曼. 21 世纪的营销. 张春萌，等译. 北京：中国标准出版社，2000.

[5] 保田芳昭. 日本现代流通论. 江虹，译. 上海：上海大学出版社，2009.

[6] 伯尔尼·施密特. 体验营销. 刘银娜，等译. 北京：清华大学出版社，2004.

[7] 伯特·罗森布洛姆. 营销渠道：管理的视野. 宋华，等译. 北京：中国人民大学出版社，2006.

[8] 约瑟夫·派恩，詹姆斯·吉尔摩. 体验经济. 夏业良，鲁炜，等译. 北京：机械工业出版社，2002.

[9] 晁钢令. 中国市场营销发展报告. 上海：上海财经大学出版

社，2005.

[10] 陈阿兴，徐德云．中国商帮．上海：上海财经大学出版社，2015.

[11] 陈支平．货殖：商业与市场研究．合肥：黄山书社，2007.

[12] 顾雷雷．中国品牌管理理论研究．北京：经济科学出版社，2018.

[13] 郭国庆．市场营销管理：理论与模型．北京：中国人民大学出版社，1995.

[14] 郭国庆．体验营销新论．北京：中国工商出版社，2008.

[15] 郭国庆．营销理论发展史．北京：中国人民大学出版社，2009.

[16] 郭国庆，贾森磊．营销思想史．北京：中国人民大学出版社，2012.

[17] 郭国庆，陈凤超．国际营销．北京：高等教育出版社，2017.

[18] 郭国庆，等．市场营销学概论．3 版．北京：高等教育出版社，2018.

[19] 郭国庆，营销思想史论．北京：高等教育出版社，2019.

[20] 郭国庆，王霞，梁栋．营销决策模型．北京：高等教育出版社，2019.

[21] 郭国庆，等．服务营销学．2 版．北京：高等教育出版社，2019.

[22] 郭国庆．市场营销学通论．9 版．北京：中国人民大学出版社，2022.

[23] 郭国庆．服务营销．5 版．北京：中国人民大学出版社，2021.

[24] 郭国庆．市场营销．4 版．北京：中国人民大学出版社，2021.

[25] 郭国庆．市场营销学．7 版．北京：中国人民大学出版社，2022.

[26] 郭咸纲．西方管理思想史．北京：经济管理出版社，2004.

[27] 何佳迅，卢泰宏．中国营销 25 年．北京：华夏出版社，2004.

[28] 韩凝春．京商文化研究．北京：中国商务出版社，2012.

[29] 贾植芳．近代中国经济社会．沈阳：辽宁教育出版社，2003.

［30］蒋建平，等．中国商业经济思想史．北京：中国财政经济出版社，1990.

［31］金开好，张旺玉，朱立冬．现代市场营销创新．合肥：安徽人民出版社，2006.

［32］邝鸿．市场学概论．北京：中央广播电视大学出版社，1986.

［33］邝鸿，郭国庆．市场学原理．北京：中国展望出版社，1987.

［34］邝鸿．现代市场学．北京：中国人民大学出版社，1989.

［35］邝鸿．现代市场营销大全．北京：经济管理出版社，1990.

［36］刘德寰．市场研究与应用．北京：北京大学出版社，2006.

［37］刘子安．中国市场营销．北京：对外经济贸易大学出版社，2006.

［38］卢泰宏．解读中国营销．北京：中国社会科学出版社，2004.

［39］马克·约翰斯顿，格雷格·马歇尔．销售管理．黄漫宇，符大海，译．北京：中国财政经济出版社，2004.

［40］马克·休斯．口碑营销．李芳龄，译．北京：中国人民大学出版社，2006.

［41］迈克尔·贝克．市场营销百科．李恒，译．沈阳：辽宁教育出版社，1998.

［42］宁一．中国商道：晋商徽商浙商货通天下商经．北京：地震出版社，2006.

［43］乔俊海．明清晋商人物：祁县帮．太原：三晋出版社，2013.

［44］曲彦斌．中国招幌与招徕市声：传统广告艺术史略．沈阳：辽宁人民出版社，2000.

［45］权锡鉴．营销管理创新研究．北京：经济管理出版社，2004.

［46］史蒂文·惠勒，伊万·赫什．渠道冠军．逸文，译．北京：中国财政经济出版社，2004.

［47］石井淳藏．营销学：日本视角．杨宇帆，译．北京：科学出版社，2010.

［48］石原武政，加藤司．商品流通．吴小丁，王丽，等译．北京：人民大学出版社，2004.

［49］斯图尔特·克雷纳．管理百年．邱琼，等译．海口：海南出版社，2003.

［50］宋长琨．儒商文化概论．北京：高等教育出版社，2010.

［51］李飞．中国营销学史．北京：经济科学出版社，2013.

［52］李埏，等．《史记·货殖列传》研究．昆明：云南大学出版社，2002.

［53］李晓．商贾智慧．桂林：广西师范大学出版社，2011.

［54］罗真嵩，黄燕，江一舟．销售学原理与应用．北京：中国财政经济出版社，1982.

［55］万典武．当代中国百名商业经济专家学者．北京：中国商业出版社，1993.

［56］王成慧．市场营销理论的演进逻辑与创新研究．北京：中国财政经济出版社，2003.

［57］王静，许小牙．掮客，行商，钱庄：中国民间商贸习俗．成都：四川人民出版社，1993.

［58］王孝通．中国商业史．北京：中国文史出版社，2015.

［59］王永贵．市场营销．北京：中国人民大学出版社，2019.

［60］吴慧．中国商业通史：第一卷．北京：中国财政经济出版社，2004.

［61］吴慧．中国古代商业．北京：中国国际广播出版社，2010.

［62］吴小丁，矢作敏行，等．商品流通论．北京：科学出版社，2009.

［63］习近平．习近平谈治国理政：第一卷．北京：外文出版社有限责任公司，2018.

［64］习近平．习近平谈治国理政：第二卷．北京：外文出版社有限责任公司，2018.

［65］习近平．习近平谈治国理政：第三卷．北京：外文出版社有限责任公司，2020.

［66］习近平．习近平谈治国理政：第四卷．北京：外文出版社有限责任公司，2022.

［67］习近平．论把握新发展阶段、贯彻新发展理念、构建新发展格局．北京：中央文献出版社，2021.

［68］习近平．高举中国特色社会主义伟大旗帜 为全面建设社会主义现代化国家而团结奋斗：在中国共产党第二十次全国代表大会上的报告（2022 年 10 月 16 日）．北京：人民出版社，2022.

［69］夏春玉，等．流通概论．大连：东北财经大学出版社，2019.

［70］谢尔比·亨特．市场营销理论基础：市场营销学的一般理论．陈启杰，等译．上海：上海财经大学出版社，2006.

［71］徐康．百年名校 商学弦歌．长沙：湖南大学出版社，2011.

［72］杨慧．流通渠道的变革研究．北京：中国财政经济出版社，2004.

［73］伊弗特·古默桑．管理的定性研究方法．袁国华，译．武汉：武汉大学出版社，2006.

［74］约翰·奥科诺，埃蒙·戈尔文，马丁·伊万斯．电子化营销．史达，译．大连：东北财经大学出版社，2005.

［75］约翰·奥桑尼斯，尼古拉斯·杰克逊·奥桑尼斯．营销中的情感力量．池娟，等译．北京：中国金融出版社，2004.

［76］约翰·奈斯比特，多丽丝·奈斯比特．中国大趋势．魏平，译．北京：中华工商联合出版社，2009.

［77］约翰·奈斯比特．世界大趋势．魏平，译．北京：中信出版社，2010.

［78］约瑞姆·杰瑞·温德，等．聚合营销．解杜娟，周大为，译．北京：中信出版社，2003.

［79］约瑟夫·博耶特，杰米·博耶特．经典营销思想．杨悦，译．北京：机械工业出版社，2004.

［80］约瑟夫·韦斯．商业伦理：利益相关者分析与问题管理方法：第 3 版．符彩霞，译．北京：中国人民大学出版社，2005.

［81］赵靖．中国经济思想通史．北京：北京大学出版社，2002.

［82］张明来，张寒梦．中国古代商业文化史．济南：山东大学出版社，2015.

［83］郑锐洪．中国营销理论与学派．北京：首都经贸大学出版社，2010．

［84］周新国．儒学与儒商新论．北京：社会科学文献出版社，2010．

［85］庄贵军．中国企业的渠道行为研究．北京：北京大学出版社，2007．

［86］Bartels R. The history of marketing thought. 3rd ed. Columbus：Publishing Horizons，1988.

［87］Berry L L，Parasurman A. Marketing service competing through quality. New York：Free Press，1999.

［88］Breyer R F. Commodity marketing. New York：McGraw-Hill Book Co.，Inc，1931.

［89］Breyer R F. The marketing institution. New York：McGraw-Hill Book Co.，Inc，1934.

［90］Brown S W. Raymond F. Marketing theory：distinguished contributions. New York：John Wiley & Sons，Inc，1984.

［91］Clark F. Principles of marketing. New York：Macmillan Co.，1922.

［92］Comish N H. Marketing of manufactured goods. Boston：Stratford Co.，1935.

［93］Converse P D. Marketing methods and policies. New York：Prentice-Hall，1921.

［94］Converse P D. The beginning of marketing thought in the United States with reminiscences of some of the pioneer marketing scholars. University of Texas：Bureau of Business Research，1959.

［95］Cox R，Alderson W. Theory in marketing. Chicago：Richard D. Irwin，1950.

［96］Sheth J N，Gardner D M，Garrett D E. Marketing theory：evolution and evaluation. New York：John Wiley & Sons，1988.

［97］Kotler P，Keller K L，Chernev A. Marketing management. 16th ed. New Jersey：Pearson Education，2021.

［98］Kotler P，Armstrong G. Principles of marketing. 18th ed. New Jersey：Pearson Education，2021.

［99］Kotler P，Kartajaya H，Setiawan I. Marketing 4.0：move from traditional to digital. New York：Wiley，2016.

［100］Kotler P，Kartajaya H，Huan H D. Marketing for competitiveness：Asia to the world in the age of digital consumers. Singapore：World Scientific，2017.

［101］Moyer R C. Macro marketing：a social perspective. New York：John Wiley and Sons，1972.

［102］Smith N C，Quelch J A. Ethics in marketing. Homewood，IL：Irwin，1993.

期刊

［1］晁钢令. 市场营销学的理论内核：交换障碍的克服. 市场营销导刊，2002（6）：37-39.

［2］甘碧群，吴淼. 论关系营销与交易营销的演化与兼容. 商业经济与管理，2002（5）：5-8.

［3］郭菊娥，席酉民. 我国管理科学研究的回顾与发展展望. 管理工程学报，2004（3）：51-54.

［4］景奉杰，王毅. 关系营销是交易营销的"革命"吗. 武汉大学学报（哲学社会科学版），2004（5）：676-680.

［5］李陈华，柳思维. 论营销学与经济学的离合. 消费经济，2001（5）：46-49.

［6］卢泰宏. 营销管理演进综述. 外国经济与管理，2008（1）：39-45.

［7］金永生. 营销学的回顾与中国营销学的展望. 商业经济与管理，2003（7）：4-7.

［8］汤正如. 市场营销的理论根基. 中国流通经济，2002（2）：53-56.

［9］田志龙，戴鑫，戴黎，等. 服务营销研究的热点与发展趋势. 管理学报，2005（2）：217-228.

［10］万后芬. 试析营销发展的新趋势，财贸经济，2002（12）：77-79.

［11］王方华，陈洁. 品牌基础问题研究评述. 管理学报，2006（5）：

622 - 628.

[12] 王洪清. 营销学理论背后的方法论范式之演进. 江汉论坛, 2007 (5)：24 - 26.

[13] 王永贵, 王帅, 胡宇. 中国市场营销研究 70 年：回顾与展望. 经济管理, 2019, 41 (9)：191 - 208.

[14] 王进富, 张道宏, 成爱武. 国外城市营销理论研究综述. 城市问题, 2006 (9)：84 - 88.

[15] 王金献, 吴杰. 试析营销的理论发展及水平营销理论. 河南大学学报 (社会科学版), 2007 (6)：98 - 104.

[16] 汪涛, 陈露蓉. 关系营销理论评述与本土化新解. 财贸经济, 2004 (12)：62 - 65.

[17] 王学军. 地区形象营销理论研究综述. 广东商学院学报, 2007 (4)：64 - 67.

[18] 王云峰, 刘璞, 于树江. 21 世纪市场营销演进的新趋势. 管理世界, 2004 (12)：144 - 145.

[19] 吴健安. 市场营销学在中国的传播与展望. 云南财经大学学报, 1998 (3)：13 - 17.

[20] 吴健安. 中国市场营销学与时俱进的 20 年：庆祝中国高校市场学研究会成立 20 周年. 云南财贸学院学报 (社会科学版), 2004, 19 (4)：56 - 60.

[21] 夏春玉, 丁涛. 营销学的学科渊源与发展：基于思想史视角的探讨. 当代经济科学, 2013 (1)：103 - 109.

[22] 徐大佑, 韩德昌. 绿色营销理论研究述评. 中国流通经济, 2007 (4)：49 - 52.

[23] 许德音, 周长辉. 中国战略管理学研究现状评估. 管理世界, 2004 (5)：76 - 87.

[24] 晏国祥. 国际营销标准化与本土化研究述评. 商讯商业经济文荟, 2005 (6)：48 - 51.

[25] 晏国祥. 全球化营销理论研究. 特区经济, 2006, 213 (2)：40 - 42.

［26］张洪吉，桑银峰．后营销管理观念的兴起．商业经济与管理，2002（10）：5－10．

［27］张全锋．跨国企业营销本土化的理论研究综述．管理科学文摘，2007（6）：48－49．

［28］Anderson P F. Marketing, scientific progress, and scientific method. Journal of Marketing, 1983, 47（4）：18－31.

［29］Bartels R. Influences on the development of marketing thought, 1900—1923. Journal of Marketing, 1951, 16：1－17.

［30］Wooliscroft B, Lawson R. Teaching the history of marketing theory. Journal of Historical Research in Marketing, 2010, 2（4）：467－478.

［31］Brown G. What economists should know about marketing. Journal of Marketing, 1951, 16（1）：60－66.

［32］Cassels J M. The significance of early economic thought on marketing. Journal of Marketing, 1936, 1：129－133.

［33］Dixon D F. Marketing as production：the development of a concept. Journal of the Academy of Marketing Science, 1990（18）：337－343.

［34］Seelye A L. The importance of economic theory in marketing courses. Journal of Marketing, 1947, 11（3）：223－227.

［35］曾留香．论1950年调整工商业的措施、成效及经验．山西农业大学学报（社会科学版），2016，15（12）：882－887．

［36］任之光．营销科学学科回顾、展望与未来方向．营销科学学报，2021，1（1）：31－42．

［37］卫兴华．改革20年来经济理论与实践发展的回顾与评析：纪念党的十一届三中全会召开20周年．经济学动态，1998（12）：3－11．

［38］郭国庆．中国特色市场营销人才培养体系的探索实践．宁夏大学学报（人文社会科学版），2023，45（1）：141－149．